高等院校经济管理实践与应用型规划教材

BRAND PLANNING MANAGEMENT

品牌策划管理

生奇志 主 编
王双全 副主编

清华大学出版社
北 京

内 容 简 介

本书针对中国市场经济改革与发展的实际，介绍了品牌策划管理的研究体系，理论与实践相结合，对品牌策划管理的学科地位和实用价值做了完整的描述。本书的内容涵盖品牌策划管理的基础理论、策划流程、策划方法及应用实践，以及品牌策划书的写作和品牌策划师的培训等。

本书适用于市场营销学、公共管理学、广告学、新闻传播学、公共关系学等专业的本科生和研究生；同时也适用于新闻业、广告业、咨询公司的从业者；对于政府、媒体、宣传推广部门也有一定的借鉴作用。

图书在版编目(CIP)数据

品牌策划管理/生奇志主编. --北京：清华大学出版社，2014(2025.1重印)
(高等院校经济管理实践与应用型规划教材)
ISBN 978-7-302-37221-9

Ⅰ. ①品… Ⅱ. ①生… Ⅲ. ①品牌－企业管理－高等学校－教材 Ⅳ. ①F272.3

中国版本图书馆CIP数据核字(2014)第152135号

责任编辑：贺 岩
封面设计：汉风唐韵
责任校对：宋玉莲
责任印制：丛怀宇

出版发行：清华大学出版社
网　　址：https://www.tup.com.cn，https://www.wqxuetang.com
地　　址：北京清华大学学研大厦A座　　**邮　　编**：100084
社 总 机：010-83470000　　**邮　　购**：010-62786544
投稿与读者服务：010-62776969，c-service@tup.tsinghua.edu.cn
质量反馈：010-62772015，zhiliang@tup.tsinghua.edu.cn
印 装 者：涿州市般润文化传播有限公司
经　　销：全国新华书店
开　　本：185mm×230mm　　**印　　张**：20.25　　**字　　数**：428千字
版　　次：2014年8月第1版　　**印　　次**：2025年1月第8次印刷
定　　价：36.00元

产品编号：054654-01

前言

品牌策划的作用是以最低的投入或最小的代价达到预期目的。品牌策划师运用掌握的策划技能、新颖超前的创意和跨越式思维，对现有资源进行优化整合，并进行全面、细致的构思谋划，从而制定详细、可操作性强的，并在执行中可以进行完善的方案，以使品牌的拥有者获取更大的收益。品牌策划管理就是品牌策划者通过科学的策划方法，以策划对象为市场导向，结合现有的人力、物力、财力和信息、知识等资源，设计活动方案，以期高效地达到策划活动的目标，使品牌产品和服务深入人心的过程。品牌策划管理作为品牌学研究的分支更注重的是意识形态和心理描述，即对消费者的心理市场进行规划、引导和激发。品牌策划本身并不是无中生有的过程，而是把人们对品牌的模糊认识清晰化的过程。

本书结合目前品牌策划管理理论研究与实践发展的状况，分12章进行描述，即品牌策划管理理论概述、品牌理念、品牌战略环境分析、品牌定位、品牌调研、品牌创意、品牌形象塑造、品牌维护、品牌传播、品牌价值、品牌策划书和品牌策划师。

本书力图既包含品牌策划管理的基本理论，又包含品牌策划发展的最新管理知识。在对理论部分进行细致讲解的同时，还设计了知识链接、案例分析、品牌人物等延伸内容，作为对品牌策划管理理论的补充，既有学术性，又有趣味性。

本书力求让读者对品牌策划管理的知识框架有比较系统的了解，对当前品牌策划管理研究的方向、趋势有所把握，对品牌策划管理研究的内容深入体会。借鉴国内外最新研究和实践成果，全方位解析品牌策划管理的最新典型案例，力图做到通用性、综合性和可操作性相结合，开发读者策划和创意的潜力，提升读者的创新能力，是令读者终身受益的学习型、实用型教材。

感谢我的合作者中国策划学院的王双全副院长，他为本书的出版提供了良好的建议并参与了部分章节的写作。感谢清华大学出版社为本书的出版所做的工作。

本书为使用者免费提供教学课件和相关教学文件，有需要的读者可以通过 shengqizhi@126.com 与作者联系，或登录清华大学出版社网站 http://www.tup.tsinghua.edu.cn。

生奇志
2014 年 6 月于东北大学

目录

第1章 品牌策划管理理论概述

导入案例

“中粮香雪”面包项目品牌策划

发酵面包的制作起源于古埃及，发酵后的面团比以前的烤饼更松软，口感更是香酥宜人，这一发现让埃及贵族进入了面包时代。面包后来逐渐发展成欧洲人的主要食品。到14世纪，欧洲主要有4种面包：无盐的司铎面包、有盐的司铎面包、全麦面包和麦麸面包。司铎面包作为主要的白面包，因为一直给神甫和教士食用而得名。2000年，中国粮油食品企业的领军者中粮集团引进这种松软面包的工艺，与传承下来的仅有的几位顶级软面包师在这片古老的大地上演绎着它新的传奇，给这里追逐新鲜的人们带来美轮美奂的面包生活。

中粮香雪品牌形象设计

在中国，最经典的表现高贵的搭配是金色和深红色，中国历代的皇族们把这两种颜色看成他们身份的代表。因此，在品牌主色调的设计上，中粮香雪品牌承袭了高贵的红色，并用“烘焙”体现品牌的品类特征。在中国，人们都深信自己是龙的传人：皇帝的宝座和室内的装饰无处不在龙的庇护下；皇帝有一个很自豪的称谓——真龙天子；龙纹，在百姓心目中更是神圣而高贵。无独有偶，欧洲人也异乎寻常地热衷于用这种流线型的方式来表现高贵。因此，在“中粮香雪”品牌的包装设计上，采取金色的流线型条纹，搭配上“中粮香雪”的LOGO，整体上体现出高贵的气质。

独特卖点

营养、新鲜、美味是当前超市面包传递的主题，这个诉求点对消费者几乎没有吸引力，如何创造“中粮香雪”新的独特卖点？

“中粮香雪”继承了欧洲贵族面包的“松软”的血统，与其他面包不同，“松软”是它与其他面包区分的典型特征。

高净空气——“中粮香雪”的车间采用高纯净空气过滤技术，实行国际卫生管理标准，确保品质100%安全、安心。

分子纯水——“中粮香雪”的面包使用不含重金属等杂质的分子级纯净水生产。

健康原料——“中粮香雪”使用100%进口优质小麦磨制的面粉，原料全部经过严格挑选，确保健康品质。

国际烘焙——“中粮香雪”的面包采用顶尖的烘焙技术，引领国际健康潮流，让您获得至高无上的时尚享受。

在综合“中粮香雪”面包的独特资源后，品牌策划公司将这一系列的诉求提炼为一个可供传播的广告词：金品质。具有“金品质”的“中粮香雪”很快走上热卖之路，迅速被目标消费者认可和喜爱。

（以上内容选编自《农业机械》2010年第10期高京君的文章《“中粮香雪”面包项目品牌策划》）

品牌拥有者为了使品牌获得更高的知名度与美誉度，要通过品牌策划来塑造品牌个性，针对具体的产品、具体的市场目标、具体的市场状况来设定适合品牌成长的灵活多变的推广模式，并认真吸取消费者反馈，根据品牌产品的技术、外观、包装、品质和服务等产品成分，参考顾客反馈的信息和要求进行与时俱进的策划管理。品牌策划管理是未来能够带给品牌组织长久收益的一种必需投入。

1.1 品牌的内涵

20世纪50年代，美国的大卫·奥格威在《一个广告人的自白》中第一次明确地提出品牌的概念，从此以后，各国的专家学者以及企业的经营管理者开始从不同角度研究品牌现象及其运行规律并及时应用到实践领域。

1.1.1 品牌的定义

对于品牌的定义可谓林林总总，其中比较有代表性的包括：

在《牛津大辞典》中，品牌被解释为“用来证明所有权，作为质量的标志或其他用途”，即用以区别和证明品质。

美国市场营销协会在1960年把品牌定义为：品牌是一种名称、一个符号或一种设计，或是上述三者的综合，用以区分某个卖方或卖方集团与其他竞争者提供的商品或劳务。

德国的Heinz-Joachim Simon在《品牌的奥秘》一书中认为：品牌有其生命价值，是商品乃至生产厂商的形象。

英国的莱斯利·德·彻纳东尼在《品牌制胜》一书中认为：从本质上说，品牌是一系列功能性与情感性的价值元素。

美国营销学家Philip Kotler认为：品牌就是一个名字、称谓、符号或设计，或是上述的总和，其目的是要使自己的产品或服务有别于其他竞争者。

美国品牌专家大卫·艾克认为：品牌就是产品、符号、人、企业与消费者之间的连接和沟通。

余明阳在其主编的《品牌学》一书中认为：品牌是在营销或传播过程中形成的，用以将产品与消费者等关系利益团体联系起来，并带来新价值的一种媒介。

李光斗在《品牌竞争力》中认为：一个完整的品牌定义应从两个不同角度来阐释。从消费者角度来讲，品牌是消费者对一个企业、一个产品所有期望的总结；从企业的角度来讲，品牌是企业向目标市场传递企业形象、企业文化、产品理念等有效要素，并和目标群体建立稳固关系的一种载体、一种产品品质的担保及履行职责的承诺。

品牌的定义可以概括如下。

(1) 一般意义上的定义：品牌是一个名称、名词、符号或设计，或者是它们的组合，其目的是识别销售者个体或群体的产品或劳务，并使之同竞争对手的产品和劳务区别开来。

(2) 作为品牌战略开发的定义：品牌是通过名词、符号及一系列市场活动而表现出来的结果所形成的一种形象认知度、感觉、品质认知，以及通过这些而表现出来的顾客忠诚度，总体来讲它属于一种无形资产。所以这个时候品牌是作为一种无形资产出现的。

(3) 品牌是企业或品牌主体(包括国家、城市、组织、个人等)一切无形资产总和的全息浓缩，而这一“浓缩”又可以以特定的“符号”来识别，它是主体与客体、主体与社会、企业与消费者相互作用的产物。

综合以上的各种定义，我们得到品牌的概念：品牌是名字、术语、标识、设计及其组成的集合，是能使拥有者的产品或服务区别于竞争对手并且带来增值的无形资产，是社会公众对拥有者的组织、产品及服务认知的总和。

1.1.2 品牌的特征

1. 标识性

品牌必须有物质载体，需要通过一系列的物质载体来表现自己。品牌的拥有者通过整体规划和设计获得的品牌符号具有极强的个性和视觉冲击力，能够使目标消费者群体区别于其他产品。优秀的品牌在载体方面表现较为突出，如“可口可乐”的文字，使人们联想到其饮料的饮后效果，其红色图案及相应包装能起到独特的效果；再如“麦当劳”的黄色以拱形“M”的形状给人们带来强烈的视觉效果。

2. 专有性

品牌的名字、术语、标识、设计及其组成的集合等符号系统是品牌的外在特征，是拥有品牌的国家、城市、企业、生产者等品牌主体所独有的，品牌的拥有者经过法律程序的认定，享有品牌的专有权，有权要求其他组织或个人不能仿冒和伪造。

3. 价值性

由于品牌所具有的优质的性能和服务，使它在市场上迅速扩张，品牌的拥有者可以凭借品牌的优势不断获取利益，可以利用品牌来开拓市场、塑造形象，资本的内蓄力不断增强。像云南红塔集团的"红塔山"、浙江杭州的"娃哈哈"、山东青岛的"海尔"、四川绵阳长虹集团的"长虹"等知名品牌的价值不菲。

4. 延伸性

品牌延伸从表面上看是扩展了新的产品或产品组合，实际上从品牌内涵的角度，品牌延伸还包含有品牌情感诉求的扩展。如果新产品无助于品牌情感诉求内容的丰富，而是降低或减弱情感诉求的内容，该品牌延伸就会产生危机。

5. 转化性

品牌创立后，在其成长的过程中，由于市场的不断变化、需求的不断提高，企业的品牌资本可能壮大，也可能缩小，市场上新的品牌不断出现，甚至还有一些品牌在竞争中退出市场。品牌在成长的过程中具有转化的特征，有时由于品牌拥有者的购并、精简等原因带来的品牌整合；有时由于品牌资本盲目扩张，运作不佳；有时由于企业的产品质量出现意外和服务不过关等，品牌的转化由此存在一定风险，对其评估也存在难度，对品牌组织的品牌效益的评估也出现不确定性。

1.1.3 品牌的功能

1. 品牌对于拥有者的功能

对于品牌的拥有者——国家、城市、企业以及个人，品牌所带来的功能有很多。全世界一流的营销专家们普遍认为，当今及未来30年占领市场的唯一途径就是建立拥有市场强势的品牌。营销大师有再大的能耐，也必须依靠品牌去拓展疆域。品牌应该是品牌的拥有者所独有的，在争取顾客的差异化市场中占有竞争优势。区别于竞争对手的品牌，是消费者认同的关键。

一般来讲，消费者习惯某种品牌后会形成品牌依赖，很少去尝试另外的品牌，消费者对品牌的忠诚会形成美誉度的传播，可以拓展品牌的拥有者与消费者之间的关系并且在顾客的消费体验过程中培养顾客的忠诚度。当一个品牌成为强势品牌而且有了品牌影响力以后，无论它延伸到地球的任何一个地方，都会被法律法规及当地的有关部门保护。对于品牌的拥有者来说，品牌的无形资产还可以通过溢价的形式形成竞争优势，占领更大的市场份额。

2. 品牌对于消费者的功能

识别就是让消费者知道这个品牌的产品有别于同类的其他产品。因为目前产品的同质化严重，有了品牌，就便于消费者进行识别，可以更方便地购买自己忠诚的产品。在消费一款产品的时候，从对它的品质和功能由很陌生变成很熟悉，这是基于消费者的使用经验而对品牌产品的选择，这样的选择是从品牌已有的满意度开始的。消费者消费品牌的心理基于对品牌品质的了解，包括功能、质量、联想度等。消费者选择一个品牌，就是因为它代表了某一类产品的所有信息。大家现在穿衣追求的是美观，美观里面还包含着时尚，在追求时尚的同时，还包含地位赋予的功能。一部分高端人士穿某个品牌的服装让消费者认可了，大家就会去追逐效仿，有利于消费者地位赋予功能的实现。

1.1.4　品牌的构成要素

完整的产品品牌不仅是名称、符号和标志，还包括品牌的理念、定位、传播思想等意义，是众多与品牌相关的信息的整合。

1. 品牌的外在构成要素

品牌的外在构成要素是指品牌的外在的、尽人皆知的标志性的内容。外在要素直接给消费者带来感觉上的冲击，包括品牌的名称、品牌的标识和品牌广告。

(1) 品牌的名称

品牌的名称要简洁地反映产品的功能和内容，不仅要高度概括产品的本质，还要把企业和组织的经营理念、目标市场、价值观念和文化等信息涵盖其中。品牌的名称是品牌最重要的符号，是品牌成功最关键的要素。一般来说，品牌的名称要朗朗上口，要尽量简单、易懂易记，给消费者留下深刻的印象。如比较成功的品牌名称有“联想”、“高露洁”、“蒙牛”、“王老吉”等。还有一些城市用一些简单而有特色的语言来作为城市的解释，如杭州——浪漫之都、沈阳——制造业之城等。这些名称有的用发明者的名字，有的是常用的词语，还有的是可以给消费者带来欲望实现的满足感的词汇，再有就是对品牌功能的高度概括用语，等等。

(2) 品牌的标识

品牌的标识是用以激发消费者感官感受的一种识别体系，它会使消费者更为具体形象地识别和记忆品牌。包括品牌的图标、标记、色彩、包装等。

① 品牌的图标

品牌的图标是指文字的标识和图形的标识，这种标识往往代表一定的寓意，并且具有个性化的特征。如天士力企业用“天人合一”组成的文字和图形图案、奥林匹克的五环、可口可乐的变形文字等。

② 品牌的标记

品牌的标记是指代表品牌形象的特殊的图标，往往会和品牌产品与品牌企业密切相连。如花花公子的兔子、蒙牛乳业的小牛、肯德基的上校爷爷、麦当劳的小丑叔叔等，这类标记是具有指代效果的，即出现产品会想到标记，而出现标记自然会想到品牌产品。

③ 品牌的色彩

品牌的色彩是指某个品牌的拥有企业与品牌产品常用的有代表性含义的颜色，会将品牌产品的个性与文化寓于颜色之中。如柯达的黄色代表浪漫，可口可乐的红色代表激情，百事可乐的蓝白相间代表欢愉，等等。一般品牌要选择鲜明的色彩，把产品的理念抽象地传递给顾客。

④ 品牌的包装

品牌的包装一般指产品富于个性特色的外包装，往往代表了与产品一致的品质。如LV手包的木盒、带有商场标识的纸袋、喜之郎水晶之恋果冻的心形等。

(3) 品牌广告

很多品牌产品常常是通过广告深入人心的，富有特色的广告语、代言人、广告歌曲都会使品牌迅速传播。有些品牌的广告语是对品牌的深入解释，如李宁的"Make the Change"；有些广告语是对产品品质的概括，如"肌肤保鲜就用谨泉"。而品牌的广告代言人选择一定要符合产品的定位并要有号召力，周杰伦代言的美特斯邦威品牌的各款服饰都受到年轻人的喜爱，红星美凯龙的家具品牌有了大、小S的代言名声鹊起，这些都印证了选择合适的广告代言人会给企业带来意想不到的收益。而为产品专门谱写广告歌曲也成为近些年品牌推广的一种策略，这也是品牌外在要素的重要特色，从燕舞音响的"一曲歌来一片情"到英特尔的特色旋律及肯德基的"有了肯德基生活好滋味"，这些旋律都与品牌产品紧密相连，并且成为品牌的象征。

2. 品牌的内在构成要素

品牌的内在构成要素是指品牌的内含因素，不会被消费者直接感知，但在品牌的形成与传播的过程中逐步形成与品牌息息相关的意义内涵。包括品牌理念、品牌定位、品牌承诺和品牌体验。

(1) 品牌理念

品牌理念是品牌发展的原生动力。品牌组织经营品牌的目的在于服务社会并且找到快乐。虽然企业生产经营的最大目的是获取利润，但品牌的发展过程不仅是利润的增长过程，更是报效国家、社会并且体味创业的过程。以责任和快乐为品牌的发展理念并不断整合创新的思想，才会打造出优秀的品牌。

(2) 品牌定位

品牌定位是指品牌预期在消费者心中的位置，城市、区域品牌需要定位，所有的企业品牌也需要做好定位，如果企业找不到一个非常好的品牌定位，发展就会受到影响。寻找顾客的需求，找到市场的空隙，对目标顾客群进行分析研究，确定品牌的消费者，做最有特长的产品，用智慧赢得社会的尊重和消费者的青睐，品牌才可以更好地进入市场。

(3) 品牌承诺

品牌承诺是指在品牌产品不断的更新换代中，品牌的经营理念、价值观、文化观始终保持对消费者负责，承诺给消费者的需求满足度不会改变。好的品牌承诺会使得顾客形成对产品的依赖和忠诚，并坚持以口碑传播的形式对品牌进行宣传。

(4) 品牌体验

品牌体验是指在品牌形成的过程中，消费者对品牌的情感因素的感知，这种体验包括顾客在使用品牌产品的过程中积累的正面的和负面的感觉。对于品牌的拥有者来说消费者对品牌产品的信任、满意、肯定等体验会使品牌赢得更多的忠诚顾客，而厌恶、怀疑、拒绝等体验会使品牌遭遇危机和困境。这种体验是长期累积的效果，所以品牌的发展一定要关注消费者的体验。

3. 品牌的引申构成要素

品牌的引申构成要素是品牌在传播与成长的过程中逐步形成的与品牌相关的延伸内容，包括品牌文化、品牌的差异化消费群、品牌的销售渠道和品牌资产。

(1) 品牌文化

品牌文化是品牌的拥有者在经营中逐步形成的文化积淀，代表了品牌组织和消费者的利益认知、情感归属，是品牌与传统文化以及组织个性形象的总和。与组织文化的内部凝聚作用不同，品牌文化突出了品牌组织外在的宣传、整合优势，将品牌理念有效地传递给消费者，进而占领消费者的心智。美国营销学家韦勒说“不要卖牛排，要卖烧烤牛排的滋滋声”，这说明任何品牌产品的销售都要注入更多的文化因素。而品牌文化的精髓是在品牌长期的经营和发展中逐渐凝结而成的，品牌文化成为品牌产品或服务进入社会、深入消费者内心的引申构成要素。

(2) 品牌的差异化消费群

品牌的差异化消费群是指在品牌发展过程中遵循品牌经营理念、锁定品牌定位、传播富有品牌个性特色的标识系统等环节积累的消费者群体，这些消费者群体是目标顾客群中大多数需求被品牌产品或服务满足的人群，而且是品牌的忠诚顾客群，为了巩固这些群体并且拓展顾客群，品牌产品要对顾客群的需求进行细化，开发新的需求，满足差异化的顾客需要。

(3) 品牌的销售渠道

品牌的销售渠道是指品牌从无到有、从小到大逐渐建立起来的销售渠道网络。品牌的销售网络不仅包括产品流通的渠道资源，更包括产品销售过程中积累的关系资源，这是品牌进入市场时被代理商和消费者逐步认可的过程。稳定的销售渠道可以使新产品顺利上市并且为更多的消费者接受。

(4) 品牌资产

品牌资产包括品牌进入市场的过程中积累的企业规模、盈利等有形资产，更包括品牌体现的无形资产。品牌资产既包括精明的管理团队、卓越的销售网络、有效的广告宣传、良好的财务管理、优秀的服务等内容，也包括与品牌相关的品牌知名度、品牌联想、品牌忠诚度等形式。品牌资产具有开发利用的价值，更是衡量企业经营绩效的指标。

1.2 策划的内涵

1.2.1 策划的定义

策划一词最早出现在《后汉书·隗器传》中“是以功名终申，策画复得”之句中。其中“画”与“划”相通互代，“策画”即“策划”，意思是计划、打算。“策”最主要的意思是指计谋，如决策、献策、下策、束手无策。“划”指设计，工作计划、筹划、谋划，意思为处置、安排。

日本策划家和田创认为：策划是通过实践活动获取更佳效果的智慧，它是一种智慧创造行为；美国哈佛“企业管理”丛书认为，策划是一种程序，“在本质上是一种运用脑力的理性行为”；更多人说策划是一种对未来采取的行为做决定的准备过程，是一种构思或理性思维程序。策划在英文中叫 SP，是 strategy 和 plan 的缩写，在日本叫做“企划”，在美国叫“软科学”或“咨询业”。

现代意义的“策划”可以理解为借助一定的信息素材，为达到特定的目的、目标而进行设计、策划，可以为具体的可操作性行为提供创意、思路、方法与对策。策划就是一种策略、筹划、谋划或者计划、打算，它是个人、企业、组织机构为了达到一定的目的，在充分调查市场环境以及相关联的环境的基础上，遵循一定的方法或者规则，对未来即将发生的事情，进行系统、周密、科学的预测并制定科学的可行性的策划方案，同时在发展中不断地调整以适应环境的变化，从而制定切合实际情况的科学的方案。

1.2.2 策划的作用

策划的作用是以最低的投入或最小的代价达到预期目的。策划人在科学调查研究的基础上，运用掌握的策划技能、新颖超前的创意和跨越式思维，对现有资源进行优化整合，并进行全面、细致的构思谋划，从而制定详细、可操作性强的，并在执行中可以进行完善的方案，以让策划对象赢得更高的经济效益和社会效益。策划在品牌运行活动中具有特殊重要的作用。

1. 策划是品牌生存与发展的纲领

我们正处在一个经济、政治、技术、社会变革与发展的时代。在这个时代，变革与发展既给人们带来了机遇，也给人们带来了风险，特别是在争夺市场、资源、势力范围的竞争中更是如此。如果品牌拥有者在看准机遇和利用机遇的同时，又能最大限度地减少风险，即在朝着目标前进的道路上架设一座便捷而稳固的桥梁，那么，品牌组织就能立于不败之地，在机遇与风险的纵横选择中，得到生存与发展。如果策划不周，就会遭遇灾难性的后果。

2. 策划是品牌组织协调的前提

现代社会的各行各业的组织以及它们内部的各个组成部分之间，分工越来越精细，过程越来越复杂，协调关系更趋严密。要把这些繁杂的有机体科学地组织起来，让各个环节和部门的活动都能在时间、空间和数量上相互衔接，既围绕整体目标，又互相协调，就必须要有一个严密的策划方案，保证品牌目标的实现。

3. 策划是品牌运行的准则

策划的实质是确定目标以及规定达到目标的途径和方法。因此，为了朝着既定的目标步步迈进，最终实现品牌组织的目标，策划无疑是品牌运行活动中人们一切行为的准则。它指导不同空间、不同时间、不同岗位上的人们，围绕一个总目标，秩序井然地去实现各自的分目标。

4. 策划是品牌反馈活动的依据

策划为品牌运行活动确定了数据、尺度和标准，为品牌的发展指明方向。未经策划的活动是无法控制的，更不可能得到确切的来自顾客的反馈信息。在策划的过程中，策划师不断通过反馈信息纠正偏离目标的偏差，使品牌运行活动保持与目标的要求一致。

1.2.3　策划的分类

策划按照不同的行业可以划分为以下几类。

1. 商业策划

商业策划起源于近代商业制度出现之后，其形成和广泛应用是在当代，发展至今已越来越专业化。商业策划的主体是策划人或策划机构，客体是策划指向或策划标的；商业策划的要素包括策划过程、策划力和策划经费；商业策划的载体是策划方案。

商业策划的内容非常广泛，大到城市商业空间的布局调整、现代化商业街区的建设，小到一个店铺的促销活动。成功的商业策划不仅可以赢得顾客的认可，更可给商家带来可观的效益。

2. 事业策划

学校、医院等公共事业或机构的策划。如大学为了招到更好的生源进行的招生策划，医院为树立救死扶伤的形象进行的公关宣传策划，旅游风景区为提醒游客爱护花草进行的策划，等等。

3. 政府策划

政府部门进行的策划，也叫行政策划。比如，竞选策划、招商引资策划，为树立公务人员的形象进行的宣传等。在美国总统竞选时，有专门的公关团队进行策划，总统候选人的衣着、发式、演讲稿等都属于策划的范围。

4. 文化策划

为举办各种文化活动、文艺演出进行的策划，包括媒介策划。比如中国的传媒业目前正在时代的拐点上，既要从宏观层面改革传统体制，更需要从中观和微观层面制定媒介的战术方案，在生长方式、生产流程、运营价值链的建构、市场机会的把握等方面进行整合与操作。媒介策划可以提升资讯价值，开发注意力经济。

5. 军事策划

在军事活动中实施的各种策划，比如军事打击、军事突袭等。

当然，各个行业之间是相互包含、彼此联系的，很多文化活动中也包含商业策划，在事业单位进行的策划里也包括文化策划和商业策划等。

策划按照不同的领域可以划分为经济策划、政治策划、军事策划、文化策划。

策划按照不同的手段可以划分为新闻策划、促销策划、广告策划、公关策划。

策划按照不同的对象可以划分为选题策划、产品策划、专题策划、项目策划、体育策划、影视策划等。

1.3 品牌策划的内涵

1.3.1 什么是品牌策划

品牌策划可以让品牌的拥有者在还未进入市场之前对市场需求做出正确的判断，有效阻止不正确的操作投入造成巨大的经济损失，为品牌投入市场提供成功的基础保障。品牌策划作为品牌学研究的分支更注重的是意识形态和心理描述，即对消费者的心理市场进行规划、引导和激发。

品牌策划是通过品牌上对竞争对手的否定、差异、距离来引导目标群体的选择，是在与外部市场对应的内部市场(心理市场)上的竞争。品牌策划本身并非一个无中生有的过程，而是把人们对品牌的模糊认识清晰化的过程。

所以品牌策划是借助名字、术语、标识、设计及其组成的各种信息集合，为达到品牌拥有者特定的目的、目标而进行设计、谋划，为品牌拥有者提供创意、思路、方法与对策。

1.3.2 品牌策划的性质

1. 普遍性

品牌策划的普遍性包含两层含义：一是指社会各部门、各环节、各单位、各岗位，为有效实现品牌目标，都必须具有相应的策划方案；二是指所有品牌经营者，从最高管理人员到第一线的基层管理人员都必须从事策划工作，结合工作的范围不同、特点不同，所扮演的策划角色也不尽相同。

2. 首位性

从品牌运行过程的角度来看，策划先行于其他过程，品牌策划通过对消费者和市场的调查，提供决策依据，影响和贯穿于品牌成长的各项活动当中。

3. 科学性

无论做什么策划都必须遵循客观要求，符合事物本身发展的规律，不能脱离了现实条件任意杜撰，随意想象。品牌策划通过策划者的精心规划和主观能动作用的发挥，使那些本来不可能发生的事成为可能，使那些可能发生的事成为现实。因此，从事品牌策划工作，一是必须要有求实的科学态度，一切从实际出发，量力而行；二是必须有可靠的科学依据，包括准确的信息、完整的数据资料等；三是必须有正确的科学方法，如科学预测、系统分析、综合平衡、方案优化等。这样才能使品牌的运行既富有创造性，又具有可行性。

4. 有效性

品牌策划不仅要确保品牌目标的实现，而且要从众多的方案中选择最优的方案，以求得合理利用资源和提高效率。不仅要用时间、金钱或者生产来衡量策划的结果，而且还要衡量品牌组织和消费者的满意程度。

1.3.3　品牌策划的原则

品牌策划应遵循以下原则。

1. 前瞻性原则

策划必须具有前瞻性，也就是说，策划人要有“眼光”，要看得远，要看到他人没有看到的，这样才能抢占先机，出奇制胜，反之则“人无远虑，必有近忧”，整日被琐事缠身，裹足不前。“不谋万世者，不足谋一时；不谋全局者，不足谋一域”，说的也是这个道理。例如，很多企业没有做品牌战略策划，就忙着请广告公司发布广告，大量资金砸下去之后，可能会有一定的收益，但必然是事倍功半。

2. 兼顾性原则

策划必须考虑周到，兼顾各方利益。策划师必须心胸坦荡，不能做昧良心的策划，亦即策划不能欺诈消费者，不能损害消费者利益，更不能有悖于社会道德和伦理。每年“3·15”被曝光的企业，以及其他出现类似危机的企业，尽管在一定时期内取得了经济效益上的成功，但是其显然是违背了策划的兼顾性原则。

3. 时效性原则

策划人在品牌策划过程中要在较短的时间内有“掘地三尺”的精神和能力，洞穿问题的本质，或者说找到问题的根源，然后再结合存在的资源进行策划，及时解决品牌运行中的问题，策划案实施后，才有可能实现药到病除的效果，否则必然是隔靴搔痒，治标不治本。

1.4 管理的含义

1.4.1 管理的概念

管理学是在实践中产生和发展起来的一门应用性和理论性都比较强的学科，是由一系列的原理、理论、方法和技巧组成的科学体系。每一种组织都需要对其事务、资产、人员、设备等所有资源进行管理。每一个人也同样需要管理，比如管理自己的起居饮食、时间、健康、情绪、学习、职业、财富、人际关系、社会活动、精神面貌(即穿着打扮)等。长期以来，许多中外学者从不同的研究角度出发，对管理做出了不同的解释。直到目前为止，管理还没有一个统一的定义。特别是本世纪以来，各种不同的管理学派，由于理论观点的不同，对管理概念的解释更是众说纷纭。

综合各种管理概念的观点，我们认为管理是社会组织中，为了实现预期的目标，以人为中心进行的协调活动。

这一表述包含了以下五个观点。

(1) 管理的目的是实现预期的目标。世界上既不存在无目标的管理，也不可能实现无管理的目标。

(2) 管理的本质是协调。协调就是使个人的努力与集体的预期目标相一致。每一项管理职能、每一次管理决策都要进行协调，都是为了协调。

(3) 协调必定产生在社会组织当中。当个人无法实现预期目标的时候，就要寻求与他人的合作，形成各种社会组织，原来个人的目标也就是必须改变为社会组织全体组织成员的共同目标。

(4) 协调的中心是人。在任何组织中都存在人与人、人与物的关系，但人与物的关系最终仍表现为人与人的关系，任何资源的分配也都是以人为中心的。因此，社会文化背景、历史传统、社会制度、人的价值观、物质利益、精神状态、人的素质、信仰等，都会对协调活动产生重大影响。

(5) 协调的方法是多样的，需要定性的理论和经验，也需要定量的专门的技术。互联网的应用与管理信息系统的发展将促进协调活动发生质的飞跃。

1.4.2 管理的职能

目前公认的管理的职能为决策、组织、领导、控制、创新。

1. 决策

决策就是为了达到一定目标，采用一定的科学方法和手段，从两个以上的方案中选择一个满意方案的分析判断过程。管理学中的决策是指组织或个人为了实现某种目标而对未来一定时期内的有关活动的方向、内容及方式的选择或调整过程。

决策是一个复杂的过程，计划是决策过程中的一部分，任何计划都是实施决策的工具。决策是针对未来的行动制定的，而未来的行动往往受到行动者所处的外部环境和内部条件的制约，所以决策前要首先分析外部环境、分析本身的长处和短处，对未来的决策做出基本的判断。

2. 组织

组织工作是从人类对合作的需要产生的。合作的人们如果在实施决策目标的过程中，能有比合作个体总和更大的力量、更高的效率，就应根据工作的要求与人员的特点，设计岗位，通过授权和分工，将适当的人员安排在适当的岗位上，用制度规定各个成员的职责和上下左右的相互关系，形成一个有机的组织结构，使整个组织协调地运转。所以，组织就是指人们为了实现一定的目标，互相协作结合而成的集体或团体。

3. 领导

领导是领导者为实现组织的目标而运用权力向其下属施加影响力的一种行为或行为过程，是指挥、带领、引导和鼓励部下为实现目标而努力的过程。

决策与组织工作做好了，也不一定就能够保证组织工作的实现，因为组织目标的实现要依靠组织全体成员的努力。配备在组织机构的各个岗位上的人员，由于个人目标、需求、偏好、性格、素质、价值观以及工作职责和掌握的信息量等方面存在着很大的差异，在相互合作中会产生各种矛盾和冲突，因此要有权威的领导者进行领导，指导人们的行为，激励每个成员自觉地为实现组织的目标而共同努力。

4. 控制

控制是指管理人员为了保证组织目标的实现，对下属工作人员的实际工作进行测量、衡量和评价，并采取相应措施纠正各种偏差的过程。

人们在执行计划的过程中，由于受到各种因素的干扰，常常使实践活动偏离原来的计划。为了保证目标以及为此而制定的计划得以实现，就需要控制职能。控制职能的实质就是使实践活动符合计划。计划就是控制的标准。

5. 创新

创新是指不断调整系统活动的内容和目标以适应环境的变化。由于科学技术迅猛发展，社会经济活动空前活跃，市场需求瞬息万变，社会关系日益复杂，每位管理者每天都会遇到新情况、新问题，如果墨守成规，就无法应对新形势的挑战，也就无法完成既定的目标。现代社会已经到了不创新就无法维持的地步，许多获得成功的企业和管理者都得益于创新。要办好任何一项事业，大到国家的改革发展，小到办实业、学校，推销产品，都要敢于走新路，开辟新的天地，这样才能取得前人没有的卓越成就。创新职能与上述各种职能不同，它本身并没有特定的表现形式，但它总是在其他管理职能的所有活动中表现自身的存在与价值。事事皆可创新，创新无处不在。

1.4.3 管理的目标

管理是一种致力于在组织中影响组织的有关各方创造奇迹的基本活动，组织绩效的提高是众多企业追求的目标。对于组织来说，管理目标是在分析外部环境和内部环境的基础上确定各项经济活动的发展方向和奋斗目的，是组织经营思想的具体化。目标为组织的决策指明了方向，是企业生产经营的重要内容，也是衡量实际绩效的标准。

1. 管理目标的特征

管理活动的目标渗透到组织工作的各个方面，并且伴随始终。为了正常发挥管理目标在管理活动当中的主导作用，必须充分认识和理解其基本特征。

(1) 管理的目标具有多重性

所有的组织均有其多重目标。即使在组织的各级目标层系中，目标也往往是多种多样的。由于组织是一个复杂的社会机构，它需要在各种各样的目标和需要之间取得平衡。管理就是要在多种目标之间对错综复杂的现实做出判断的基础上，去取得多种目标的平衡。

(2) 管理目标具有层次性

组织目标形成一个有层次的体系，范围从组织战略性目标到特定的个人目标。这个层次的顶层包括组织的愿景和使命陈述，第二层是组织的任务。在任何情况下，组织的使命和任务必须要转化为组织的总目标和战略，更多地指向组织较远的未来，并且为组织的未来提供行动的框架。这些行动框架必须进一步细化为更多的具体的行动目标和行动方案，这样，在目标体系的基层，有分公司的目标、部门和单位的目标以及个人的目标等。

(3) 管理目标具有变动性

变动性是指在不同的外部环境和内部环境下，组织的管理目标会随着环境的变化而发生变化。在经济全球化和知识经济时代，尤其是社会转型时期以及互联网、手机等新兴媒体形式给社会带来政治、经济、技术的变革的情况下，组织所处的内部环境和外部环境无时无刻不在发生变化，因此，组织的管理目标的内容和重点必须要随着环境的变化而进行调整，否则就跟不上时代发展的脚步，就不能适应激烈的市场竞争。

2. 管理目标确立的原则

科学合理的管理目标决定着管理的方向，是指引组织和企业前进的灯塔。设置适当的目标能够激发人的动机，调动人的积极性。在目标确立的过程中，一般要遵循以下原则。

(1) 现实性原则：目标的确立要建立在对组织或企业的内外部环境充分分析的基础

上，通过一定的程序加以确定，既要有科学性，又要面对一定的现实情况，以保证目标的可行性。

(2) 关键性原则：为了生存和发展，组织需要实现的目标有很多，但是首先必须保证其将有关大局的、决定经营成果的内容作为组织的目标主体。

(3) 可测性原则：组织目标的定量化一方面有利于对其进行监控，另一方面可以使员工对量化后的目标完成情况和本人的工作绩效有一个更加清晰的了解，有利于激发员工的积极性。

(4) 协调性原则：在组织的各层目标之间、同层目标之间都要协调，保证各个分目标实现的同时，组织的总体目标也必然能够实现。

(5) 可变性原则：不变是相对的，变化是绝对的。组织的目标必须根据环境的变化进行修正和调整，使之能更好地适应市场。当然，组织的长期目标要保持相对的稳定性，而短期目标则可以有相对的灵活性。

3. 目标管理

美国管理大师彼得·德鲁克(Peter Drucker)于 1954 年在其名著《管理实践》中最先提出了“目标管理”的概念，其后他又提出“目标管理和自我控制”的主张。德鲁克认为，并不是有了工作才有目标，而是相反，有了目标才能确定每个人的工作。所以“企业的使命和任务，必须转化为目标”，如果一个领域没有目标，这个领域的工作必然被忽视。因此管理者应该通过目标对下级进行管理，当组织最高层管理者确定了组织目标后，必须对其进行有效分解，转变成各个部门以及各个人的分目标，管理者根据分目标的完成情况对下级进行考核、评价和奖惩。

1.5　品牌策划管理

1.5.1　品牌策划管理的含义

品牌策划管理就是品牌策划者通过科学的策划方法，以策划对象为市场导向，结合现有的人力、物力、财力和信息、知识等资源，设计活动方案，以期高效地达到策划活动的目标，使品牌产品和服务深入人心的过程。

品牌策划管理是在掌握现有材料的基础上，形成新创作思路、完成策划文案，策划人员有效地组织调查研究，在合理的时间内形成备选文案，再选择预期会引起市场强烈反响的文案进入品牌产品的生产和流通过程。品牌策划管理是品牌产品和服务进入消费者心智的起点，贯穿了品牌产品和服务从创意理念形成到进入消费者的内心并在全社会广泛传播的全过程。

1.5.2 品牌策划管理的构成要素

策划者、策划对象、策划方法、策划效果和策划依据是构成品牌策划管理的主要要素。

(1) 策划者：所有的策划活动都是由策划主体也就是策划者来展开和执行，策划者必须拥有准确的信息和丰富的知识。策划水平的高低决定着能否实现策划的目标。

(2) 策划对象：是指策划的客体，是策划者所从事的策划活动所要满足的目标市场和目标顾客群。

(3) 策划方法：运用科学的手段和方法进行创新性的思维活动，选择明智的策略和正确的策划战略和方案。

(4) 策划效果：对事物的判断和对未来效果的预测，是衡量策划活动成败的结果。

(5) 策划依据：是策划活动中运用的信息和知识。

1.5.3 品牌策划管理的作用

品牌策划管理是连接品牌拥有者与社会的有力武器。一方面，品牌组织控制了社会发展所需要的信息资源；另一方面，品牌拥有者也有自身的目标，需要借助与其他资源互动来实现这些目标。品牌的策划管理活动是连接品牌系统与社会大系统的纽带。

1. 品牌策划管理是品牌在竞争中取胜的核心能力

核心能力是指品牌的主要能力，既是品牌在竞争中处于优势地位的强项，也是其他对手很难达到或者无法具备的一种能力。核心能力主要是关乎各种技术和对应组织之间的协调和配合，从而可以给品牌带来长期竞争优势和超额利润。

中国实行市场经济以来，尤其是加入 WTO(世界贸易组织)之后，以社会经济结构转型为背景的中国品牌市场发生了前所未有的变化，随着品牌产品同质化，新的竞争态势开始呈现。

以媒介品牌为例，首先是不同质媒介之间的竞争态势已经形成，作为现代媒介的重要传播载体的报刊具有信息容量较大、保存信息的力量强(范围广、时间长)、读者选择的主动性大的优点，特别在深度报道方面有独到的优势。但由于出版周期较长，缺乏视听形象，在传播的时效性和现场感方面不及电子媒介。电视的优点是：视听兼备、声画合一，生动、形象、逼真、现场感染力强、传播技术先进，时效性强，并且不受时间空间的限制。但电视在深度报道方面不及报刊。相对于传统媒介，网络传播作为一种新的信息交流方式，与传统媒介相比更具获取和发送信息的自由，也对传统媒介的市场产生着巨大的影响。正是基于对自身特点的认识，报纸、杂志、广播、电视、网络都充分发挥各自的优势，争夺媒介市场和不同的受众。其次是同质媒介之间的竞争，其中以电视领域最为激烈。各个省级广播电视台的崛起使中央电视台一统江湖的局面受到严峻的挑战，以湖南卫视、浙江卫视、天津卫视为代表的省级电视品牌竞争激烈，在音乐选秀、相亲、职场招聘等原创节目品牌中的竞争尤其惨烈，为了最大限度地赢得受众和广告客户的青睐，媒体品牌的影响力就应运而生。所以，认真做好媒体品牌的策划管理，在公众心目中树立起鲜明的品牌形象，对于品牌组织提高社会效益和经济效益都有着重要的现实意义。

2. 品牌策划管理是树立品牌战略理念的前提

由于品牌组织不仅在生产的产品方面趋于同质化，而且品牌组织管理在硬件方面也趋于同质化。因此，品牌组织必须从管理的深层次战略性的经营理念方面领先于竞争对手，谁的理念更先进，谁就有可能成为领导者，领先一步是最好的进入障碍。这种领先就是树立品牌组织的品牌化经营意识。品牌组织的品牌化经营，是品牌组织将品牌作为经营战略的核心内容，使品牌组织的各种资源根据品牌管理的需要进行配置组合。由此将导致品牌组织的体制、体系、流程发生质的变化。由于品牌组织的经营战略以品牌为核心，因此品牌组织的经营从根本上讲是对品牌的管理，品牌贯穿于品牌组织经营的全过程。品牌组织对品牌的管理也应当是一个往复循环、不断提高修正的过程。

3. 品牌策划管理是开发差异化顾客市场的钥匙

拉里·莱特(Larry Light)是全球领先的品牌顾问公司 Arcature LLC 的首席执行官。2002 年至 2005 年，在麦当劳市场转型的重大时期，他担任麦当劳的全球首席营销官。通过在日产、3M 和 IBM 等公司的工作，他总结出了具有突破性的法则、理念、方法和步骤，用来培育、管理和塑造品牌，从而使企业获得持续的盈利性增长。在麦当劳期间，拉里·莱特是麦当劳广告新主题“我就喜欢”的发起人和操盘手。在他的领导下，麦当劳不仅丰富了多年不变的菜单，而且开发了“McKids”服饰系列。麦当劳将继续使用全国性的电视来传递它的营销信息。拉里·莱特认为，对于某个特定群体的归属感很强，每个消费品企业都应该积极地开发新媒介来创造与消费者互动的机会。拉里·莱特将这种趋势称为“我时代”，并与美国《商业周刊》探讨了“我时代”的营销法则，即为不同需求的顾客群体提供差异化的品牌产品和服务。

市场差异化是指由产品的销售条件、销售环境等具体的市场操作因素而产生的差异。大体包括销售价格差异化、渠道差异化、服务差异化。

从价格上来讲，与同类产品相比，价格有高中低之分。企业究竟应该选择哪一种价格呢？最主要的还要根据产品的市场定位、本企业的实力，再加上产品的生命周期来确定。海尔在冰箱市场上始终以高价位出现，给人以物有所值的感觉，而长虹彩电多次打低价战也屡屡得手。

分销渠道有窄渠道与宽渠道之分。在同类产品中根据自己的特点和优势，采取合适的销售渠道，可以取得事半功倍的效果。例如，戴尔公司改变过去那种通过零售商渠道销售个人电脑的做法，直接面向顾客销售，并按订单组织生产。戴尔公司创造了一种生产和销售个人电脑的全新渠道。新的渠道意味着公司不用受制于零售商，也不用承担巨额的库存费用。实际上,它实现了最佳的效益循环：低成本、高利润,从而取得了非凡的经营业绩。

在同质性产品竞争激烈的情况下,服务的差异化直接影响到产品的销售。售后服务差异成了对手之间的竞争利器。同是销售洗衣机,海尔实行 24 小时全程服务,随时召唤随时上门服务。彬彬有礼的海尔服务人员用最快的速度判断出产品存在问题的专业技能,给顾客留下了很好的印象。

切合顾客需求的品牌策划管理为品牌组织的市场竞争赢得先机。一切品牌策划活动都是为了实现品牌信息在拥有者和顾客之间的流动,满足消费者心理需求的策划可以使品牌组织在激烈的媒体竞争中获得先机,赢得市场机会。

1.5.4 品牌策划管理的流程

由上面品牌策划的概述可知品牌策划涵盖了相当多的方面,它是一项艰巨复杂的系统性工程。

1. 市场分析及品牌调研

企业的任何一项营销活动都以市场分析为基础,品牌策划管理也从市场分析开始。市场分析包括对企业宏观环境如政治和法律环境、人口环境、经济环境、自然环境、技术环境和文化环境等的分析,也包括对企业微观环境如供应商、营销中介单位、顾客和竞争者的分析。品牌的推出要以市场调研为基础,只有调研的结果出来之后才能给你的品牌更加准确的定位和切实可行的操作方式。市场调研是重中之重,但出现问题最多的地方也是这里,最后导致整个策划案的失败,所以市场分析错误,品牌的策划推广就会满盘皆输。

品牌调研是指进行品牌策划的工作人员对企业的品牌现状进行了解,或者对企业预备策划的品牌相关内容的资料搜集。对已有品牌的现状的了解主要是了解企业品牌的知名度、美誉度、代表意义等,明确企业预期的状况及实际上品牌所处状态,另外还需了解员工的批评意识和对该品牌的理解程度。对于企业计划树立的品牌应了解企业声誉、品牌产品或服务的质量性能、同行业中的地位、目标受众对品牌的关注、何种因素对目标受众的品牌意识最具影响力,等等。

通过市场分析和品牌调研,企业能更好地了解和把握市场环境变化趋势,及时调整品牌策略,提高企业的应变能力,更好地发展企业。

2. 设计品牌策划方案

通过市场分析和品牌调研掌握大量的情报资料,确定了所要策划的品牌系统中存在的问题、影响因素之后,下一步就是设计品牌策划方案。

品牌策划方案的设计一定要把握住策划的四个特性。

(1) 全局性：策划要从大局出发,以回报社会为己任,让公司和品牌镀上一层金。

(2) 长远性：每一次策划除了要做好本次工作外，还必须给下次操作预留空间，以便实施可持续发展战略。

(3) 阶段性：策划除了明确目标外，还必须设计好其具体实施程序和执行步骤，否则，这个不完整的策划案可能令参加者手足无措，甚至面临夭折的危险境地。

(4) 一致性：策划品牌的主题要保持一致性，但并非要求我们一成不变，而是在保持大方向一致性的前提下创新地开展策划活动。

品牌策划方案应该包括以下内容。

(1) 根据市场分析及品牌调研得到的与外部市场需求、顾客、竞争对手和营销环境变化有关的各种背景材料，以及企业内部的资源、技术和能力分析企业面临的机会与威胁、优势与劣势。

(2) 拟定品牌策划的目标(一般分为财务目标和营销目标)。目标是制定下一步具体策略和行动方案的基础，所有目标都应以定量的形式表达，并具有可行性、一致性，能够分层次地加以说明。

(3) 提出行动方案。行动方案要表明：将具体做什么，什么时间做，谁参与做，预计花费多少，等等。

(4) 预算方案，是根据行动方案编制的相应的预算方案，包括实行策划行动的所有支出与收入。该预算要通过企业领导人的审查批准，而一旦批准，该预算便成为安排所有策划活动的基础。

(5) 控制。在策划方案中还应关注策划内容执行过程中可能遇到的风险，并选择相应的控制方法，以便更顺利、更好地实现策划所拟定的目标。

3. 品牌定位与设计

品牌定位就是依据品牌策划的目标为品牌确立适当的位置。品牌定位要突出品牌个性，并且必须是消费者能切身感受到的，还要以产品的真正优点为基础，要能凸显企业品牌的竞争优势。品牌定位和市场定位密切相关。品牌定位是市场定位的核心，是市场定位的扩展和延伸，是实现市场定位的手段，因而品牌定位的过程也就是市场定位的过程，其核心是细分市场——选择目标市场——品牌的具体定位。成功的品牌都会以一种始终如一的形式将品牌的功能与消费者的心理需求联系起来，通过这种方式将品牌定位信息准确传达给消费者。因此，适当的品牌定位是品牌成功的首要条件。

将品牌定位后接着就是对品牌进行具体的设计。工作人员依据策划方案开展工作，在综合考虑企业现状、竞争对手、社会公众等各种条件后设计品牌。广义品牌设计的主要内容包括战略设计、产品设计、形象设计和CI设计。狭义的品牌设计主要是指品牌名称、商标、商号、包装装潢等方面的设计。品牌设计是艺术和商业的高度结合，应该明快、醒目，富有个性、便于宣传，能充分体现产品特质，还要与目标市场的消费者心理和社会文化环境保持协调一致，并符合国家法律的规定。

4. 品牌传播与推广

品牌目标确立、设计完毕之后，就要对品牌加以传播与推广。品牌推广实际上是品牌策划后的具体行动过程，但因为它对品牌策划的质量有直接的影响，所以将它也放到品牌策划的基本流程中进行分析。

品牌传播与推广指综合运用广告、公关、媒介、名人、营销人员、品牌质量等多种要素，结合目标市场进行综合推广传播，以树立品牌形象。当前国内的大部分企业把品牌的推广集中在广告策划、促销策划、公关活动策划上，甚至有些企业把品牌策划简单地等同于广告策划，用广告吹出一个品牌来。这些都是极其片面的做法。广告是营销链中的一个环节，是辅助销售和传播品牌的一种必要战术，但不是全部。品牌是一个复杂的因素，品牌的推广是一个全面性的工作，应该从品牌的各个相关因素上着手来进行传播与推广。

5. 策划效果评估

品牌策划效果的评估与品牌调研这两个阶段的工作有相同之处，都要利用市场调研搜集资料、获取信息，并且这两个阶段的工作首尾相接。品牌策划效果评估的主要工作内容是了解品牌策划工作是否按时、保质地完成，是否达到预期的效果；进行评估工作，还要确定工作中的问题，是否需要对品牌进行二次策划，是否开展二期工作。

1.6 知识链接

《孙子兵法》中的策划思想

《孙子兵法》自问世伊始，就不断受到关注，权谋家们将之奉为宝典，深刻影响了之后两千余年的中国历史。《孙子兵法》创作的目的在于使用兵者能够进行合理的军事策划，达到其战争目标，对于今天的品牌策划管理也富于借鉴作用。

《孙子兵法》对于团队管理的策划

择才而用的用人原则："夫将者，国之辅也。辅周则国必强，辅隙则国必弱。故君之所以患于军者三：不知军之不可以进而谓之进，不知军之不可以退而谓之退，是谓縻军；不知三军之事而同三军之政，则军士惑矣；不知三军之权而同三军之任，则军士疑矣。三军既惑且疑，则诸侯之难至矣。是谓乱军引胜。"这里特别强调了将领应当具备识势的眼光，知进退，明军政，识军任，否则"诸侯之难至矣"。当然，人只是决定战争胜负的决定性要素，并非全部要素。"故善战者，求之于势，不责于人，故能择人而任势"，人才的选拔和任用固然重要，但不能过分苛求，"择人"之外，还必须要"任势"。

张弛有度的团队管理原则：《孙子·行军篇》中说："故令之以文，齐之以武，是谓必取。令素行以教其民，则民服；令不素行以教其民，则民不服。令素行者，与众相得也。""令之以文，齐之以武"，体现了孙子文武兼施、德威并重的治军思想。所谓"武"，即刚性管理；而"文"的管理方式，即柔性管理。"视卒如婴儿，故可以与之赴深溪；视卒如爱子，故可与之俱死。厚而不能使，爱而不能令，乱而不能治，譬若骄子，不可用也。"今天企业管理中仁爱士卒的思想已有了崭新的时代内涵。对团队进行人性化的管理，可以有效地拉近管理层与普通员工的距离，降低沟通成本，提高企业效益。

赏罚分明的激励原则：《孙子兵法》的高明之处，不仅仅在于对战争大局的把握，还在于对战争要素细节的巧妙把握，所采用的激励原则毋庸置疑，就体现了这一点。"三军可夺气，将军可夺心。是故朝气锐，昼气惰，暮气归。善用兵者，避其锐气，击其惰归，此治气者也。以治待乱，以静待哗，此治心者也。"这段话中的"治气"、"治心"就属于激励的目标。

置于死地而后生原则："凡为客之道，深入则专……投之无所往，死且不北。死焉不得，士人尽力。兵士甚陷则不惧，无所往则固，深入则拘，不得已则斗。是故其兵不修而戒，不求而得，不约而亲，不令而信，禁祥去疑，至死无所之……令发之日，士卒坐者涕沾襟，偃卧者涕交颐，投之无所往，诸、刿之勇也。"通过深入把握战争心理学，孙子明确地知道，越是身处死地，求生的欲望越强，反而越容易激发士兵的战斗力；主动置之死地，并非人人可为，只有军机肃然，上下一心，才能否极泰来，死而复生。

《孙子兵法》对于信息管理的策划

战争中的信息管理策划，至关重要。"故形人而我无形，则我专而敌分。我专为一，敌分为十，是以十攻其一也。则我众敌寡，能以众击寡者，则吾之所与战者约矣。吾所与战之地不可知，不可知则敌所备者多，敌所备者多，则吾所与战者寡矣。故备前则后寡，备后则前寡，备左则右寡，备右则左寡，无所不备，则无所不寡。寡者，备人者也；众者，使人备己者也。"若能做到对战争信息的全面把握，自然处于主动的有利地位。《孙子兵法》中关于情报收集，即信息管理的策划，为今天的决策者们提供了全面且深刻的建议。

知己知彼的策划目标："知彼知己，百战不殆；不知彼而知己，一胜一负；不知彼不知己，每战必败。"了解敌我双方的战争信息，是信息管理策划的目标。"知吾卒之可以击，而不知敌之不可击，胜之半也；知敌之可击，而不知吾卒之不可以击，胜之半也；知敌之可击，知吾卒之可以击，而不知地形之不可以战，胜之半也。"对敌我信息掌握不完全，对战争形势就无法做出正确的分析，掌握多少信息，胜负把握便有多大，这是《孙子兵法》给今天的策划者们的一剂良药。

见微知著的策划技巧：一叶落而知秋，通过对细节细致入微的观察，往往能看到为大众所忽略的信息。"辞卑而益备者，进也；辞强而进驱者，退也；轻车先出居其侧者，陈也；无约而请和者，谋也；奔走而陈兵者，期也；半进半退者，诱也。"对方的表现正是其实力的体现，通过对敌方行为的观察，体测其心理，估计其实力，推测其意图，是获取战争信息的有效手段。当然，战场之上，虚虚实实，单凭一个方面还远远不够。高明的敌方主将常常会有意放出假情报，为了判断信息的准确与否，需要对更多细节的观察。伪装的东西再高明，总会有细节上的破绽。

料战于先的策划眼光：了解对手的基本信息，固然已处于极为主动的态势，但还需要做到料战于先，即对具体战争的发生时间、地点等做出科学判断。“故知战之地，知战之日，则可千里而会战；不知战之地，不知战日，则左不能救右，右不能救左，前不能救后，后不能救前，而况远者数十里，近者数里乎！以吾度之，越人之兵虽多，亦奚益于胜哉！故曰：胜可为也。敌虽众，可使无斗。”“夫地形者，兵之助也。料敌制胜，计险隘远近，上将之道也。知此而用战者必胜，不知此而用战者必败。”以逸待劳，因地制宜，胜利自然不在话下，达到了战争宏观、微观信息的全面而细致的把握。

（以上内容选编自2013年第5期《华中人文论丛》雷振瑞的文章《浅议〈孙子兵法〉中的策划思想》）

1.7 案例分析

“喜羊羊”品牌策划的启示

相信很多中国人对“喜羊羊”并不陌生，近几年我国刮起了“喜羊羊”旋风。2004年，40集的《喜羊羊与灰太狼》在杭州电视台少儿频道正式播出，反响很好，播出一年后，制作方开始融资计划，主要的融资渠道是预售音像版权、图书版权和产品授权等，授权涉及音像图书、毛绒公仔、玩具礼品、文具服装、食品、日用品，以及屏保、多媒体等动漫衍生品：图书版权有4 000多万元的产值；音像版权数百万元；“喜羊羊雪糕”2009年夏天卖出了500多万元；毛绒公仔产值超过2 000万元；肯德基赠送玩具达350万套，产值1 000多万元；深圳招商房贷活动送出超过150多万份喜羊羊礼品。第一部“喜羊羊”动画电影《喜羊羊与灰太狼之牛气冲天》以600万元的投资收获9 000万元的票房已经成为神话。2010年贺岁档，投资1 200万元的第二部动画电影《喜羊羊与灰太狼之虎虎生威》（以下简称《虎虎生威》）再次以迅雷不及掩耳之势“圈钱”：1 150万元的首日票房，4 350万元的周末票房冠军，上映10多日票房破亿……不仅再一次刷新了国产动画电影票房纪录，更是让很多同期的华语大片汗颜。据统计，《喜羊羊与灰太狼》在4年多的播出中，目前投资回收比例为：播出版权收益仅占30%，40%来自衍生产品的形象授权等，其余30%来自其他收入。2009年，喜羊羊衍生产品的销售产值达上亿元。“六只羊”和“两只狼”让我国创意产业确确实实火了一把。

一、“喜羊羊”缘何成功？

1. 播放时机可谓“天时”

2004年，国家广电总局发文，要求各地“1/3以上的省级和副省级电视台要开办少儿频道，国产动画片每季度播出数量不少于动画片总量的60%”，中国动画产业就出现一个20万分钟、价值10亿元规模的缺口。2006年9月，广电总局更是下令强制：每天在17时至20时的黄金时间，所有的动画、少儿、青少年、儿童频道只允许播放国产动画片；进口动画片只能在晚上8时以后播放。经过一年多的“强势传播”后，“喜羊羊”系列的衍生品顺势产生，带来了巨大的经济收益。

2. 内容传播

动画形象选取了矛盾体“羊”与“狼”，故事情节是由狼永远吃不到羊为主线进行。细心的观众也许会发现，类似的形象、同样的情节很早以前已经深入人心，好莱坞动画片《猫和老鼠》就是这样的套路。从这个角度来说，《喜羊羊与灰太狼》并没有完全的创新。但这并不影响主题内容的表达，综观多年来的大片、佳剧，其主题都有着很大的重合，毕竟人们所向往的那些精神主题不会轻易变动。其次创作团体对内容大胆改动，这一点在第二部动画电影《虎虎生威》中表现得淋漓尽致。据说，创作班底邀请短信高手参与创作，将时下流行的网络语言、短信融入剧情中，由此吸引了大批的成人观众。

3. 特色营销

“喜羊羊”的营销可以说是“喜羊羊”成功的最大功臣。以《虎虎生威》为例，在影片上映期间，全国约200家影院华丽变身为“喜羊羊乐园”，80家影院进行特色立体布置包装：惹眼的“虎虎生威”电影立牌、喷绘、充满喜庆的电影海报、滚动播放的《虎虎生威》宣传片和主题曲、地上印有“喜羊羊与灰太狼”卡通形象的地贴，21对价值百万元的人偶正奔走于全国十大城市的各家影院，与热情的粉丝亲密接触……这些人偶的扮演者均是接受过严格训练的专业演员，仪态、姿势等各方面都与影片中的动画形象高度吻合。“一般电影只做一轮宣传，但‘喜羊羊’打了四个回合的营销战，而且每次都有不同的主题”。“针对15岁以下的目标观众进行精准的特色营销……”

二、“喜羊羊”成功的启示

“喜羊羊”的成功更多的是取决于它的营销策略。作为我国创意经济的代表作，从“喜羊羊”的身上，我们或许得到一些启示。

1. 创意经济推动广告产业升级

我国的广告产业必须要走向创意产业，真正成为创意产业的主力军，就必须产业战略升级，转向品牌竞争，由“服务成本化”转向“创意商品化”。“现在的创意已经不能满足于仅仅让消费者关注了，而是应该形成对消费者和观众对这个品牌体验的感知，最好是在经验和信息中间建立一种不间断的期待值，来形成他们对品牌的依赖”。“喜羊羊”的品牌策划就是成功转型的典范。相对而言，《喜羊羊与灰太狼》动画片的内容、动画制作在一定程度上是非常粗糙和拙劣的，难怪在它刚面世时，很多业界人士并不看好它，它的成功更多的是取决于其出色的营销策划，所以可以说“喜羊羊”是轻制作，重营销。除了前面提到的“喜羊羊”的营销策划外，它的衍生品随处可见“创意”的踪影。它的收益也是最为显著，而且在国际上，动画片创意＋电视电影＋游戏＋品牌衍生产品的模式是运作成熟的模式。从广告产业的角度来看，那些公仔、玩偶，甚至是“喜羊羊乐园”，其实都是消费者和观众对“喜羊羊”的体验与感知。这些衍生品可以看做在消费者的经验与信息中间建立的一种不间断的“期待值”。

(1) 创意立足于民族特色

“《喜羊羊与灰太狼》动画电影作为一部简单的正义战胜邪恶的类型片，从其成功的传播效果来说，最重要的也是传统观念与现代创意的结合。”这部动漫作品有着浓厚的中华民族特色：其主人公形象选取了“羊”，在《说文解字》中对羊的解释为“羊，祥也”，表示吉善、美好的意思；我国传统节日春节及其过年气氛、唐装、风筝……类似的细节充分体现出了我国传统文化特色。电影中尊老爱幼、见义勇为、乐于助人、团结协作，以及兄弟之间的血浓于水、夫妻之间的含蓄深情、朋友之间的互助友爱，都体现了我国的传统美德和伦理道德。由此联想到了近年来，广告作品中中国元素的运用，我认为这是广告产业发展很明智的一条道路。越来越多的富含中国元素的广告作品在国际上崭露头角的事实证明了“民族的即是世界的”。

(2) 广告创意与表现介入渠道、营销等领域

《喜羊羊与灰太狼》的两部电影的“低投入、高回报”就是很好的印证。在第一部电影放映之前，创作人员就策划了一系列小成本营销：参与肯德基儿童套餐促销；在全国重点影院建立“喜羊羊”主题开心乐园，内设衍生品展台等。尤其是印制了10万张“喜羊羊”年历宣传画，在上映的前三天逐一派发到广州280多家幼儿园，许多家长被带到了影院，可谓事半功倍。这样的做法使人联想到2005年蒙牛赞助冠名的“超级女声”。蒙牛是当时超女的冠名赞助商，活动全称就是“2005快乐中国蒙牛酸酸乳超级女声”，将超女的“想唱就唱”与蒙牛酸酸乳的“酸酸甜甜”完美地结合，形成了品牌形象与节目要素的亲密接触，蒙牛因此实现了特定的消费情感体验。有资料显示，蒙牛酸酸乳的销售额2004年是7亿多元，到2005年8月，已经有25亿多元，可谓“蒙牛”随“超女”一飞冲天。

2. 知识产权制度是创意产业发展的重要保障

“在创意产业中，利益的载体不是物质化的生产或消费资料，而是‘非物质化’的知识、创意。因而，知识产权成为创意产业的关键环节，成为创意产业的枢纽”。在“喜羊羊”的案例中，就有这方面的困惑。“市场上‘喜羊羊’的大量衍生品，90%都是翻版。国内动画片因价格‘倒挂’，都是靠衍生品赚钱，翻版‘喜羊羊’衍生品充斥着市场，导致原创动力衍生品的收入仅占总收入的40%……如果翻版继续泛滥，很多企业都会撑不下去。”试想如果那些所谓的“翻版”、“盗版”都不存在，那么“喜羊羊”的商业价值又该是多少？动画开发、制作的费用问题就会得到很好的解决，从而形成良性循环，制作出优秀的创意产品。因此，知识产权制度是创意经济重要的环节。众所周知，“创意”的产生成本是极其高昂的，创意工作人员劳动的结晶，又有着很强的可复制性，很容易被侵权，应当受到法律的保护。只有对创意人员、创意产品给予充分的尊重和保护，才能使得广告产业的创意发挥出来，这也是提升创意水平的最根本的解决方法。

(以上内容改编自2010年第8期《企业导报》刘文智、冯娟的文章《从“喜羊羊”品牌策划看创意经济发展》)

1.8　品牌人物

周少雄与“七匹狼”

49 岁的周少雄即将步入知天命之年，然而这十年来，岁月似乎没有在这位“少帅”的脸颊上留下什么痕迹，与同龄人相比，气质还是显得年轻很多。面对镜头、面对记者的采访，神情中甚至还会浮现出一丝拘谨。

2013 年的北京国际时装周上，周少雄和他的七匹狼品牌，无疑又成为其中的主角，周少雄和七匹狼品牌的多位明星代言人都出现在时装周的镁光灯下，共同见证了七匹狼与华谊兄弟名士高级定制和明星跨界设计的最新成果。

这两年来，周少雄的出镜更多是在 T 型台周围，以及出现在各种影视圈名流们出入的活动和秀场，而名字也经常与华谊兄弟董事长王中军一起出现在各大媒体上，更像一个真正的娱乐明星。在外界看来，七匹狼董事长周少雄正在玩一盘看似精彩但又着实不好下的棋。

低迷市场的品牌扩张路

2012 年，对于中国服装市场而言绝对是一个寒冬之年，多数国产品牌都深陷库存的泥沼，那些早年扩张过快的本土体育用品企业成为这场库存“寒战”中最大的受害者，多数晋江的体育用品企业都在收缩战线，关闭效益不佳的门店。福建版块的男装品牌并没有幸免，周少雄坦诚表示，对于七匹狼也有一定的影响，只是不像体育用品企业影响那么大，由于大环境不好，消费乏力，七匹狼也降低了扩张的速度，把更多精力投注在单店业绩的提升上。与此同时，七匹狼在品牌方面的投入不降反升，在 2012 年的中国国际时装周上，七匹狼第一次推出了“名士高级定制”系列，涉足服装定制。

对于服装定制，业内人士其实很清楚，能玩服装定制的企业并不多，除了奢侈品牌就是百年老字号，必定有深厚的品牌内涵和文化。

七匹狼进入定制市场的底气来自“跨界”，联袂华谊兄弟，为 2012 年华谊兄弟旗下艺人重大活动服装提供独家定制。张涵予、李晨、冯绍峰、邵兵、贾乃亮、保剑锋等当红明星都列入七匹狼定制服装的明星名单。

“我们要建立一个品牌，就要比消费者早走一步，甚至有些产品让我们的消费者踮着脚尖才能拥有。当然，对于一个高端品牌来说，你需要有一个合适的顾客群，来支撑整个的运营结构，如果你把自己弄得太高、曲高和寡的话，也会有运营的困难。”周少雄表示。

因此，2011 年以来，在周少雄的有意而为之下，七匹狼其实主动放缓了速度，尽管这两年的业绩还是达到了企业的预期，但周少雄认为今天的七匹狼不是从业绩的角度去求发展，而是在有意控制自己发展的节奏。“在品牌方面，消费者正处在一个升级换代的阶段，现在是消费者的沉淀期，同时也是七匹狼的沉淀期，我更关注的是品牌给予消费者的导向和价值，但仅有品牌这个着力点还不够，还包括服务体系、终端等。”因此，尽管七匹狼玩跨界，在国内男装行业走出了一招差异化的棋路，但周少雄并没有急于看到其带来的业绩变化，他有足够的耐心和信心去打磨这个品牌。

触摸品牌的文化价值

和自己的同行相比，周少雄更喜欢沉下心来琢磨，随着品牌的成长，他更愿意超前一步，超前同行一步去思考品牌的发展道路。在中国男装刚刚起步的时候，往往一句响亮的广告语就让消费者记住了这个品牌。早期，周少雄很自然地就聘请齐秦做七匹狼的代言人，这样的广告模式让消费者很容易记住七匹狼。

在很长一段时间，中国男装的形象定位都和功能紧密地联系在一起，像很多雷同的男裤专家、夹克专家之类的诉求，让中国男装确实也锁定了自己的目标群；当人们度过了求生存的阶段，新富阶层大量出现了，他们开始关注旅游、重视生活的品质，对于时尚的认识也在不断地提升，这时服装对于他们就不再只是基本的穿衣表达。

“技术差异一般都比较容易超越或复制，尤其在服装行业，而文化底蕴更能够保持独特。”周少雄强调。所谓品牌文化的打造，其实是为迎合消费者心理变化和消费需求而转变的。“男人不只一面”的品牌理念也跳出了品牌功能和概念化的窠臼，从受众的精神和内心层面去挖掘他们的共鸣点，对生活方式的关注，对时尚、文化、创意产业的关注与合作，是七匹狼有别于其他本土男装品牌的最大特点，要做能体现生活方式和价值观的品牌，七匹狼的产品才有灵魂，这使得消费者在消费品牌产品的过程中，超越了产品的物理性。

在周少雄看来，七匹狼可以说是中国本土时尚行业发展的一个见证者、经历者，也是推动者，七匹狼伴随着每一个过程一步步往前走，从产品制造、到商品的实用性能的表现、到美学方式的表达、到西方时尚知识的融合，每一个过程都做得比较踏实。

“从现在来说，不仅是服装的品质属性打好基础了，也在品牌文化建设和时尚表达中慢慢走向国际舞台。”周少雄说。

（以上内容改编自 2013 年 6 月 10 日《中国经营报》赵正的文章《周少雄：跨界找寻商业的另一面》）

1.9 本章小结

本章从对品牌的概念、特征与构成要素的阐释入手，分析品牌与策划、策划管理的关系，解析品牌策划管理的作用和流程。结合现代社会品牌策划管理的发展实践，对品牌策划管理的特征和构成要素进行探讨。本章是品牌策划管理学习中最为基础的一章，在学习的过程中既要掌握全球化浪潮下品牌策划管理的发展趋势，还要结合我国的特点具体问题具体分析。

1.10 学习要点

基本概念

品牌；策划；策划管理；管理；品牌策划管理；策划者；策划方法；策划对象；策划效果；策划依据；核心能力；目标管理。

思考题

(1) 简述品牌的概念及其特征。

(2) 品牌有哪些构成要素?

(3) 简述策划的定义及分类。

(4) 什么是品牌策划,有哪些原则?

(5) 简述管理的定义及职能。

(6) 什么是目标管理?

(7) 品牌策划管理的基本要素有哪些?

(8) 简述品牌策划管理的流程。

第2章 品牌理念

导入案例

雪花啤酒：勇闯天涯践行品牌理念

中国啤酒行业在经过一系列收购、兼并之后，逐渐走出低层次的价格竞争，开始进入品牌竞争新阶段。突出品牌的独特个性和丰富内涵、扩大品牌差异性是啤酒企业提高自身竞争力的前提和基础。

作为国内销量第一的华润雪花啤酒，其营销一直有着自己独特的品牌理念。

2002 年，华润雪花啤酒开始系统打造雪花品牌。华润雪花啤酒认识到，“从当代到未来的商业竞争，尤其是啤酒行业的竞争，最终的利器必将是品牌，是差异化十足的个性品牌”。

于是，2005 年华润雪花啤酒启动“勇闯天涯”原创性品牌推广活动。“雪花啤酒勇闯天涯”系列活动以新锐的体验类户外推广活动，诠释和张扬一种超越于庸常的生活态度和精神追求，力求与消费者建立情感上的内在联系，搭建一个心灵沟通的平台，塑造、沉淀雪花啤酒在受众心目中的独特性和感召力，借此扩大全国性品牌雪花啤酒的知名度与影响力。

当时，自驾游、野营、攀岩、登山等户外运动正在广泛兴起，而户外运动的参与者与啤酒的主力消费人群有着高度的重叠。“雪花啤酒勇闯天涯”的准确定位使得雪花啤酒在啤酒主力消费人群 20～40 岁年轻男性中的地位大大提高，这些人同样也帮助雪花啤酒在中高端啤酒市场打开了局面。

高原、雪山、沙漠、荒野，“雪花啤酒勇闯天涯”参与者的极限任务，已成为雪花啤酒一年一度的户外饕餮盛宴。2005 年探秘雅江峡谷，2006 年探源长江之旅，2007 年远征国境线，2008 年极地探索，2009 年挑战乔戈里，2010 年共攀长征之巅，2011 年穿越可可西里，2012 年冲破贡嘎雪山，2013 年翻越喜马拉雅。“雪花啤酒勇闯天涯”活动成为中国持续时间最长、规模最大的原创性品牌推广活动，使得华润雪花啤酒率先实现了“成为一个有故事的品牌”的愿望。

每一次征程都是对人类体能和意志力极限的双重挑战，在恶劣艰险的自然环境中，克服重重困难，凭借智慧、毅力与勇气，“勇闯天涯”的人们最终到达胜利的终点。在这个过程中，每一位参与者都身体力行地践行着雪花啤酒“积极、进取、挑战、创新”的品牌理念，而这恰恰是勇者必须具备的品质。

“勇闯天涯”的队伍，由专业户外领队、地理学家、专业摄制组、高原医生及招募队员组成。活动期间，在确保安全性、专业性的同时，将对地理地貌、环境保护、户外技巧等知识进行普及，在智慧与勇气的双重历练下，继续传承雪花啤酒“积极、进取、挑战、创新”的品牌理念。华润雪花啤酒凭借一以贯之的勇闯精神开创了中国啤酒行业跨界营销的新模式。基于体育运动的体育营销是啤酒行业常见的营销模式，许多啤酒品牌与奥运会、NBA、赛车等体育运动赛事合作。但是，将啤酒与户外极限运动结合，可以说是华润雪花啤酒的创新之举，也使得雪花啤酒在诸多同质化的啤酒品牌中异军突起，塑造了其具有鲜明性格的品牌形象。而每一次探索与挑战，不仅打造了差异化的雪花啤酒品牌，更以其专注、持续实现了其品牌巅峰的不断攀越。

（以上内容选编自 2012 年第 9 期《新营销》徐依璟的文章《雪花啤酒：勇闯天涯践行品牌理念》）

163 年前，西门子创始人维尔纳·冯·西门子说“我们绝不会为了短期利益出卖未来”；124 年前，博世创始人罗伯特·博世说“我宁愿损失金钱也不愿失去信任”；20 世纪 40 年代强生创始人罗伯特伍德·约翰逊创立了“我们的信条”——“对客户负责、对员工负责、对社会负责和对股东负责……”正是立足于刻骨铭心的品牌理念，才能造就这些伟大的品牌。“理念优先于制度，制度先于技术。”美国著名管理学者吉姆·柯林斯研究发现，一个组织的成功源于员工心中的核心理念，而不是组织所掌握的人力和物力。劳斯莱斯汽车“高贵、王者、显赫、至尊”的品牌理念是通过质量、渠道、价格、广告四个方面的组合进行传达的；百事可乐“新一代的可乐”的品牌理念依靠广告定位加以实现，品牌理念是品牌产品或服务进入消费者内心的基础。

2.1　品牌理念的内涵

理念原为哲学名词，柏拉图哲学中的“观念”通常被译为理念，康德、黑格尔等人的哲学中的观念是指理性领域内的概念，有时也译作“理念”。《辞海》对“理念”一词的解释有两条，一是“看法、思想以及思维活动的结果”；二是“观念”（希腊文 idea）。通常指思想，有时亦指表象或客观事物在人脑里留下的概括的形象。

人类以自己的语言形式来诠释现象——事与物时，所归纳或总结的思想、观念、概念与法则，称为理念，如人生理念、哲学理念、学习理念、时空认知理念、成功理念、办学理念、推销理念、投资理念或教育理念等。

2.1.1 品牌理念的定义

品牌理念是产品品牌拥有者在与消费者建立关系的过程中提出的观念体系。它使产品拥有者区别于竞争对手,并使其在精神层面上为消费者所识别和接受。这就意味着品牌理念承担着促使消费者对品牌的价值主张产生深度认同及情感共鸣的使命,而价值主张直接决定于企业的愿景及使命。因此,品牌理念不是凭空提出的,它必须以相应的愿景及使命为依托。

品牌理念是指能够吸引消费者,并且建立品牌忠诚度,进而以客户为中心创造品牌优势地位的观念。品牌理念应该包括核心概念和延伸概念,必须保持品牌理念概念的统一和完整,具体包括品牌的行业、主要产品等业务领域,品牌的跨国、本土形象,品牌文化的不同文化风格,产品定位(高档、中档、低档)、产品风格(时尚、新潮、动感)等的一致。

品牌理念是得到社会普遍认同的、体现品牌自身个性特征的、促使并保持品牌产品或服务正常运作以及长足发展的反映整个品牌明确的经营意识的价值体系。

品牌理念是由思想、观念、心理等因素经长期的相互渗透、影响而逐步形成的一种内含于品牌的生产经营中的主导意识,表现为群体的理想、信念、价值观、道德标准、心理等方面,它一旦形成,则不易发生变化,具有相当长的延续性和结构稳定性。品牌理念代表了品牌组织的深层的精神结构,是品牌最基本的精神含义。

品牌理念是品牌统一化的识别标志,但同时也要标明自己独特的个性,即突出本品牌与其他品牌的差异性。要构建独特的品牌理念需要实现以下目标:首先,品牌理念必须与行业特征相吻合,与行业特有的文化相契合;其次,在规划品牌形象时,应该充分挖掘原有的品牌理念,并赋予其时代特色和个性,使之成为推动品牌组织经营发展的强大内力;最后,品牌理念要能与竞争对手区别开来,体现品牌自己的风格。

2.1.2 品牌理念的功能

确立和统一完整的品牌理念,对于品牌的整体运行和良性运转具有战略性功能与作用。具体而言,品牌理念具有如下主要功能。

1. 导向功能

品牌理念是品牌组织所倡导的价值目标和行为方式,它引导员工的追求。因此,一种强有力的品牌理念,可以长期引导员工们为之奋斗。品牌理念贯穿于品牌组织的全部活动,指导品牌发展的方向,影响组织全体成员的精神面貌,决定组织的素质和竞争能力。先进的品牌理念被组织中的大部分人或全部人掌握了,每个人都能在其岗位上为共同目标发挥作用,可以形成合力从而对整个品牌起到推动作用。

2. 激励功能

品牌理念既是品牌组织的经营宗旨、经营方针和价值追求,也是员工行为的最高目标和原则。因此，品牌理念与员工价值追求上的认同，就构成员工心理上的极大满足和精神激励，它具有物质激励无法真正达到的持久性和深刻性。品牌理念更多的时候是一种精神的力量，支配、决定企业中每个成员的行动方向，引导和推动整个组织朝着既定目标前进。品牌理念也是一种道德的力量，促使其成员自觉地按某一共同准则调节和规范自身的行为，并转化为成员内在的品质，从而改变和提高成员的素质。品牌理念还是一种心理的力量，这种力量能使品牌组织的员工在各种环境中有效地控制和把握自己的心理状态，使组织成员在激烈的竞争及艰难困苦的环境中也能有旺盛的斗志、乐观的情绪、坚定的信念、顽强的意志，因而形成品牌组织的心理优势。

3. 凝聚功能

品牌理念的确定和员工普遍认同，在一个品牌组织必然形成一股强有力的向心力和凝聚力。它是品牌组织内部的一种黏合剂，能以导向的方式融合员工的目标、理想、信念、情操和作风，并造就和激发员工的群体意识。品牌组织即员工的行为目标和价值追求，是员工行为的原动力，因而品牌理念一旦被员工认同、接受，员工自然就对品牌组织产生强烈的归属感，品牌理念就具有强大的向心力和凝聚力。

品牌理念通过共同的价值观和基本信念，使来自不同层级、不同地区的职员统一起来，从而把品牌组织的成员团结成一个有机整体，共同为品牌目标的实现而努力奋斗。不仅如此，先进的品牌理念还能创造良好的工作环境和组织氛围，能促进成员之间和谐的交流沟通，人和人之间有关心、有感情，从而使得品牌组织的全体成员对品牌产生归属感和认同感，与品牌组织同甘苦、共命运，增强了群体的凝聚力。在这种环境中工作，人们的心情是愉快的，斗志是昂扬的，工作是有前途的，感觉是美好的。

4. 稳定功能

强有力的品牌理念可以保证一个品牌组织绝不会因内外环境的某些变化而衰退，从而使一个品牌组织具有持续而稳定的发展能力。保持品牌理念的连续性和稳定性，强化品牌理念的认同感和整合力，是增强品牌组织稳定力和技术发展的关键。

2.1.3 品牌理念的特征

1. 时代特征

品牌理念不能脱离品牌运行所处的时代，时代在不断变迁，不同时代具有不同的特征。品牌理念要与时俱进，不断更新，才能满足消费者变化的需求。

互联网服装品牌 VANCL 凡客诚品 2007 年 10 月上线，目前成为遥遥领先的领军服装品牌。凡客诚品 2010 年提出“人民时尚”这一品牌理念，把“让每个人都买得起的时尚”作为品牌使命，在品牌推广的过程中，凡客也做到了这一点，无论是韩寒、王珞丹等“80后”偶像平民风格的代言，还是“凡客永远不变”广告片中大气恢弘的时代交响曲，都是紧扣时代脉搏，能够引起消费者情感共鸣的上乘之作。红极一时的“凡客体”，更是开启了全民创意的先河，创造了互动营销史上的一个奇迹。凡客在品牌营销的内容创意和技术运用上的把控能力，已经是国内企业中的佼佼者。

2. 民族特征

品牌拥有者应着眼于中国各民族的传统文化、民众心理、宗教信仰来制定与本民族传统相吻合的品牌理念，以使品牌的经营思想能迅速根植人心。

一直以来都致力于中草药日用化妆品的研发、生产和销售的霸王集团，近年来快速崛起于中药日化版图，成为中国民族日化品牌的翘楚，目前霸王集团已经连续五年蝉联中药类洗发水和防脱类洗发水的双料冠军。2012 年以来，霸王集团选择以“中药日化工业园”的开业投产再次显示出对中药日化市场的强大信心，而该项目主要用于生产中草药洗发水、护肤品等产品，产能将达到年孵化量 30 万吨、年灌装量达到 2 000 万箱。2013 年霸王集团的新品霸王女士防脱系列，传承祖传《养血荣发方》的精髓，其蕴涵温和的防脱复合原液，均来自霸王有机中草药种植基地，可激发头皮活力，为秀发注入生长所必需营养，从而帮助女性减轻脱发掉发困扰。在此基础上，霸王的产品阵营进一步扩大，也将满足消费者多样化的需求。

3. 行业特征

品牌理念要立足于品牌组织所处的行业，针对行业技术状况、市场状况、产品特征、人员素质、消费者的偏好等来设计自己的理念。

消费市场的不断扩容促进了乳业市场的不断细分，这在全球乳业已达成一致共识。尽管牛奶曾被认定为“最不可能做出花样”的产品，但创新理念却让蒙牛不断深挖市场需求，持续推陈出新。蒙牛新养道的问世，经过了大量的资料查询以及相关专家的推荐，用 100%纯牛奶加入红枣和枸杞原汁以及阿胶而成，结合了牛奶的营养及三种中国传统食材的功效，可谓东方 5000 年的养生智慧与西方现代科技的结晶，成功开辟了养生牛奶这个新品类，为功能性乳品树立了新的标杆。

4. 拥有者偏好

品牌拥业者偏好是理念开发最直接的依据，它再现了品牌拥有者的个性特征和对品牌特色的理解或希望，是拥有者对品牌在市场中的定位，表现为品牌组织从上到下在经营活动中的一贯性总体倾向。

七匹狼男装是中国男装行业开创性品牌，始终致力于为消费者提供满足现代多元化生活需求的高品质服装产品。20 多年来，七匹狼始终瞄准了商务休闲男装的细分定位。七匹狼董事长周少雄认为刚创业的时候品牌传播环境比较简单，一句响亮的口号就能让人记住一个品牌，所以他提出了励志的品牌风格，用过“奋斗无止境”、“做强者”等口号，周少雄希望七匹狼不仅仅成为穿在身上的衣服，也是可以共享的价值观、激励奋斗的动力。

2005 年，七匹狼更换了新的广告语，“男人，不止一面，今天你要秀哪一面?”品牌诉求趋向文化和价值观的表述，产品品质也同步提升，开始步入功能性产品的领域，用高性能面料制造高品质产品，变得更时尚，色彩更绚丽。2011 年、2012 年，周少雄身着他的“七匹狼”频繁现身于中国的娱乐圈、时尚圈，在其认证新浪微博上，王中军、王中磊兄弟，以及黄晓明、李冰冰等娱乐明星，都与之互相关注。周少雄如此解释：“我们必须保证七匹狼在高端人群中的影响力，必须要与这个人群交往，通过品牌转型重新占据一些话语权。”2012 年 3 月，七匹狼牵手华谊兄弟，推出高端定制系列，并在中国国际时装周盛大发布，七匹狼宣布升级“品格男装”，并邀请冯绍峰、李晨作为新代言人，与张涵予、孙红雷一起对“男人不止一面，品格始终如一”的品牌内涵进行宣传。

2.2　品牌理念的构成

品牌理念由品牌愿景、品牌使命、经营思想和行为规范几个部分构成。

2.2.1　品牌愿景

1. 什么是品牌愿景

“愿景”(vision)是指愿意看见的景色，在 20 世纪 90 年代曾经盛行一时。所谓愿景，是由组织内部的成员所制定，借由团队讨论，获得组织一致的共识，形成大家愿意全力以赴的未来方向。麦当劳的愿景是“成为世界上服务最快、最好的餐厅”，福特汽车公司成立时的企业愿景是“让每个美国人都能拥有汽车”。

品牌愿景是指品牌拥有者为自己确定的未来蓝图和终极目标。品牌愿景不是企业老板、董事会一厢情愿制定的，它不仅仅代表了为品牌工作的员工的共同愿望和目标，更是对品牌的所有显在和潜在目标受众使用这类品牌的终极欲望的表达和描述。

2. 品牌愿景设计

品牌愿景应该得到大多数人的认可和支持，品牌愿景的设计过程，是一个集思广益、交流沟通的过程。愿景设计建立在品牌分析的基础上。

首先，阐明品牌宗旨。品牌宗旨是品牌存在的理由，在确定品牌宗旨时，要回答两个问题：品牌为什么会存在？品牌的首要任务是什么？品牌是为了提供一种服务，去满足社会需求；是为人们提供一种更好的生活方式。从愿景的分析中，我们了解到现有生活方式的不足，然后告诉大家，品牌代表着一种更好的生活方式。例如，娃哈哈童装就致力于为儿童生产健康童装，欧莱雅化妆品品牌的宗旨就是把美带给每一位女性。

其次，确定品牌价值观。品牌价值观是品牌恒定的价值取向，是品牌的灵魂。明确的品牌价值观，表明了品牌支持什么或珍惜什么，什么事应该做，什么事不该做。在确定品牌价值观时，我们应该思考，我们真正珍惜的是什么？哪些因素最能促进品牌的长期成功？我们不仅要考虑到现在应珍惜的因素，而且要考虑到为保证品牌未来的成功而更应珍惜的因素。例如，海尔品牌的价值观为“真诚到永远”，IBM 品牌的价值观为“IBM 就是服务”。

再次，描述品牌文化。品牌文化是凝结在品牌上的各种文化理念的体现。品牌竞争在很大程度上表现为品牌文化的竞争。当品牌文化与消费者内心所认同的文化和价值观产生共鸣，就能够使消费者更倾向于选择这个品牌。任何一个成功品牌都靠着其独特的品牌文化在市场上纵横驰骋。比如风靡全球的可口可乐，它其实是一种普通的糖水饮料，但竟然打遍天下无敌手，所依靠的就是品牌文化的魅力。可口可乐代表着美国文化，消费者与其说是在喝一种饮料，不如说是通过喝可口可乐而感受和体会美国的文化。在愿景分析的基础上，我们要找到品牌特有的文化主题。品牌文化是有国别的。因而，在中国，品牌文化就应有中国社会文化的特点。孔府家酒就宣扬了对中华民族独具魅力的“家文化”，突出家的温暖和团聚的欢乐。

最后，制定品牌目标。品牌目标是品牌要实现的目标，它指明了品牌发展的方向。我们可以通过品牌的战略环境进行分析，集思广益，制定五六个品牌发展目标。然后针对每一个发展目标，分别描述出品牌的未来图景，再从中选出最合适的品牌目标。

2.2.2 品牌使命

1. 品牌使命的含义

“使命”(mission)是指派遣人去办事的命令，比喻重大的责任。品牌使命是指品牌拥有者依据什么样的使命在开展各种经营活动，是品牌理念最基本的出发点，也是品牌活动的原动力。品牌使命就是品牌主体在社会历史和现实生活中所承担的重大责任。品牌使命是关于品牌存在的目的或对社会发展的某一方面应作出的贡献的陈述，品牌使命不仅陈述了品牌组织未来的任务，而且要阐明为什么要完成这个任务以及完成任务的行为规范是什么。

一般而言，品牌使命是在品牌愿景的指引下，品牌拥有者需要承担的责任。品牌使命为品牌提供了存在的理由，也就为组织的决策提供了依据。现在越来越多的品牌已经开始重视品牌使命的规划，关于创造价值、改良社会、丰富生活、陶冶情操、增长智慧、保护环境、促进就业、慈善公益等话题就是很好的有关品牌使命的选题。

2. 品牌使命的特征

(1) 应该明确生存的目的

品牌使命是品牌形成和存在的基本目的。这一内容提出了品牌的价值观念及品牌的基本社会责任、期望在某方面对社会的贡献。

(2) 应该陈述品牌的发展方向

使命陈述应该是比较宽泛的，宽泛的陈述为品牌战略管理者的创造性提供了选择的余地，过于狭窄的宗旨陈述会限制这种创造性，从而使企业在多变的环境中错过许多机会。品牌使命陈述应该比较全面。通过陈述不仅要从各方面来定义品牌，而且还要能够综合反映各个利益团体的要求，否则就不能为制定目标和战略提供有效的指导。

(3) 应该区别于其他同类品牌

提出品牌独特的价值标准，确保企业内部对品牌目的、合适项目的主要行动达成共识，同时区别于同类的品牌产品或服务；有利于树立一个特别的、个性的、不同于其他竞争对手的品牌形象。因为它反映了品牌处理自身和社会关系的重点和态度，反映了品牌处理与各种相关利益团体和个人关系的观点和态度。

(4) 应该作为评价现在和未来活动的框架

品牌使命规定了为实现根本目的，应从事的经营活动的范围。这一内容规定着品牌在战略期的生产范围和市场范围，规定了品牌在经营活动中的基本行为规则和原则，这将成为评价品牌现在和未来活动的标准。

2.2.3　经营思想

1. 经营思想的含义

"经营"(management)是指个人或团体为了实现某些特定的目的，使某些物质发生运动从而获得某种结果的人类最基本的活动。在实践活动中发生的各种关系和认识的总和就是经营思想。正如按载体来划分经营活动一样，经营思想也可分为政府经营思想、企业经营思想、家庭经营思想、个体经营思想等。管理学大师德鲁克认为，顾客是企业得以生存的基础，企业的目的是创造顾客，任何组织如果没有经营或经营只是其业务的一部分，则不能称为企业。德鲁克强调，企业的存在目的在于"引导消费、创造顾客"。

品牌的经营思想是指导品牌经营活动赢得顾客市场的观念、态度。经营思想直接影响着品牌组织对外的经营姿态和服务姿态。不同品牌的经营思想会产生不同的经营姿态和服务理念，会给消费者留下不同的印象。

品牌的经营思想也称为经营哲学，是指品牌组织从事经营活动解决各种经营问题的指导思想，它反映着品牌组织对客观世界认识的总和。品牌组织无论是否已经认识到、自觉或不自觉，客观上都存在着自己的经营思想。这种思想观念的形成，一方面取决于品牌组织所生存的社会环境因素，它决定着在特定社会历史条件下企业经营思想的共性；另一方面取决于品牌组织的自身条件，如行业特点、企业的发展历程、企业领导者的个人因素等，这些因素决定着企业经营思想的特性。

2. 经营思想的构成

经营思想的构成如下。

(1) 守法观念

守法观念就是要求品牌组织在解决经营问题时，必须以国家政策法律规定为准绳，使品牌组织思考问题的出发点与国家的政策法律要求相一致。

(2) 效益观念

效益观念就是要求品牌组织在处理经营问题时，要时刻注重经济效益，把经济效益作为品牌组织一切工作的核心，使经济效益成为品牌组织经营活动的出发点和归结点，成为检验品牌组织经营活动成效的基本标准。

(3) 用户观念

用户观念就是要求品牌组织站在用户的立场去观察、思考、分析和解决生产经营问题，牢固地树立为用户服务的思想。用户是市场的主宰，抓住了用户，也就抓住了市场。为此，品牌组织在市场上最重要的工作就是要争取用户，使用户真正成为自己的朋友。要做到这一点，就必须树立完整的用户观念。

(4) 创新观念

创新观念就是要求品牌组织在经营过程中树立积极主动去发掘用户的潜在需求，依据需求创造消费、开创市场的思想。用户的需求常常是以分散的、潜在的形式存在的。如果让这些潜在的分散的需求自发地变成明确的、集中的、具体的产品就要求品牌组织主动地去发掘用户的潜在需求，并将其以具体的产品形象体现出来，从而创造性地满足用户的需求。

(5) 竞争观念

所谓竞争就是生产相同、相似或可以相互替代的产品的企业之间相互争夺用户，它是市场经济的必然产物。但仅仅是敢于竞争尚且不足，因为品牌组织参与竞争的目的并非要在竞争中碰个头破血流、一败涂地，而是要争取竞争的主动权，进而在竞争中取胜。这就要求品牌组织还要树立善于竞争的思想，以各种灵活有效的竞争手段来取得竞争的主动权。

(6) 战略观念

战略观念就是品牌组织从事经营活动时，要有长远观点和全局观念。之所以要树立战略观念，是由品牌组织自身发展的愿望与赖以生存的手段之间的矛盾性所决定的。从品牌组织自身发展的愿望来看，任何一个品牌组织都想不断地发展壮大，永不消沉，但从组织赖以生存的主要手段产品来看，任何一种产品都有其自身的寿命周期，即不论什么产品，在投入市场后，经过一定时间的演变，终有一天会被用户所抛弃而退出市场。品牌组织需要不断地壮大，而赖以生存的产品又会不断地被市场所淘汰，这一矛盾，只能立足于新的、性能更好、质量更高的产品的不断推出而得以解决。

2.2.4 行为规范

1. 什么是品牌的行为规范

任何一个社会都必然存在各种形式的具体约束规则来制约和控制个人和集体的行

为，人类为了更好地生存和发展，必须对每个人、每个集体或整个社会的各种行为进行有效的约束，使其产生最大的价值效应。行为规范就是个人、集体或社会的行为所服从的约束条件。

品牌行为规范是指品牌组织或其内部员工在品牌经营活动中所必须奉行的一系列行为标准和规则，是对员工的约束和要求。品牌行为规范包括对外回馈，参与活动，对内组织、管理和教育所遵循的标准，是品牌组织实现经营理念和创造品牌文化的准则。品牌的行为规范系统基本上由两大部分构成：一是品牌组织内部行为规范系统，包括内部环境的营造、员工教育及员工行为规范化；二是品牌组织外部行为规范系统，包括市场调查、产品规则、服务水平、广告活动、公共关系、促销活动、文化性活动等。

2. 品牌内部行为规范

品牌内部行为规范就是对全体员工的组织管理、教育培训以及创造良好的工作环境，使员工对品牌理念认同，形成共识，增强品牌组织凝聚力，从根本上改善品牌组织的经营机制，保证对客户提供优质的服务。

(1) 工作环境

工作环境的构成因素很多，主要包括两部分内容：一是物理环境，包括视觉环境、温湿环境、嗅觉环境、营销装饰环境等；二是人文环境，主要内容有领导作用、精神风貌、合作氛围、竞争环境等。创造一个良好的企业内部环境不仅能保证员工身心健康，而且是树立良好企业形象的重要方面，品牌组织要尽心营造一个干净、整洁、独特、积极向上、团结互助的内部环境，这是品牌组织展示给社会大众的第一印象。

(2) 组织管理

必须对品牌组织员工加强组织管理和教育培训，提高每位员工的素质，使每位员工认识到自己的一言一行都与品牌组织整体形象息息相关，只有通过长期的培训和严格的管理，才能使品牌组织在提供优质服务和优质产品上形成一种风气、形成一种习惯并且得到广大消费者的认可。

(3) 教育培训

员工是将品牌组织形象传递给外界的重要媒体，如果员工的素质不高，将损害品牌形象。所以员工教育培训的目的是使行为规范化，符合品牌组织行为规范的整体性的要求。员工教育分为干部教育和一般员工教育，两者的内容有所不同。干部教育主要是政策、理论、法制、决策水平及领导作风教育。一般员工教育主要是与日常工作相关的一些内容，如经营宗旨、企业精神、服务态度、服务水准、员工规范等。品牌组织培训教育的方式很多，包括企业导入 CIS 战略背景、发展目标定位、MI、BI 手册，使全体员工对实施 CIS 战略有一个明确的认识，提高实施的自觉性；编印说明品牌标志、品牌理念及员工行为规范的手册，让员工可以随身携带；举办培训班，对领导和骨干首先进行培训教育，之后可以在全体员工中举办培训班，促进自我启发；制作对员工教育使用的电教说明，即利用影视工具说明品牌行为规范的背景、经过及具体的理念内容。

(4) 员工行为准则

行为规范是品牌组织员工共同遵守的行为准则。行为规范化，既表示员工行为从不规范向规范的过程，又表示员工行为最终要达到规范的结果。它包括的内容有职业道德、仪容仪表、见面礼节、电话礼貌、迎送礼仪、宴请礼仪、舞会礼仪、说话态度、说话礼节和体态语言等。

(5) 编唱品牌之歌

可以借助厂歌来增强品牌组织凝聚力。因为经过厂歌的编唱既可以宣传品牌组织的理念，又可以振奋员工的精神，缓解员工工作紧张的压力，特别是青年员工偏爱音乐，对这种形式喜闻乐见，易于接受，因此，有越来越多的品牌组织为迎合员工这一心理，将品牌理念谱写成自己的企业之歌，取得了良好的效果。

3. 品牌外部行为规范

品牌组织对外行为规范是通过市场调查、广告宣传、服务水平等开展各种活动向品牌组织外部公众不断地输入强烈的品牌形象信息，从而提高品牌组织的知名度、信誉度，从整体上塑造品牌的形象。

市场调查：品牌组织要推销出适销对路的产品，就必须进行市场调查，以求得与消费需要的一致性，在此基础上进行新产品设计和开发。特别是要通过市场调查搞好市场定位，即根据市场的竞争情况和本企业的条件，确定本品牌的产品和服务在目标市场上的竞争地位，从而为产品创造一定的特色，赋予一定的形象，以适应顾客的一定需要和爱好。

服务水平：服务，可以说是品牌形象一道光环，优质服务最能博得客户的好感。就服务内容而言，包括服务态度、服务质量、服务效率；就服务过程而言，包括三个阶段，即售前、售中和售后服务。服务活动对塑造品牌形象的效果如何取决于服务活动的目的性、独特性和技巧性。服务来不得半点虚伪，它必须是言必信、行必果，带给消费者实实在在的利益。

广告活动：广告可分为产品广告和品牌形象广告。品牌形象广告更为重要，以此可以获得社会各界对品牌产品及服务的广泛认同。品牌形象广告的主要目的是树立商品信誉，扩大品牌组织知名度，增强品牌组织内聚力。品牌形象广告不同于产品销售广告，它不再是产品本身简单化再现，而是创造一种符合顾客的追求和向往的形象，通过商标、标志本身的表现及其代表产品的形象介绍，让产品给消费者留下深刻的印象，以唤起社会对品牌组织的注意、好感、依赖与合作。

公关活动：在市场调查的基础上进行必要的公关活动，这是品牌组织行为规范的重要内容。通过公关活动可以提升品牌组织的信誉度、荣誉度，能消除公众的误解，取得社会的理解和支持。公关活动的内容很多，有专题活动、公益活动、文化性活动、展示活动、新闻发布会等。

2.3　品牌理念的开发

2.3.1　品牌理念的开发模式

1. 目标导向模式

品牌组织将其理念规定或描述为品牌在经营过程中所要达到的目标和精神境界。它可分为具体目标型和抽象目标型，大多数的品牌是把这两种类型相结合的。

自 2008 年起，丰田汽车公司逐渐取代通用汽车公司成为全世界排名第一位的汽车生产厂商，旗下品牌主要包括雷克萨斯、丰田等系列高中低端车型等。丰田公司的具体目标型品牌理念为“以生产大众喜爱的汽车为目标”，同时丰田公司也有一些具体与抽象相结合的品牌理念，如“遵守国内外的法律及法规精神，通过公开、公正的企业活动争做国际社会信赖的企业市民”，“遵守各国、各地区的文化和风俗习惯，通过扎根于当地社会的企业活动为当地经济建设和社会发展作出贡献”，“以提供有利于环保的安全型产品为使命，通过所有的企业活动为创造更美好更舒适的生存环境和更富裕的社会而不懈努力。在各个领域不断开发和研究最尖端的科学技术，为满足全球顾客的需求提供充满魅力的产品和服务”等。

长虹是全球家电顶级品牌，1958 年创立于中国绵阳。长虹不断向延伸产业价值链，构建起以软件和芯片为代表的六大核心技术能力，成功培育出面向大数据时代的智能基因。2013 年 6 月 26 日，长虹以品牌价值 827.58 亿元继续领跑西部，稳居世界品牌 500 强。长虹的抽象目标型的企业理念秉持“员工满意、顾客满意、股东满意”的核心价值理念，恪守“责任、坚韧、创新”的企业精神。长虹的具体目标性品牌理念为“快乐创造 C 生活”的品牌主张，打造科技、时尚、快乐的国际化品牌形象，致力于提供 3C 信息家电，为消费者创造聪明(clever)、舒适(comfort)、酷(cool)的生活，矢志成为 C 生活的创领者。

2. 团结凝聚模式

品牌组织将团结奋斗作为品牌理念的内涵，以特定的语言表达团结凝聚的经营作风。

成立于 1985 年的上海大众汽车有限公司是一家中德合资企业，是国内规模最大的现代化轿车生产基地之一。基于大众、斯柯达两大品牌，公司目前拥有帕萨特、波罗、途安、LAVIDA(朗逸)、TIGUAN(途观)和 Octavia(明锐)、Fabia(晶锐)、Superb(昊锐)等十大系列产品，覆盖 A0 级、A 级、B 级、SUV 等不同细分市场。大众汽车公司的德文 Volks Wagenwork，意为大众使用的汽车，标志中的 VW 为全称中头一个字母。标志像是由三个用中指和食指作出的“V”组成，表示大众公司及其产品必胜—必胜—必胜。2010 年，在实现企业规模和造车实力双双迈上了一个新台阶的基础上，为了继续巩固并保持在中国汽车市场的领先地位，并为下一个全新发展阶段提供可持续发展的强劲动力，上海大众进一步完善企业价值观体系，并启动“卓越企业形象”战略。“卓越企业形象”的战略目标，就是明确历史使命、立足未来发展，致力于打造企业在品牌、研发、技术、产品、市场、销售等方面的核心竞争能力，实现企业新的跨越。上海大众的品牌愿景是“保持在中国轿车市场的领先地位，参与并赢得国际竞争”，上海大众的品牌使命是“对用户：不断提高产品和服务品质，持之以恒地改进创新，满足用户的需求，超越用户的期望。对股东：以良好的效益回报股东，保障中德双方股东的长期利益。对员工：积极为员工提供合理的报酬、学习培训的机会、多元化的发展道路、良好的工作氛围。对社会：不断提高产品的节能、环保性能，积极拉动汽车产业链及相关产业的发展，关爱社会、关注环境、支持公益事业”，上海大众的核心价值观是“追求卓越，永争第一”。

3. 开拓创新模式

品牌组织以拼搏、开拓、创新的团体精神和群体意识来规定和描述品牌理念。

海尔是全球大型家电第一品牌，1984 年创立于青岛，连续 12 年蝉联中国最有价值品牌榜首。在互联网时代，海尔实施两个战略转型：企业转型，从“卖产品”转变为“卖服务”；商业模式转型，从传统商业模式转型为人单合一双赢模式。海尔组织结构应需而变，从传统的“正三角”转变为“倒三角”组织，又从“倒三角”转变为以自主经营体为基本创新单元的“节点闭环动态网状组织”。世界著名的管理专家认为，海尔的人单合一双赢模式具有颠覆性、首创性和领先性的特点，是对传统管理理论的突破，有可能破解全球企业界的管理难题。人单合一双赢模式的实施进一步提升了海尔对互联网时代用户需求的响应速度和盈利能力，2007 年至 2011 年，海尔利润复合增长率为 38%，是收入增幅的 2 倍多，现金周转天数(CCC)为负的 10 天。人单合一双赢模式的互联网特征使其具备了跨文化融合的能力，在海尔并购三洋白电业务后成立的海尔亚洲国际，人单合一双赢管理模式得到了日本本土员工和管理团队的认可，并吸引当地一流人才纷纷加盟。

4. 产品质量模式

品牌组织一般用质量第一、注重质量、注重创名牌等含义来规定或描述品牌理念。质量理念是企业通过控制产品质量，不断提升服务品牌知名度和客户满意度，加强质量文化建设的根本观念和执着追求。科学的质量理念是支撑企业在市场竞争制胜的基石。海尔的质量理念是“优秀的产品是优秀的人干出来的”；新汶矿业集团的质量理念为“质量在我手中，满意在你心中”；紫金矿业集团的质量理念是“金的品质”；首钢集团的质量理念“树立以顾客满意为宗旨，以持续改进为手段的质量理念，用科技进步和标准化管理，创出用户满意的产品”。

5. 技术开发模式

这种类型的企业以尖端技术的开发意识来代表企业精神，着眼于企业开发新技术的观念。这种定位与前面的开拓创新型较相似，不同之处在于开拓创新型立足于一种整体创新精神，这种创新渗透于企业技术、管理、生产、销售的方方面面，而技术开发型立足于产品的专业技术的开发，内涵相对要窄得多。

“光环境专家”是雷士照明的品牌核心理念，雷士以专业、专注的精神，为客户创造优美、舒适、安全、节能的光环境，为客户提供最优的照明应用解决方案，并以己之力，推动照明产业健康、快速地向前发展。雷士正是沿着“品牌发展”之路成为了中国照明行业的领军企业。2000 年，雷士匠心独具开辟“品牌专卖”模式，第一家品牌专卖店落户沈阳，至今，雷士已在全国拥有 3 000 多家高规格的品牌专卖店。持续、有效的品牌推广不断积累和提高雷士的品牌价值，雷士品牌被社会各界广泛认知、认同和喜爱，在国际国内各大专业展会上，雷士的高端品牌形象，吸引了行业以及社会各界的目光。

6. 市场营销模式

品牌组织强调自己所服务的对象，即顾客的需求，以顾客需求的满足作为自己的经营理念。典型的是，麦当劳的“顾客永远是最重要的，服务是无价的，公司是大家的”，施伯乐百货公司的“价廉物美”。

7. 优质服务模式

品牌组织突出为顾客、为社会提供优质服务的意识，以“顾客至上”作为其经营理念的基本含义。这种理念在许多服务性行业如零售业、餐饮业、娱乐业极为普遍。

华润万家是中国最具规模的零售连锁企业之一，是香港规模最大、实力最雄厚的中资企业集团——华润(集团)有限公司旗下一级利润中心。华润的使命是通过坚定不移的改革与发展，把华润建设成为在主营行业有竞争力和领导地位的优秀国有控股企业，并实现股东价值和员工价值最大化。华润的定位是做与大众生活息息相关的多元化企业。华润万家的服务理念是“顾客是有选择的，唯有顾客的认可，公司才能得以生存和发展；顾客永远是首要的，我们的一切经营活动都要从顾客的需求出发；想顾客之所想，急顾客之所急，真心为顾客考虑，才能赢得顾客的信任”。

2.3.2 品牌理念的开发原则

1. 个性化原则

个性化就是非一般大众化的东西，在大众化的基础上增加独特、另类、拥有自己特质的需要，打造一种与众不同的效果。个性化原则是指品牌组织所设计的理念必须使自己能在同业中拥有特色。对任何品牌来说，“团结、求实”固然必要，“顾客至上”固然重要，但如果品牌组织都将其作为理念，品牌就无个性可言。理念是指导行为的工具，理念无特色，必然行为无特色，产品无特色，因而也就无树立形象可言。任何一个占有一席之地的品牌，都必须顺应市场的变化，尽可能地创造出让竞争者难以模仿或短时间内难以模仿的个性化品牌。只有独特的品牌个性才可以培育出众多的品牌忠诚者；只有致力于创造个性化品牌的企业，在创新、提升品牌档次和开拓更大市场空间上才能取得更大的成功。

2. 社会化原则

人的社会化过程是通过名字来标签化自己的，这个名字，最开始是依附于具体的人而存在，但当名字随着这个人完成了社会化过程之后，它又可以超脱于肉体而长存，例如历史名人。品牌也是如此，它就像人的名字，代表了具体的产品或者服务，而产品或者服务则像人的肉体，具有各种功能。当一个人或者组织、企业甚至政党，对某个事物或者产品或者政党组织烙印上一个名字，然后让其他人看到并记忆下来，让人们通过这个名字就知道了这个事物是谁，这个事情就被社会化了。

品牌理念虽然需要个性化，但必须为社会所认同。因而，理念的开发与设计必须同公众和消费者的价值观、道德观和审美观等因素相吻合，以得到社会公众的认同，获取较高的知名度和美誉度，在社会大众对品牌的产品或服务形成印象时就会自然而然地认同了。

3. 简洁性原则

哲学中有个"和谐剃刀"理论，其基本内涵是为了平衡万物的价值，和谐剃刀有时会为了保全一种存在而牺牲另一种存在，这是迫不得已的，甚至是必要的；和谐剃刀会理解包括人类在内的所有种群的适度需求，但不会容忍他们的过度贪婪，即使是为了生存与发展的必需。两点之间直线最短，品牌创新过程就是在现实与目标的两点之间，找到一条既短又好的直线。简单性原则是对客观世界本身具有的秩序性、规律性和统一性的主观反映。删繁就简的"和谐剃刀"理论，不仅是形而上的哲学，也是创新中的实用辩证法。品牌理念是品牌组织价值观的高度概括，其字面必须简明，内涵必须丰富，并易于记忆和理解。简洁、清晰、新颖的品牌理念将更会深入人心。

4. 人本原则

人本原则即以人为中心。品牌策划管理活动的目标、组织任务的制定和完成主要取决于人的作用，人的积极性、主动性和创造性的调动和发挥。没有人在组织中起作用，组织将不成为组织，各种资本物质也会因没有人去组织和使用而成为一堆无用之物。

品牌组织必须将品牌理念当做一种管理工具来应用，开发和树立品牌理念的根本目的在于激发员工的积极性和创造性，满足顾客的市场需求。科学的品牌理念及其有效的实施，将会使所有的员工得到尊重和信任，使品牌组织拥有一种良好的氛围和环境。

5. 市场原则

市场原则是指品牌组织以市场需求为中心来安排生产经营活动的营销新观念，其核心是事事处处以得到顾客的满意为目标，从而扩大销售，获取最大利润。

品牌理念的开发必须体现顾客需求和竞争的要求。对于品牌组织来说，理念是指导其经营活动的工具，而品牌策划活动既是满足顾客需求的过程，也是与同业者进行竞争的过程。因而，品牌理念必须有助于这一过程。

以餐饮市场品牌为例，品牌理念随着时代的变迁在不断发生变化，与环境互动赢得消费者的喜爱是品牌理念成长的关键。2013 年，餐饮行业品牌理念在基本开发原则的指导下，随着政策的调整，呈现新的发展趋势。在未来十年，大众主题式休闲餐厅将成为餐饮市场的新宠儿。

“80 后”、“90 后”的成长，为西式简餐带来了生机。各种咖啡馆内的一杯咖啡、一份西式简餐成为了这群人的主要餐饮消费。西式简餐的升温又一次给中国餐饮业带来了灵感，中国的餐饮完全可以按照简餐的模式进行复制，于是，真功夫、一茶一坐、绿茶、外婆家、蒙兰西等一系列以“主题式休闲”为经营理念的中式简餐开始崭露头角。

主题休闲餐厅能够崛起的原因，有如下几点。

首先，“80 后”的社会中坚力量角色越来越凸显，“90 后”已经开始进入社会，这些人喜欢自由、简单、选择，不同种类的中式简餐契合了这群人的心理。

其次，主题休闲餐厅的环境幽雅。这些餐厅不同于大餐馆，基本保持在 300～500 平方米，如外婆家、绿茶、蒙兰西这些近年来比较火爆的主题餐厅基本都是在 400 平方米上下；同时，干净的环境、特色装修让人吃饭的同时如同在观景，蒙兰西的西北风情、外婆家的小桥流水都让人在吃饭之余进行了一次身心的旅游。

再次，主题休闲餐厅的价格实惠，这是城市小白领们选择这类餐厅的主要原因之一。精致的菜品加上时尚的品牌都是质量的保证，再加上实惠的价格，绿茶 3 元的麻辣豆腐、蒙兰西 3～8 元的西北小吃，20 多元的蒙兰西烤鱼都使三五小聚的白领们一顿饭超不过 400 元，这样的价格使得主题休闲餐厅成为小白领们逛街后最好的聚集地。

最后，主题休闲餐厅的特色菜品。这些餐厅都主打了一种特色，如蒙兰西的西北特色，它不同于西贝的西北大菜，蒙兰西烤鱼、非你莫属、大汗烤羊腿、蒙兰西酸奶都是精致的西北菜，让你在西北菜中吃出时尚。

所以，品牌理念的开发，一定要与环境互动，与政策配合，不违背基本原则。

2.3.3　品牌理念的开发程序

1. 完善调研报告

在开发品牌理念时必须在调查研究的基础上，实事求是地反映和分析客观事实，形成调研报告。调研报告主要包括两个部分：一是调查，二是研究。调查，应该深入实际，准确地反映客观事实，不凭主观想象，按事物的本来面目了解事物，详细地占有材料。研究，即在掌握客观事实的基础上，认真分析，透彻地揭示事物的本质。调查报告中的对策部分，可以提出一些对品牌理念设计的看法。完善调研报告，以发现品牌理念定位的方向和目标，有助于解决品牌组织所面临的形象问题，避免品牌理念规定的随意性和单纯的联想。

2. 激发理念创意

创意是传统的叛逆，是打破常规的哲学，是破旧立新的创造与毁灭的循环，是思维碰撞、智慧对接，是具有新颖性和创造性的想法。品牌创意的目标在于：引导消费者到一个全新的观念，让消费者去品味其中新颖、含蓄、深沉、厚重、巧妙或者是曲折、诙谐、风趣的韵味，令消费者认同品牌主张，从而改变消费者的价值观念，从而实现商业利益。

品牌理念的创意有以下几种来源：品牌组织管理者、专业人员、一般员工，外部专家和社会公众。品牌创意本质上是对目标顾客需求和品牌组织解决方案的抽象的、高度概括的概念性描述，是以一种简洁的、具有强烈的视觉听觉冲击力的表现形式向目标顾客展示品牌所代表的生活方式或生产方式。品牌创意潜移默化地影响着人们的消费观念和生活方式，品牌创意往往深刻地烙印在人们的大脑意识中，从而转化为有形的商业价值。

3. 比较筛选创意

创意筛选是指品牌理念的开发人员以实用性、美誉度、传播效果等为标准开发创意，在多种备选方案中选择最佳的方案进行实施的过程。许多品牌组织都有设计得很好的系统来评定和筛选品牌理念以及新产品的创意。在结合品牌理念开发的依据和原则的基础上，开发者应在识别性、鲜明独创性、现实可行性的基础上，对各种创意进行筛选，选择科学有效的品牌理念。

绝大多数品牌组织要求管理人员用标准的格式写出品牌创意，以便提交给相关委员会审阅。书面报告描述了品牌目标、品牌使命、经营思想以及品牌行为规范等，并对市场规模、产品价格、开发时间和成本、制造成本和回收率做出一些初步估计。

4. 构筑理念内涵

对已定为品牌理念的创意，要给予丰富的内涵，以便在以后的理念传递和理念实施过程中有案可查，有据可依。规定理念内涵首先要从字面上给予科学合理的解释，在此基础上，可通过联想与比喻，使其内涵延伸，以便与树立理念的真正目的相吻合。最后，针对理念的要求，明确品牌的发展战略、管理者的职责和员工的行为准则等。建立在上述内涵基础上的企业理念，必须具有极强的导向、渗透、凝聚、激励、辐射、识别功能，以使其成为能与其他品牌相区别而又易于识别的内容。

2.4 知识链接

中国品牌的国际化愿景

联想收购了 Thinkpad，它会不会有朝一日超越甚至取代 IBM 品牌？三一“吞下”了“大象”普茨迈斯特，是不是意味着它有希望成为下一个卡特彼勒？听起来像天方夜谭，毕竟中国企业逐渐形成品牌是近年来才有的事。但如果我们讨论的是 2020 年呢？

电子消费类、制造类企业被看好

“在中国经济持续发展的大背景下，到 2020 年，中国的确会有一批走出国门的领先品牌。”这是接受记者采访的多位品牌专家的共识。他们的理由除了中国企业将借力国家经济实力提升这一有利环境外，还有企业自身在过去 30 年中在市场环境下得到的锻炼、懂得市场化运作且重视消费者研究。究竟什么样的公司会在未来八年成功完成产品和形象升级，成为国际一流品牌？“科技、电子消费产品（如联想、海尔、华为等企业）将比金融服务行业（如中移动和银行）国际化进程更快。”益普索大中华区品牌与广告研究联席总经理王小红如此推断。她的理由是：产品创新更容易推动，也更容易被各国消费者尝试和体验。她认为，包括海尔在内的制造类企业有机会领先具备“国内外市场差异化的竞争能力，以客户为导向，在深入洞察客户需求后，为当地客户提供不可复制的、品牌体验一致的、满足客户需求的高品质产品和服务”。这使得它们能够平衡全球统一和当地响应，形成“勇于创新和全球价值统一的企业文化”，从而走出国门，成就世界级的品牌形象。益普索一项针对美国、英国、德国、韩国、日本、澳大利亚和巴西七个国家共 1 400 名受众的在线调查表明，国外消费者对于“中国凭借技术创新发展起来的优秀公司”的认可率达 76%。与此同时，还有 74%的国外消费者认为，“中国已经或者正在涌现具有全球竞争力的跨国公司”。

中国品牌国际化的问题

创新仍是难题。益普索调查显示，尽管国外消费者认同中国企业的创新能力，但仍有 70%的德国、韩国和日本调查对象认为，“大多数中国公司都有窃取国外公司先进技术的嫌疑”。而所有受访对象中，有 64%的人认为，中国公司的产品优势在于“价格便宜”，中国公司能与跨国公司相抗衡的仍是其“优良的性价比”，而非创新能力。

中国品牌总体而言仍然是各个行业“入门级别”的产品，观察人士的论断并非毫无根据。低价策略曾是“中国制造”的制胜法宝之一，但在全球生产成本上涨的大趋势下，维系这一策略正变得越来越艰难。益普索的调查显示，“由于成本增加，‘走出去’的中国公司正被迫从低成本竞争转向追求高价值创新以及打造品牌”。但人才缺失是中国品牌走向国际领先地位的另一掣肘。

埃森哲大中华区副总裁杨葳认为“中国企业高层通过语言来实现文化融合的能力还不是很强”。除了语言能力带来的隔阂，许多中国企业走出去还面临着从“一个不太开放的行业”到“一个完全放开的行业”的转变过程。它们对于股东价值、企业社会责任、环境保护等方面的认知与国外同行仍存在差距。

中国企业的品牌国际化路径

杨葳认为，能够将企业打造成国际领先品牌的企业必定是具备在“产品、技术、商业模式等多方面创新能力”的企业；王小红也提到，海尔的成功之道便在于时刻关注“产品品质和产品创新”。“创新”也是企业自身定义的成功密码。联想将成功国际化的要素之一定位为自主研发的“创新产品”，如新近推出的以 IdeaPad Yoga 为代表的平板笔记本电脑和之前被业界誉为“最强的超级本”——ThinkPad X1。无独有偶，三一集团目前也已在美国、印度、巴西和德国拥有研发基地，2012 年海外销售额达到 100 亿元人民币。此外，长江商学院市场营销学助理教授张凯夫也提到，HTC 之所以能成就今日的品牌形象也得益于每年推出几十款新机型的产品策略。这是创新能力的体现。

有了好的产品，还需要得力的推广方式。张凯夫认为，并购国外知名品牌是中国品牌国际化一条可行之道。并购之后，借助购买来的品牌推介自身原有的品牌是一条不错的道路。比如，联想在购买了 IBM 之后，借助 Thinkpad 这个品牌也推介 Lenovo 的母品牌，几年下来，消费者在依旧认可 ThinkPad 的同时也记住了 Lenovo。并购可谓“迂回战术”，但“正面进攻”也未尝不可。张凯夫提到，韩国品牌 LG 在进入欧美之前，其实是一个低端的品牌，原名叫做“Lucky Goldstar”。然而，自 20 世纪 90 年代开始，LG 注重产品质量，推出了诸多创新性产品，这些别出心裁的产品伴随着 LG 的新名字“Life's Good”一炮打响，LG 也逐渐成长为国际知名品牌。同样的故事也发生在日本品牌上。

三一重工副总裁、三一重工国际经营计划部总监贺东东指出，在“德国制造”被全世界肯定之前，它在当时质量先进的“英国制造”面前的地位相当于我们的“义乌制造”；“日本制造”在 20 世纪 60 年代，“韩国制造”在 80 年代也都被认为是“劣质产品”的代名词，但对产品质量和创新精神的重视改变了这一切。近几年来，海外客户也逐渐认识到“中国制造”也有一批优秀的企业。

无论是“侧面迂迴”，还是“正面进攻”，中国企业要成就世界领先品牌的关键仍在于产品质量，“这是一切品牌的基础”。而在联想看来，除了重视产品质量和创新，中国企业品牌国际化还需要清晰的战略。事实上，这也是王小红等品牌专家提出的品牌国际化之道；贺东东则强调，三一的品牌国际化除了仰仗将“对客户的理解转化为产品”的研发创新能力外，营建科学的、响应及时的海外营销、服务体系也同样重要。

另外一个被广泛提及的是“团队建设”。事实上，三一和联想都将“国际化的团队”定位为品牌国际化不可或缺的因素。联想的最高管理层是由 9 个人组成的执行委员会，他们分别来自 6 个不同的国家。

“‘走出去’不仅需要国际化的愿景，更需要将愿景‘落地’的本地化团队。”杨葳说。除了负责将中国企业国际化愿景“落地”，本地化团队还应当能够促使中国企业“无缝”融入当地文化和社区。能否与国外市场和同行达到“价值观上的统一”是中国企业要做成世界领先品牌的关键所在。然而，对于融入当地社区的必要因素，比如履行社会责任、融入社区生活、注重环境保护等方面，中国企业在国内并无成熟运作的经验。这意味着他们将付出更大的努力才能与国外同行站在同一起跑线上。可喜的是，尽管起步偏晚，一批中国企业已经意识到企业社会责任等“软件”建设的重要性。

中联重科入主意大利 CIFA、联想收购德国 Medion、华为进军欧洲时都不惜重金聘请当地公关公司指导处理各方关系，最终赢得社区内普遍信任。一个典型的例证是，在2008 年至 2009 年的全球金融危机期间，CIFA 原高管主动向中联重科提出，由他们出面裁掉 100 多名临时工。原本在跨国并购后最为棘手的人员调整也因此得以顺利施行。

要将廉价的“中国制造”转变为高品质的“中国创造”，中国企业仍然有很长的路要走。

（以上内容选编自 2012 年 12 月 31 日《经济观察报》第 18 版汤向阳的文章《品牌国际化愿景》）

2.5　案例分析

《读者》的品牌理念

品牌理念有丰富的内容和构成要素，主要包括品牌使命、经营宗旨、经营战略、经营方针、行为准则和品牌价值观等。体现在《读者》杂志上，主要是指它的办刊宗旨，在这个宗旨的统领下，它的经营战略、经营方针、行为准则和价值观都被统合成一体，具有高度融合性和一致性。

一、《读者》的办刊理念

《读者》的办刊理念随着时代的变化不断与时俱进。1981 年，杂志创办之初，经历了混乱无序的摸索阶段，宣称自己是“综合性的文摘刊物，选登各科之精彩文章”，杂志的定位相当模糊。1982 年后有所好转，当时封闭多年的国人对外面的世界充满好奇，精神文化产品处于极度贫乏的状态。杂志社结合当时的社会形势和读者的要求，确定了“散发着独特的人文思考气息”的选文标准，“博采中外、荟萃精华、启迪思想、开阔眼界”成为《读者》的办刊宗旨。进入 20 世纪 90 年代，随着改革开放的不断深入，面对众多竞争者的压力，《读者》认为应该调整杂志的题材，从介绍外国文化转移到深入挖掘和宣扬国内优秀文化上来，加强本土化，拉近与读者的距离。这一时期的传播口号是“选择《读者》，就是选择了优秀的文化”。进入 21 世纪，“创新”一词成为最流行的词语，只有不断创新，才能在快节奏的社会变化中立于不败之地。《读者》也紧跟时代潮流，确立了“与读者一起成长”的办刊宗旨。

《读者》办刊理念虽然在不断变化，但有一点是坚持不变的，那就是对人性的关怀，对真善美的追求。就像其主编彭长城所说的：“人性是人类的一种终极的基本道德点，只有人性的东西才可以征服人心，在所有的观点与想法当中，我们推崇的唯一主题还是‘真善美’。”它的每一篇文章都是经过精挑细选出来的，散发着人性的光辉，就像是细雨随风潜入夜般滋润人心，使人在浮躁的社会生活中体会这难得的芬芳。贾平凹曾评价道：“这份是短小的、精悍的，可以称之为美文的杂志，不是要迎合，企图去征服，而是随风潜入夜般的甘露……但愿长长久久地读下去，读出佛来。”

作为一种文化产品,《读者》坚守着这样的文化法则：传承中华文明,传播优秀文化。它曾刊登过一篇名为“谁来破译这两首唐诗”的文章,针对1998年5月德国交响乐团在北京演出马勒的《大地之歌》中引用的两首不知出自何人的唐诗,请读者来研究破译,在读者中引起了强烈的反响,他们纷纷来信、来电参与,杂志将有代表性的读者的研究成果刊登出来。在与读者的互动中引导他们走进了传统文化,价值理念就表现于此。《读者》的经营方针和行为准则也体现了传播优秀文化、宣扬真善美的主题。《读者》的经营口号是“让《读者》成为您身边的杂志”,在实际经营运作中,它拥有着成熟而广泛的销售网络,实现了全国15个印点同时印刷上市；在发行和促销方面,不断推出个性化的促销手段,比如“亲情订阅”等,在帮助实现朋友、亲人之间感情传递的同时,也实现了杂志的品牌宣传和推广,逐渐被更多的人认可；在定价方面,《读者》一直坚持着低价销售的理念,使它成为每个人都能买得起的杂志。

二、《读者》的行为识别

企业的行为识别系统是企业理念的外化和表现。企业行为识别是一种动态的识别形式,包括企业内部行为和企业市场行为两个方面。企业内部行为有员工选聘、考核、培训、激励、岗位、领导、决策、沟通等,企业市场行为包括企业创新、广告、交易、竞争、服务等。

《读者》的内部行为识别系统表现在编辑的培养、编辑的分组制、沟通、薪酬制度等方面。《读者》的外部市场行为表现在其广告、竞争、服务等方面。每次有新进员工时,《读者》要求他们做的第一件事情就是大量阅读以前的《读者》文章,在这种阅读中逐渐培养他们的《读者》理念,抹掉他们的个性,形成与杂志相融合的独特气质,以此来保证《读者》理念的一致性。

《读者》实行编辑分组制。自1981年创刊以来,它的主发编辑事实上只有3人。这种情形的局限性不言而喻,一本杂志成了两三个人心灵的声音。因此,自1989年始,他们成立编辑小组,一个成熟的编辑带领一个新编辑,一个主发,一个辅发,既缓解了压力,又使编辑们迅速融入杂志自成一体的风格,增加了新的声音和思想。这种分组制,既传达出《读者》在秉承一贯的风格,同时又体现了它具有的鲜活生命力,不断增加新鲜血液的创新精神。为了保持与读者的联系,加强互动,使文章符合读者所需,《读者》专门设立了读者稿件处理办公室。

在1994年全国兴盛CI形象识别热潮时,《读者》向全国征集读者商标识别设计,最后决定将一只绿色的小蜜蜂作为其固定形象识别图标。用这只底色为苹果绿、张开双翅的小蜜蜂比喻《读者》,准确地表达了它辛勤劳动、服务大众的形象和社会空间,简洁大方,而且包容性很强。封面的主体是一幅清新明快但很有内涵的图片,用简单的黑线框住,刊名压在其上,端庄优雅,同时又透着高贵。杂志的封二是具有艺术性的摄影作品,封三刊登的歌曲流行又不媚俗,这一切都和杂志的风格相契合。《读者》的版式设计和插画也值得称道。自杂志创刊到现在,杂志的版式设计几乎没有改变过。杂志以绿色为主色调,文章标题和插画全部采用绿色，正文用简单的黑色。长篇文章简单地铺陈，没有花哨的边框，需要的时候也只是一条简单绿色线，清爽明亮。《读者》十分重视杂志的插画，配有专门的插画人员，为每一篇文章量身定制画作，这些插画或为幽默的漫画，或为简单素描，或为一幅黑白照片，但和文章相配而生，融合在文章中，令人赏心悦目。

（以上内容选编自 2010 年第 6 期《新闻世界》尚倩倩的文章《“读者”的品牌理念解读》）

2.6　品牌人物

刘小康的设计理念

走进香港创意中心的大楼刘小康的会客室，空间并不大，却很明亮。下巴上留着酷酷的胡须的刘小康普通话并不标准，时而要停下来给你写上他所说的设计品牌的名称。

作为国际知名的设计师、艺术家，刘小康从事设计逾 30 年，获奖逾 300 项，天窗文化和中国人民大学出版社最近出版了刘小康在内地的第一本书《从设计到产业——刘小康的 CMYK 创意学》，可以说是一个进入刘小康设计世界的窗口。

椅子也分男女

个性飞扬的刘小康十年前就曾任香港设计师协会的主席，俨然已是香港设计师的新一代代表。

他喜欢电影，尤其是香港 20 世纪五六十年代的粤语片；喜欢享受生活体验，关心社会及下一代；喜欢参观展览会，浏览各种传媒，兴趣广泛。

2005 年 11 月在北京东方广场展出的“椅子·戏”展览在圈子里引起不小轰动。这个展览在中国香港、台湾，日本东京等地都展览过。他对记者说他喜欢椅子，喜欢它和人之间微妙的关系，而且不止一次用椅子为主角来设计作品。

“我用一个‘男’的椅子和一个‘女’的椅子，代表两个人的关系，代表它们不同的状态，设计了一个系列。然后我想，是不是可以把雕塑变成真的可以坐的椅子？”

真奇妙，椅子也分男女。

他做过很多装置艺术作品，在美国、法国、日本等地的美术馆中都有过展览。但是这些装置艺术和一般艺术家的并不太一样，它们相当多的也能够实用，只是人体工学方面并没有考虑那么多，也没有考虑制作方面的具体细节。他说它们之间的差别很简单：“如果不考虑卖的问题的话，它们就是一堆艺术品；如果要放到家具店里去卖，那就要考虑得更多。放在画廊里卖和放在家具店里卖是不一样的，需要考虑到大概的一个销售情况，在家具店里，不能太多也不能太少。”

从靳叔到田中一光

毕业于香港理工大学的刘小康，于 1982 年展开设计事业，并从 1989 年起担任香港设计师协会执行委员，现为香港设计中心董事局副主席及香港设计总会秘书长。他和老师靳埭强组成的"靳与刘设计顾问"公司，在广告、海报、工业、家居、平面等多个设计领域大展拳脚，忙得四脚朝天。说起来，和靳埭强也是有缘。刚刚从香港理工大学毕业，他就开始帮靳埭强做设计。"靳叔是香港土生土长的第一批设计师，"他说，"陈幼坚也听过靳叔的课。我们关注的都是中国文化如何现代化，现代设计成为了我们生活的一部分。"他说他毕业时候的设计思路与靳先生很像。他读书的时候就受靳埭强的影响，所以有一些他的印记也是很正常的事。

对他影响最大的设计师除了他亲切地称之为"靳叔"的靳埭强之外，就得说是日本设计大师田中一光。"田中做设计，不仅是做一个平面设计，他更注重整个品牌的理念、不同产品整个发展的规划。'无印良品'也是从他的概念出来的产品。他不但自己的海报设计做得很漂亮，也是他把日本的设计带到全球。他另一方面很注重产品本身的包装，也给我很大的启发。"

拿奖拿到手酸

从1984年起，刘小康获香港及海外之奖项超过300项，其中包括于1989年举行的德国莱比锡最佳书籍设计银奖、中国香港设计师协会双年展金奖及苹果大奖、1993年东京字体协会铜奖及纽约水银奖金奖、1997年韩国第三届国际海报三年展全场大奖、1995年路易·卡地亚卓越成就奖、1997年以设计师身份获颁中国香港艺术家年奖、1998年Porsche Design创意动力大奖……他的办公室里摆满了一墙的奖杯，实在是拿奖拿到手酸，也难怪问他第一个拿到手的奖项是哪一个时，刘小康似乎措手不及，一脸茫然地说："不记得了啊，完全不记得了啊。"

小奖无数，不记得，第一个大奖总算还记得，是中国香港设计师协会颁发的金奖。当时做的是一个颜料的平面广告。在这个广告里，艺术家们谈他们对颜色的感觉，他们怎么表达颜色，他们的工具是什么，平面，还不是电视，他需要用图和文字配合的方式让消费者了解这款颜料的特性。刚开始他也有点担心，是不是能达到预期的效果，幸好，反响很不错，很快就为他这个年轻人打开了设计市场。

此外，他为屈臣氏蒸馏水设计的水瓶获得了"瓶装水世界"全球设计大奖。新包装结合水流动的线条及人体美态，流线型的设计强调线条美感，提升品牌到生活享受的层次，他记得那是个难忘的一年："我们花了一年时间，每一个月都有一个年轻艺术家来做一个设计，希望能将年轻人的文化、现代艺术与商业结合起来。每一个月，屈臣氏水在香港都能销到8万到10万瓶，我觉得这也可算是一种公共艺术的行为了。"

在香港，西九龙的规划也引起过极大的争议。刘小康认为西九龙是香港近期一个很大的文化社区建设计划，但问题不在于它建成后会是什么样的，而在于我们如何将内容建构出来，人才的培养很重要，观众的培养也很重要，两者缺一不可。而不是说园区建设好了，再去请设计师来，不应该这样。既有观众，又有艺术家和管理人员的网络才是健康的生态。

西九龙的剧院谁来看？给那些到香港来旅游的人来看吗？这些空间应该是一个工具，让更多的艺术爱好者接触到艺术、认识到艺术，培养文化的氛围，这是在西九龙建成之前就必须要考虑的问题，而不是说等到西九龙完全建成之后再说，那时就晚了。当然，如果管理人员都做好了，有没有西九龙其实都问题不大了。

（以上内容改编自 2013 年 2 月 1 日《21 世纪经济报道》河西的文章《香港设计，品牌理念》）

2.7　本章小结

本章率先对品牌理念的概念与特征进行梳理，分析品牌理念包括的主要内容，解析品牌理念的构成要素，对品牌愿景、品牌使命、经营思想和行为规范等内容进行描述。结合知名品牌的理念设计实践，对品牌理念的开发模式、开发原则和开发程序进行探讨。本章是品牌策划管理学习中建立思维框架的一章，在学习的过程中要把握品牌策划领域的基本思维模式，综合考虑市场因素和设计者的融合，以顾客为中心设计品牌理念。

2.8　学习要点

基本概念

品牌理念；愿景；品牌愿景；品牌使命；经营思想；行为规范；个性化原则；社会化原则；人本原则；和谐剃刀；创意；市场原则。

思考题

(1) 简述品牌理念的概念及其特征。

(2) 简述品牌理念的功能。

(3) 简述品牌愿景的设计流程。

(4) 简述品牌使命和含义及特征。

(5) 什么是品牌经营思想？

(6) 简述品牌经营思想的构成因素。

(7) 什么是品牌的行为规范？

(8) 品牌的内部行为规范和外部行为规范都包括哪些内容？

(9) 品牌理念的开发模式有哪些？

(10) 简述品牌理念的开发程序。

第3章 品牌战略环境分析

导入案例

海尔发布新网络化品牌战略

2013年7月28日，海尔发布了网络化战略阶段新的品牌战略和品牌形象。

在过去的近三十年间，海尔经历了四个发展阶段：名牌战略阶段（1984—1991年）、多元化战略阶段（1991—1998年）、国际化战略阶段（1998—2005年）、全球化品牌战略阶段（2005—2012年），如今海尔迎来了第五个发展阶段，海尔人称为网络化战略阶段。在这一新战略阶段，海尔提出了两个目标，一个是创造全球家电领域交互用户的引领竞争力；另一个是创造虚实融合交互用户的引领竞争力。与此同时，海尔也发布了网络化战略阶段的新品牌形象：海尔主色彩从红色变为蓝色，以体现科技创新与智慧洞察的视觉感受；"i"上的点由方点变为圆点，体现海尔创互联网时代的全球化品牌理想，也表现了海尔对网络平台中每一个个体的关注；辅助图形为网格状，象征海尔节点闭环的动态网状组织，网格没有边框，无限延伸，喻义网络化的海尔无边界。

早在2013年5月底，海尔还在互联网上发起了"海尔全球slogan征集"的大型网络互动，以"一句话的力量"为题，通过SNS、Facebook等社交媒体，在全球27个国家与网友展开互动，邀请全球网友参与海尔新战略时期的品牌口号。1个月的时间，700多万网友参与了互动，收集到有效作品39万多条，平均每天收到10 000多条创意。在当天举行的"2013海尔商业模式创新全球论坛"上，海尔集团董事局主席、首席执行官张瑞敏就互联网时代的品牌组织管理阐述了他的管理理念。张瑞敏说，一个商业模式可持续发展，关键就在于建立一个互联网时代的品牌组织文化。当今品牌组织的商业模式都要变革，因为所有品牌组织的商业模式都建立在分工理论上，但是互联网消除了用户距离，颠覆了品牌组织和用户之间的信息不对称，在零距离的时代，原有商业模式都不好用了。

互联网时代的品牌组织文化是什么？张瑞敏的个人体会，第一是网络化，第二是平台化。互联网带来的最大影响就是消除了距离。传统经济驱动的原动力是规模经济和范围经济，就是做大做广，但是互联网经济时代驱动前进的原动力是平台，平台即可以快速配置资源的框架。

目前，海尔探索的“人单合一双赢”商业模式，其核心是创造用户价值最大化或者公司价值最大化，然后得到个人利益最大化。这个模式推进之后带来的是：第一是对组织的颠覆，第二是对员工的颠覆。对组织的颠覆是把原来金字塔的形式颠覆成一个扁平化的平台。海尔有8万人，现在变成2 000个经营体，原来很多中层的领导没有了，变成平台型的品牌组织。这个平台由三部分组成：第一部分是原来被割裂的研发、销售、生产等各个部门，现在在平台上是相互协同的关系；第二部分是供应商，由原来相互博弈的关系变成合作的关系；第三部分是用户，原来用户只是购买者，现在可以成为设计者，与生产者融合在一起，变成利益共同体。品牌组织原有的很多层级不存在了，都被扁平化了。

张瑞敏认为战略和组织架构是品牌组织的两个变量，战略是大脑，而组织架构是身体，战略的变化决定着组织架构的变化。互联网时代，随着大数据的应用，平台作用日益凸显。用户可以主导品牌组织的发展方向，平台理论颠覆了传统的分工理论，海尔要迎合这个变化，在调整战略的同时也在组织架构上进行了调整。对于互联网时代的挑战，张瑞敏有清醒的认识。“这是最好的时代，也是最坏的时代。”他引用狄更斯的经典名句来阐述品牌组织在互联网时代面临的机遇和挑战。“互联网对每个品牌组织如果你能适应它、驾驭它、走到它的前面，互联网对于你就是最好的时代；如果你背离它，那么互联网对我们每个品牌组织就是灾难，就是最坏。”

面对互联网时代的到来，传统管理理论已经不适应时代发展，商业模式创新是全球品牌组织面临的共同难题。而海尔在商业模式上的颠覆性创新——“人单合一双赢”模式因破解了互联网时代的管理难题，互联网时代，海尔走在传统品牌组织转型的最前面。

（以上内容选编自2013年7月30日《经济参考报》第6版傅勇的文章《海尔发布新网络化品牌战略》）

如何提高消费者对产品的认知度、忠诚度，树立良好的品牌形象？一些意识超前的品牌组织纷纷运用品牌战略的利器，取得了竞争优势并逐渐发展壮大，从而确保品牌的长远发展。在科技高度发达、信息快速传播的今天，产品、技术及管理诀窍等容易被对手模仿，难以成为核心专长，而品牌是一种消费者的认知，是一种心理感觉，这种认知和感觉不能被轻易模仿。

3.1 品牌战略环境分析的含义

3.1.1 品牌战略的定义及特征

1. 品牌战略的定义

战略本是军事学的概念，指关于战争全局和未来发展的谋划，我国古代著名的军事著作《孙子兵法》就是一本有关战略及战术思想的集大成之作。品牌组织战略是把战略的概念移植到品牌组织管理领域，是指关于品牌组织全局和未来发展的谋划。20 世纪 60 年代，在美国的一批管理学家的研究和推广下，品牌组织战略逐渐成为系统的管理理论。其代表人物彼得·德鲁克在《管理实践》一书中提出了战略问题，他指出“战略的核心是明确品牌组织的远期目标和中期目标，以目标来指导经营，度量品牌组织绩效”。钱德勒撰写的《战略与结构》一书，为品牌组织战略下了这样的定义：“品牌组织战略就是决定品牌组织的长期目标并且通过经营活动和分配资源来实现战略目的。”安德鲁斯认为战略是目的、目标或意图，以及为达到这些目的而制定的方针和计划的一种模式。迈克尔·波特在《竞争战略》、《竞争优势》和《国家竞争优势》战略管理三部曲中认为：“战略是公司为之奋斗的一些终点与公司为达到它们而寻求的途径的结合物。”安索夫在《品牌组织战略》一书中认为，“品牌组织战略就是决定品牌组织将从事什么事业，以及是否将从事这一事业”。

按照品牌组织战略的概念以及战略研究近些年的发展实践，品牌战略应该是国家、城市、个人、品牌组织等品牌的拥有者为了提高自身的市场竞争能力，围绕产品的品牌所制定的一系列长期的、带有根本性的总体发展规划和行动方案。

2. 品牌战略的特征

20 世纪 80 年代以来，世界经济在全球一体化的浪潮推动下迅猛发展。品牌组织面临越来越复杂的竞争环境，未来的不确定性和经营风险把品牌战略的研究与应用置于前沿的位置。品牌战略的特征呈现出这样的趋势。

(1) 全局性

品牌战略是品牌组织为了创造、培育、利用、扩大品牌资产，提高品牌价值而采用的各项具体的计划和方案的指南。它所解决的不是局部或个别的问题，而是全局的问题，即从战略意识、战略思想、战略眼光等角度掌握整体的平衡和发展，不能贪图局部和眼前的利益。品牌战略的制定要求通观全局，对各方面的因素和关系加以综合考虑，注重总体的协调和控制。

(2) 长期性

品牌战略是一个长期的概念，其着眼点不是当前，而是中期或长期。品牌战略并不注重品牌短期经营的成败得失，主要在于谋划品牌长期的生存大计，具有相对的稳定性。

(3) 导向性

由于品牌战略是站在全局的高度制定宏观总体规划，从而决定了其对下属的各种具体措施和活动计划具有导向作用。在规划实施期内，所有的具体行动均要与品牌战略的总体要求相一致，如有背离则必须调整。

(4) 系统性

品牌战略的系统性包括品牌的创造、推广、发展、保护、更新、撤退等一系列环节，它是一个系统工程，而系统内的各个环节与过程都是相互联系和相互影响的，并且可以转化和连接。

(5) 创新性

制定品牌战略是一个创新的过程，每一个品牌的拥有者自身的条件都不同，所处的市场环境和竞争对手也不一样，必须有针对性地制定品牌战略，才能起到出奇制胜的作用。品牌战略是现代品牌组织经营战略的核心，它的价值体现在它的独特性和创新性。一个品牌组织如果采用简单模仿的品牌战略在激烈的市场竞争中会很快被淘汰，不可能赢得最终的胜利。

3.1.2　品牌战略的作用

进入21世纪，品牌战略越来越为品牌组织所重视，品牌战略成为城市发展、国家富强、品牌组织经营中的重要研究课题。具体而言，品牌战略具有如下作用。

1. 品牌战略是品牌组织经营的核心

品牌组织的生产经营是复杂的系统，今天品牌组织是以品牌资产管理为中心的经营系统，品牌战略是品牌组织经营的方向和核心，品牌战略管理贯穿品牌组织经营的全过程。品牌组织的效益的衡量标准是品牌资产是否增值。

2. 品牌战略是品牌组织差异化竞争的主要手段

美国营销学家菲利普·科特勒认为品牌是一种公司或产品独有的、可视的、情感的、理智的、文化的形象，其目的是要使自己的产品或服务有别于其他竞争者。品牌的差异化定位是品牌战略的组成部分，通过建立品牌功能性和情感性差异，把自己的品牌和竞争品牌相区分，这种区别将成为竞争优势。

3. 品牌战略可以扩充无形资产的价值

实施品牌战略可以通过创立品牌而不断扩充无形资产的价值。这种无形资产可以为品牌组织带来巨大的利润。因为知名品牌对于品牌组织经营商品具有促销的效果，通过品牌的有偿使用可以增加利益。以品牌为中心的特许经营方式成为品牌战略可以扩充无形资产的有益尝试。

4. 品牌战略是争取长期稳定顾客的主要工具

品牌随着时间的推移不断重构，形成口碑，赢得声誉。这个品牌具有了知名度、信誉度和顾客的忠诚度，消费者通过对品牌的使用形成满意度，就会围绕产品形成消费经验，存储在记忆中，为将来的消费决策带来依据。

5. 品牌战略可以提升品牌组织的整体经营水平

一个成功的品牌的发展得益于良好的品牌战略。把品牌的创立与质量管理、技术创新、服务周到紧密联系在一起才能成就品牌。通过品牌战略的实施可以不断提高品牌组织的整体经营水平，高水平的管理又将增强品牌的信誉。

3.1.3 品牌战略的构成要素

所谓的品牌战略，包括品牌化决策、品牌模式选择、品牌识别界定、品牌延伸规划、品牌管理规划与品牌愿景的设立等六个方面的内容。

1. 品牌化决策

解决的是品牌的属性问题。是选择制造商品牌还是经销商品牌、是自创品牌还是加盟品牌，在品牌创立之前就要解决好这个问题。不同的品牌经营策略，预示着品牌组织不同的道路与命运，如选择"宜家"式产供销一体化，还是步"麦当劳"(McDonalds)的特许加盟之旅。总之，不同类别的品牌，在不同行业与品牌组织所处的不同阶段有其特定的适应性。

2. 品牌模式选择

解决的是品牌的结构问题。是选择综合性的单一品牌还是多元化的多品牌，是联合品牌还是主副品牌，品牌模式虽无好与坏之分，但却有一定的行业适用性与时间性。如日本丰田汽车在进入美国的高档轿车市场时，没有继续使用"TOYOTA"，而是另立一个完全崭新的独立品牌"凌志"，这样做的目的是避免"TOYOTA"会给"凌志"带来低档次印象，而使其成为可以与"宝马"、"奔驰"相媲美的高档轿车品牌。

3. 品牌识别界定

确立的是品牌的内涵，也就是品牌组织希望消费者认同的品牌形象，它是品牌战略的重心。它从品牌的理念识别、行为识别与符号识别三个方面规范了品牌的思想、行为、外表等内外含义，其中包括以品牌的核心价值为中心的核心识别和以品牌承诺、品牌个性等元素组成的基本识别。如2000年海信的品牌战略规划，不仅明确了海信"创新科技，立信百年"的品牌核心价值，还提出了"创新就是生活"的品牌理念，立志塑造"新世纪挑战科技巅峰，致力于改善人们生活水平的科技先锋"的品牌形象，同时导入了全新的VI(视觉识别)系统，通过一系列以品牌的核心价值为统帅的营销传播，一改以往模糊混乱的品牌形象，以清晰的品牌识别一举成为家电行业首屈一指的“技术流”品牌。

4. 品牌延伸规划

品牌延伸规划是对品牌未来发展领域的清晰界定。明确了未来品牌适合在哪些领域、行业发展与延伸，在降低延伸风险、避免品牌被稀释的前提下，以谋求品牌价值的最大化。如海尔家电统一用“海尔”牌，就是品牌延伸的成功典范。

5. 品牌管理规划

即品牌组织结构设计。设立适合品牌战略愿景与发展目标的品牌组织，从组织机构与管理机制上为品牌建设保驾护航。品牌组织做大做强靠战略，“人无远虑，必有近忧”，解决好战略问题是品牌发展的基本条件。

6. 品牌愿景的设立

即品牌目标的制定。品牌愿景就像灯塔的光线为行船指引着清晰的方向。简单地讲就是告诉你的消费者、股东、员工，你今天代表什么？明天代表什么？我们将来要达成什么样的目标？与此同时，在制定品牌愿景的同时也要规划好：实现这个愿景需要几个阶段？各个阶段的目标又是什么？要清晰、具体、可行。

3.1.4　品牌战略环境分析

品牌战略环境分析是指对品牌组织所处的内外部竞争环境进行分析，以发现品牌组织的核心竞争力，明确品牌组织的发展方向、途径和手段。品牌战略环境分析是战略管理过程的第一个环节，也是制定品牌战略的开端。品牌战略环境分析的目的是展望品牌发展的未来，这是制定战略的基础。战略是根据环境制定的，是为了使品牌的发展目标与环境变化和品牌组织的能力实现动态的平衡。品牌战略环境分析是对当前的品牌建设情况以及内外部环境的关键影响因素进行系统性的审视、评估和判断，清醒深刻地认识品牌战略的客观基础和驱动因素才有可能制定正确的品牌战略并正确地进行品牌执行。

3.2　品牌外部环境分析

品牌外部环境分析的目的是评价品牌战略与组织外部的机会、威胁和趋势的匹配性，它包括宏观环境分析、产业环境分析、客户环境分析和竞争环境分析四个部分。

3.2.1　宏观环境分析

宏观环境的变化，要求品牌的经营管理者在选择经营战略时必须认真分析政治法律环境、经济环境、技术环境、社会文化环境等因素变化的影响，明确品牌自身面临的机遇和危机，以便利用机遇，避免或消除危机。品牌组织只有在把握宏观环境发展变化趋势的基础上顺势而为，才能在专业化经营和多元化发展中做出最佳的决策。

宏观环境指的是对所有品牌组织的经营管理活动都会产生影响的环境方面的各种因素，需要从政治法律环境、经济环境、技术环境、社会文化环境等方面进行分析，找出这些因素对品牌组织经营战略的影响。

1. 政治法律环境分析

政治法律环境是指对品牌组织生产经营活动具有实际与潜在影响的政治力量和对品牌组织生产经营活动加以限制和要求的法律法规等因素。品牌组织在进行经营战略选择时，首先要考虑的问题是拟投资品牌组织所在国家和地区政局的稳定性和安全性，在此基础上，要着重考虑政府对发展地方经济的支持力度和政务工作的效率。为了促进当地经济的发展，一般来说，所在国家和地方政府会出台一系列优惠政策来吸引投资者，为品牌组织提供优质、高效的行政服务，切实保障品牌组织的利益。但品牌组织在某些国家和地区也会遇到一些地方政府部门存在官僚主义，直接干预过多，办事效率低，地方保护主义严重等现象。品牌组织应选择稳定安全、能提供高效优质服务的政治环境。国际化经营的品牌组织还需要考虑目标国对外来品牌组织和外来商品的政策及态度等。

中国加入世贸组织之后，经济全球化进程加快，法律环境对中国品牌组织越来越重要。品牌组织在进行经营战略选择时，要注意拟投资品牌组织所在国家和地区法律体系的完备性、法律仲裁的公正性和法制的稳定性等。对从事国际化经营的品牌组织来说，在遵守不同东道国法律法规的同时，还要遵守世界范围内共同的行为准则。当然，品牌组织在某些国家和地区也会遇到一些执法机构有法不依、执法不严、违法不纠的现象，这会严重制约品牌的发展。随着国际间相互投资的增加，为了给投资者提供充分的法制保护，坚定其投资信心，国家和地方政府必须不断健全法制，完善投资规范，形成一个宜于国际资本流动的良好的法律环境。

2. 经济环境分析

经济环境是指直接影响品牌组织生存和发展的国家经济发展状况及趋势、经济体制与其运行状况、国家的经济政策及措施等因素。品牌组织要密切关注国家经济政策的变化，因为，政府制定的经济政策对某一行业及其品牌组织的影响，既可以是鼓励和保护性的，也可以是限制和排斥性的。2005 年 12 月国务院发布实施的《促进产业结构调整暂行规定》中的《产业结构调整指导目录》就是由鼓励、限制和淘汰三类目录组成。对鼓励类产业投资项目，国家制定优惠政策支持，以消除经济持续发展的瓶颈；对于限制类项目，国家督促改造和禁止新建；而对于淘汰类项目，国家禁止投资，可以采取高税收、行业管制等政策，如金融机构可停止各种形式的授信支持、有关部门可依法吊销生产许可证等。

自然资源的丰歉在一定程度上影响着品牌组织已投资产业的成败。如石油危机的冲击，一方面导致汽车燃油价格上涨，用车成本上升；另一方面使宏观经济减速，消费者信心指数下滑，在两者的双重作用下，汽车销量下降，汽车产量下降，对汽车制造业产生了强烈影响。同时，人口规模和结构的改变对品牌组织行业选择的影响更为直接。因为，人类的需求是品牌组织生产的前提，一切生产都是为人类服务的。人口总量的变化、不同的年龄构成、性别构成、文化教育水平等，都会影响不同的需求构成，进而影响着相应的市场变动。

经济增长速度对品牌组织所选择投资的方向也有重大影响。在经济快速增长时期，居民的收入会有相应的提高，相关产业会有较快的增长，这会给品牌组织的投入和产品销售提供良好的条件，有利于品牌组织的成长和发展。相反，当经济增长延缓时，品牌组织的成长和发展就会受到严重的阻碍。品牌组织应抓住经济快速增长的有利时机，做大做强现有产业，努力开辟新的市场。

3. 技术环境分析

技术环境是指品牌所处的环境中科技要素及与该要素直接相关的各种社会现象的集合，包括国家科技体制、科技政策、科技水平和科技发展趋势等因素。对各行业内的品牌来说，要密切关注所在行业的技术发展动态和竞争者技术开发、新产品开发方面的动向，及时了解是否有当前技术的替代技术出现，并发现可能给品牌组织带来竞争利益的新技术、新材料和新工艺。我国是一个设备大国，资产规模庞大，每年因各种原因导致设备停产、报废所造成的损失逾千亿元，大量设备的报废对环境和资源也造成巨大压力。研究和开发再制造技术，并将再制造业发展成为一个规范的现代化产业，从不能再利用的电子垃圾中，低成本、低污染、高效率地回收金属、塑料、玻璃等原料投入再生产，能够使品牌组织在节能、节材、降耗、减少污染和提高经济效益上发挥巨大作用，大力推动我国循环经济发展。

4. 社会文化环境分析

社会文化环境是指品牌组织所处地区在社会与文化方面所具备的基本条件，它包括民族特征、文化传统、价值观、宗教信仰、教育水平、社会结构、风俗习惯等因素。社会文化因素对品牌组织经营战略的影响是间接的、潜在的和持久的。任何品牌都处于一定的社会文化环境中，营销活动必然受到所在社会文化环境的影响和制约。为此，要了解和分析社会文化环境，针对不同的文化环境制定不同的营销策略，组织不同的营销活动。对社会文化环境的分析一般从以下几个方面入手。

(1) 教育状况分析

受教育程度的高低，影响到消费者对商品功能、款式、包装和服务要求的差异性。通常文化教育水平高的国家或地区的消费者要求商品包装典雅华贵，对附加功能也有一定的要求。因此企业营销开展的市场开发、产品定价和促销等活动都要考虑到消费者所受教育程度的高低，采取不同的策略。

（2）宗教信仰分析

宗教是构成社会文化的重要因素，宗教对人们消费需求和购买行为的影响很大。不同的宗教有自己独特的对节日礼仪、商品使用的要求和禁忌。某些宗教组织甚至在教徒购买决策中有决定性的影响。为此，品牌可以把影响大的宗教组织作为自己的重要公共关系对象，在营销活动中也要注意到不同的宗教信仰，以避免由于矛盾和冲突给品牌营销活动带来的损失。

（3）价值观念分析

价值观念是指人们对社会生活中各种事物的态度和看法。不同文化背景下，人们的价值观念往往有着很大的差异，消费者对商品的色彩、标识、式样以及促销方式都有自己褒贬不同的意见和态度。企业营销必须根据消费者不同的价值观念设计产品，提供服务。

（4）消费习俗分析

消费习俗是指人们在长期经济与社会活动中所形成的一种消费方式与习惯。不同的消费习俗，具有不同的商品要求。分析消费习俗，不但有利于组织好消费用品的生产与销售，而且有利于正确、主动地引导健康的消费。了解目标市场消费者的禁忌、习惯、避讳等是品牌进行市场营销的重要前提。

总之，宏观环境的变化，要求品牌经营者在选择经营战略时必须密切关注，认真分析，目的在于明确品牌组织自身面临的机遇和危机，以便利用机遇，避免或消除危机，以适应环境。

3.2.2 产业环境分析

产业环境是品牌战略进行角逐的沙场，不同的产业通常具有不同的结构特征、关键成功因素和变革驱动力，品牌战略必须及时而深入地做出有针对性的响应才能占据有利地位。

1. 产业类别分析

由于产业的发展前景与很多因素有关，根据不同的因素侧面反映了不同的划分标准，以下介绍两种常见的划分方法。

（1）根据产业的未来预期划分，可分为朝阳产业和夕阳产业

如目前的生物技术和信息产业都是属于朝阳产业，发展前景一片光明，正所谓“道路是曲折的，前途是光明的”，几十年后或许就成为了夕阳产业。诞生于19世纪的钢铁业和纺织业就是明显的夕阳产业，未来发展前景不容乐观。朝阳产业和夕阳产业具有一定的相对性，在发达资本主义国家已经日臻成熟的如微电子行业在某些发展中国家才刚刚起步，处于朝阳产业的位置。所以发达资本主义国家往往以跨国公司投资的名义，转移在国内的生产技术和设备到发展中国家谋取利益。所以我国的品牌组织也要适时地“引进来，走出去”，去开拓国外市场。我国经济地区和城乡发展的不平衡也可能造成产业的发展不

平衡，新兴产业由东部向西部、由城市向乡村转移已经成为一种趋势。再加上政府政策上的支持，给予品牌组织良性且健康的发展环境。如果品牌组织的发展实力比较弱，竞争力不强，为何不把品牌组织的发展战略转移到西部或者走“农村包围城市”道路，以寻求品牌组织的长远发展。

(2) 按照产业所采用的技术的先进程度，可分为新兴产业和传统产业

一般来说，传统产业多为夕阳产业，新兴产业多为朝阳产业。因为产业的发展周期存在着一定的限制。从诞生、发展、繁荣、衰落，按照传统的行业估算一个产业的发展周期值一般为120年。按照产业对资源和技术的依赖程度，产业的周期起伏不定，或长或短。一般来说对资源的依赖程度越大，行业周期就会越短，例如钢铁、纺织行业；对技术的依赖程度越大，行业周期越长，例如生物技术、太空技术等。一般而言，一个新兴行业的诞生，并不预示着巨额的利润，因为这时候市场反应较为迟钝，产品并不一定为消费者所接受，市场容量极小，例如20世纪50年代的计算机行业，几乎没人会去购买电脑。行业的发展初期，进入门槛比较低，特别是一些劳动和资源密集型的行业，例如纺织行业，市场的竞争压力比较小，品牌组织利润空间较大，且没有形成规范的市场秩序，处于群雄并起的时期。等到品牌组织发展到一定阶段，市场逐渐趋于饱和，行业也走向了成熟。

2. 产业发展趋势分析

行业内几经整合，形成了各品牌组织间和平共处的状态，产品差异化战略成为一种新的发展趋势，产品开始细化和个性化分工，以满足不同年龄、族群、阶层消费群体的需求。这事实上节约了社会成本，减少了因为产品剩余而造成的资源浪费。价格战已经不再成为一种主要的竞争手段，后差异化战略是行业市场成熟的标志。此时，由于利润空间的减少，成本的限制因素，供应商系统和销售网络也趋于稳定，不会产生太大的变化，行业产品与替代品之间也会形成稳定的量比价关系，不会造成过多消费者的流失。这种平衡状况在行业内是相对稳定的，在品牌组织间却是不稳定的，一般大品牌组织是新技术的研发者，由于新技术的引入会打破这种均衡。事实上，如果某一行业发展速度明显高于其他行业，就会使替代品的量比价关系发生变化，就会吸引替代品的消费人群向这一行业转移，包括国家间的转移，自然利润也会随之转移，产生整个社会甚至全球的连锁反应，例如，计算机行业改变了全球的经济结构。视情况而定，提升或者迟滞其他行业的发展。所以说，英国的棉纺织工业带动了整个大英帝国的兴起，正是此原因。

3. 产业发展周期分析

产业的发展周期(又称生命周期)具有伸缩性，为了简明起见，我们以我国家电行业的发展为例。20世纪80年代初期，中国家电市场才刚刚起步，所谓的市场缺失，随着改革开放的步伐加快，中国家电品牌组织风起云涌，首先要做的就是建立一个完全的品牌组织，抢占先机占领市场，所谓的“抢占地盘”。这时候，市场的开拓比较容易，政府政策支持

该行业发展，限制条件较少。行业划分还不成熟，形成不了行业内部正面的竞争，只有品牌组织发展速度和营销网络的潜在优势竞争这一暗流涌动。因为搜寻和开拓新市场比行业内部竞争机会成本要小得多，建立的新市场也相对比较稳固，投资回报率也就较高。这个时期的著名的品牌有康佳、TCL、创维、海信、乐华、厦华、熊猫等。此时的品牌组织的主要特点就是无限地扩大生产规模，创造市场容量。然而市场具有一定的空间，即有限性。当市场被瓜分完毕，无形中就阻止了其他品牌组织进入该行业。当行业的发展日渐成熟，由于品牌组织对利润的无限追求，导致品牌组织开始寻求用不同的方式和自己的优势对外扩张，其他品牌组织也会有类似的战略倾向，更不会坐以待毙。于是行业内部的竞争不可避免地发生了，各大品牌组织东侵西掠的兼并战争开始了，或许只有少数赢家，或许没有一个赢家，20 世纪 90 年代的彩电价格大战就是一个很好的案例。这就涉及品牌组织的战略、战术，行业内部不同品牌组织的实力和规模不同，造成了不同的品牌组织战略目标和生存理念。例如，1998 年的海尔稳定了国内市场，就适时提出了国际化战略。而面对同行业激烈的竞争，同时期格力空调的初期目标就是立足国内发展，直至最后出现繁荣的局面。这是时候消费者的质量意识开始觉醒，此时的品牌组织切忌盲目扩张规模，而不注重产品的质量和品牌效应。进入 21 世纪特别是 2007 年后，家电行业已经趋于成熟，所以这一时期的行业进入门槛格外地高，其他品牌组织基本上没有涉足该行业的余地，家电行业的竞争基本上就是海尔、海信、TCL、康佳、创维以及两大销售网络国美和苏宁的竞争。所以说，品牌组织的发展离不开行业市场的变幻，但是无论怎么变化，终究逃脱不了行业的发展周期这一规律。

3.2.3 客户环境分析

客户分析就是根据客户信息数据来分析客户特征，评估客户价值，从而为客户制定相应的营销策略与资源配置计划。通过合理、系统的客户分析，品牌组织可以知道不同的客户有着什么样的需求，更为重要的是可以发现潜在客户，从而进一步扩大商业规模，使品牌组织得到快速的发展。

客户分析包括以下六个方面。

1. 客户商业行为分析

客户商业行为分析是指通过客户的资金分布情况、流量情况、历史记录等方面的数据来分析客户的综合利用状况。主要包括以下几方面。

产品分布情况：分析客户在不同地区、不同时段所购买的不同类型的产品数量，可以获知当前营销系统的状态、各个地区的市场状况以及客户的运转情况。

消费者保持力分析：通过分析详细的交易数据，细分那些企业希望保持的客户，并将这些客户名单发布到各个分支机构以确保这些客户能够享受到最好的服务和优惠。细分标准可以是单位时间交易次数、交易金额、结账周期等指标。

消费者损失率分析：通过分析详细的交易数据来判断客户是否准备结束商业关系，或正在转向另外一个竞争者。其目的在于对那些已经被识别结束了交易的客户进行评价，寻找他们结束交易过程的原因。

升级/交叉销售分析：对那些即将结束交易周期或有良好贷款信用的客户，或者有其他需求的客户进行分类，便于识别不同的目标对象。

2. 客户特征分析

客户行为习惯分析：根据客户购买记录识别客户的价值，主要用于根据价值来对客户进行分类。

客户产品意见分析：根据不同的客户对各种产品所提出的各种意见，以及当各种新产品或服务推出时的不同态度来确定客户对新事物的接受程度。

3. 客户忠诚度分析

客户忠诚度是指由于质量、价格、服务等诸多因素的影响，使客户对某一企业的产品或服务产生感情，形成偏爱并长期重复购买该企业产品或服务的程度。美国资深营销专家 Jill Griffin 认为，客户忠诚度是指客户出于对品牌的偏好而经常性重复购买的程度。

客户忠诚是基于对品牌组织的信任度、来往频率、服务效果、满意程度以及继续接受同一品牌组织服务可能性的综合评估值，可根据具体的指标进行量化。保持老客户要比寻求新客户更加经济，保持与客户之间的不断沟通、长期联系，维持和增强与消费者的感情纽带，是品牌组织间新的竞争手段。而且巩固这种客户忠诚度的竞争具有隐蔽性，竞争者看不到任何策略变化。

4. 客户注意力分析

客户意见分析：根据客户所提出的意见类型、意见产品、日期、发生和解决问题的时间、销售代表和区域等指标来识别与分析一定时期内的客户意见，并指出哪些问题能够成功解决，而哪些问题不能，分析其原因。

客户咨询分析：根据客户咨询产品、服务和受理咨询的部门以及发生和解决咨询的时间来分析一定时期内的客户咨询活动，并跟踪这些建议的执行情况。

客户接触评价：根据品牌组织的部门、产品、时间区段来评价一定时期内各个部门主动接触客户的数量，并了解客户是否在每个星期都收到多个组织单位的多种信息。

客户满意度分析与评价：根据产品、区域来识别一定时期内感到满意的 20%的客户和感到不满意的 20%的客户，并描述这些客户的特征。

5. 客户营销分析

市场营销分析，是指企业在规定时间，对各个营销区域的各项销售工作进行的总结、分析、检讨及评估，并对下阶段的营销工作提出修正建议，对某些区域的营销策略进行局部调整，甚至对某些区域的销售目标计划予以重新制定。因此，市场营销分析工作，是企业营销管理工作中一项极其重要的主体内容。

客户营销分析对每一个客户的成本和收益进行分析，可以判断出哪些客户是为品牌组织带来利润的。

6. 客户收益率分析

收益率是指投资的回报率，一般以年度百分比表达，根据当时市场价格、面值、息票利率以及距离到期日时间计算。对公司而言，收益率指净利润占使用的平均资本的百分比。收益率研究的是收益率作为一项个人(以及家庭)和社会(政府公共支出)投资的收益率的大小，可以分为个人收益率与社会收益率。

对每一个客户的成本和收益进行分析，可以判断出哪些客户是为品牌组织带来利润的。

3.2.4 竞争环境分析

1. 什么是品牌的竞争环境

品牌的竞争环境是指品牌组织所在行业及其竞争者的参与、竞争程度，它代表了品牌市场成本及进入壁垒的高低。竞争环境是品牌组织生存与发展的外部环境，对品牌组织的发展至关重要。竞争环境的变化不断产生威胁，也不断产生机会。对品牌组织来说，如何检测竞争环境的变化，规避威胁，抓住机会就成为休戚相关的重大问题。目前，在中国加快融入国际经济的背景下，中国品牌的竞争环境出现了急剧的变化，行业结构、竞争格局、消费者需求、技术发展等都发生了急剧的变化，不确定性增强。任何品牌组织都必须时刻关注环境的变化，才能趋利避害。

2. 品牌竞争环境分析的含义

我们不妨以一家出售珠宝的小小连锁店为例来分析一下。这家商号从事珠宝零售业，因此，它的竞争对手是其他的珠宝零售商，通常它的市场在商业区的珠宝行。然而，如果我们继续对影响珠宝市场的宏观的大环境的趋势进行评估，就会发现竞争来自城外的商店和邮购订货等经营方式。这家商号有一个小店开在半岛边缘的一个废弃的假日营。那里是通向某著名旅游景点的必由之路。毫无疑问，这家小店非常成功。

为什么人们要去这家珠宝店？很少有人为了买一串珍珠项链专程光顾该店。然而，当旅游者返家时往往都买一串带回去。实际上这家珠宝店也是一个旅游景点，尽管这家店的大部分商品都是在海外加工的，但是，他们还是设了一个车间，在那里人们可以亲眼目睹珠宝加工。那里还有茶座、儿童游乐场、动物园和蜡像馆等。当人们在海边感到太冷了，可以去那小店坐坐，看看书，聊聊天。客户在买珠宝的同时还需要些什么？比如，买鲜花送人，买服装，等等。因此根据消费者的需要，这家珠宝店还可以增设花店和服装店等。这种集旅游和珠宝生意为一体的连锁店是内地和繁华商业区的珠宝店所不能匹敌的。

由此可见，竞争战略的核心是消费者的需求。只有认准了这一点，才能战胜对手，在竞争中不断发展。

品牌很少只有一个明确的单一市场。通常一个品牌拥有几个市场；每个市场都有独特的需求群体，即多种需求类似的买家团体。比如法国的一家自行车制造厂，它既参与国内市场的竞争，也出口欧洲许多国家。法国市场需求群体要的是成人赛车、3 至 6 岁的童车等。欧洲市场呢？这就有必要对欧洲自行车整体市场及需求群体进行竞争环境的分析和评估。

品牌组织在拟订竞争战略时，必须要深入了解决定产业吸引力的竞争法则。竞争法则可以用五种竞争的力量来具体地分析。这五种竞争力包括新加入者的威胁、客户的议价能力、替代品或服务的威胁、供货商的议价能力及既有竞争者。

3. 品牌的五种竞争力

五力分析模型是迈克尔·波特(Michael Porter)于 20 世纪 80 年代初提出的，对企业战略制定产生全球性的深远影响。用于竞争战略的分析，可以有效地分析品牌的竞争环境。迈克尔·波特是哈佛大学商学院著名教授，当今世界上少数最有影响的管理学家之一。总结出了五种竞争力，它们分别是行业中现有对手之间的竞争和紧张状态、来自市场中新生力量的威胁、替代的商品或服务、供应商的还价能力以及消费者的还价能力，这就是著名的“五力模型”。

潜在的行业新进入者：潜在的行业新进入者是行业竞争的一种重要力量，这些新进入者大都拥有新的生产能力和某些必需的资源，期待能建立有利的市场地位。新进入者加入该行业，会带来生产能力的扩大，带来对市场占有率的要求，这必然引起与现有品牌组织的激烈竞争，使产品价格下跌；另外，新加入者要获得资源进行生产，从而可能使得行业生产成本升高，这两方面都会导致行业的获利能力下降。

替代品的威胁：某一行业有时常会与另一行业的品牌组织处于竞争的状况，其原因是这些品牌组织的产品具有相互替代的性质。替代产品的价格如果比较低，它投入市场就会使本行业产品的价格上限只能处在较低的水平，这就限制了本行业的收益。本行业与生产替代产品的其他行业进行竞争，常常需要本行业所有企业采取共同措施和集体行动。

买方讨价还价的能力：买方亦即顾客。买方的竞争力量需要视具体情况而定，但主要由以下三个因素决定：买方所需产品的数量、买方转而购买其他替代产品所需的成本、买方各自追求的目标。买方可能要求降低购买价格，要求高质量的产品和更多的优质服务，其结果是使得行业的竞争者们相互竞争残杀，导致行业利润下降。

供应商讨价还价的能力：对某一行业来说，供应商竞争力量的强弱，主要取决于供应商行业的市场状况以及他们所提供物品的重要性。供应商的威胁手段一是提高供应价格，二是降低相应产品或服务的质量，从而使下游行业利润下降。

现有竞争者之间的竞争：这种竞争力量是企业所面对的最强大的一种力量，这些竞争者根据自己的一整套规划，运用各种手段(价格、质量、造型、服务、担保、广告、销售网络、创新等)力图在市场上占据有利地位和争夺更多的消费者，对行业造成了极大的威胁。

"其他利益相关者"是管理学家弗雷曼建议加到波特的竞争模型中去的。这些利益相关者是政府、工会、地方社区、借贷人、贸易组织、股东、特殊利益集团。其中，政府的作用力最大。

这五种竞争力能够决定产业的获利能力，它们会影响产品的价格、成本与必要的投资，也决定了产业结构。品牌组织如果要想拥有长期的获利能力，就必须先了解所处的产业结构，并塑造对品牌组织有利的产业结构。

4. 品牌的竞争战略选择

(1) 总成本领先战略

成本领先要求坚决地建立起高效规模的生产设施，在经验的基础上全力以赴降低成本，抓紧成本与管理费用的控制，以及最大限度地减小研究开发、服务、推销、广告等方面的成本费用。

为了达到这些目标，就要在管理方面对成本给予高度的重视。尽管质量、服务以及其他方面也不容忽视，但贯穿于整个战略之中的是使成本低于竞争对手。该公司成本较低，意味着当别的公司在竞争过程中已失去利润时，这个公司依然可以获得利润。赢得总成本最低的有利地位通常要求具备较高的相对市场份额或其他优势，诸如与原材料供应方面的良好联系等，或许也可能要求产品的设计要便于制造生产，易于保持一个较宽的相关产品线以分散固定成本，以及为建立起批量而对所有主要顾客群进行服务。

总成本领先地位非常吸引人。一旦公司赢得了这样的地位，所获得的较高的边际利润又可以重新对新设备、现代设施进行投资以维护成本上的领先地位，而这种再投资往往是保持低成本状态的先决条件。

(2) 差别化战略

差别化战略是将产品或公司提供的服务差别化，树立起一些全产业范围中具有独特性的东西。实现差别化战略可以有许多方式：设计名牌形象、技术上的独特、性能特点、顾客服务、商业网络及其他方面的独特性。最理想的情况是公司在几个方面都有其差别化特点。例如，履带拖拉机公司(Caterpillar)不仅以其商业网络和优良的零配件供应服务著称，而且以其优质耐用的产品质量享有盛誉。

如果差别化战略成功地实施了，它就成为在一个产业中赢得高水平收益的积极战略，因为它建立起防御阵地对付五种竞争力量，虽然其防御的形式与成本领先有所不同。波特认为，推行差别化战略有时会与争取占有更大的市场份额的活动相矛盾。推行差别化战略往往要求公司对于这一战略的排他性有思想准备。这一战略与提高市场份额两者不可兼顾。在建立公司的差别化战略的活动中总是伴随着很高的成本代价，有时即便全产业范围的顾客都了解公司的独特优点，也并不是所有顾客都将愿意或有能力支付公司要求的高价格。

(3) 专一化战略

专一化战略是主攻某个特殊的顾客群、某产品线的一个细分区段或某一地区市场。正如差别化战略一样，专一化战略可以具有许多形式。虽然低成本与差别化战略都是要在全产业范围内实现其目标，专一化战略的整体却是围绕着很好地为某一特殊目标服务这一中心建立的，它所开发推行的每一项职能化方针都要考虑这一中心思想。这一战略依靠的前提思想是：公司业务的专一化能够以更高的效率、更好的效果为某一狭窄的战略对象服务，从而超过在较广阔范围内竞争的对手们。波特认为这样做的结果，是公司或者通过满足特殊对象的需要而实现了差别化，或者在为这一对象服务时实现了低成本，或者二者兼得。这样的公司可以使其盈利的潜力超过产业的普遍水平。这些优势保护公司抵御各种竞争力量的威胁。

3.3 品牌内部环境分析

品牌内部环境分析的目的是评价品牌战略与组织内部的优势、劣势和期望的匹配性。

3.3.1 品牌素质分析

1. 技术素质分析

(1) 生产能力

包括生产的组织与计划调度、技术质量保证与工艺装备、人员操作水平、消耗定额管理，在制品、半成品及成品流程管理，运输工具、劳动生产率水平，环境保护与安全生产等。

(2) 技术开发能力

包括科研设计工艺开发的物资与设备水平、技术人员的数量技术水平与合理使用，以及获取新的技术情报的手段、计量检测手段。此外，还有技术管理水平与技术开发、更新产品的综合能力。

2. 经营素质分析

(1) 品牌组织的发展史

分析品牌组织在开办、合并、转产以及壮大发展等方面的历史演变，目前的状况及今后发展的可能性。销售能力：分析销售力量是否充足、市场调研和市场开发能力如何、现有销售渠道状况。还应分析品牌组织的销售组织是否健全，推销手段是否有效，售后服务如何，满足交货条件的能力、收回货款的能力及运输能力如何等。获利能力与经济效益：分析品牌组织获利能力的大小与途径，进行目标利润与目标成本分析、各种资金利润率分析与盈亏平衡点分析。

（2）产品、市场状况

分析品牌组织现在的经营业务范围、主要产品的技术性能与技术水平、产品结构和发展前景、市场占有率如何、产品获利能力大小与竞争能力强弱、产品属于寿命周期的哪一阶段。

（3）物资采购供应能力

分析品牌组织在物资资源方面的组织、计划、采购、仓储、资金、管理等一系列工作的能力与存在的问题。

3. 人员素质分析

人员素质分析包括领导人员素质、管理人员素质、职工素质的分析。人员素质分析就是分析现有工作人员的受教育的程度及所受的培训状况。一般而言，受教育与培训程度的高低可显示工作知识和工作能力的高低，任何品牌组织都希望能提高工作人员的素质，以期望人员能对组织作出更大的贡献。但事实上，人员受教育程度与培训程度的高低，应以满足工作需要为前提。因而，为了达到适才适用的目的，人员素质必须和品牌组织的工作现状相匹配。管理层在提高人员素质的同时，也应该积极提高人员的工作效率，以人员创造工作，以工作发展人员，通过人与工作的发展，促进品牌组织的壮大。

4. 管理素质分析

管理素质分析主要分析品牌组织的领导体制及组织机构的设置是否合理，信息的沟通、传递、反馈是否及时，日常业务性的规章制度是否健全可行等。主要包括以下内容。

（1）执行标准的管理素质

管理者如果要提高组织的效率，首先要有具体的效率标准作为衡量的依据。标准是用以比较将来、当前和过去行动的准则。确定标准的方法有很多种，管理者可以把组织的许多特征作为效率衡量的标准，包括量的、质的等依据。例如人均产值、产品平均成本以及各种物品购售价格等。

（2）寻找差距的管理素质

实际工作与标准比较总有一定偏差。如果没有偏差，就不需要管理。正因为有偏差存在，才需要我们去做工作。一个优秀的管理者应当能够及时了解目前工作的进展，必须敏锐地察觉目前工作水平同效率标准的差距，以便在它发展成危机前得到改进。

（3）纠正偏差的能力管理素质

有必要采取措施来纠正实际结果与标准结果之间的偏差时，必须进行矫正偏差。只要目标和成效之间存在偏差，总是有一定原因，矫正偏差应该从研究出现这种偏差的原因入手。管理者应仔细考虑各种可能的原因，然后根据已获得的事实，确定哪一个是真正的原因。只有找出偏差的原因，才有助于确定适当的矫正行动，否则很可能南辕北辙，事倍功半。

5. 财务素质分析

以会计核算和报表资料及其他相关资料为依据，采用一系列专门的分析技术和方法，对品牌组织过去和现在有关筹资活动、投资活动、经营活动、分配活动的盈利能力、营运能力、偿债能力和增长能力状况等进行分析与评价。

3.3.2 品牌建设分析

品牌建设分析(brand analysis)的目的是评价对品牌战略的投资是否创造了足够的价值，它包括品牌资产分析、品牌组合分析和品牌管理分析这三个子模块。

1. 品牌资产分析

品牌资产(brand equity)是与品牌、品牌名称和标志相联系，能够增加或减少品牌组织所销售产品或服务的价值的一系列资产与负债。它主要包括五个方面，即品牌忠诚度、品牌认知度、品牌知名度、品牌联想、其他专有资产(如商标、专利、渠道关系等)，这些资产通过多种方式向消费者和品牌组织提供价值。

品牌资产分析就是对核心品牌就其知名度的高低，品质认知的水准，识别联想的强度、吸引力和独特性，忠诚度的基础，其他的品牌资产，进行定性乃至定量的全面评估，除此之外，品牌资产向顾客提供的价值和向公司提供的价值也应该得到全面的审查。

2. 品牌组合分析

品牌组合是指包括一个组织所管理的所有品牌，包括主品牌、担保品牌、子品牌、品牌化的差异点、联合品牌、品牌化的活力点及公司品牌。品牌组合可以根据品牌组织的业务结构或市场结构来进行。在进行品牌组合时主要考虑：品牌组合中的品牌是否存在重叠或不足；是否能够在不影响利润和增长的情况下剔除一个品牌；是否有一个优势品牌能够带动某一市场的开发；是否有一品牌可以作为其他品牌的后盾(防御品牌)；是否有一个区域品牌和全球品牌的最佳组合等。总地来说，涉及品牌组合的数量和质量(构成或关系)问题。

品牌组合分析是对与核心品牌相联的品牌组合就其结构是否合理、品牌范围是否恰当、品牌的内外部角色是否正确、品牌之间的关系是否清晰，进行全面细致的评估，另外也要审查品牌和品牌组合的相互支撑情况。

3. 品牌管理分析

品牌管理是指针对企业产品和服务的品牌，综合地运用企业资源，通过计划、组织、实施、控制来实现企业品牌战略目标的经营管理过程。分析品牌管理的组织平台是否功能集中而强大、工作流程是否标准规范且制度化、绩评系统是否能科学衡量成果同时落实责任，这些内容决定了品牌管理能力的高低，另外在集团品牌管理的情况下，还应分析品牌管控模式的内容。

3.4 品牌战略环境 SWOT 分析法

SWOT 分析法又称态势分析法，是早在 20 世纪 80 年代初由旧金山大学的管理学教授提出来的。SWOT 分析法是一种能够较客观而准确地分析和研究一个单位现实情况的方法。SWOT 分析方法是一种根据企业自身的既定内在条件进行分析，找出品牌组织的优势、劣势及核心竞争力之所在的品牌战略分析方法。在战略规划报告里，SWOT 分析应该算是一个众所周知的工具。来自麦肯锡咨询公司的 SWOT 分析，包括分析品牌组织的优势(Strength)、劣势(Weakness)、机会(Opportunity)和威胁(Threat)。因此，SWOT 分析实际上是对品牌组织内外部条件各方面内容进行综合和概括，进而分析组织的优劣势、面临的机会和威胁的一种方法。

3.4.1 SWOT 分析法的内涵

S(Strength，优势)是组织机构的内部因素，具体包括有利的竞争态势、充足的财政来源、良好的企业形象、技术力量、规模经济、产品质量、市场份额、成本优势、广告攻势等。

W(Weakness，弱势)是指在竞争中相对弱势的方面。也是组织机构的内部因素，具体包括设备老化、管理混乱、缺少关键技术、研究开发落后、资金短缺、经营不善、产品积压、竞争力差等。

O(Opportunity，机会)是组织机构的外部因素，具体包括新产品、新市场、新需求、市场壁垒解除、竞争对手失误等。

T(Threat，威胁)也是组织机构的外部因素，具体包括新的竞争对手、替代产品增多、市场紧缩、行业政策变化、经济衰退、客户偏好改变、突发事件等。

1. 外部环境

潜在外部威胁(T)：市场增长较慢、竞争压力较大、不利的政府政策、新的竞争进去、行业替代产品销售额正在逐步上升、用户讨价还价的能力增强、用户需要与爱好逐步转变、通货膨胀递增及其他。

潜在外部机会(O)：纵向一体化市场增长迅速、可以增加互补产品、能争取到新的用户群、有进入新市场或市场面的可能、有能力进入更好的企业集团、有同行业中竞争业绩及其他。

2. 内部条件

潜在内部优势(S)：产权技术成本优势、竞争优势、特殊能力产品创新、具有规模经济良好的财务资源、高素质的管理人员、公认的行业领先者、买主的良好印象、适应力强的经营战略其他。

潜在内部劣势(W)：设备老化、战略方向不同、竞争地位恶化、产品线范围太窄、技术开发滞后、营销水平低于同行业其他企业、不善战略实施资金拮据、相对竞争对手的高成本及其他。

3.4.2　基于 SWOT 分析法的战略选择

1. 机会(SO)战略

是一种发展企业内部优势与利用外部机会的战略，是一种理想的战略模式。当企业具有特定方面的优势，而外部环境又为发挥这种优势提供有利机会时，可以采取该战略。例如，良好的产品市场前景、供应商规模扩大和竞争对手有财务危机等外部条件，配以企业市场份额提高等内在优势可成为企业收购竞争对手、扩大生产规模的有利条件。

2. 机会(WO)战略

是利用外部机会来弥补内部弱点，使企业改劣势而获取优势的战略。存在外部机会，但由于企业存在一些内部弱点而妨碍其利用机会，可采取措施先克服这些弱点。

3. 威胁(ST)战略

是指企业利用自身优势，回避或减轻外部威胁所造成的影响。如竞争对手利用新技术大幅度降低成本，给企业很大成本压力；同时材料供应紧张，其价格可能上涨；消费者要求大幅度提高产品质量；企业还要支付高额环保成本；等等。但若企业拥有充足的现金、熟练的技术工人和较强的产品开发能力，便可利用这些优势开发新工艺，简化生产工艺过程，提高原材料利用率，从而降低材料消耗和生产成本。另外，开发新技术产品也是企业可选择的战略。新技术、新材料和新工艺的开发与应用是最具潜力的成本降低措施，同时它可提高产品质量，从而回避外部威胁影响。

4. 威胁(WT)战略

是一种旨在减少内部弱点，回避外部环境威胁的防御性技术。当企业存在内忧外患时，往往面临生存危机，降低成本也许成为改变劣势的主要措施。

3.5　知识链接

中小企业的品牌竞争力

国内外对中小企业品牌问题的争论与研究一直没有停息，大部分人认为品牌不是大企业的专利，中小企业为了持续发展也应实施品牌战略，在学术界，对中小企业品牌竞争力问题的研究正日益全面与深化。

一、中小企业品牌竞争力问题分析

1. 品牌缺乏整合规划

我国大多数中小企业的管理者缺乏对企业发展方向、发展目标、市场定位等大政方针的考虑，往往注重或片面强调一些短期的指标，如销售增长率、市场份额、利润等。部分企业虽然认识到品牌的重要性，但还是停留在促进销售等短期目标上，重视商标的注册和广告宣传，关于品牌的整合意识比较薄弱，品牌的努力只停留在某个方面，往往是想到什么就做什么，哪儿有问题就往哪儿去，看上去没完没了，但最后仍然没有建成一个成功的品牌。

2. 缺乏品牌核心价值

很多中小企业不存在或忽视对品牌核心价值的定位，品牌命名随意、个性雷同，形象朝令夕改。在广告方面，不惜巨资进行地毯式的狂轰滥炸或请明星为其代言鼓吹，来提高所谓的知名度，广告十分随意，诉求主题经常变，尽管大量的广告投入能促进产品销售，但几年下来却发现品牌资产没有得到有效积累。

3. 忽视质量和服务，创新能力偏弱

许多中小企业在经济利益的驱动下，商品信用意识薄弱，急功近利，放松质量管理。同时，中小企业技术创新状况整体上不尽如人意，企业层面普遍缺乏足够的技术创新动力和压力，没有或不太有强烈的技术创新欲望；缺乏必要的技术创新资金投入，且现有的资金投向也不尽合理，科技人员匮乏、科研条件差，难以保证技术创新所必需的条件。

4. 中小企业对信息化建设和电子商务应用还处于起步阶段，存在诸多问题

(1) 竞争意识不强，思想认识模糊。绝大多数企业还把竞争焦点定位于实体市场，没有充分认识到知识经济时代抢占网络信息虚拟市场的必要性和紧迫性。

(2) 上网企业数量少，分布不均匀。中小企业上网少，浏览客户少，网络给企业创造的效益就小，从而形成恶性循环。

(3) 企业本身信息化建设力不从心。大多数中小企业计算机和网络基础设施薄弱，没有自己的专业人才，根本无力自行开发电子商务系统，所以企业当前的信息化程度还处在一个高期望、低水平的状态。

(4) 政策法规不够完善。电子商务是一项复杂的系统工程，需要有统一的法律和政策框架以及强有力的跨地区、跨部门的综合协调机构。

5. 中小企业集群存在社会化服务体系发育不健全等问题

一种产业不可能孤立存在，与相互联系的上游和下游产业有密切联系。同时，中小企业集群的形成还需要公共信息、人员培训、产业基础技术研究开发、对外宣传、公共设施建设等，这些都离不开各种类型的中介服务组织。但从目前的情况来看，为中小企业服务的社会化服务机构很少，政府和社会提供的服务领域较狭窄，为企业提供低成本、高效益的经营方面的服务很少。

二、提升中小企业品牌竞争力的对策

随着WTO保护期的结束，中小企业将面临更严峻的挑战。要想更好地生存、持续地发展，中小企业就必须转变观念，实施品牌战略。

1. 文化层面

制定科学的品牌战略是提升品牌竞争力的关键。制定品牌战略就是制定以品牌核心价值为中心的品牌识别系统，以此来统率和整合企业的一切价值活动，同时优选高效的品牌化战略与品牌架构，不断地推进品牌资产的增值，并且最大限度地合理利用品牌资产。改革开放以来，海尔、联想、长虹等企业相继制定了品牌发展战略，加强品牌管理，企业不断做大做强，品牌竞争力也得到了一定程度的提升。

2. 制度层面

宏观政策和政府扶持是提升品牌竞争力的保障。中小企业是经济增长和社会发展的重要力量，发展中小企业符合国家的根本利益，这已经成为各级政府的共识。但是，目前很多配套政策和措施还不到位，需要进一步落实和解决。一是要进一步完善政策法规体系。二是要大力培育中小企业社会化服务体系，着力解决融资难问题。三是给予企业公平的竞争条件，同时加强对跨国公司的监控。四是在宏观经济政策上向知名品牌倾斜，引导和扶持国有品牌的成长，形成有利于品牌成长的良好社会激励机制。五是积极创造条件，促进中国名牌的国际拓展。

3. 技术层面

提高质量与服务水平是提升品牌竞争力的保证。质量是企业的生命，是企业生存发展的根本，是企业创品牌的核心要素，也是使消费者产生信任感和提高品牌忠诚度，并重复购买甚至长期购买的最直接原因。

电子商务的应用是提升品牌竞争力的有效工具。信息化建设和电子商务技术的广泛应用，为中小企业的发展提供了新的机遇，使中小企业实施品牌营销、提升品牌竞争力成为可能。

促进中小企业集群发展是提升品牌竞争力的平台。随着市场竞争的全球化，经济发展也凸显区域集中化趋势，特别是参与全球产业链分工的地方企业集群化。以中小企业为主的企业集群，由于其能够快速适应市场变化、满足顾客个性化需求而日益得到迅速发展。

总之，中小企业品牌竞争力的提升需要一个漫长的过程，品牌竞争力的理论研究还需进一步深入研究，以此来促进中小企业品牌竞争力的建设。

（以上内容选编自2013年第6期《企业导报》顾晓龙的文章《中小企业品牌竞争力研究》）

3.6 案例分析

《中国好声音》的品牌战略解码

2012年7月13日，浙江卫视重磅推出一档大型励志音乐评论节目《中国好声音》，它一经播出首期收视率就达到了1.477%，9月30日《中国好声音》播出的巅峰之夜创下了高达5.23%的收视成绩，这不仅刷新了2012年内地省级卫视的收视纪录，也一举拿下了同时段收视率冠军的头衔。缘何在当下各大卫视娱乐节目竞争激烈的严峻形势下，一档音乐选秀节目能够在短短两周时间内一炮走红，甚至到了家喻户晓的地步？一档电视节目的成功无疑就是一个电视节目品牌战略的成功。

热播的《中国好声音》作为一个被媒体、受众、社会舆论等各方普遍认可的电视节目，其准确的品牌定位、鲜明的品牌个性，以及节目品牌所传递的正能量让其在竞争激烈的电视节目市场中突出了重围。

一、"大片意识"开启电视大片时代

浙江卫视总监夏陈安提出，"电视人应该树立一种'大片意识'，电视节目应该营造的是大气场、输出的是正能量、传递的是真性情，让思想性、艺术性和可看性这三性统一。"《中国好声音》的节目定位为"大型励志专业音乐评论节目"，不同于以往的综艺选秀节目强化"非专业"、"草根"、"全民参与"等概念，独辟蹊径地以一种"逆袭"的方式打破了自超级女声以来选秀节目沿袭的传统定位，以"专业化音乐"作为节目的基本定位，花巨资引进荷兰知名电视节目《荷兰之声》(*The Voice of Holland*)版权，同时砸下近八千万元的节目制作费用，邀请四位重量级导师参与，并依托于经验丰富的幕后团队以及按专业标准精心筛选的学员。

电视媒体作为一个大众传播媒体，其日常化收视习惯和收视环境，以及电视屏幕的尺寸限制决定了电视平台所播出的电视节目倾向于常规化小制作，一般的综艺节目往往采用两到三个机位，对于棚内的布景及氛围的营造也并不十分考究。而在《中国好声音》中，学员们精彩的演绎，导师们的表情能够被观众看到，甚至是导师之间一个细小的眼神交流、亲友团的各种细微的表情变化也被呈现在屏幕上，这些重要的细节无疑提升了每一个镜头的含金量。《中国好声音》节目组宣传总监陆伟证实，在节目录制现场确切地说有26个机位，场内16个，场外10个。每集不到80分钟纯节目，调用素材量接近1 000分钟。

海外热播节目的原版版权引进、专业化的音乐准入门槛，以及全方位精心打造的视觉画面，《中国好声音》用真正的"大片意识"打造了一部名副其实的电视大片，同时也用其震慑四方的气场在短时间内成功地提升了一个电视节目品牌的知名度。

二、"转椅盲选"凸显品牌个性

对于电视节目来说，鲜明的节目个性是一个节目吸引受众注意力必不可少的条件。

从品牌的识别符号系统来讲，节目的名称、标识、色彩、文字、口号等一切进入电视传播领域的要素，都是构成识别符号系统的重要元素。《中国好声音》的热播，让我们记住了"会转的椅子"、"一个拿着麦克风摆出V姿势的雕塑"和朗朗上口的节目口号。这三个元素不断在每期节目中重复出现，简单却容易记住的视觉和听觉符号使得《中国好声音》的节目品牌个性突出，辨识度高。尤其是"转椅盲选"这一符号元素的设置，巧妙地让悬念贯穿节目始终。

每位选手上台后，导师背对选手，只能凭声音识人，当歌声响起时，不论是现场演唱的选手、场外候场的亲友团、现场的观众，以及电视机前的观众都从不同的角度"审视"这场比赛，每个人都死死地盯着导师们的椅子。而当不止一位导师的椅子转过来时，选择权又移交到选手那里，到底选择哪一位导师又成为悬念。与此同时，节目现场多机位随时捕捉导师盲选时的各种表情，这些镜头又成为观众去推测导师会不会启动转椅的细节。这些悬念自始至终都在刺激着观众，从而不断地激发他们的收视期待。当每位导师按下按钮后，"I WANT YOU "的灯亮起，椅子转过去，并配以相应的音效，由此营造出来的视觉震撼力与观众期待相结合，再加"盲听"这一独特、新颖方式的融入，使得《中国好声音》具有了其他各类电视节目没有的独特标识。这种极具鲜明个性的节目辨识标志和贯穿始终的"好声音是唯一通行证"这一专业指标，使得受众从短期的被独特的品牌个性吸引，到逐渐地形成一种长期的品牌认知，培养了受众的品牌忠诚度，使得一个电视节目品牌真真正正地发挥了其品牌效应。

三、品牌核心价值：真声音，正能量

《中国好声音》用其节目品牌传达出来的积极向上的正能量，将真实、平等、坚持梦想等主流价值观透过节目弘扬开来。从2012年7月13日首播以来，到8月10日受到国家广电总局的全国表彰，短短27天时间获得了高收视率、好口碑以及官方的认可，这些离不开《中国好声音》节目品牌的核心价值。"认真观摩其各期节目，可以体会到，在娱乐化时代，中国电视的选秀节目，正在以真实、平等、关爱的核心价值，让才艺、情感和人文精神的'正能量'迅速裂变和聚集，并以此为拐点，将《超级女声》带来的选秀时代推进到一个新的阶段。"一档经久不衰的"电视节目必须承载当下中国社会发展实践的价值趋向"。《中国好声音》舞台上，每一位参赛选手都是为音乐梦而来的，在这样一个舞台上，好声音才是他们唯一的筹码。光着脚用真性情演唱的黄大嗓，视神经萎缩却拥有天籁歌喉的张玉霞，性格自闭却拥有阿黛尔般嗓音的郑虹……在这样一个舞台上，我们看到选手们对于音乐梦想的坚持，也从他们的故事中感悟着人生的点点滴滴。"同样，节目组也希望用这些参赛个体身上具备的优秀品质以及节目所倡导的精神内核，传达出主流价值观，促使观众感同身受，产生认同。"《中国好声音》凭借其专业性和准确定位为电视荧屏呈现了一档真诚、纯粹的音乐节目，"电视节目只有剔除浮躁的冲动，关注当下现实，传递正能量，才会有持久的生命力。"希望未来的电视节目能够延承《中国好声音》品牌核心价值，注重对节目背后人文精神的挖掘，输出正能量，秉承媒体社会责任意识，引领中国电视走可持续发展之路。

（以上内容改编自2013年第4期《美与时代》朱一超的文章《〈中国好声音〉的品牌战略解码》）

3.7 品牌人物

杨元庆：联想人的"中国梦"

2013年两会期间，在北京的联想总部，人民日报记者采访了全国政协委员、联想集团董事长兼CEO杨元庆。杨元庆直言在创新驱动发展战略中，企业应该成为创新主体。"我希望中国有更多的企业在世界上获得成功，他们成功不仅因为有更高的规模、更大的销量，还因为他们更具有创新精神。"

建议政府减税促消费

"我觉得过去30年国家的经济高速发展，主要的推动因素是投资、出口。未来的20年，中国经济的推动力是国内消费。"杨元庆说。此次在两会中，杨元庆说得最多的内容就是"减税促消费"。

"眼下，不仅是奢侈品，很多大众品牌的衣服甚至消费品，中国的民众都跑到国外买，为什么？除了质量问题，国内价格太贵是客观现实。"杨元庆说，"当务之急，政府应该把'消费留在国内'作为一个命题加速解决，税收出了问题就解决税收，流通环节出了问题就解决流通环节。停留在解释是不够的。"杨元庆建议政府降低商品增值税和部分商品关税。"政府与其收更多的税去提供医疗保险等，还不如扶持更多的好企业。这样不仅给企业减负，提高员工收入，也能降低物价，增加老百姓的消费意愿，培养好的消费环境，把消费留在国内，促进内需的增加。"杨元庆说，"把中国市场做成世界上最大的消费市场，这不仅是维持中国未来20年高速增长的最关键之处，还是解决国际贸易平衡的关键一环。"

忧心科技体系两张皮

十八大提出创新驱动发展战略，即把创新技术能力转化为经济能力、创造价值的能力。对于创新技术的能力转化，杨元庆期望政府对研发的小企业给予资金支持，对中大型企业的创新给予税收优惠。

"我觉得现在国内的科技体系有问题，是两张皮：科研是科研，市场是市场。科研体系是在进行着一种小循环，国家投钱给国家的科研院所去进行研发，研发完了成果产品又给国家的研究机构去使用，如此小循环不利于科技的发展。"杨元庆说，"政府将来应该更多地把科研交给企业主体，自己专注于怎么培育企业的研发能力以及它们的竞争力，所以国家项目只要是企业能做的就应该放到企业里面来做，让企业在完成这些国家项目的同时积累起创新的能力，从而能够更好地推出市场化的产品、民用的产品。"

"在两会中，有委员建议政府应该多培育像联想集团一样的本土龙头企业，让它们走出国门。联想在走出国门的挑战中一定有很多经验总结，您怎么看？"记者问。"培育大企业走出去是对的，”杨元庆说，“这是可持续发展经济的一个必要方面。中国一定要真正成为一个强国，而强国都有自己的大品牌。”

将传统优势移植到新业务

杨元庆告诉记者，联想在传统PC领域较为成功。“我们传统的竞争力是在产品和业务模式上不断创新，形成了高效、具有成本竞争力的模式。此外建立了比较广泛的渠道网络，加之品牌方面的优势，这些都是我们需要继承的。”

“如何将这部分竞争优势移植到新业务上，是联想目前主要思考的问题。此外还将考虑新的业务、新的领域所需要的不同竞争力。”杨元庆坦言，在移动互联网时代，客户更关注的已经不是CPU的数量性能方面的东西，更关心的是客户的体验以及应用的丰富性，这些联想需要努力加强。“过去在国外没有人把我们当成主要竞争对手，现在我们壮大了，在明处，更多的人把你当成主要的竞争对手，竞争肯定更加残酷，客户也会更挑剔。”杨元庆说，“另外，我们也分析并避免曾经的领先者所犯过的错误，比如傲慢、官僚、故步自封，或者失去方向，战略不清晰。我们希望借助领导者的优势给自己下一步发展寻找到更大的空间。”

“我希望中国有更多的企业是世界知名品牌，他们成功不仅因为有更高的规模、更大的销量，还因为他们更具有创新精神。”杨元庆笑着说，这就是他的“中国梦”。

（以上内容改编自2013年3月22日《人民日报海外版》第5版徐蕾的文章《杨元庆：联想人的中国梦》）

3.8 本章小结

本章对品牌战略的环境分析的概念与特征进行梳理，分析品牌战略环境分析包括的主要内容，对品牌战略的外部环境和内部环境进行划分，对每部分涉及的具体内容进行描述。结合品牌内外部环境条件介绍SWOT分析法，并对该方法的战略决策选择进行介绍。本章是了解品牌战略最基础的章节，在学习的过程中要把握品牌战略的宏观思维模式，运用定性与定量的方法进行品牌决策。

3.9 学习要点

基本概念

品牌战略；品牌的竞争环境；品牌的竞争环境分析；五力分析模型；客户关系；内部环境分析；品牌资产；品牌组合；品牌建设分析；品牌管理；SWOT分析法。

思考题

(1) 简述品牌战略的概念及其特征。

(2) 简述品牌战略的作用。

(3) 简述品牌战略的构成要素。

(4) 简述品牌外部环境分析的主要内容。

(5) 简述客户关系分析的要点。

(6) 简述迈克尔·波特的五力分析模型。

(7) 简述品牌素质分析的主要内容。

(8) 品牌建设分析包括哪些内容?

(9) 什么是SWOT分析法?

(10) 如何运用SWOT分析法进行决策?

第4章 品牌定位

导入案例

湖南卫视“快乐中国”的品牌定位

湖南卫视在提出“快乐中国”的品牌定位后，将具体内涵确定为三个“锁定”，即锁定娱乐、锁定年轻、锁定全国。

(1) 以精品节目支持定位特色：湖南卫视注重对新节目的研发和名牌节目升级，除原有王牌节目“快乐大本营”外，推出了令人印象深刻的“舞动奇迹”、“勇往直前”、“挑战麦克风”等节目，从不同实质意义、不同层面深入诠释“快乐中国”这一频道理念。

(2) 打造名牌主持人效应：湖南卫视拥有何炅、谢娜、汪涵等一大批具有很高知名度的主持人，同时综艺节目主持人形成“群”的概念和偶像化团队。如“快乐大本营”的“快乐家族”、“天天向上”的“天天兄弟”组合，此外还利用大型选秀节目，打造青年偶像。

(3) 以独播剧抢占市场：2006 年“金鹰剧场”迁至 10 点档后，凭借大量韩、港、台、自制剧产生的连锁效应、集约效应，形成一个受众清晰、收视稳定的强势剧场品牌，并依靠强势平台与错位竞争形成独有优势。

“快乐中国”品牌定位的潜在危机

(1) 舆论监督缺失：引导舆论是大众传媒的重要职责，尽管湖南卫视主打娱乐，但是传递信息的新闻节目是不能缺少的。

(2) 娱乐节目生命周期短暂：由于中国电视频道众多并且结构同质化，电视创新呈现出一种朝生暮死的状态。娱乐节目相对于新闻节目来说，生命力更短。一档节目的形成，一般都有固定的环节和形式，很容易形成模式，很难突破创新。

(3) 娱乐节目同质化严重：综观国内的综艺节目，一般都是先一枝独秀，接着就会遍地开花。只要火了一档节目，全国其他卫视就会一哄而上。近年来选秀类节目、竞技类节目，包括现在的相亲类节目，无一例外。例如湖南卫视的“我们约会吧”与江苏卫视的“非诚勿扰”等婚恋交友类节目十分相似。

湖南卫视品牌定位的突围之道

湖南卫视饱受质疑的重要原因是娱乐的浅显。增强内涵和公信力是面临的重大课题。

(1) 自主创新做高品质的娱乐节目：我国的娱乐节目“舶来”现象严重，但外来的节目形态要得到观众的认可，还要符合本地观众的收视习惯和审美需求。社会生活的丰富化给电视节目提供了更加广阔的空间，同一类型的节目可以有众多的表现角度。比如“中国梦想秀”就为普通人提供一个圆梦的舞台，节目定位新颖，虽然没有花哨的噱头，却更能吸引观众。

(2) 重视节目的精神内涵：随着观众媒介素养的提高，靠插科打诨、大搞噱头等只能勉强博得受众一笑，根本无法引起共鸣。只有那些贴近百姓生活、富有人性美的节目才能引起观众的兴趣。近来江苏卫视的“职来职往”和天津卫视的“非你莫属”，以求职作为话题，为应聘者提供一个展示平台，同时也让观众学会如何应聘、如何识人知物。

(3) 民生关注提高公信力：媒体的核心影响力既不是靠收视率，也不是广告额，而是社会责任。“快乐中国”使湖南卫视扩大了收视率和影响力，但从长远来看，要想继续做大做强，就必须摒弃单纯娱乐的狭隘观念，加强人文关怀，提高自身的媒体公信力。

(以上内容选编自 2013 年第 4 期《科教文汇》度永梅、张睿的文章《湖南卫视“快乐中国”品牌定位浅析》)

品牌定位是为了让消费者清晰地识别记住品牌的特征及品牌的核心价值。在产品研发、包装设计、广告设计等方面都要围绕品牌定位去做。品牌组织都想通过品牌定位赢得市场份额，获得竞争优势，如果没有正确的品牌定位，无论其产品质量再高，性能再好，无论怎样使尽促销手段，也不能成功。可以说，今后的商战将是定位战，品牌致胜将是定位的胜利。

4.1 品牌定位的内涵

4.1.1 什么是品牌定位

杰克·特劳特(Jack Trout)是全球最顶尖的营销战略家，也是美国特劳特咨询公司总裁。他于 1969 年以论文《定位：同质化时代的竞争之道》首次提出了商业中的“定位”(positioning)观念，1972 年以论文《定位时代》开创了定位理论，1981 年出版学术专著《定位》。1996 年，他推出了定位论落定之作《新定位》。2001 年，定位理论被美国营销协会评为“有史以来对美国营销影响最大的观念”。

杰克·特劳特认为，消费者的大脑中储存着各种各样的产品信息，就像一块吸满水的海绵，只有挤掉原有的产品信息，才有可能吸纳新的产品信息。他给定位的定义是：主要是在消费者的内心世界所实施的策略，是要将产品定位在潜在顾客心智中的一个适当位置上。

美国营销大师菲利浦·科特勒给定位下的定义：就是对公司的产品进行设计，从而使其能在目标顾客心目中占有一个独特的、有价值的位置的行动。

品牌是一个涵盖很广的概念，存在于社会中不同层次的方方面面。微观领域，一个人、一件产品、一项服务可以打造品牌；中观领域，一家营利性的公司和一家非营利性的机构同样看重品牌的塑造；宏观领域，一个国家、一个民族也拥有专属自己的品牌。与此相对应，有多少种品牌形式，就有多少种品牌定位形式。

品牌定位是指企业在市场定位和产品定位的基础上，对特定的品牌在文化取向及个性差异上的商业性决策，它是建立一个与目标市场有关的品牌形象的过程和结果。换言之，即指为某个特定品牌确定一个适当的市场位置，使商品在消费者的心中占领一个特殊的位置，当某种需要突然产生时随即想到某个品牌，比如在炎热的夏天突然口渴时，人们会立刻想到"可口可乐"红白相间的清凉爽口。

品牌定位是市场定位的核心和集中表现。品牌一旦选定了目标市场，就要设计并塑造自己相应的产品、服务及品牌形象，以争取目标消费者的认同。由于市场定位的最终目标是为了实现产品销售，而品牌是组织传播产品相关信息的基础，品牌还是消费者选购产品的主要依据，因而品牌成为产品与消费者连接的桥梁，品牌定位也就成为市场定位的核心和集中表现。

4.1.2 品牌定位的特点

品牌定位具有如下特点。

1. 引发联想，拉动销售

"定位"致力于在消费者心目中占据一个独特而有价值的位置(如"防蛀的牙膏"、"除菌的香皂")，成为消费者心目中某品类或特性产品的代表品牌，从而迅速影响到消费者的购买选择，当消费者产生相关需求时，就会想到并选购本品牌。如我们一想到防上火的饮料，就能迅速想到加多宝和王老吉。

2. 积累资金，巩固强势

在品牌定位战略的指引下，所有的营销组合找到了整合的焦点，企业彻底消除了任意性的营销投入，使资金不是漫然流失，而是转为一次次的有效投资，从而积聚推广费用，累积起品牌资产，积累到一定程度之后，将成为该领域中的强势品牌，使品牌组织终将在"品牌资产"上得以回报。

3. 构筑个性，防范竞争

确立品牌定位战略，意味着企业经营转向竞争导向，不是去模仿竞争者，而是让自己成为不同的选择，以区别于竞争对手。随着品牌定位的建立与加强，品牌将在消费者心智中代表着具有独特价值的产品，有不可替代的购买价值。最终，消费者将该品牌视为某类别或某特性产品的代表性品牌，从而在该领域形成强势。

4. 指明方向，节省费用

亿万的金钱被浪费在漫无焦点的市场营销计划之上，品牌定位的确立，为品牌营销的方向，提供了明确的指南。在一致的营销方向下，营销组合能够达成互动改善，从而有效运用与节省资源。同时，品牌定位战略方法，诞生于产品、媒介信息暴增的现代，其目的在于如何确保品牌信息能快速进入消费者心智。为此，它要求顺应消费者原有认知，不与其发生冲突，从而使信息更容易被消费者接受，而且它只传播一个单纯清晰的定位概念，也易于集中推广力量，达到传播目的。

4.1.3 品牌定位的意义

品牌定位具有如下意义。

1. 激发潜在顾客对品牌的认识

品牌定位的目的就是将产品转化为品牌，以利于潜在顾客的正确认识。成功的品牌都有一个特征，就是以一种始终如一的形式将品牌的功能与消费者的心理需要连接起来，通过这种方式将品牌定位信息准确传达给消费者。因此，厂商最初可能有多种品牌定位，但最终是要建立对目标人群最有吸引力的竞争优势，并通过一定的手段将这种竞争的优势传达给消费者，转化为消费者的心理认识。

2. 品牌经营成功的前提

良好的品牌定位是品牌经营成功的前提，为品牌组织进占市场，拓展市场起到导航作用。如若不能有效地对品牌进行定位，以树立独特的消费者认同的品牌个性与形象，必然会使产品湮没在众多产品质量、性能及服务雷同的商品中。

3. 创造品牌核心价值

成功的品牌定位可以充分体现品牌的独特个性、差异化优势，这正是品牌的核心价值所在。品牌核心价值是品牌定位中最重要的部分，它与品牌识别体系共同构成了一个品牌的独特定位。

4. 与消费者建立长期的、稳固的关系

当消费者可以真正感受到品牌优势和特征，并且被品牌的独特个性所吸引时，品牌与消费者之间建立长期、稳固的关系就成为可能。

5. 为品牌的产品开发和营销计划指引方向

品牌定位作为市场定位的核心，就是帮助品牌组织确定最有吸引力的、可以提供有效服务的目标。品牌定位的确定可以使企业实现其资源的聚合，产品开发从此必须实践该品牌向消费者所做出的承诺，各种短期营销计划不能够偏离品牌定位的指向，品牌组织要根据品牌定位来为自身产品开发和营销计划指引方向。品牌定位可以使品牌组织实现其资源的聚合，产品开发从此必须实践该品牌向消费者所做出的承诺，各种短期营销计划不能够偏离品牌定位的指向。

4.1.4　品牌定位的原则

没有规矩，不成方圆。品牌定位也一样，要遵循一定的原则。

品牌定位应遵循如下原则。

1. 产品个性化原则

品牌是产品的形象化身，产品是品牌的物质载体。二者相互依存的紧密关系决定了在进行品牌定位时必须考虑产品的质量、结构、性能、款式、用途等相关因素。品牌定位应因产品使用价值的不同而有所区别。当产品使用范围较大时，可以扩大定位外延，以不同定位满足不同消费者的不同需求，像食品、饮料等大都属于这一类；当产品使用范围较窄时，定位的外延就不可太宽泛，要针对特定的目标消费群体，许多专业用品即属此类。因此，在进行品牌定位时，必须考虑产品本身的特点。

2. 资源优化原则

品牌定位的最终目的在于让产品占领市场，为企业带来最佳经济效益。因此品牌定位要充分考虑企业的资源条件，以优化配置、合理利用各种资源为宜，既不要造成资源闲置或浪费，也不要超越现有资源条件，追求过高的定位，最后陷入心有余而力不足的被动境地。将品牌定位于尖端产品，就要有尖端技术；定位于高档产品，就要有确保产品品质的能力；定位于全球性品牌，就要有全球化的运作能力和管理水平。品牌定位要与企业的资源能力相匹配，既不能好高骛远，盲目拔高自己，也不能妄自菲薄，造成资源浪费。

3. 市场差异化原则

品牌定位只有针对目标市场，目标市场才能成为特定的传播对象，而这些特定对象可能只是该品牌所有传播对象中的一部分。品牌定位必须站在满足消费者需求的立场上，借助于各种传播手段，让品牌在消费者心目中占据一个有利的位置。

4. 区别竞争者原则

竞争者是影响品牌定位的重要因素。考虑竞争者就是为品牌定位找到一个参照系。在市场竞争十分激烈的情况下，几乎任何一个细分市场都存在一个或多个竞争者，可以垄断的细分市场越来越少，未被开发的处女地几乎没有。在这种情况下，企业在进行品牌定位时更应考虑到与竞争者相区别而存在，从而制造差异，凸显竞争优势，以己之长攻彼之短。否则，跟进和模仿只会失去个性，失去消费者的信任，做得再好，至多也只是会被消费者视为一个“超级模仿秀”。

5. 成本最低化原则

追求经济效益最大化是企业发展的最高目标，任何工作都要服从这一目标，品牌定位也不例外。品牌定位的支出因企业不同、产品不同、定位不同而各有差异。从整体上讲要控制成本，追求低成本效益化，遵循收益大于成本这一原则。收不抵支的品牌定位只能使品牌定位失败。假如将洗碗布定位于高端豪华产品就不合适，那样只会增加产品成本，降低经济效益，因为没有多少人愿意掏高价钱去购买最普通的家庭日常用品。

6. 消费者导向原则

品牌定位需要消费者一看即知，不需要费心费力就能领会品牌定位。因为消费者不喜欢复杂，没有兴趣去记忆很多有关品牌的信息。面面俱到，过多地罗列品牌特点，是注定要失败的。抓住关键的一两个独特点，以简洁明了的方式表达出来，让消费者充分感知和共鸣，这也是品牌定位的一条重要原则。

4.2 品牌定位的内容

定位的基本原则并不是去塑造新而独特的东西，而是去操作原已在人们心目中的想法，打开联想之门，目的是在顾客心目中占据有利的位置。

1. 类别定位

依据产品的类别建立起品牌联想，称作类别定位。类别定位力图在消费者心目中形成该品牌等同于某类产品的印象，以成为某类产品的代名词或领导品牌。当消费者有了这类特定需求时就会联想到该品牌。

七喜汽水“非可乐”就是借助类别定位的一个经典案例。可口可乐与百事可乐是市场的领导品牌，占有率极高，在消费者心目中的地位不可动摇。“非可乐”的定位使七喜处于与“百事”、“可口”对立的类别，成为可乐饮料之外的另一种选择。不仅避免了与两大巨头的竞争，还巧妙地与两品牌挂钩，使自身处于和它们并列的地位，成功的类别定位使七喜在美国龙争虎斗的饮料市场上占据了第三的位置。2004 年河北中旺集团推出“五谷道场”方便面时，也特意强调其“非油炸”的特性，赚足消费者的眼球，获得了很好的效果。还有“娃哈哈”，把非常可乐定位为“中国人自己的可乐”以与“两乐”霸占的国内市场相区别，最终取得了不错的销售业绩。

2. 比附定位

比附定位是以竞争者品牌为参照，依附竞争者定位。比附定位的目的是通过品牌竞争提升自身品牌的价值与知名度。企业可以通过各种方法和同行中的知名品牌建立一种内在联系，使自己的品牌迅速进入消费者的心中，借名牌之光使自己的品牌生辉。

最经典的当属美国艾维斯汽车租赁公司。20世纪60年代，赫尔茨公司占据了美国汽车租赁市场份额的55%，为了避免与其正面交锋，艾维斯公司在其广告中发出了著名的“老二宣言”，因为巧妙地与市场领导建立了联系，艾维斯的市场份额大幅度上升了20%。

3. 档次定位

不同的品牌常被消费者在心目中分为不同档次。品牌价值是产品质量、消费者心理感受及各种社会因素如价值观、文化传统等的综合反映，档次具备了实物之外的价值，如给消费者带来自尊和优越感等。高档次品牌往往通过高价位来体现其价值。

如劳力士表价格高达几万元人民币，是众多手表品牌中的至尊，也是财富与地位的象征，拥有它无异于展示自己是一名成功人士或上流社会的一员。又如酒店、宾馆按星级划分为1～5个等级，五星级的宾馆其高档的品牌形象不仅涵盖了幽雅的环境、优质的服务、完备的设备，还包括进出其中的都是有一定社会地位的人士；定位于中低档次的宾馆，则针对其他的细分市场，如满足追求实惠和廉价的低收入者。

4. 消费者定位

以产品与某类消费者的生活形态和生活方式的关联作为定位的基础，深入了解目标消费者希望得到什么样的利益和结果，然后针对这一需要提供相对应的产品和利益。

比如，海尔刚推出自己的手机时，为能体现出海尔国际化品牌的定位，提出了“听世界，打天下”的诉求。因为手机本身在品质上的差距很小，关键是给消费者的感觉，海尔瞄准的是都市里一大批正在奋斗的年轻人，而这些人都满腹豪情，希望自己能打出一片属于自己的天空，所以“听世界，打天下”综合消费者和品牌特点，既传达了大气的感觉，又考虑到目标市场的需求，最终取得了良好的市场业绩。

5. 比较定位

比较定位的策略是指企业为了突出品牌的特性，抓住知名竞争对手的弱点来向消费者推销自己的优点，从而获取市场认可的方法。

丰田公司为了突出其“凌志”汽车高质低价的产品特性，在美国宣传该车时，将其图片和奔驰汽车并列在一起，并加上大标题：“用36 000美元就可以买到价值73 000美元的汽车，这在历史上还是第一次。”并且经销商在向潜在顾客赠送的录像带中有一段内容如下：一位工程师分别将一杯水放在奔驰和凌志车的发动机盖上，当汽车发动时，奔驰车上的水就晃动起来，而凌志车上的却没有。此举无疑为凌志汽车提高了声誉，获得了广泛的市场认可度，取得良好的效果。

6. 情感定位

把消费者的情感因素融入品牌，使消费者在购买、使用产品的过程中获得某种情感体验，引起消费者内心深处的情感共鸣，从而获得其对品牌的喜爱与忠诚。在这个日益物质化、理性化的社会，品牌的情感定位更能引起消费者的情感触动。南方黑芝麻糊的"一股浓香、一缕温情"，营造出温馨的氛围，与消费者产生情感联动，引发消费者对品牌的亲切感和认同感。

"娃哈哈"可以说是十几年来中国市场上最成功的品牌命名之一。这一命名之所以成功，除了其通俗、准确地反映了一个产品的目标对象外，最关键的一点是将一种祝愿、一种希望、一种消费结合儿童的天性作为品牌命名的核心，从而使"娃哈哈"这一名称天衣无缝地传达了上述形象及价值，这种对儿童天性的开发和祝愿又恰恰是该品牌形象定位的出发点。

7. 功能定位

功能性定位是将品牌与一定环境、场合下产品的使用情况联系起来，以唤起消费者在特定情景下对该品牌的联想。

如"白加黑"感冒药将感冒药的颜色分为白、黑两种形式，"白天吃白片，不瞌睡；晚上吃黑片，睡得好"，以此为基础改革了传统感冒药的服用方式，获得了不错的市场反应。香港手表制造商针对瑞士、日本手表的单一功能定位，推出了多功能定位的手表，设计制作了时装表、运动表、笔表、链坠表、情侣表、儿童表、计算表、打火表、时差表、报警表、里程表等，凭借功能性定位，香港表得以畅销全世界，获得空前成功。

8. 文化定位

将某种文化内涵注入品牌之中形成文化上的品牌差异，称为文化定位。文化定位不仅可以大大提高品牌的品味，而且可以使品牌形象独具特色。比如我们在喝可口可乐，在吃麦当劳、肯德基之时，不仅是在解渴求饱，同时也是在进行一种代表美国文化的消费，这种消费代表了一种文化、一种身份、一种时尚、一种观念。

只有民族的，才是世界的。如中国"景泰蓝"和法国"人头马"，无不承载了深厚的民族文化特色；无锡的"红豆"服装品牌和绍兴的"咸亨"酒店，分别借助人们早已熟悉和热爱的曹植和鲁迅的名篇挖掘出中华文化的沉淀；"金六福——中国人的福酒"，这种定位已将品牌文化提升到一种民族的"福"；柒牌服饰以中国文化打动世界，情系"中国心、中国情、中国创"，认真谱写"立民族志气，创世界品牌"战略，并提出了"中国，才是美"的口号；"全聚德"烤鸭、"狗不理"包子等这些百年老字号，都是融入了中国传统的独特文化因子才获得如此巨大的影响力。

4.3 品牌定位的方法

4.3.1 USP定位法

USP定位策略的内容是在对产品和目标消费者进行研究的基础上，寻找产品特点中最符合消费者需要的、竞争对手所不具备的、最为独特的部分。英国M&M巧克力就是以“只溶在嘴，不溶在手”的独特销售卖点，从众多巧克力中脱颖而出，奠定了糖衣巧克力的头号品牌地位；乐百氏纯净水的“27层净化”是国内USP的经典之作。

实力雄厚的领头企业，可以利用USP定位在同一类产品中推出多种品牌，涵盖多个细分市场，提高其总体市场份额。宝洁公司运用USP品牌定位相当成功。以洗衣粉为例，宝洁公司相继推出了汰渍、波尔德、德来夫特、象牙雪、伊拉等多种品牌，每个品牌都有它独特的USP：汰渍“去污彻底”，波尔德“使衣物柔软”，德来夫特“适于洗涤婴儿衣物”，象牙雪“去污快”，伊拉“去油漆等顽污”，如此等等，宝洁通过USP定位，发展多种品牌，占据尽可能大的市场空间。

1. USP定位理论

USP是英文unique selling proposition的缩写，中文意思为“独特销售卖点”，即一种产品只提供一个卖点，这个卖点是独一无二的。USP是罗塞·里夫斯(Rosser Reeves)在20世纪50年代首创的，他当时是美国Ted Bates广告公司董事长。里夫斯比较早地意识到广告必须引发消费者的认同，在市场营销理论中具有里程碑的意义。它的基本要义是：营销人员在促销策划过程中，要向消费者或客户表达一个主张，必须让其明白，购买自己的产品可以获得什么样的具体利益；所强调的主张必须是竞争对手作不到的或无法提供的，必须说出其独特之处，强调人无我有的唯一性；所强调的主张必须是强有力的，必须集中在某一个点上，以达到打动、吸引消费者购买产品的目的。

20世纪70年代，USP理论从满足基本需求出发追求购买的实际利益，逐步走向追求消费者心理和精神的满足。90年代后，达彼斯将USP定义为：USP的创造力在于揭示一个品牌的精髓，并通过强有力的证据证实它的独特性，使之所向披靡，势不可当。这样，USP理论的重点上升到品牌的高度，强调USP的创意来源于品牌精髓的挖掘。USP理论在当今时代仍然没有过时，经过不断丰富、发展和完善，具有了更强的针对性，更能适合新环境的要求。USP理论在与品牌相结合的过程中，它不仅能帮助企业销售产品，还肩负起了营建和增长品牌资产的新使命。

2. USP的三个要点

USP的三个要点如下。

(1) USP提供的是一种具有独特性的品牌内涵。它是一种发掘于一个品牌自身深处，或者尚未被提出的独特的承诺。它必须是其他品牌未能提供给消费者的最终利益，它必须能够建立一个品牌在消费者头脑中的位置，从而使消费者坚信该品牌所提供的最终利益是最佳的。

(2) USP 必须有销售力。它必须是对消费者的需求有实际的重要意义。它必须能够与消费者的需求直接相连，最终导致消费者产生行动。它必须有说服力和感染力，从而能为该品牌引入新的消费群或从竞争品牌中把消费者争取过来。

(3) 每个 USP 必须对目标消费者提出一个明确的消费主张。这是一个清楚的令人信服的品牌利益承诺，而且这个品牌承诺是独特的，是消费者最需要的。里夫斯给出的广告定义就是："以最小的成本将独特的销售主张灌输到最大数量的人群的头脑中的艺术。"另一方面，一个 USP 所要传达的意思必须是单一的，普通消费者从一条广告中一般只能记住一个信息。

3. 如何提炼 USP

可采用以下措施提炼 USP。

(1) 最低的价格。许多企业试图依靠成为"低价领袖"而获取成功。1955 年，沃尔玛还默默无名。21 世纪初，它经常雄居"财富 500 强"首位。它的秘诀之一就是薄利多销。不论你走进哪里的沃尔玛，"天天低价"是最为醒目的标志。低价策略并非谁都能使，除非你在成本控制上远超他人，否则这样的主张将难以兑现。

(2) 最高的质量。拥有最高的质量是市场上的一个卖点。这里面的关键是，不要只对消费者说你有最高的质量，而是告诉他们这对其生活意味着什么：他们的感受将会发生什么变化？他们的哪些需求被满足了？

(3) 独家提供者。成为人们某种欲望和需求的独家满足者。例如，苹果的 iMac 电脑既是一个技术成功又是一场设计革命。iMac 的设计主持人乔纳森·艾夫说："我们想要创造一台人们能够与之交流的机器。"iMac 的出现，打破了死板的、僵硬的设计模式，让人忍不住想去抚摸它。

(4) 最佳客户服务。世界一流的客户服务能够把你同竞争者区分开来。这是一个简单而深刻的商业真理，但很少有公司能够踏实实践。在为客户提供服务方面，总是有大量的事情可以做。

(5) 最广泛的选择。例如，亚马逊网上书店在卖书时就是这样宣称的。

(6) 最好的保障。让你的客户认识到你的保障是无条件的，让他们清楚和你打交道他们永远不会吃亏。花旗银行有一句全球统一的营销口号：花旗永远不睡觉。千万不要把它仅仅当成简单的广告宣传，因为它其实明确表达了花旗有关客户服务的核心价值。实际上它是花旗对客户服务的承诺，如果我今天成为花旗的客户，我就有权利说在每一天 24 小时内的任何时刻，当我要求它提供服务的时候，我期望的服务必须得到满意的响应。

4.3.2　3C 分析法

3C 分析法是指针对企业所处的微观环境——消费者(customer)、竞争者(competitor)、企业自身(corporation)三大方面进行全面的营销扫描。营销的本质在于“满足消费者的需求”。

1. 消费者分析

主要包括以下几个方面：消费者的人口统计特征(包括年龄、性别、职业、收入、教育程度等)、消费者的个性特征、消费者的生活方式、消费者的品牌偏好与品牌忠诚、消费者的消费习惯与行为模式等内容。

2. 竞争者分析

主要包括以下内容：企业的主要竞争品牌、企业在竞争中的地位、竞争品牌的产品特征、竞争品牌的品牌定位与品牌形象、竞争品牌的传播策略等。

3. 企业分析

主要针对企业的品牌现状进行审计，主要包括以下内容：竞争品牌的传播策略，企业的产品特征，企业现有的目标市场，企业在消费者心目中的品牌形象，企业现有的品牌传播策略，企业现有的品牌知名度，美誉度等。

4.3.3　品牌定位图分析法

品牌定位图分析法主要用于对市场上各种竞争品牌的定位进行比较分析，相对于前几种分析方法，品牌定位图的调查范围更为狭窄，主要限于对竞争者的分析。由于品牌定位图准确和直观地指出了企业主要竞争品牌的定位布局，因此可以帮助企业迅速找到细分市场上的空隙，从而确立自己的品牌定位。

此方法适用于探讨不同品牌的定位。消费者针对事先列出的属性，根据他们对不同品牌的认知来回答。经过统计分析后，可以从消费者的角度，了解不同品牌的定位及各竞争品牌之间定位的区隔。在操作上，一般而言以 5 点量表让消费者回答他们“同意”或“非常不同意”该品牌拥有某一属性或特质。至于统计方法上，则可运用因素分析、因子分析或多元尺度分析。当然，统计的分析可交由“专家”来处理，重要的是形成品牌定位图，并探讨定位是否独特或是否具有竞争性。

4.4　品牌定位的流程

品牌定位流程的核心是 STP，即细分市场(segmenting)、选择目标市场(targeting)和具体定位(positioning)。品牌定位的具体流程可以分为五个阶段：市场分析、市场细分、目标市场的确定、品牌具体定位和品牌的再定位。

4.4.1 市场分析

市场分析是品牌定位的第一步。市场分析是指品牌组织必须深入地进行市场调查，了解的问题包括市场的构成如何、消费者需要什么、竞争者的情况等。还要结合品牌组织的规模、技术水平和实力等相关因素，用科学的方法对上述信息进行收集、整理、记录，通过分析市场的信息资料，提出解决问题的方案，确保品牌定位战略能够顺利地进行。

具体来说，要回答好以下三大问题：竞争对手的品牌定位如何；目标市场上消费者欲望的满足程度以及还有哪些未被满足的需求；针对竞争者的品牌定位和消费者的现实和潜在需求，企业应该做些什么。

要回答这三个问题，品牌经营人员必须通过一切调研手段，系统地设计、收集、分析并报告有关上述问题的资料和研究结果。通过回答上述三个问题，品牌组织就可从中把握和确定自己的潜在竞争优势在哪里。

4.4.2 市场细分

市场细分理论是20世纪50年代由美国营销专家温德尔·斯密提出的，有人称之为营销学中继“消费者为中心观念”之后的又一次革命。市场细分是指企业根据企业自己的条件和营销意图把消费者按不同标准分为一个个较小的，有着某些相似特点的子市场的做法。

1. 市场细分的依据

消费者人数众多，需求各异，企业可以根据需求按照一定的标准进行区分，确定自己的目标人群。市场细分的依据主要有地理标准、人口标准、心理标准和行为标准，根据这些标准进行的市场细分分别是地理细分、人口细分、心理细分和行为细分。

(1) 地理细分

地理细分就是将市场分为不同的地理单位，地理标准可以选择国家、省、地区、市、县或居民区等。地理细分是品牌组织经常采用的一种细分标准。小规模的厂商为了集中资源占领市场，也往往对一片小的区域再进行细分。

(2) 人口细分

人口细分是根据消费者的年龄、性别、家庭规模、家庭生命周期、收入、职业、受教育程度、宗教信仰、种族以及国籍等因素将市场分为若干群体。

由于消费者的需求结构与偏好，产品品牌的使用率与人口密切相关，同时人口因素比其他因素更易于量化，因此，人口细分是细分市场中使用最广泛的一种细分。

年龄、性别、收入是人口细分最常用的指标。当然，许多品牌组织在进行人口细分时，往往不仅仅依照一个因素，而是使用两个或两个以上因素的组合。

(3) 心理细分

心理细分是根据消费者所处的社会阶层、生活方式及个性特征对市场加以细分。在同一地理细分市场中的人可能显示出迥然不同的心理特征。比如美国一家制药公司就以此将消费者分为现实主义者、相信权威者、持怀疑态度者、多愁善感者等四种类型。在进行心理细分时主要考虑的因素是社会阶层和个性等。

(4) 行为细分

行为细分是根据消费者对品牌的了解、制度、使用情况及其反应对市场进行细分。这方面的细分因素主要有以下几项：时机、购买利益、使用者状况、品牌了解、态度等。

2. 市场细分的要求

品牌组织根据所提供产品或服务的特点选择一定的细节标准，并按此标准进行调查和分析，最终要对感兴趣的细分市场进行描述和概括。有时，分别使用上述四种细分标准无法概括出细分市场时，就必须考虑综合使用上述四个标准，资料越详细越有利于目标市场的选择。最终概括出来的细分市场至少应符合以下要求：细分后的市场必须是具体、明确的，不能似是而非或泛泛而谈，否则就失去了意义；细分后的市场必须是有潜力的市场，而且有进入的可能性，这样对品牌组织才具有意义，如果市场潜力很小，或者进入的成本太高，品牌组织就没有必要考虑这样的市场。

4.4.3　目标市场的确定

目标市场的确定是指在市场细分的基础上对细分出来的子市场进行评估以确定品牌应定位的目标市场。

1. 评估细分市场

品牌组织评估细分市场的核心是确定细分市场的实际容量。评估时应考虑三个方面的因素：细分市场的规模、细分市场的内部结构吸引力和品牌组织的资源条件。

(1) 细分市场的规模

潜在的细分市场要具有适度需求规模和规律性的发展趋势。潜在的需求规模是由潜在消费者的数量、购买能力、需求弹性等因素决定的，一般来说，潜在需求规模越大，细分市场的实际容量也越小，对品牌组织而言，市场容量并非越大越好，“适度”才是上策。

(2) 细分市场的内部结构吸引力

细分市场内部结构吸引力取决于该细分市场潜在的竞争力，竞争者越多，竞争越激烈，该细分市场的吸引力就越小。如果细分市场竞争品牌众多，且实力强大，或者进入壁垒、退出壁垒较高，且已存在替代品牌，则该市场就会失去吸引力。

(3) 品牌组织的资源条件

决定细分市场实际容量的最后一个因素是品牌组织的资源条件，也是关键性的一个因素。品牌经营是一个系统工程,有长期目标和短期目标,企业行为是计划的战略行为,每一步发展都是为了实现其长远目标服务,进入一个子市场只是品牌发展的一步。

对细分市场的评估应从上述三个方面综合考虑,全面权衡,这样评估出来的企业才有意义。

2. 选择进入细分市场的方式

通过评估,品牌经营者会发现一个或几个值得进入的细分市场,这也就是品牌经营者所选择的目标市场,下面要考虑的就是进入目标市场的方式,即品牌组织如何进入的问题,经常采用的方式有五种,分别是集中进入、有选择的专门化进入、专门化进入、无差异进入和差异进入。

(1) 集中进入

品牌组织集中所有的力量在一个目标市场上进行品牌经营,满足该市场的需求,在该品牌获得成功后再进行品牌延伸。这是中小企业在资源有限的情况下进入市场的常见方式。

(2) 有选择的专门化进入

品牌经营者选择了若干个目标市场,在几个市场上同时进行品牌营销,这些市场之间或许很少或根本没有联系,但企业在每个市场上都能获利。比如宝洁公司在洗发水市场、牙膏市场、洗衣粉市场上同时开展营销活动且都取得了成功。这种进入方式有利于分散风险,企业即使在某一市场失利也不会全盘皆输。

(3) 专门化进入

品牌厂商集中资源生产一种产品提供给各类顾客,或者专门为满足某个顾客群的各种需求服务的营销方式。

(4) 无差异进入

品牌经营者对各细分市场之间的差异忽略不计,只注重各细分市场之间的共同特征,推出一个品牌,采用一种营销组合来满足整个市场上大多数消费者的需求。无差异进入往往采用大规模配销和轰炸式广告的办法,以达到快速树立品牌形象的效果。无差异进入的策略能降低企业生产经营成本和广告费用,不需要进行细分市场的调研和评估。但是风险也比较大,毕竟在现代要求日益多样化、个性化的社会,以一种产品、一个品牌满足大部分需求的可能性很小。

(5) 差异进入

品牌经营者有多个细分子市场为目标市场,分别设计不同的产品,提供不同的营销组合以满足各子市场不同的需求,这是大企业经常采用的进入方式。差异性进入由于针对特定目标市场的需求,因而成功的概率更高,能取得更大的市场占有率,但其营销成本也比无差异进入要高。

4.4.4　品牌具体定位

品牌定位的关键是品牌组织要设法在自己的品牌上找出比竞争对手强的特性，准确地选择相对竞争优势，就是一个企业各方面实力与竞争者的实力相比较的过程。比较的指标应是一个完整的体系，只有这样，才能准确地选择相对竞争优势，通常的方法是分析、比较品牌组织与竞争对手在下列六个方面究竟哪些是优势，哪些是弱势，包括经营管理方面的经营者自身的素质、领导能力、决策水平、计划能力、组织协调能力以及个人应变的经验等；技术开发方面的技术资源能力和资金来源是否充足等；采购方面的采购方法、存储及物流系统、供应商合作以及采购人员能力等；生产作业方面的生产能力、技术装备、生产过程控制以及职工素质等；品牌营销方面的营销网络控制、市场研究、服务与销售战略、广告、资本来源等是否充足以及市场营销的能力等；财务方面的长期资本和短期资本的来源及资本成本、支付能力以及财务制度与理财素质等指标。

品牌要展示其独特的竞争优势，就是要创造品牌差异，形成自己品牌的特色。拥有属于自己的品牌特色并与竞争者区分开，是品牌组织在进行品牌定位时不可忽视的一环。品牌的差异具体体现在产品、技术、质量或者服务上，但最终要定位在消费者的内心，以创造心理优势。

4.4.5　品牌再定位

品牌定位不是一成不变的，它有时会根据市场、竞争者、消费者以及企业的变化而改变，这就是品牌的再定位。品牌再定位的原因主要有：原有定位不合时宜、原有定位模糊、原有定位过窄、竞争品牌模仿、原有定位遭遇变故及品牌战略转移等。

4.5　品牌定位策略

品牌组织在选择品牌战略的过程中，要充分考虑自身的优势和特点，选择最适合品牌组织发展的品牌策略，只有这样才能走上成功的品牌经营之路。

1. 抢先占位策略

抢先占位策略是指发现消费者心智中有一个富有价值的(阶梯)位置无人占据，就第一个全力去占据它。

战略前提：消费者有新品类、新特性的需求或需要(如无绳机、防蛀)。

如步步高公司发现在电话机行业里面有一个空白点，没有一个品牌代表着无绳电话。于是它一马当先提出，“步步高无绳电话，方便千万家”。现在步步高已成为了无绳电话机的领导品牌，即当步步高成为无绳电话的代名词时，我们就可以说这个品牌占据了这块心智资源。

早在 1992 年,高露洁发现中国市场的众多牙膏品牌在做的是清新口气、洁白牙齿、消炎止痛等,而对牙膏类别中最大的心智资源“防止蛀牙”却没有一个品牌全神贯注去抢占。高露洁根据美国牙膏市场的经验知道,随着生活水平的提高,消费者必然对防止蛀牙的关注会越来越强,于是迅速进入中国市场,开始了十多年来单一而集中的诉求:防止蛀牙。今天,我们一想到防蛀牙膏就能迅速想到高露洁。

2. 关联强势品牌策略

关联强势品牌策略是指发现某个阶梯上的首要位置,已为强势品牌占据,就让品牌与阶梯中的该强势品牌相关联,使消费者在首选强势品牌的同时,紧接着联想到自己,作为补充选择。

比如说七喜,它发现美国的消费者在消费饮料时,三罐中有两罐是可乐,于是它说自己是“非可乐”。当人们想喝饮料的时候,第一个马上会想到可乐,然后有一个说自己是“非可乐”的品牌跟可乐靠在一起,那就是七喜。“非可乐”的定位让七喜一举成为饮料业第三品牌。国内的金蝶软件曾经通过“北用友,南金蝶”的公关宣传,借用友之势迅速获得发展,也是采用这种方法。

战略前提:消费者对某类产品的选择,心目中已有明显的首选。

3. 攻击强势品牌策略

攻击强势品牌策略是指如果消费者心智中的品牌定位的代表品牌有潜在弱点,新品牌可以由此突破,重新定义该代表品牌为不当的选择,自己取而代之。

如泰诺林进入头痛药市场的时候,阿司匹林占据了头痛药市场的首要位置,于是泰诺林攻击阿斯匹林可以导致胃肠道毛细血管的微量出血,就从这一点攻入,把阿司匹林替换掉,成了领导品牌。

战略前提:消费者对某类产品的选择,心目中已有明显的首选,而且非常关心新品牌提供的利益,并易于认可原首选品牌的弱点。

4. 单一品牌策略

单一品牌又称统一品牌,它是指企业所生产的所有产品都同时使用一个品牌的情形。这样在企业不同的产品之间形成了一种最强的品牌结构协同,使品牌资产在完整意义上得到最充分的共享。大家熟知的“海尔”就是单一品牌战略的代表,一个成功的海尔品牌,使得海尔的上万种商品成为了名牌商品,单一品牌战略的优势尽显其中。优势单一品牌的另一个优势就是品牌宣传的成本要低,这里面的成本不仅仅指市场宣传、广告费用的成本,同时还包括品牌管理的成本,以及消费者认知的清晰程度。单一品牌更能集中体现企业的意志,容易形成市场竞争的核心要素,避免消费者在认识上发生混淆,也需要在各个品牌之间协调。

5. 副品牌策略

采用副品牌策略的具体做法是以一个成功品牌作为主品牌，涵盖企业的系列产品，同时又给不同产品起一个富有魅力的名字作为副品牌，以突出产品的个性形象。海尔虽然在他所有的产品都使用同一个商标，但是为了区分彼此的特点仅就冰箱来说就分为变频对开门的“领航系列”，变频冰箱“白马王子系列”、“彩晶系列”，电脑冰箱“数码王子系列”和“太空王子系列”，机械冰箱“超节能系列”、“金统帅系列”等，在海尔名下的冰箱产品就有 15 种副品牌。在家电行业使用副品牌已经成为行业的通行做法，这样有效地划分了不同产品的功能和特点，使得每组商品的特点各显其彰，同时也弥补了单一品牌过于简单、不生动的缺点。

6. 多品牌策略

多品牌策略是指一个企业同时经营两个以上相互独立、彼此没有联系的品牌的情形，就是多品牌策略。众所周知，商标的作用是就同一种的商品或服务，区分不同的商品生产者或者服务的提供者的。一个企业使用多种品牌，当然具有的功能就不仅仅是区分其他的商品生产者，也包括区分自己的不同商品。多品牌战略为每一个品牌各自营造了一个独立的成长空间。采用多品牌战略的代表非宝洁莫属了。在美国市场上，宝洁有 8 种洗衣粉品牌、6 种肥皂品牌、4 种洗发精品牌和 3 种牙膏品牌，每种品牌的特征描述都不一样。以洗发水为例，我们所熟悉的有“飘柔”，以柔顺为特长；“潘婷”以全面营养吸引公众；“海飞丝”则具有良好的去屑功效；“沙宣”强调的是亮泽。不同的消费者在洗发水的货架上可以自由选择，然而都没有脱离宝洁公司的产品。

7. 背书品牌策略

背书品牌(endorsed brand)指出现在一个产品品牌与服务品牌背后的支持性品牌。背书品牌有时候叫父母品牌(parent brand)，而背书的叫子品牌(son brand)。背书品牌依附于产品，贯穿于整个公司品牌和项目品牌之中。背书品牌的管理通过在价值链的各环节实施，确保开发项目能够成为公司区别于其他品牌的鲜明特征体现。

浏阳河、京酒、金六福等品牌在短短的时间里，成为中国酒市的新贵。它们的成功不是偶然的，仔细分析，它们有一个共同的特点，都是由五粮液酒厂生产，并且在传播时有意将这一信息传达给消费者，为它们的主张提供支持和可信度。而与其他品牌关系相比，它们与五粮液之间的关系实际上又比较松散，在包装上，五粮液所在的位置并不突出，只是起到背书和担保的作用。这就是背书品牌战略。同样实施背书品牌战略的还有 P&G，不管是潘婷，还是汰渍，或是舒肤佳，都会告诉你，它们是 P&G 出品的。

4.6 品牌定位的误区及修正

4.6.1 品牌定位的误区

1. 核心价值表现不当

品牌定位与市场环境的关系表明，品牌定位需要结合产品自身属性与市场情况，展示品牌的核心价值。当前对品牌核心价值的表现不当集中在过度定位、冲突定位与同质定位三个方面。

品牌过度定位分为过高定位和过低定位。产品是品牌的物质基础，定位品牌需有相应的产品支撑，如果产品达不到品牌的定位要求，就会造成品牌的过高定位。比如茅台一直是中国白酒市场的高端品牌，茅台公司为了打开葡萄酒市场，将“茅台”用于低端葡萄酒推广，这种滥用行为便是品牌定位过高的表现。相反，一些中小企业为了留住顾客，维持较大的市场规模，刻意降低品牌的定位标准，便会产生高产品、低品牌的过低定位现象。

品牌冲突定位指违反了产品自身与品牌的融合性要求，采取相互对立的定位取向，盲目创新。比如金利来服装一直以“男人的世界”定位品牌，如果金利来突然推出女装系列便会造成品牌定位的矛盾，顾此失彼。

品牌同质定位问题则是对市场营销环境缺乏细化研究的表现，营销多采取模仿与跟进策略，匆忙开发品牌，急于求成却没有自身独特的产品内涵做支撑，难以保持成长后劲。比如清咽舒灵通过一系列强势广告进入市场却反响平平，其原因便是市场已经有了诸如金嗓子、西瓜霜等咽喉类产品的著名品牌，清咽舒灵不具备区别于它们的独特卖点。

2. 缺乏对营销对象的了解

(1) 消费者印象模糊

比如我国本土的茶叶品牌，虽然种类繁多，但是外观设计无一不是“古色古香”或“清新自然”的视觉风格，消费者在统一的视觉形象中体验不到品牌与品牌之间的差异性商业形态，无法形成对品牌的独特理解与记忆。

(2) 不能满足消费者的情感需求

比如“蜂花”、“美人鱼”、“友谊”等我国化妆品市场的老品牌，虽然用料实在，质量安全，知名度较高，但品牌名称、广告语言、LOGO 设计几十年没发生过改变，与当今 80 后、90 后市场主体的消费心理严重脱节，传统品牌优势荡然无存。

(3) 对消费者购买行为引导不足

品牌定位不是永远不变的，如果品牌定位不能始终反映市场潮流，就会被新品牌所代替。比如力士在香皂市场的份额逐渐被舒肤佳吞噬，其原因在于力士品牌一直坚持传统清洗观念，即清洗“看得见的污渍”，而舒肤佳引入了香皂的“除菌”理念，引领了香皂市场的消费新方向。

3. 品牌定位与营销形式不协调

品牌定位与市场营销的形式联系紧密，品牌定位决定了市场营销的渠道，而市场营销总是选择与品牌定位相适应的营销手段。当前品牌定位误区还表现在品牌定位与市场营销形式的不协调。

从营销组合上看，营销组合的品牌搭配不当。比如化妆品市场的"专业线"品牌与"日化线"品牌的营销渠道截然不同，但一些企业为了形成品牌竞争的合力，将两者联合营销，甚至出现自相矛盾的营销组合，这种营销形式不仅造成了品牌功力互抵，还削弱了品牌的可信度，影响了品牌的市场美誉。

从营销内容上看，营销内容与品牌内涵关联性不足。比如英国的一个早餐谷物品牌，为了突出健康正面的品牌形象选择了老牌早间新闻主持人担当代言人，但该品牌营销并未取得市场的预期成效，原因在于品牌的目标消费人群是年轻人，而其代言人年龄阶段与品牌个性极不匹配，引发了受众群的流失。

4.6.2　修正品牌定位的误区

1. 明确品牌市场竞争的核心价值

基于品牌定位与市场环境的关系，以市场环境为主导，品牌定位依存于市场环境，表现为对产品认知与对市场认知的统一。因此，品牌定位应从产品自身与市场环境两方面出发，明确品牌市场竞争的核心价值。

品牌组织需要考虑品牌的产品属性，分析品牌所承载的产品特质，突出产品的竞争优势，比如形式产品的独特造型，其附加的服务、承诺或身份象征，功能性产品的使用功效，能够为消费者带来的主要利益等优势信息，简而言之，对产品的认识包括"它是什么"，"它能做什么"，"哪些人需要它"。

除了从产品自身发现品牌价值所在，还应通过市场调研，选择性地呈现品牌信息，收集市场信息，包括企业自身的信息、主要竞争对手的信息、消费者的信息，它们都与品牌识别要素有关。分析市场信息，通过市场细化找到品牌与其他品牌的差异，结合自身的产品特质，将产品的比较优势融入品牌定位之中，挖掘其在市场中的合适位置，生成最终的品牌营销信息。

2. 建立品牌与消费者的稳定供需关系

基于品牌定位与市场营销对象的关系，品牌定位应从认知层面上实现消费者对品牌的正确理解，从情感层面上拉近品牌与目标消费者的心理距离，从意志层面上维持消费者的消费忠诚度。

消费者对品牌的认知来源于品牌的视觉形象，应做好品牌的包装设计工作，优秀的品牌视觉形象应具备简洁性与独特性。简洁性主要是指品牌名称,品牌名称的简洁有利于消费者的理解与记忆;独特性指巧妙的构思,即品牌符号、颜色与图案应用的别具一格,利用品牌的视觉美感吸引消费者关注。

消费者对品牌的情感体验来源于品牌的精神文化内涵,品牌定位应包含一定的暗示性,即为品牌注入企业的文化底蕴与价值取向,唤起消费者的情感认同,迅速拉近品牌与消费者的距离。

消费者对品牌的忠实度来源于品牌对市场变化的适应力,品牌定位要时刻关注市场竞争格局,树立品牌的创新意识,其根本途径是研究消费者的购买动机,解决消费者的难题,满足消费者的真实需要。

4.7 知识链接

营销中的4P、4C和4R理论

1964年,美国营销专家鲍敦提出了市场营销组合概念,是指市场营销人员综合运用并优化组合多种可控因素,以实现其营销目标的活动的总称。这些可控因素被麦卡锡归为四类,即4P:产品、价格、渠道、促销,从那以后4P成为每一个商业人士的公用语言,几乎每位营销经理在策划营销活动时,都自觉、不自觉地从4P理论出发考虑问题。20世纪80年代,以舒尔兹、劳特朋教授为首的一批营销学者从顾客需要的角度出发研究市场营销理论,针对4P存在的问题提出了4C营销理论,即顾客的需求和期望、顾客的费用、顾客购买的方便性、顾客与企业沟通。21世纪伊始,《4R营销》的作者艾略特·艾登伯格提出一种营销新理论,即4R:关系策略,指在企业和企业的目标之间构筑一种独特的关系,它的核心能力是“服务”和“经历”;节省策略,指为消费者节省时间,它的核心能力是“技术”和“便利”,通过技术把商品、品牌或服务带到顾客的家中或办公室里,为消费者提供便利;关联策略,指把企业的品牌资产直接与主要的购买动机相联系,它的核心能力是“专业技能”和“商品”,让你的公司成为你所在行业的最重要的思想和信息的来源;报酬策略,指酬谢你的顾客,它的核心能力是品位和时间。

4P是站在企业的角度来看营销,它的出现一方面使市场营销理论有了体系感;另一方面它使复杂的现象和理论简单化,从而促进了市场营销理论的普及和应用。4C理论以消费者为导向,4C中的方便、成本、沟通、消费者直接影响了企业在终端的出货,决定企业的未来,是站在消费者的角度来看营销。4R更进一步了,也是站在消费者的角度看营销。从导向来看,4P理论重视产品导向而非消费者导向;4C理论以“请注意消费者”为座右铭,强调以消费者为导向。4R也是以消费者为导向,“便利”与“节省”,“沟通”与“关联”,虽然紧密相关,但4R较之4C更明确地立足于消费者。

4P理论是研究制造业中消费者的营销活动时发明的,在指导制造业中消费品的营销活动时较为适用，一旦超出这个领域，指导和应用于其他领域或行业，如零售业、金融业、公共事业等它就显得不太适合。

4C 理论是在新的营销环境下产生的，它以消费者需求为导向，与产品导向的 4P 相比，4C 有了很大的进步和发展。4C 理论以消费者为导向，着重寻找消费需求，满足消费者需求。而市场经济还存在竞争导向，企业不仅要看到需求，而且还需要更多地注意到竞争对手，冷静分析自身在竞争中的优劣势并采取相应的策略，才能在激烈的市场竞争中立于不败之地。

4R 的作者认为新经济是指从 1994 年到 2000 年的互联网迅猛发展时期，其运作基础是网络技术，并视其为新的价值来源，随着 2001 年互联网泡沫的破灭，新经济已经过去了，后经济于 2006 年来临，持续到 2020 年，这一时期企业更关注的不再仅仅是技术，而是更加人性化的技术，使其服务于个人，使顾客获得应有的满足感和愉悦感，同时，产品和服务的分销渠道变得越来越直接。

（以上内容选编自 2013 年第 11 期《北方经贸》景进安的文章《从 4P、4C 营销理论到 4R 营销理论》）

4.8 案例分析

例外服饰品牌定位分析

2013 年，中国国家主席习近平偕夫人彭丽媛对俄罗斯进行国事访问。国内外各大媒体除了关注习近平的各项行程及不同场合的演讲外，作为主席夫人的彭丽媛也备受关注，其亲切的笑容，笔挺的深色风衣，提着看不出 Logo 的硬朗皮包，蓝色的丝巾让人如沐春风，这一行彭丽媛的造型魅力十足，让国民大呼："第一夫人太美了，相当给力！"而例外服饰也因彭丽媛的出镜备受关注。

一、例外服饰品牌

从相关媒体中看到例外品牌的基本信息是这样的：广州市例外服饰有限公司创立于 1996 年，主要经营服饰及文化生活等用品，是一家集服装设计生产、销售于一体的企业。公司现有员工约 400 人，实行总经理负责制，下设设计研发中心、营销管理中心、产品供应中心、品质管理部、人力资源部、财务部六大部门。下属有北京分公司、上海分公司、状态国际发展（香港）有限公司、状态服装设计（珠海）有限公司。旗下品牌"例外"(EXCEPTION de MIXMIND)被认为是中国现存最长亦是最成功的女装设计师品牌，同时例外还代理了国际品牌如意大利男装品牌 C. P. COMPANY、STONE ISLAND 及西班牙知名品牌 KOWALSKI 等。

二、例外的品牌定位分析

1. 例外的产品定位——休闲产品

例外的产品材质以棉、麻、丝、羊毛等居多，设计感很强，但是这样的面料不适合定型；

颜色以灰、白、藏青等冷色系为主，对于一些热烈而隆重的场合很显然是不合适的，因此受到其面料和颜色的影响，该品牌产品设计的风格应该偏向于休闲而非正装。

作为第一夫人，出现在任何公开场合，其穿着都应该是比较正式而非休闲，这次出访我们看到彭丽媛身上穿戴的产品均为例外的产品，就产品定位的角度而言，产品出现的场合与产品定位不匹配。

2. 例外的功能定位——强调中国元素

例外的服装整体设计比较知性，又含有中国元素，一般而言不容易“撞衫”。例外品牌设计的核心思想是创造和传播基于东方哲学的当代生活艺术的经营理念，主张传承发扬东方文化和原创精神。广州市例外服饰有限公司成立以来，在国内外的服装设计大赛中拿到多项大奖，使具有中国元素的例外服饰扬名海内外服装界。正是例外的影响力及独特的功能定位，彭丽媛此次出访选择了例外。

3. 例外的目标顾客定位——成熟高端顾客

例外的目标顾客为高端顾客，这点从其价格、渠道、广告等多方面可以体现出来。从价格来说，例外的产品单价一般都高于 2 000 元，这样一个价位的休闲服饰不是一般的消费者有能力消费的，即便有能力消费也不会为大众所接受，因此它又只能是一个小众品牌，顾客群体的规模不大；从渠道来看，例外的产品主要通过专卖店和商场专柜进行销售，渠道比较短而窄，接触顾客范围不大，给消费者的感觉比较高端；从广告宣传等方面来看，例外很少做广告宣传，因此大多数人不熟悉该品牌产品。

4. 例外的市场范围定位——华东、华南、华北

广州市例外服饰有限公司的主要市场在华东、华南、华北等地区，在市场上的知名度没有今天这么大的情况下还可以，因为其属于小众品牌，公司的主要顾客为回头客。但是现在它已经成为全国性甚至世界性品牌，其知名度基本上家喻户晓，如果市场范围还定位在原来的基础上很显然不合适，公司目前面临的问题是如何重新进行市场范围的确定，还以上述三个市场为主市场，逐步向其他市场进行扩张，采取扩张性战略已经迫在眉睫了。

5. 例外的渠道定位——短而窄渠道策略

例外的渠道策略是短而窄渠道策略，即通过专卖店和商场专柜的形式进行销售，通过统一的 VI 标识设计体现企业文化与内涵，这种渠道策略确实体现出了产品的高端特点，也比较符合上面提到的顾客定位。这种渠道策略虽然省略了中间环节的成本，但是同时也增加了管理成本，甚至增加了对专卖店和商场专柜的控制难度。

三、例外品牌服饰定位对其他品牌的借鉴

目前来看，例外品牌还是一个小众品牌，例外的品牌发展之路及品牌定位，对国内其他小众品牌产品的营销之路具有一定的借鉴，可以从传统的 4P 角度进行思考。

1. 产品策略

从整体产品概念的角度进行产品定位，而产品定位的关键是必须要进行目标顾客定

位，只有清楚地确定了目标顾客，才能够准确地把握他们的需求，也才能有针对性地进行产品定位。小众品牌的目标顾客群体不应该太大，应有效地进行市场细分并准确地找到目标市场，实施产品策略。同时强调产品的整体性，从产品的功能(核心价值)、形式产品、期望产品、延伸产品以及潜在产品等五个层面把握产品策略。

2. 价格策略

价格与产品是必须匹配的，产品的价格是其价值的货币表现。小众产品的价格要具有吸引力，能够吸引小部分群体，可以采取差别定价策略，突出产品特点，这些特点可以表现在款式、功能、包装、材料、工艺、文化等各个方面。比如例外品牌，强调中国元素，强调文化底蕴及企业经营理念，采用撇脂定价策略区别于竞争对手，并与产品定位相匹配。

3. 渠道策略

采用长渠道还是短渠道，宽渠道还是窄渠道，这些并没有一定的要求，只要合适就好，因为每种渠道方式各有优点和缺点。但是对于小众品牌，目标顾客人群不大，主要是老顾客或者老顾客带来的新顾客，而且地理市场范围不大，一般适合采用短渠道，减少中间的流转环节，大大节省流通成本。如果是区域品牌，力求做大区域市场，可考虑采用宽渠道策略。当然同时还要考虑品牌定位。如例外品牌，从目前的渠道策略来看是可以的，但是环境发生变化之后是否还采用目前的渠道策略，则要看公司的目标定位是否变化。

4. 促销策略

一般来讲，小众品牌产品受到企业规模、市场规模、企业财力等多因素影响很少大规模宣传推广，但更主要还是受制于目标定位。如果目标定位发生改变，则促销策略相应将发生改变。比如现在的例外品牌就面临一个现实问题，不论其是否愿意或市场规模实际达没达到大众品牌的表现，它已经从一个小众品牌变成了大众品牌。广州质监局在第一时间通过官方微博确认，广州市例外服饰有限公司为彭丽媛定制了服饰，这已经说明例外的促销策略发生了改变。

(以上内容改编自 2013 年第 6 期《中国外资》卞志刚的文章《例外品牌定位分析》)

4.9 品牌人物

李宁：品牌定位的困局

“李宁”是本土第一运动服装品牌，曾被视为中国运动产业崛起的符号。近年来，李宁一系列改变引人瞩目，公司更换 LOGO，重塑品牌，走“90 后”路线，然而，这些举措并未改变李宁目前尴尬的处境，股价大跌，投行减持，订单下降，“一切皆有可能”的李宁似乎深陷困境。

李宁品牌有点乱

刚成立的时候，李宁公司的品牌形象，就是国家队的运动服装，当时李宁赞助了体操、跳水、乒乓球等许多支国家队。那一阶段的民族情绪空前高涨，李宁品牌则承载了国人太多的民族情感。

然而，李宁对此并不满足，2000年，李宁公司提出了国际化的战略目标。很快，李宁掀起了一股国际化浪潮，李宁积极赞助法国体操队，甚至李宁的电视广告，也变成了一个小姑娘在巴黎大街上舞动着漂亮的红丝带。2010年6月，李宁公司又启动了换标工程，新LOGO以李宁鞍马的交叉为灵感，力求赢得更多“90后”的支持。换标之后，李宁与耐克等国际品牌正面交锋。为了展现国际品牌的形象，李宁将战略重点放在了一线城市，在北京、上海、广州、深圳等地开设了70家第六代旗舰店。自1990年以来，李宁一会儿是国家队运动服装形象，一会儿是国际化浪潮，一会儿是时尚，一会儿又是“90后”，其品牌形象一直在变。从最初的“中国新一代的希望”到“把精彩留给自己”、“我运动我存在”、“运动之美世界共享”、“出色源自本色”、“一切皆有可能”等，直到现在的“Make the change（让改变发生）”，一个个创意的火花却模糊了李宁品牌的定位及形象，令人雾里看花，难以寻找到一根贯穿始终的清晰主线。

事实上，李宁从不缺乏创新的精神和求变的决心。然而，在其发展过程中，李宁却缺乏对品牌定位的战略系统思考和解决方案，也没有真正意义上的品牌梳理和DNA确认。从1990年至今，李宁品牌推广传播了多年，然而从其诸多品牌传播中无法寻找到一种精神，一根贯穿始终的主线，消费者几乎没人能说清楚李宁品牌的个性到底是什么？

对此，盖洛普公司的调查结果显示，李宁公司至少存在以下三大问题：目标消费者不清晰、品牌面临被遗忘的危险、品牌的个性不鲜明。消费者认为，李宁就像他们身边一个熟悉的朋友，虽然很亲切，但就是缺乏鲜明的个性，让人很难铭记。李宁的品牌重塑计划中，核心目标消费群体直接跨过“80后”，锁定在“90后”身上，而其原有的主要消费群体“70后”则成为被遗弃的一代，这引发了“80后”和“70后”消费者的失落，甚至有人因此号称抵制李宁。然而，李宁迎合的“90后”消费者似乎也并不买账，有相关机构调查显示：“90后”是新消费顽主，他们最喜欢的运动鞋品牌是耐克和阿迪达斯，最喜欢的数码产品是苹果，在他们心中，李宁仍然只是本土运动品牌中最好的一个。

李宁的新战略显示，李宁正在试图摆脱过去廉价的形象，力求向高端品牌转变。李宁产品不断提价，逐渐缩小与耐克等国际品牌之间的价格差距。然而，李宁产品在提价后，销量增幅却呈逐步下降趋势。李宁无法满足高端消费者对于运动服饰在个性、科技上的需求，在消费者心中始终无法真正跻身于高端品牌行列。

品牌定位应该持之以恒

广告大师大卫·奥格威说过：品牌应该有简单清晰的品牌核心利益诉求，并且保持持续的传播行为才能有效占领消费者的脑海，获取消费者的青睐。

品牌若要获得消费者钟爱，品牌定位首先应该个性鲜明，且能拨动消费者的心弦。当今社会五彩缤纷，人们的消费日趋个性化，没有任何一个品牌能满足所有消费者的口味，成为人人喜爱的“大众情人”。个性模糊、趋于雷同的品牌，很难得到消费者的铭记和青睐。

品牌定位一旦确定，就应该专心致志、心无旁骛，持之以恒地坚持维护下去。企业的一切营销传播活动，从产品研发、价格、包装、广告、公关、赞助、代言人遴选、市场生动化等都应该围绕品牌定位去演绎。品牌定位应从横向、纵向两方面坚持。横向坚持：同一时期内，产品的包装、价格、广告、公关、促销、市场生动化等营销传播活动应围绕同一个主题和统一的形象。纵向坚持：1 年、2 年、10 年，品牌不同时期不同的表达主题和形象应围绕同一个品牌定位。

李宁品牌，在品牌形象、目标消费群体、价格定位等方面一直在变。品牌建设常常迫于市场压力或受短期利益诱惑而偏离品牌定位的轨道，使品牌形象日益模糊。没有清晰的品牌定位和形象就无法抓住目标消费群体，更加谈不上赢得消费者的青睐。可以说，李宁品牌定位的失误，是李宁公司深陷困境的主要原因。

其实，品牌垂直延伸往往是死胡同。低品质形象的品牌很难向高档产品延伸，因为品牌的低档印象已经在消费者心中根深蒂固，很难发生扭转。国际上许多轿车公司推出高档汽车时，都采用了独立的新品牌名，比如，丰田公司推出高档车取名雷克萨斯，本田的高档车为阿库拉，大众旗下是奥迪，这些汽车公司之所以要保持高档车品牌的独立性，就是怕原有的中档车品牌形象对高档车营销产生不利影响。

对李宁品牌来说，要想改变其在消费者心中根深蒂固的中低档形象很难，更好的战略是拥有高端、低端两个品牌，高端品牌可以在国际市场上与耐克等竞争，低端品牌可以在中国市场上与本土品牌竞争。持之以恒地维护品牌核心价值是许多国际一流品牌维护金字招牌的秘诀。比如，耐克 20 多年始终如一的“Just do it”，从未改变的国际一流巨星代言人，功能定位一直专注运动，个性表达贯穿始终。反观李宁，性格不定，其代言人奥尼尔、琼斯、特纳难和“一线”有关，瞿颖、林志玲的特点和形象与运动精神相去甚远。

2012 年 7 月，李宁本人再次出山，强调聚焦核心品牌，聚焦核心业务，李宁公司需要走的路还很长。

（以上内容改编自 2012 年第 8 期《金融博览》杨国兴的文章《李宁品牌定位的困局》）

4.10　本章小结

本章对品牌定位的概念和特点进行描述，分析品牌定位的意义和原则。剖析品牌定位包括的主要内容，在此基础上解析品牌定位的方法与战略流程，对品牌定位过程中存在的误区进行分析，提出修正建议，并建立品牌定位的策略体系。本章是进入品牌学实务的基础，也是在品牌实践中最难把握的环节。

4.11 学习要点

基本概念

品牌定位；类别定位；比附定位；比较定位；消费者定位；情感定位；功能定位；文化定位；USP 定位法；3C 分析法；市场细分；市场分析；单一品牌；副品牌；多品牌；背书品牌；品牌过度定位；品牌冲突定位；品牌同质定位。

思考题

(1) 简述品牌定位的概念及其特点。

(2) 简述品牌定位的意义。

(3) 简述品牌定位的原则。

(4) 简述品牌定位的内容。

(5) 品牌定位的方法有哪些？

(6) 简述 USP 定位法的要点。

(7) 简述品牌定位的流程。

(8) 品牌定位策略包括哪些内容？

(9) 品牌定位有哪些误区？

(10) 如何修正品牌定位的误区？

第5章 品牌调研

导入案例

帮宝适：抓住消费者需求的调研实践

新生儿睡眠和觉醒节律是神经系统健全的标志，预示着后来的认知发展。中国5岁以下儿童睡眠障碍总患病率为20.87%。根据宝洁公司“帮宝适”品牌和摇篮网的联合调查：对于科学判断宝宝睡眠质量的方法，79.66%的妈妈表示“仅仅知道一点”，甚至“完全不了解”。日常生活中，她们仅凭个人感觉来判断宝宝睡得好还是不好。

2007年，在帮宝适的资助下，中美两国研究人员共同完成了《使用布尿布和纸尿裤的中国婴儿睡眠质量以及认知行为的比较研究》报告。报告指出，在参加调研的孩子中，逾3成孩子每晚睡眠时间平均少了1.1小时，算下来，一年缺失的睡眠时间高达400小时。而导致婴儿睡眠时间减少的主要原因是父母在夜间频繁检查宝宝尿湿情况并为宝宝更换尿布。调查还发现，50%穿着传统布尿布的婴儿晚上更换尿布超过3次，其中80%的宝宝会在更换尿布时醒来。而穿着优质纸尿裤的婴儿睡眠平均持续时间比穿布尿裤的婴儿多近20%。

研究人员通过2年时间，在中国8个城市对约1 500个2～9个月的健康婴儿，进行了近6 800次临床式家访，这是国内第一次对婴儿睡眠状况全过程进行记录的专业研究。

帮宝适推出“金质睡眠”活动的背后，其实是对用户需求的精准把握，而这也可以说是帮宝适在品牌运作中最大的特点。这种对于用户需求的关注甚至可以追溯至帮宝适品牌诞生之初。很少有人知道，今天家长们已经习以为常的纸尿裤正是帮宝适发明的，而这项发明还曾被美国《时代》周刊评为20世纪最伟大的100项发明之一。1956年，时任宝洁公司开发部主任的维克多·米尔斯(Victor Mills)为给自家孙女换尿布的问题而困扰，于是萌生了生产一种尿布替代品的念头。随后，他在公司成立了一个专门的研究小组，最终开发出了一种吸水性能良好且佩带舒适的一次性纸尿裤，宝洁公司最终将之命名为“帮宝适(Pampers)”。

这种对用户需求的关注在帮宝适50余年的发展历程中一直得以延续，并帮助其成为今天全球排名第一的纸尿裤品牌。在竞争激烈的婴幼儿护理市场，当对手们还在将产品推广的诉求点放在纸尿裤本身上时，帮宝适则跳出了旧有的思维模式。

正是这种对消费者需求的把握，使得帮宝适的产品经得起市场的检验。在帮宝适，消费者的需求主导着产品的创新，通过家访、问卷调查、在线答疑等多种形式的互动，帮宝适能够及时了解用户对于产品的意见。把这些信息汇聚在一起，提交给专家、合作伙伴进行研究，从而推动产品的发展。

帮宝适对用户的建议也并非全盘接受，而是先让专家对这些建议进行评估，吸取其中可行的部分，进而针对这些需求和建议对产品进行设计改良。帮宝适在北京有非常先进的研发中心，并且还在不断发展壮大，在中国也建有生产基地，员工每天都会做大量的测试工作，提高产品的安全性。

将用户需求与公司利益相结合，这使得帮宝适的"金质睡眠"项目高效而又可持续。而通过"帮宝学者"计划以及资助国内妇幼保健医院间的交流活动，帮宝适与这些医疗机构间建立了良好的合作关系，使医院能够变身成为帮宝适的销售渠道。帮宝适会向这些准妈妈们提供免费的试用产品，并且向她们传授育儿知识。

企业社会责任(corporate social responsibility，CSR)，是指企业在其商业运作中对其利害关系人应负的责任。观察帮宝适的CSR项目，不难发现帮宝适的付出在产生巨大社会效益的同时，也能收获良好的商业回报，这样的良性循环最终使得"金质睡眠"和"帮宝学者"等项目能够持续推进，从而使更多的宝宝和家长获益。当然，这也为公司不断创造着价值。

(以上内容选编自《商业价值》http://magazine.businessvalue.com.cn/contact/2011年5月11日杨钊的文章《帮宝适：抓住消费者需求的CSR实践》)

市场调查和研究是品牌设计成功的基础环节，只有经过科学的调查和诊断才能对品牌的相关信息全面把握。品牌调研是为品牌把脉，帮助客户了解自身品牌形象、竞争对手品牌定位、消费者及团体用户的品牌利益点，从而确定品牌形象及价值，为产品或服务提供持续发展的动力。品牌调研是一项系统性极强的工作，它是由调研人员收集目标信息，并对所收集的信息加以整理统计，然后对统计结果进行分析研究，以便为品牌组织的决策提供正确的依据。品牌调研必须围绕一个目标进行，它的工作组成必须依照严格合理的工作程序。

5.1 品牌调研的内涵

1. 什么是品牌调研

调查是指通过各种途径，运用各种方式方法，有计划、有目的地了解事物的真实情况。

研究则是指对调查材料进行去粗取精、去伪存真,由此及彼、由表及里的思维加工,以获得对客观事物本质和规律的认识。二者既有明显区别又有紧密的联系,调查是研究的前提和基础,研究是调查的发展和深化。

品牌调研是指品牌组织指派专门的调查人员或委托调查公司根据特定的决策问题,通过科学的调查方法了解品牌的相关信息,而系统地设计、搜集、记录、整理、分析及研究市场各类信息资料、报告调研结果的工作过程。品牌调研是研究市场的供求状况及其变化趋势,运用科学的方法和手段,系统地有目的地搜集、记录、整理和分析与品牌市场有关的资料、信息,为品牌组织的经营决策提供依据的活动。品牌调研是正确从事经营活动的重要手段。

2. 品牌调研的意义

由于品牌作为企业、地域或者产品的标志,远远不只是一个名字、一个符号,它涵盖着消费者对品牌的全面感受和评价,包括品牌认知、品牌个性、品牌定位、品牌利益以及品牌与消费者之间的情感沟通等,品牌调研已成为市场研究领域最复杂的范畴之一。

脱离调研就是脱离市场,脱离调研就是脱离消费者,没有市场调研的品牌建设仿佛空中楼阁。为了寻找或验证一个想法,国际大公司习惯进行大规模的市场调研,因为调研可大大提高品牌成功的安全系数。

3. 品牌调研的分类

品牌调研可以分为两个部分：一个是专项品牌资产调研与评估,以获得品牌价值；另一个是定期跟踪调研,这是品牌日常护理工作的一部分。长期跟踪调研可以为品牌研究提供一些连续性的相关资讯,这项工作应长期坚持进行。例如每个星期访问 100 位消费者,以月为单位对样本进行综合分析,并将分析结论与上月对比,寻找差距及其背后的原因。杨森公司治头屑的“采乐”在国外只是一个洗发水,到了中国放到药店卖,一样销得很好,它的成功就在于对中国消费者心理的精确把握：药店更值得信赖。就这么简单,但这一切源自市场调研。

5.2 品牌调研的作用

品牌调研具有如下作用。

1. 进行正确的市场定位

市场定位是品牌组织根据自身的经营资源和经营能力等内部条件,以及市场需求和营销环境等外部条件,经过科学决策,正确选定自己的目标市场的行为和过程。品牌组织内部条件和外部条件的分析都需要经过市场调研,了解和掌握市场及其影响因素的基本状况及其发展趋势。市场调研开展得越好,越有利于品牌组织进行正确的市场定位。

2. 了解市场环境,发现市场机会

品牌市场环境是品牌组织开发产品或服务的外部影响因素,也就是品牌组织无法控制的因素,它包括经济政策的走向、客户状况、国民生产总值、其他产品发展动向等。产品的开发与市场环境息息相关,每种产品都有其对应的市场进入时间,在这个时间的市场环境是最适宜该产品营销和发展的。因此市场调研能提供信息,帮助品牌组织了解市场环境,确定产品进入市场的最佳时机。另外通过市场调研针对目前的市场环境,品牌组织可以发现市场机会和问题,对市场进行细分,找出目标市场,有的放矢地开发出适宜目前市场环境的品牌产品。

另外,市场调研可以帮助品牌组织实行正确的产品开发策略,产品开发策略正确与否直接影响和制约着产品能否顺利销售出去,能否取得良好的经济效益。实行正确的产品开发策略,关键是正确地掌握客户的需求特点,尤其是目标市场客户的需求特点,这些都需要市场调研的帮助。

3. 监测和评估现有品牌成果

品牌组织可以根据市场调研所收集的数据资料及反馈信息对客户需求的满足程度、顾客需求变动趋向做出评价,并据此对现行的产品方案能否继续实施做出判断。产品的开发者需要通过市场调研了解客户和潜在的竞争者,掌握自己所占市场份额的大小,分析自己在市场上的优势和劣势,对现有的产品成果做出评价。通过监测和评估现有产品成果可以评价品牌组织的影响力,追踪品牌组织的形象、知名度和认知度。定期对市场结构和市场份额进行研究可以了解品牌组织目前产品的市场表现,为开发何种类型的新产品提供参考依据。

4. 找出品牌运行的不足

消费者的需求日益增长,不断变化。通过品牌调研,品牌组织就可以了解掌握这些变化,从中找出产品、销售以及管理等方面存在的不足,以取人之长,补己之短,确定自己产品换代升级方案或目标。通过调研对生产经营和市场营销中存在的问题有一个初步的认识,从而增强品牌创新的动力,强化品牌的竞争力。

5. 预测品牌发展的未来

通过分析市场结构、产品生命周期、客户需求以及宏观经济环境,对市场未来发展趋势进行分析、研究与判断,为产品开发提供指导。完全精确地预测品牌组织的未来是极不可能的,但是市场调研所提供的信息可以帮助品牌组织对市场的变化趋势做出比较准确的估计,从而开发适宜的品牌产品。

5.3　品牌调研的方法

1. 会议调研法

会议调研法是调查研究工作中常用的方法。召集一些了解详细情况的人员，用座谈或讨论的形式，请他们谈谈某些问题的情况和他们对此问题的认识，提出建设性意见。开调查会的好处是可以在短时间内了解到比较详细的情况，效率比较高，而且由于参加会议人员了解详细情况，因此掌握的材料会比较可靠。

开调查会一般应注意以下几个问题。

一是选定适合参加调查的人员。参加调查会的人员应是熟悉情况的人员。如果对情况不熟悉，就不可能谈出真实的情况来，甚至会把调查者引向事物的反面。

二是应尽可能挑选各个层次、各个行业或部门、不同年龄的人员参加调查会，这样便于更广泛地了解各方面对某些问题的看法。

三是调查会要有活泼、畅所欲言的氛围，调查会的主持人要善于用坦诚的态度、民主的作风、轻松的语言、活泼的手势等谈话艺术，解除与会者的紧张心理，引导大家展开讨论。

四是根据不同的情况，确定调查会的规模大小以及分几次开还是一次开。有时情况较复杂，发言人较多，可以分开两次或多次，让参加座谈的人员都充分发表自己的意见；有时由于一些领导或权威人士的参加可能会使参加调查的同志紧张或拘束，不利于发表意见，主持人就可以分层次召开或个别征求领导及权威人士的意见。

五是将调查的内容提前告诉参加会议的人员，请他们提前做好准备，防止调查会开始才提出议题的做法。

2. 实地观察法

实地观察法是指调查者有目的、有计划地运用自己的感觉器官或者借助科学的工具和手段，直接考察正在发生的经济或社会现象。实地观察法是搜集非语言行为资料的首选方法。实地观察法的主要优点是，调查者能够在实地直接感知客观对象，所获取的是直接的、生动的、具体的感性认识，能掌握大量的第一手资料。但实地观察法所观察到的往往是事物的表面现象或外部联系，带有一定的偶然性。

3. 文献调研法

文献调研法是指通过对文献的搜集和摘取，以获得关于调查对象的信息。文献是指记录知识的信息资料，是调查资料的重要来源。对于社会现象的历史演变及发展趋势的研究等，文献资料就可能成为首要的资料来源。文献调查法的作用在于充分了解事物的背景与概貌，以探求事物发展变化的规律。文献调查法往往是一种先行的调查方法，一般只能作为调查的先导,而不能作为调查结论的现实依据。

4. 访谈调研法

访谈调研法是指调查者与被访者通过口头交谈的方式了解调查对象情况的方法。访谈调研法要求访谈者不仅要做好访谈前的各项准备工作,而且要善于进行人际交往,与被访谈者建立起基本的信任和一定的感情,熟练地掌握访谈中的提问、引导等技巧,并根据具体情况采取适当的方式进行面谈。

5. 统计调研法

统计调研法是利用固定统计报表的形式,把下边的情况反映上来,通过分析而进行的一种常用的调查研究方法。由于统计报表的内容是比较固定的,因此可能通过报表分析出某项事物的发展轨迹和未来走势,如通过每月报表,可以分析出某个企业逐月产值完成情况,并能分析出比上年同期增减情况,还可预测出下一步的趋势。运用统计调查法,应注意几点:一是统计口径要统一,否则是不可比的;二是应以统计部门的数字为准,否则分析的依据难免有误;三是报表分析和实际调查相结合,不能就报表进行单纯分析,如对产值大幅度上升或下降的原因,报表中难以反映出来,只有通过实际调查才能形成完整概念。

6. 实验调研法

实验调研法是指经过特殊安排,适当控制某些条件,使一定的社会现象发生,以提示其产生原因或规律的方法。其特点是:控制某种条件,较准确地了解有关现象的变化,深刻地掌握事物发展的规律。实验能否达到预期的目的,很大程度取决于能否有效地控制实验过程,尤其是取决于对实验因素的控制和对非实验因素的控制。实验调研法通常有两个方面的作用,一是可以达到一定的理论目的,即检验一定的假设;二是可以达到一定的实践目的,即对新的政策、措施或社会形态的合理性进行检验。

7. 综合归纳法

调研人员在调查研究中可能会接触到很多零碎繁杂的情况,如果把这些情况不加整理地拿出来,就不能达到整体研究的目的,因此,必须对这些情况加以整理,整理的办法之一就是综合归纳法。所谓综合归纳法就是把研究对象的各个部门、各个方面和各种因素联系起来考虑,通过考虑得到普遍性的、有规律的东西,形成多样性的统一,从整体上把握事物的本质和规律。综合归纳法是从特殊到一般的过程,并不是事物各个方面的简单相加。综合归纳离不开分析研究。

8. 问卷调研法

问卷调研法,是指调查者运用统一设计的问卷并选定一定数量的调查对象了解情况或征询意见的方法。这种方法能突破时空的限制,同时进行大范围的调查,调查资料便于汇总、整理和分析,资料较为可靠,能够用较小的人力物力消耗收到比较大的效果。

9. 回溯分析法

回溯分析法一般用在对某项决策效果的调查研究中,即在某项决策面临失效的情况必须重新决策时,就需要对原有决策的产生背景及决策本身进行客观分析,找出失误产生的原因,在此基础上纠正失误。回溯分析一般采取两种方法,一是从原有决策的起点开始,一步一步按事物发展顺序来进行,通过对当时决策背景、决策实施的每一步的演示,找出问题的症结;二是从决策的结果开始,倒着一步一步地进行分析,先摆出失误的后果,然后找出引起失误的原因,再找出更深层次的原因,直到找出最终的原因。回溯分析必须以充分的事实说话,不能想当然搞假设推理。

10. 典型调研法

典型调研法,是指在特定范围内选择具有代表性的特定对象进行调查的方法。典型调研必须注意对象的选择,如选择的对象不具有代表性,那么就很难得到对事物整体的正确认识。这就要求调查者根据调查的目的要求,详细了解所有调查对象的概况,认真加以分析比较,从中选择出具有代表性的对象,只有这样调查才能具有全面的代表意义。

以上这些方法在调查研究中使用时,并不是单一运用的,而是互相交错运用的。因此,品牌调研人员应在调查研究工作中灵活运用。

5.4 品牌调研的流程

5.4.1 确定目标

品牌目标是品牌管理者按照品牌组织的经营方向,推出品牌时所要达到的理想中的状态,是品牌战略方向的具体化与定量化,如质量水平、市场占有率、市场影响力、品牌美誉度等。有的品牌目标只是过渡性的,即营造一个品牌只是为了暂时地打造声势,品牌的终极目标可能是整个组织的统一形象而不仅仅是某一个产品品牌。有的品牌目标则是长期的,即一个品牌的确立对组织的发展将长期有促进作用。

确定目标是品牌调研的第一步,因为只有目标明确了才能够有的放矢。品牌发展的关键是正确认识目标市场的需要和欲望,并且比竞争对手更有效、更有利地传送目标市场所期望满足的产品或服务。品牌不是掌握在品牌管理者手中,而是存在于消费者的脑海里,消费者如何看待品牌,实际上比品牌管理者希望消费者如何看待这个品牌更重要,更有意义。品牌管理者只有了解到消费者对品牌的认同程度,才能寻找到品牌工作的差距所在,从而验证品牌建设的有效性。

首先是深刻认知品牌的背景情况,定义品牌的问题,究竟是品牌创建还是品牌再造,还是品牌检视,即使是品牌创建亦有新企业建新品牌还是老企业创新品牌的区别;其次是将所定义品牌问题转化为品牌调研的目标。品牌调研的目标主要包括：

1. 新产品的渗透情形

通过连续调查，长期且不间断地实施调研分析，可得到一种趋势分析，以调查新产品到达消费者手中的时间，可表现出渗透的过程。

2. 广告投资与购买的关系

企业所投下的广告费用，到底对市场有何影响？事实上这种资料并不易获得。根据数据调查，将所获得之连续资料加以分析，则可获得客观的结果。

3. 品牌忠诚度

品牌忠诚度包括购买者的诚意和意志，此种数据唯有从不断的连续调查样本中才可获得。品牌忠诚度的高低，受被调查者家庭特性(包括出身、兴趣、娱乐、年龄等)影响很大，需将忠诚度与家庭的特性配合研究分析。

4. 购买路线及购买方法

消费者的购买路线、购买方法等购买习惯，虽然相当固定，但有时也会有变化，尤其最近数量快速增加的超级市场、便利商店等，皆为企业不可忽视的市场问题之一。

5. 购买期间与累积购买频率

大部分的调查资料，只是代表家庭个别的购买率、使用率。换言之，就是将继续移动的情况，割下一段就某一瞬间来观察而已。因此对于量的想法，以及因时间而变化的情况就无法掌握。只有对样本连续调查才能获得每隔几天购买一次、单位量可使用几天以及累积购买的情形等问题。

6. 每户购买率分析

可根据统计数字绘制统计图表分析每户对各商品购买率之高低，以比较各商品之销售情形。

7. 每户购买金额分析

由每户购买金额之合计数字，可以了解该户花在该项商品的费用。更可根据统计总数计算同一种商品不同厂牌的个别市场占有率。

8. 知名度分析

知名度高的商品，表示其广告效果高或商品品质好，反之则差。

9. 购买原因分析

分析消费者购买某一厂牌的商品是受到哪一因素的影响，从而决定其广告政策，或提供企业从事促销活动的参考。

总之，要根据具体的问题进行思考，从品牌组织的战略目标出发，根据组织内外部条件的变化及调研要达到的精确程度，确定调研目标。

5.4.2　设计方案

设计方案是品牌调研的重头戏，要估计调研信息的价值，确定提供什么精度的信息，选择收集信息的方法和测量技术，根据调研方法确定地点、对象、抽样规则等，还要确定数据分析方法和报告提交方法。方案中需要规划以下内容。

1. 确定调研项目

这是品牌调研方案的基本内容。品牌组织可以根据其调研目标制定调研项目。调研项目的基本内容包括：需要收集哪些资料和数据；资料收集的范围和区域；资料来源，是一线调查资料和数据还是二手资料，抑或两者的结合；获得资料并证实资料的准确性。

2. 确定调研方法

这是实现品牌调查目的的基本手段。品牌组织应该根据不同的调研项目而采用不同的调研方法，以获得最佳的调研效果。由于资料的来源方式很多，因此品牌组织必须从优选择。直接询问法、深度访谈法、心理测试法、仪器检测法和网络调查法，此外还有市场观察法、实时（地）监测法、信息购买法等调研方法都可以选择。

3. 确定调研人员

调研人员应善于在品牌调查过程中，根据情况的变化随时修正自己的访问内容，但同时把握调研的根本目标不变，这就要求调研人员具有一定的专业知识和丰富的市场实践能力与问题整合能力。

4. 确定调查样本

明确调查的范围、样本的数量和特征以及抽样方法。这是保证调研的准确性和有效性的重要手段。通过样本调查，将所获得的数据保存，而后可视其必要性，或将一部分放大，或将各部分加以组合，对消费者行为进行分析，其目的是要了解消费者与品牌的关系。

5. 制定调研计划

任何一项行动都是有时间限制的，因此，根据调研的目标和要求做出恰当的时间安排，制定调研进度计划是非常必要的，也只有这样才能按部就班地完成整个调研行动。

6. 预算调研经费

品牌组织采取不同的调研方案和调研方法，其调研费用也不一样。品牌调研的最终目的是提高品牌的经济效益，调查费用过高，就会得不偿失，造成不必要的浪费。因此，品牌组织必须结合品牌调研要达到的效果从严控制调研经费开支。

5.4.3 组织实施

各项准备工作完成后，开始调研工作的组织实施。组织实地调研要做好两方面工作。

1. 做好调研的组织领导工作

调研活动的组织实施是一项较为复杂烦琐的工作。要按照事先划定的调查区域确定每个区域调查样本的数量、调研人员的人数、每位调研人员应访问样本的数量及访问路线，每个调查区域配备一名督导人员；明确调查人员的工作任务和工作职责，做到工作任务落实到位，工作目标和责任要明确。

2. 做好调研的协调、控制工作

调研组织人员要及时掌握调研的工作进度完成情况，协调好各个调研人员之间的工作进度；要及时了解调研人员在访问中遇到的问题，帮助解决，对于调查中遇到的共性问题，提出统一的解决办法。要做到每天调研结束后，调研人员首先对填写的问卷进行自查，然后由督导员对问卷进行检查，找出存在的问题，以便在后面的调查中及时改进。

5.4.4 采集资料

采集资料就是对市场环境中的各种信息和数据进行收集，采集资料的真实性和有效性对调研分析的科学性产生着直接的影响，而其直接取决于采集资料的调研方法和调研人员。由于调研方法是在设计方案的时候进行确定的，对于二手资料的采集就无须访问员的参与了，因此，在采集资料这个步骤中重点在于对调研人员的组织、培训和管理以及对调查过程的监控，以保证采集资料的真实性和有效性。

品牌策划管理需要的信息资料很多，而市场是一个庞大的信息系统，为了信息收集的针对性，要求进行信息收集时根据调研目的制定调研课题、确定调研范围，最科学的标准是拟订详细的调研计划，调研计划包括调研课题、调研时间、调研人员、调研地点、调研费用、调研对象、调研方法等相关内容，调研超过 3 人小组时还需进行责权分工，选出临时负责人，提高调研效率。

品牌调研强调信息收集过程中调研人员的技巧和行业领悟能力，通常调研技巧包含调研人员的处事风格和对调研渠道的把握。在调研技巧上，要求根据调研课题选择代表性的专业渠道和辅助渠道，并根据调研效果设定合理的渠道比例来进行信息采集，行业卖场、经销商、行业展会等渠道为专业性渠道，构成信息采集的重点；报纸、书店、网络、电话簿、电视等渠道为辅助性渠道，构成专业性的补充渠道，通过辅助性渠道的选择，有利于促进对专业性渠道采集信息的充实和论证。行业的领悟性要求调研者在信息收集过程中要善于采用观、记、问、领会等调研手法，收集信息的同时分析市场，透过表面的市场现象捕捉真实的市场资料。

5.4.5　分析研究

品牌调研的要求不是表现为一个品牌组织是否有了调研的行为，而是在于能否确保根据调研报告对管理行为做出正确的选择。假如说信息收集是调研质量的安全保障，那调研分析就是调研质量的生命线，因为分析提炼了调研的价值成分，它更深地反映为对市场的一种审视和剖析。很多品牌组织信息采集的资料都很标准，但由于缺乏审视和剖析能力，调研的价值就无从估计，甚至误导了品牌、牵制了管理。

实地调查结束后，即进入调查资料的整理和分析阶段，收集好已填写的调查表后，由调查人员对调查表进行逐份检查，剔除不合格的调查表，然后将合格调查表统一编号，以便于调查数据的统计。调查数据的统计可利用 Excel 电子表格软件完成；将调查数据输入计算机，经 Excel 软件运行后，即可获得已列成表格的大量的统计数据，利用上述统计结果，就可以按照调查目的的要求，针对调查内容进行全面的分析工作。分析研究是对调研信息资料的甄别、汇总和解析，并得出结论。调研是科学决策的基本前提，运用管理思想和专业的眼光，在通过对远景市场展望的基础上来对调研信息资料进行剖析和思考，从而制定对品牌组织有实效价值的调研分析报告。

5.4.6　撰写报告

调研报告是针对调研课题在分析基础上拟定的总结性汇报书，可以根据对调研资料的分析研究提出一些结论性的看法和观点，以便为决策提供书面依据，它是一个调研活动的实际价值的具体体现。

调研报告通常有两种形式：专题报告和综合报告。调研报告应对关键的资料作一个简要的总结，并对调研过程、资料和结论作详细的解释，以便需要时及时查阅。

5.5　品牌调研报告

调研报告的核心是实事求是地反映和分析客观事实。调研报告主要包括两个部分：一是调查；二是研究。调查，应该深入实际，准确地反映客观事实，不凭主观想象，按事物的本来面目了解事物，详细地占有材料。研究，即在掌握客观事实的基础上，认真分析，透彻地揭示事物的本质。对策的制定是一个深入的、复杂的、综合的研究过程，调研报告提出的对策是否被采纳，能否上升到政策，应该经过政策预评估。调研报告的主要内容包括：

(1) 说明调查目的及所要解决的问题。

(2) 介绍市场背景资料。

(3) 分析方法。如样本的抽取，资料的收集、整理、分析技术等。

(4) 调研数据及其分析。

(5) 提出论点。即摆出自己的观点和看法。

(6) 论证所提观点的基本理由。

(7) 提出解决问题可供选择的建议、方案和步骤。

(8) 预测可能遇到的风险、对策。

5.5.1 调研报告的特点

调研报告具有如下特点。

1. 目的明确

调研报告不同于调查报告,是因为发生了某件事(如案件、事故、灾情)才去作调查,然后写出报告。调研报告的写作者必须自觉以研究为目的,根据社会或工作的需要,制定出切实可行的调研计划,即将被动的适应变为有计划的、积极主动的写作实践,从明确的追求出发,经常深入社会第一线,不断了解新情况、新问题,有意识地探索和研究,写出有价值的调研报告。

2. 注重事实

调研报告讲求事实。它通过调查得来的事实材料说明问题,用事实材料阐明观点,揭示出规律性的东西,引出符合客观实际的结论。调研报告的基础是客观事实,一切分析研究都必须建立在事实基础之上,确凿的事实是调研报告的价值所在。因此,尊重客观事实,用事实说话,是调研报告的最大特点。写入调研报告的材料都必须真实无误,调研报告中涉及的时间、地点、事件经过、背景介绍、资料引用等都要求准确真实。一切材料均出之有据,不能听信道听途说。只有用事实说话,才能提供解决问题的经验和方法,研究的结论才能有说服力。如果调研报告失去了真实性,也就失去了它赖以存在的科学价值和应用价值。

3. 观点清晰

调研报告的主要内容是事实,主要的表现方法是叙述。但调研报告的目的是从这些事实中概括出观点,而观点是调研报告的灵魂。因此,占有大量材料,不一定就能写好调研报告,还需要把调研的东西加以分析综合,进而提炼出观点。对材料的研究,要在正确思想指导下,用科学方法经过“去粗取精,去伪存真,由此及彼,由表及里”的过程,从事物发展的不同阶段中,找出起支配作用的、本质的东西,把握事物内在的规律,运用最能说明问题的材料并合理安排,做到既要弄清事实,又要说明观点。这就需要在对事实叙述的基础上进行恰当的议论,表达出论文的主题思想。议论是“画龙点睛”之笔。调研报告紧紧围绕事实进行议论,要求叙大于议,有叙有议,叙议结合。如果议大于叙,就成议论文了。所以要防止只叙不议,观点不鲜明;也要防止空发议论,叙议脱节。夹叙夹议,是调研报告写作的主要特色。

4. 语言简洁

调研报告的语言简洁明快，这种文体是充足的材料加少量议论，不要求细腻的描述，只需用简明朴素的语言报告客观情况。但由于调研报告也涉及可读性问题，所以，语言有时可以生动活泼，适当采用群众性的生动而形象的语言。同时注意使用一些浅显生动的比喻，增强说理的形象性和生动性，但前提必须是为说明问题服务。

5.5.2　调研报告的种类

按服务对象分，可分为市场需求者调研报告（消费者调研报告）、市场供应者调研报告（生产者调研报告）。

按调研范围分，可分为全国性市场调研报告、区域性市场调研报告、国际性市场调研报告。

按调研频率分，可分为经常性市场调研报告、定期性市场调研报告、临时性市场调研报告。

按调研对象分，可分为商品市场调研报告、房地产市场调研报告、金融市场调研报告等。

5.5.3　调研报告的格式

1. 标题

调研报告要采用能揭示内容中心的标题，具体写法有以下几种。

(1) 公文式标题。这类调研报告标题多数由事由和文种构成，平实沉稳，如《关于知识分子经济生活状况的调研报告》；也有一些由调研对象和"调查"二字组成，如《知识分子情况的调查》。

(2) 一般文章式标题。这类调研报告标题直接揭示调研报告的中心，十分简洁，如《本市老年人各有所好》。

(3) 提问式标题。如《"人情债"何时了》。这是典型调研报告常用的标题写法，特点是具有吸引力。

(4) 正副题结合式标题。这是用得比较普遍的一种调研报告标题。特别是典型经验的调研报告和新事物的调研报告的写法。正题揭示调研报告的思想意义，副题表明调研报告的事项和范围，如《深化厂务公开机制 创新思想政治工作方法——关于武汉分局江岸车辆段深化厂务公开制度的调查报告》。

2. 正文

调研报告的正文包括前言、主体和结尾三部分。

(1) 前言

调研报告的前言简要地叙述为什么对这个问题(工作、事件、人物)进行调查,调查的时间、地点、对象、范围、经过及采用的方法,调查对象的基本情况、历史背景以及调查后的结论等。这些方面的侧重点由写作者根据调研目的来确定,不必面面俱到。

调研报告开头的方法很多,有的引起读者注意,有的采用设问手法,有的开门见山,有的承上启下,有的画龙点睛,没有固定形式。但一般要求紧扣主旨,为主体部分做展开准备。文字要简练,概括性要强。

(2) 主体

主体是调研报告的主干和核心,是引语的引申,是结论的依据。这部分主要写明事实的真相、收获、经验和教训,即介绍调查的主要内容是什么,为什么会是这样的。主体部分要包括大量的材料——人物、事件、问题、具体做法、困难障碍等,内容较多。所以要精心安排调研报告的层次,安排好结构,有步骤、有次序地表现主题。

调研报告中关于事实的叙述和议论主要都写在主体中,是充分表现主题的重要部分。一般来说,调研报告主体的结构大约有三种形式。

① 横式结构。即把调查的内容,加以综合分析,紧紧围绕主旨,按照不同的类别分别归纳成几个问题来写,每个问题可加上小标题。而且每个问题里往往还有着若干个小问题。典型经验性质调研报告的格式,一般多采用这样的结构。这种调研报告形式观点鲜明,中心突出,使人一目了然。

② 纵式结构。有两种形式,一是按调查事件的起因、发展和先后次序进行叙述和议论。一般情况调研报告和揭露问题的调研报告多采用这种结构方式,有助于读者对事物发展有深入的全面的了解。二是按成绩、原因、结论层层递进的方式安排结构。一般综合性质的调研报告多采用这种形式。

③ 综合式结构。这种调研报告形式兼有纵式和横式两种特点,互相穿插配合,组织安排材料。采用这种调研报告写法,一般是在叙述和议论发展过程时用纵式结构,而写收获、认识和经验教训时采用横式结构。

调研报告的主体部分不论采取什么结构方式,都应该做到先后有序,主次分明,详略得当,联系紧密,层层深入,为更好地表达主题服务。

(3) 结尾

结尾是调研报告分析问题、得出结论、解决问题的必然结果。不同的调研报告,结尾写法各不相同。一般来说,调研报告的结尾有以下五种:对调研报告归纳说明,总结主要观点,深化主题,以提高人们的认识;对事物发展做出展望,提出努力的方向,启发人们进一步去探索;提出建议,供领导参考;写出尚存在的问题或不足,说明有待今后研究解决;补充交代正文没有涉及而又值得重视的情况或问题。

5.6　提升品牌调研能力

5.6.1　品牌调研能力

品牌调研的灵魂就在于能够准确预测和善于把握历史发展的机遇，不失时机地成为引领市场潮流的领导者。市场调研能力是指品牌调研人员对市场现状的分析进而预测未来趋势的能力。它要求调研者要有深谋远虑、未雨绸缪的战略眼光。品牌调研能力如何，会直接影响品牌组织的产品或服务进入市场的结果。

1. 组织能力

组织能力是指品牌调研人员能够根据调研目标的要求将调查资源进行有机结合的能力。它包括对调研人才的找寻、调研资料的搜集、调研方案的制定等，也就是对人、物、事实施统筹安排。因此调研人员的组织能力是否强，将直接影响品牌调研的结果。

具体来讲，调研人员的组织能力包括内部组织调配和外部组织协调，以此达到共同策划、制作、实施的目的。组织能力除了要求调研人员具有极强的组织纪律性和团队协作精神之外，还要求调研人员必须具有较强的组织领导能力——统率力。在任何一个品牌调研活动中，任何个人的能力总是不能够代替所有人的能力；况且，个人能力再强，如果没有团队的合作，也难以发挥作用，有时甚至会起到相反的作用。可见，品牌调研是一项集体活动，需要调研团队中每一个人的通力合作，才能形成有效的调研结果。

2. 洞察能力

洞察能力就是指调研人员能够全面、正确、深入地分析认识客观现象的能力。调研人员的洞察力对于调研结果的质量具有直接的影响。调研人员应该具备统观全局、全面分析的能力，具备能够透过现象抓住本质以及着眼发展、科学预见的判断能力。只有这样，才能够保证调研的针对性，找到解决问题的关键所在，获得成功。“察人之所未察，见人之所未见”是对调研人员洞察力要求的具体描述，调研人员应该善于从过去和现在的资料文献中发掘具有创意策划的重要素材。洞察力有时也被称为对事物发展变化的敏感力和分析力，抑或称为观察力。这是调研人员应具备的最基本素养。

3. 整合能力

调研人员不是比别人更高明，而是在于把各种资源要素整合在一起，协调各方面的力量形成合力，达到品牌调研的目的。必须学会使用“整合”这一锐利的武器，去夺取最后的胜利。调研人员的整合能力，基于其理性思维能力，即在一定理论指导下的系统思维，还在于其对信息情报资源的大量、合理、高效的占有能力。所以调研人员的整合能力是有前提的，只有在他占有足够多的信息，并且具有理性分析之后的合理取舍，才能使品牌调研活动具有创新性和创造性。

4. 执行能力

调研人员在接受调研任务之后，自然就应当采取实际的行动，不仅要勤于思考，更要敏于行动。有时实际操作能力甚至成为调研方案能否成功的最后关键之所在。还必须设计出切实可行的操作流程和方式，尤其是基层的调研人员必要时要指挥、监理甚至具体操作执行。

5.6.2 提升品牌调研能力的路径

1. 引进专业咨询顾问，为品牌保驾护航

有时品牌组织对所面临的问题不是很清楚，可能也没有精力和专门人才来进行营销调研，所以就需要聘请专业的调研公司来开展调研活动。与专门的调研公司合作的过程，包括了从最初的选择调研公司到最终的评判调研结果等一系列连续的活动。

咨询的意思是通过某些人头脑中所储备的知识经验和通过对各种信息资料的综合加工而进行的综合性研究开发。咨询产生智力劳动的综合效益，起着为决策者充当顾问、参谋和外脑的作用。咨询顾问是指受客户委托，一般就某个项目或是企业管理情况展开工作，通过详细的调研和论证，提出一个方案，方案一般要切合企业的实际需求。

咨询公司是帮助企业和企业家，通过解决管理和经营问题，鉴别和抓住新机会，强化学习和实施变革以实现企业目标的一种独立的、专业性咨询服务机构。它是由具有丰富经营管理知识和经验的专家组成的，深入企业现场，与企业管理人员密切配合，运用各种科学方法，找出经营管理上存在的主要问题，进行定量及定性分析，查明产生问题的原因，提出切实可行的改善方案并指导实施，以谋求企业坚实发展的一种改善企业经营管理的服务公司。其任务主要有：一是帮助企业发现生产经营管理上的主要问题，找出原因，制定切实可行的改善方案；二是指导改善方案的实施；三是传授经营管理的理论与科学方法，培训企业各级管理干部，从根本上提高企业的素质。

2. 选派内部调研人员进行专业培训

对调研人员进行的培训，通常包括以下几个方面的内容：思想道德方面的教育、性格修养方面的培养、调研业务方面的训练。

培训有两条基本途径：一是业余培训，二是离职培训。业余培训是提高调研人员素质的主要途径，是调动调研人员学习积极性的重要方法，它具有投资少、见效快的特点。业余培训可以利用休息时间进行，也可以是每周抽出固定的时间由专业人士负责培训。离职培训则是一种比较系统的训练方法，它可以使调研人员集中精力和时间进行学习。离职培训可以采取两种方式：一种是举办各种类型的调研人员培训班。另一种是根据调研人员的工作特点和本部门的需要，送他们到各类经济管理院校的相应专业，系统地学习一些专业基础知识、调研业务知识、现代调研工具的使用知识等。这种方法能使调研人员掌握较扎实的营销调研基础知识，但是投资较大。

3. 决策层在做营销决策时应该有明确的调研数据来支持

每一个新产品上市、每一次大规模广告投放后，都应该进行调研，以取得市场信息的支持和反馈，并建立资料库，为下一次推广提供参考。

正确的市场调研，可以增强市场预测的科学性，有助于减少经营决策的失误，使企业的市场预测和经营决策切实可靠，降低经营风险。科学细致的市场调研还将使企业管理工作建立在现实的基础上，并有明确的和实际的目标。

决策支持系统(decision support system，DSS)是辅助决策者通过数据、模型和知识，以人机交互方式进行半结构化或非结构化决策的计算机应用系统。它是管理信息系统(MIS)向更高一级发展而产生的先进信息管理系统。它为决策者提供分析问题、建立模型、模拟决策过程和方案的环境，调用各种信息资源和分析工具，帮助决策者提高决策水平和质量。

由于互联网的普及，网络环境的决策支持系统将以新的结构形式出现。决策支持系统的决策资源，如数据资源、模型资源、知识资源，将作为共享资源，以服务器的形式在网络上提供并发共享服务，为决策支持系统开辟一条新路。网络环境的决策支持系统是决策支持系统的发展方向。

5.7　品牌调研的发展方向——顾客体验调研

顾客体验是顾客在与企业的产品、服务、其他事物等发生互动关系的过程中，企业与顾客交流感官刺激、信息和情感要素的集合。随着信息、科技、社会的发展，经济的发展也由产品经济、服务经济走向体验经济。体验经济时代，人们不再只关注商品、服务的质量和价格，而更加专注于消费前的信息通畅，消费中的快意、舒适和消费后的难以忘怀。任何有形或无形的产品、服务或环境，都只是用于满足顾客的体验欲望的载体或工具。

顾客体验调研就是品牌组织指派专门的调查人员或委托调查公司，通过科学的调查方法了解顾客对品牌产品和服务从认知、评价到消费过程中的相关信息，系统地设计、搜集、记录、整理、分析及研究市场各类信息资料、报告调研结果的工作过程。

1. 分析目标顾客的体验需求

产品上市后要有一个随着时间的推移不断地被越来越多的消费者采用的过程，也就是新产品扩散的过程。在新产品的市场扩散过程中，由于个人性格、文化背景、社会地位等因素的影响，不同消费者对新产品接受的快慢速度也不同。罗杰斯根据这种接受快慢的差异，把采用者划分成五种类型，即创新采用者、早期采用者、早期大众、晚期大众和落后采用者。品牌进入市场，创新采用者在其扩散过程中扮演极其重要的角色，所以首先要争取创新采用者的首肯和使用，然后通过舆论领袖和口头传播使新品牌快速扩散。那么这些创新采用者一般就成为新品牌的目标顾客，其特征和需求就成为新品牌导入市场的首要研究点。创新采用者极富冒险精神，收入水平、社会地位和受教育程度较高，一般是年轻人，交际广泛且信息灵通。这些创新采用者由于没有使用信息和评价可以借鉴，因此对于好的体验就极其在意。基于其天生创新性、收入和社会地位相对较高等特点，他们对于独特的事物会比较好奇，因此新品牌体验设计的个性化和差异化是吸引他们的不二选择。

2. 满足体验需求的前期准备

(1) 员工

顾客体验涉及很多细节的东西，而这些细节都是由品牌组织的员工完成的，因此，要让员工都能理解他们的工作是如何影响到顾客体验的，以确保在细化后的每一个顾客体验环节员工都能融入工作，并进行良好的团队协作。在企业制度设计中，也要让员工的这种工作融入得到回报，让员工知道自己的参与会被重视，在公司内部有长期的发展空间，从而更富激情地去工作，为企业在满足顾客需求方面注入更积极的因素。

(2) 产品和服务

面对更为复杂的市场环境和用户需求，产品在设计开始之时就应当让顾客融入其中，产品设计应当关注由人与产品交互而引起的心理效果和感知。产品提供给我们的不仅是完备的功能、华丽的外观，更要给我们以感情的交流、情绪的共鸣。即使不便邀请重要客户参与到产品设计中去，与客户实现真正的互动，至少要让自己换位思考，理解顾客的生活、工作、娱乐、面对的困难以及顾客期望等，踏实地进行顾客研究。好的顾客研究或体验能够创造好的产品，进而好的产品能够创造难忘的顾客体验，获得好评。

(3) 业务流程设计

流程的设计要源于对顾客需求的充分理解和全面把握；整个业务流程体系要体现整体服务思路，企业高层、所有参与员工都要切身感受到顾客服务是整个企业的责任，所有业务活动都要围绕顾客，突破部门界限，为顾客提供满意的商品和优质的服务，实现高效的流程和一流的顾客服务意识的最佳结合。同时为保障流程的顺畅执行，要设计与流程相匹配的绩效考核体系。

3. 顾客体验设计

(1) 消费者调查阶段

品牌组织要为消费者提供顺畅的信息搜索体验，要注意影响消费者的信息来源，分析不同来源或途径的信息对顾客决策的相对影响力。一般情况下，品牌组织都是通过宣传手册、广告、网页设计等顾客能接触到的方式宣传品牌，要选择好宣传的方式和时机，更要注意这些信息对消费者知觉的影响。同时,消费者个人来源和经验来源的信息才真正发挥着“权衡”和“鉴定”的作用,所以企业还要通过一些独特的方式影响消费者的主要参考群体或争取顾客的尝试使用。如通过建立品牌社群,让社群内部的人员试用并影响其周围的人使用。

(2) 消费者评价对比阶段

主要是对产品和服务的体验。这是对顾客影响最大的因素。顾客对产品的体验主要基于功能、物理特性、美学和关联。偏重于功能导向的传统设计,或从产品的外形设计、外在材料等美学设计角度出发的设计方式已经不能激发消费者的购买热情,功能与外观已日益成为顾客对产品体验中的保健因素。所以当今的产品体验应当更多考虑让顾客通过产品产生联想,研究产品是否能再现用户的某种美好经历和感受,与顾客产生情感的互动和沟通。

(3) 顾客消费阶段

是顾客通过使用检验购买决策和衡量购买是否正确的阶段,也是对企业前期体验承诺的印证阶段。

4. 顾客体验调研的保障

首先,保证顾客体验各环节的顺畅整合。顾客体验从前期准备到具体的设计和实施应当是环环相扣的,以保障顾客所获体验的连贯性和切实性。确保品牌承诺的体验价值与实施中传递的体验价值相一致。其次,品牌组织要实现顾客体验的顺畅,必须使品牌组织所有成员都具备体验营销的理念,在制度设计上也要把顾客体验实施和辅助职责细分到相关部门,按体验标准评估员工行为。最后,每个品牌组织都在进行体验营销,如何让我们提供的体验更具价值,就是要不断进行创新,创造出可信的与顾客相关的差异化视角。

5.8 知识链接

品牌调研的扣子理论

为品牌做调研,就好像我们穿衣服系第一粒扣子,如果第一粒错了,后面也会错。企业对品牌的调研可以分为两个部分:一部分是专项的品牌资产调研与评估,以获得品牌的价值;另一部分是定期的跟踪调研,这是品牌日常护理工作的一部分。

长期的跟踪调研可以为品牌研究提供一些连续性的相关资讯,这项工作应长期坚持进行。例如每个礼拜访问 100 位消费者,每个月即 400 位消费者,以月为单位对样本进行综合分析,并将分析结论与上月比,以寻找差距及其背后的原因。

一、雀巢品牌因调研成功

雀巢公司一直坚持要彻底了解顾客，通过坚持不懈的市场研究和信息搜集来研究自己的顾客，包括最终消费者和交易的情况。雀巢拥有自己遍布全球的研究网络，广泛进行品牌调查。雀巢的广告发展，真实地体现了这种调研的作用。

在雀巢咖啡之前，人们一直要通过煮咖啡才能品尝到咖啡的美味，既费时又费力。当划时代的雀巢速溶咖啡面世时，改变了这一结果，使喝咖啡成为一件可以快速完成的事情。于是，雀巢速溶咖啡广告便强调因速溶而带来的便利性。然而，令雀巢未曾料到的是，产品竟然并不像想象中的那样热销。这时，雀巢的全球研究网络开始发挥它的作用，调查了解到许多家庭妇女在购买速溶产品时存在顾虑，认为这是一种偷懒行为，甚至是对客人和丈夫的一种怠慢，这与男人心目中贤惠能干的妻子形象相去甚远。在男尊女卑的20世纪三四十年代，速溶咖啡显得有点不合时宜。然而，随着妇女解放，改变了人们对雀巢的看法，受到广大家庭主妇的欢迎，尤其对家里没有磨豆道具的家庭来说更是喜爱。

后来，情形发生了变化，省时省力的机器开始逐步推广，雀巢通过调查了解到，方便性已经不能令消费者心动，于是，广告的重点转向表现产品的纯度、良好的口感和浓郁的芳香，强调雀巢咖啡是“真正的咖啡”。

当调研人员发现人们逐渐认可“咖啡就是雀巢咖啡”后，雀巢咖啡的广告又开始变化了：由理性诉求转变为感性诉求，由对产品功能性的宣传转变为对新生活方式的倡导。

二、可口可乐品牌的调研陷阱

1982年，为找出可口可乐衰退的真正原因，可口可乐决定在全国10个主要城市进行一次深入的消费者调查。可口可乐设计了“你认为可口可乐的口味如何?”、“你想试一试新饮料吗?”和“可口可乐的口味变得更柔和一些，您是否满意?”等问题，希望了解消费者对可口可乐口味的评价并征询对新可乐口味的意见。调查结果显示，大多数消费者愿意尝试新口味可乐。可口可乐的决策层以此为依据，决定结束可口可乐传统配方的历史使命，同时开发新口味可乐。没过多久，比老可乐口感更柔和、口味更甜的新可口可乐样品便出现在世人面前。

为确保万无一失，在新可口可乐正式推向市场之前，可口可乐公司又花费数百万美元在13个城市中进行了口味测试，邀请了近20万人品尝无标签的新老可口可乐。结果让决策者们更加放心，六成的消费者回答说新可口可乐味道比老可口可乐要好，认为新可口可乐味道胜过百事可乐的也超过半数。至此，推出新可乐似乎是顺理成章的事了。

可口可乐不惜血本协助瓶装商改造了生产线，而且，为配合新可乐上市，可口可乐还进行了大量的广告宣传。1985年，可口可乐在纽约举办了一次盛大的新闻发布会，邀请200多家新闻媒体参加，依靠传媒的巨大影响力，新可乐一举成名。

看起来一切顺利，刚上市一段时间，有一半以上的美国人品尝了新可乐。但让可口可乐的决策者们始料未及的是，噩梦正向他们逼近，很快，越来越多的老可口可乐的忠实消费者开始抵制新可乐。对于这些消费者来说，传统配方的可口可乐意味着一种传统的美国精神，放弃传统配方就等于背叛美国精神，“只有老可口可乐才是真正的可乐”。有的顾客甚至扬言将再也不买可口可乐。

迫于巨大的压力，决策者们不得不做出让步，在保留新可乐生产线的同时，再次启用近 100 年历史的传统配方，生产让美国人视为骄傲的“老可口可乐”。仅仅 3 个月的时间，可口可乐的新可乐计划就以失败告终。尽管公司前期花费了 2 年时间、数百万美元进行市场调研，但可口可乐忽略了最重要的一点，对于可口可乐的消费者而言，口味并不是最主要的购买动机。

（以上内容选编自 2006 年第 6 期《日用化学品科学》曾朝晖的文章《品牌调研的扣子理论》）

5.9 案例分析

一份国产电影的海外市场调查

2012 年，对于中国电影来说热闹非凡：全年总产量 893 部，其中有 21 部票房过亿元。年末的贺岁片《泰囧》更是在上映 13 天就刷新了华语票房纪录，可以说国产影片的创作达到了全面丰收的状态。然而，墙内开花的国产电影能香到国外吗？从中国文化国际传播研究院今年 2 月发布的《2012 中国电影国际影响力全球调研数据》（以下简称《数据》）中，或许能找到答案。

此次调研共收问卷 1 175 份，其中有效问卷 1 117 份，涉及 107 个国家、43 种母语的人群。通过“最喜欢观看的中国电影类型”、“中国电影中最难理解的因素”等问题的设置，考察了中国电影作为一个文化产业，在文化的输出方面的优势和自身的不足。

内地影片超越港台成主流

《数据》发现，2011 年上映的小成本影片《失恋 33 天》在国内取得 3.5 亿元票房，和 2012 年的贺岁片《泰囧》几度出现在外国观众填写的“最近看过的中国电影”中，这些在国内引起轰动的影片也逐渐被外国观众知晓并受到欢迎。外国观众熟知的内地电影还有《赤壁》、《南京南京》等 24 部。有些外国观众甚至还看了《暖》、《活着》等文艺片。受访者写下关键词中还包括 7 部香港电影、2 部台湾电影及 3 部内地与港台地区合拍作品。在“中国电影的特征”这个问题上，绝大多数观众选择“中文对白”作为中国电影最重要的标志。这表明，内地电影、台湾电影、香港电影已被外国观众当成中国电影整体接受，而中国内地电影的影响力超越其他两地成为中国电影的主流。中国文化国际传播研究院院长黄会林说，由于历史原因，过去很长一段时间中国内地在国际上的文化影响力不如香港、台湾地区。实际上，台湾地区以其开放的姿态、浓郁的文化色彩成为中国文化的代表；香港则打造出了李小龙、成龙等具有国际影响力的明星，成就了其强大的文化影响力。《数据》显示国外观众对于中国电影的关注不再局限于几部武打片和几位明星功夫上了。随着中国电影越来越多地走出国门，外国观众对中国电影的了解也在不断加深。这显示出，中国大陆的文化影响力已经成为主流，这不仅说明大陆在文化传播上取得的巨大成就，也有助于凝聚全球的华人力量。

喜剧片影响力渐升

动作片、功夫片一向是中国电影中受欢迎的类型。《数据》调研团队中的北京师范大学艺术与传媒学院博士后萧薇告诉记者，在“请写下一个关于中国电影的关键词”这个题目中，受访者回答最多的是“功夫”，占第二位的是影星的名字，占第三位的是近期电影的名字。“功夫”是中国电影最引人注目的标签，功夫片作为中国电影的一个独特片种在国际上久盛不衰。被广泛认识的中国明星也基本是功夫明星。《数据》显示，最受国外观众欢迎的男演员排名依次是成龙、李小龙、李连杰。虽然成龙在2012年仅有一部作品《十二生肖》，但仅东南亚的票房就有9 000多万元，同时还创下了华语影片海外版权销售的新纪录。

除了动作片、功夫片这些成熟的电影类型，去年受到青睐的中国电影类型还增加了喜剧片，在满分为6分的评价中喜剧片得到4.53分，紧追动作片、功夫片，排在了第3位。在18岁以下的受访者中，喜剧片得分超过功夫片和动作片。

萧薇说，这表明近年来中国电影在喜剧类型上的努力取得了一定成效。轻松的、能够反映中国人当下生活的喜剧片不仅得到国内观众的认可，也受到国外观众的欢迎。中国电影资料馆馆长傅红星表示，相对于依靠语言和剧情取胜的类型，喜剧片和功夫片一样，能依靠动作和表情讲故事，超越了文化和语言的障碍，在国际传播中有一定优势。因此，发展喜剧类型电影，也许是中国电影扩大国际影响力的有效途径。

语言与故事是最大软肋

在“中国电影需要改进的方面”这个问题中，“字幕”被选为中国电影难以被理解的重要因素。不同教育程度、不同年龄阶段、不同性别的受访者都认为字幕翻译导致他们对中国电影理解困难。大部分外国观众只有通过字幕才能理解故事，但是中国电影字幕存在许多问题。

北京师范大学艺术与传媒学院博士生导师黄会林说，造成这种情况的原因有两个：一是文化的隔阂。汉语蕴含着中国独特的文化传统，在翻译为外语的过程中，一些深层文化内涵很难被翻译清楚。二是中国电影故事传达方式，如字幕翻译等问题。在发掘和整理传统故事方面，这几年电影界做了可贵的努力。但是，在以现代的观点阐述和表达传统文化等方面，中国电影还存在明显的不足。如何在保持传统的同时与现代社会主流相适应，这是摆在中国电影人面前的一道难题。

另外，高达51%的受访者认为中国电影最需要改进的因素是电影故事，还有接近50%的受访者认为中国电影故事逻辑混乱，难以理解。排除文化差异、语言障碍等因素的影响，编剧、剧本依然是中国电影国际化的软肋。

黄会林说："在剧本写作上，我们不能穿中国人衣服，演外国人故事，一味模仿好莱坞的故事模式，只能造成中国故事的逻辑混乱。中国电影国际影响力的扩大，不是收购几个院线就可以解决的，最重要是发掘中国文化中先进的部分，并将其传播到全世界。"

（以上内容改编自 2013 年 3 月 16 日《中国文化报》孔德的文章《一份国产电影的海外市场调查》）

5.10　品牌人物

乐蜂网董事长李静

主持人出身的李静很不愿意用电商人的系统思考这些问题，但她已经不能回避乐蜂网的生存环境了。即便不能快速解决电商盈利这个终极命题，如何在与同行的赤身肉搏中安然自处，避免被大平台挤压，也是当务之急。

"我先考虑自己的生存法则，然后思考生存的空间是什么。就像我们那时候讨论民营影视制作公司的出路在何方，讨论那干嘛？你就想这两三档节目好不好，好就有出路，不好你就是国营公司也没戏。"

李静的生存法则是指自有品牌。也就是说，乐蜂网作为一家化妆品 B2C，卖别人的牌子，也卖自己打造出来的品牌。乐蜂网是几家 B2C 当中做自有品牌最早的，也可以说是相对比较成熟的。李静做自有品牌的路子是，根据每个明星或化妆品领域的专业人士特质，打造专属于他们的化妆品品牌。JPLUS 静佳对应的是李静，JMIXP 和 JLYNN 则为化妆品达人小 P 和梅琳而定制，后者被称作达人品牌。

N 个 李 静

前段时间，李静在淘宝上花 28 元买了一个装饰性眼镜，她觉得挺好看，顺手发到了微博上，结果那家店一下子就火了。这不奇怪，似乎也在情理之中。因为她身份特殊，所以推荐的东西往往总是有粉丝愿意相信，并且追随。这正是乐蜂网做自有品牌的逻辑。

静佳的第一款产品是精油。因为李静本人就喜欢做 SPA，从英国、法国进口回来的精油，经过李静式的包装，她拿到自己的节目《美丽俏佳人》（当时这档节目已经做了两年），在"魔法精油课堂"里讲自己使用的经验和感受。在乐蜂网 CEO 王立成的记忆中，几乎没花什么推广费，产品就这样卖起来了。

"我们跟以往的化妆品不太一样，像相宜本草、兰蔻等是品牌慢慢做大了之后才找代言人。"李静的做法是，先签约了两个化妆品领域的专业人士小 P 和梅琳，针对他们的特质分别推出彩妆护肤 JMIXP 和针对敏感肌肤的 JLYNN。一开始并不被看好，但是通过他们在节目中开办魔法学堂，传授美丽心得，品牌逐渐被市场所接受。乐蜂网成立了达人品牌运营中心，由李静亲自负责。2012 年新增 3 个化妆品达人品牌，还有谢娜的欢型。

2011 年 9 月，李静跟《快乐大本营》的主持人谢娜吃饭，谢娜聊到自己的服饰品牌欢型不太好，问李静该怎么办，两人几乎同时提起李静可以尝试运营。第二次见面，谢娜带着红章来到李静的办公室："静姐，盖章吧"。2012 年 1 月，欢型经过重新定位和包装，在乐蜂网正式上线。

在东方风行传媒公司副总经理夏骄阳看来，李静是 13 年来《超级访问》这档充满正能量节目的主持人，在圈内口碑好、人缘好，用户认为李静是可被信赖的。所以她是在为达人品牌做信用背书。所以李静拍了一条广告说，"你们信我，我信他们。"李静信任他们很重要的一个原因是，这些达人基本都是国内化妆品领域亚洲级的评委，对化妆品非常了解，能实时掌握消费者的需求、时尚趋势和产品品质。美中不足之处在于，他们不懂如何运作一个品牌。

实际上，在决定帮谢娜的欢型做运营的时候，自己有没有这样的团队，或者能不能做得特别好，李静还不是很有底。但凡她去谈过的艺人和达人，都有意愿推出自己的品牌和产品。"他们特别相信我，我不是一个轻易说 yes 的人。而且大家都是艺人，她们知道我懂得保护她们。"

欢型最初的品类有 50 个，看过之后，李静砍掉了 10 个。一切产品都要围绕谢娜不受约束、自我解嘲的风格，所以欢型的服饰也要体现这种态度。谢娜在新浪微博的粉丝有 2 700 万，而且谢娜本人很清楚，他们都是有些反叛的屌丝："静姐，你不用分析，我的微博粉丝都是屌丝，你的粉丝都是本科以上。"

在李静式的思维中，乐蜂网将不再是一个单纯的线上渠道，而是演变成了一家品牌运营公司、一个平台。品类不光局限于化妆品，还包括服饰等女性时尚用品。但乐蜂网扩充品类有自己的逻辑，根据已签约达人的特质，推出相应的产品。如果没有，就不做。"谢娜的粉丝愿意来乐蜂买谢娜的东西，这是真正有意义的事情，我们也造就了谢娜的下一个自我。但是这个能力可能不是今天才有的，是过去十年我在这个圈里的信赖和积累。"

最好的出路

线上渠道做品牌有些情非得已。艾瑞数据显示，2011 年中国化妆品网购规模是 372.6 亿元，在网购整体中的占比为 4.86%（艾瑞表示近两年这个比例已经趋于稳定，所以 2012 年的数据与此相差不大）。也就是说，大量的化妆品消费行为还是在线下完成的。

这只是一方面。化妆品这个品类比较特殊，有人戏称化妆品的生产成本基本可以忽略不计，加价率超过十倍。品牌推广和渠道费用在化妆品价格中的占比，确实一直居高不下，所以品牌商对渠道和价格的把控较其他商品更严格，欲望也更强烈。这导致化妆品线上渠道的定价权薄弱，利润更是没得保证。按照行情，代理化妆品品牌的毛利在 10% 到 20% 之间。

相较之下，自有品牌的毛利则要高出许多，产品、价格更能自主把控，而且为传统渠道贡献了绝大部分的利润。香港的化妆品上市公司莎莎集团近两年的销售额都在四五十亿港元，自有品牌的销售额占到总体的 40%左右，其中自有品牌的毛利在 70%左右。屈臣氏的自有品牌也占到总体销售的近一半。利益驱动足够让线上渠道摩拳擦掌。

当然，对于线上渠道商来说，最大的优势还是在于已经积累了一批数量可观的用户。如果专门针对这部分人群定制几款产品，推广成本更低，转化率却更高。这几乎就是乐蜂网创办的基因，把李静的个人品牌价值转化成商业，将传媒与零售结合。JPLUS 静佳是一款属于李静的化妆品，换言之，最有可能购买它的就是通过节目喜欢上李静的那部分人。这部分人用网络语言叫作“粉丝”。

“我能待得住吗？”

李静知道，很多 B2C 平台都在涉足自有品牌，“他们的做法可能就是做一些能产生高毛利的品类，而不是追求这个品牌。我们是想把它打造成品牌，成为公司最大的资产。”对她来说，这是 2013 年最重要的一件事。

“我们要做自己的个性，有趣的，阳光的，好玩的，惠而不贵的，能够被大家频繁购买和形成忠诚度的。我们不希望一盒面膜 800 块钱，60 块钱就很好。但是 60 块钱的面膜真的比 800 块的差吗？不见得。面膜拿出来敷到脸上，半小时后扯下来仍然是湿的，再用面膜把手擦一擦，这是她们内心的需要，我们应该给她们这种快乐。”

但是李静不是电商人，“很多东西我不懂”。所以，做乐蜂网和自有品牌的时候，她不同于大多数创始人，带出一个团长，再带出一个旅长。围绕在她身边的，更多的是空降兵。她更像是一场战争的指挥官，发挥调兵遣将的艺术。

“一般的创业团队就是创始人很强势，在创办乐蜂网和静佳的过程中我就变得不是很强势了，就变得不断地去把这些人组合在一起，让大家去不断地往出扔东西，然后我来做这个判断。”李静说，“不能说我拍的板都是对的，肯定有错的，或者说有一些弯路，但是我绝对不是一个不敢拍板的人。”

跟她共事多年的夏骄阳评价李静，学习能力很强。当年，做乐蜂网的时候，别说经营，连一个电商网站应该配备什么样的人，李静都懵然不知。他们一起到各地拜访各种企业，虚心求教。李静甚至把在飞机上用来消遣的时尚类杂志也丢在一边，到了机场就买一堆商业类杂志。这导致公司里掌握外界信息最快的就是李静。不管国内外电商圈发生了什么新鲜事，比如，哪个网站用了试衣间的技术，哪个网站 APP 特色是什么，都是她第一时间分享给大家的。“这可能就是传媒人的特性。”

李静创业心得

在很多场合李静都叫苦，因为偶然的机会认识了红杉资本创始合伙人沈南鹏而被忽悠起来创业，做乐蜂网，做自有品牌。上了创业这条“贼船”之后的李静在想些什么？

中间一段当然会有挺累的感觉，因为的确特别辛苦，最大的辛苦是改变了我的生活方式。所有的日程变得特别忙碌，有时候有点喘不过气来，那时候心情会不好，就会觉得为什么要选择给自己这么多的责任？

其实我曾经后悔过，有那么一两天我觉得好沮丧。为什么有些明星往那儿一站就赚了几十万。这个公司弄了半天，还没有站一会儿的那些人利润高，我就不明白这个行业是什么意思。

我心理调节能力挺强的，不太需要倾诉什么。因为我做主持人，其实内心挺强大的。来的很多是陌生人，你要跟对方很快地进入交流状态，那已经是我生命中的一种能力了。

（以上内容改编自中国品牌研究院 http://www.brandcn.org/pp/Article/pprw/，2013 年 2 月 26 日翟文婷的文章《乐蜂网董事长李静》）

5.11 本章小结

本章对品牌调研的概念和特点进行描述，提出品牌市场调查和研究是品牌设计成功的基础环节。分析品牌调研的意义和作用，阐述品牌调研的主要方法、流程和提升品牌调研能力的路径。指出顾客体验是品牌调研工作的发展方向。

品牌调研是品牌战略决策的依据，是品牌产品和服务进入市场获得顾客青睐的前提，也是品牌与顾客互动的基础。

5.12 学习要点

基本概念

品牌调研；会议调研法；实地观察法；文献调研法；访谈调研法；统计调研法；实验调研法；综合归纳法；问卷调研法；回溯分析法；典型调研法；典型调查法；品牌目标；品牌调研报告；品牌调研能力；顾客体验；顾客体验调研。

思考题

(1) 简述品牌调研的内涵及其意义。

(2) 简述品牌调研的作用。

(3) 品牌调研的方法有哪些？

(4) 简述品牌调研的流程。

(5) 品牌调研的方法有哪些？

(6) 简述品牌调研报告的特点。

(7) 简述品牌调研报告的写作格式。

(8) 品牌调研能力包括哪些内容？

(9) 如何提升品牌调研能力？

(10) 顾客体验调研包括哪些内容？

第6章 品牌创意

导入案例

“今麦郎”的品牌创意

近几年,今麦郎以“弹面馆”这一创新性的产品,成为行业报道中的一抹亮色。事实上,除了面品以外,今麦郎的冰糖雪梨也是近年来较“火”的创新产品之一,把传统文化与现代工艺结合,争夺“祛火”功能饮料的市场空间。产品创新上面,今麦郎可圈可点,但更为业内人士津津乐道的是今麦郎的创意营销。

互动营销打入年轻人群

随着微博、SNS、微信等新的互动平台的兴起,越来越多的主力消费者加入 Web 2.0 的大军中,面对挑剔的消费者和充分的市场竞争,营销转型迫在眉睫,“今麦郎”率先加入转型的大军中来,特别是近期小 S 签约之后,今麦郎的网络互动营销动作频出。凭借 2012 年以新浪网为主要平台,2012 年今麦郎饮品开展的“抢 S 徽章创造快乐新地球”大型互动活动,被授予了“2012 年度中国最佳网络广告案例奖(创意类)”的荣誉。

“抢 S 徽章创造快乐新地球”活动,通过倡导全新的快乐理念——“快乐与外界无关,与内心相连”,引发了一场影响广泛的快乐风暴。通过网友代言人的快乐引导,网友们普遍开始挖掘内心快乐渴望,在微博上创作自己的“管他体”,并分享快乐瞬间的照片。参与活动的网友大多把抱怨变成了积极的动力,近百万人参与了活动,积极传递正能量。

围绕代言人小 S,从“新年送小 S 台历”到“街拍小 S,人人都有奖”等基于网络互动的活动,更是以微博为撬动点,联动起了消费者对方便面这一传统行业的关注,以及传统媒体的参与。消费者自然地将街拍的元素中加入了产品体验、街头店面、终端渠道、广告镜头等,将线上线下的内容加以互动连贯,搅动了今麦郎系统营销的“一池春水”,让整个体系变得灵动、有机、整合。

新体验营销拉近消费者距离

随着方便面市场整体进入“零和竞争”阶段,品牌商需要重新考量与消费者之间的关系，需要走到消费者中间去，了解他们在想什么，建立他们和品牌情感上的联系，才能在竞争中赢得更多。正是基于这种背景，今麦郎面品率先进行了角色转变。不仅针对消费者对现有方便面食品一成不变、缺乏创新的想法，研发出了革命性的创新产品——弹面馆，方便面可以像手擀面一样更粗更筋道，汤汁更美味，而且还深入消费者中间去，以“体验营销”为策略，进行“人心”抢夺战。2012 年年末，在各大卖场，今麦郎开展了形式多样的互动体验活动。特别是在终端卖场，由新品“弹面馆”搭建的“面馆”尤其引人注目，众多消费者围在“面馆”附近，一尝诱惑新品。在品尝的同时，也是最好展示产品功能与利益点的时间。即使是像手擀面一样的，比原来粗宽近四倍的面条，也可以通过短短几分钟的冲泡轻松完成，解决了消费者心中最大的购买障碍。而在食用时感受到了更爽滑、更劲道、更美味的口感，即使是路人路过也会印象深刻。

在品尝的同时，销售人员还向消费者耐心解释方便面的冲泡技巧等，今麦郎和消费者的情感联系就在这温情的过程中建立起来了。在卖场里，接近最真实的消费者需求，能把产品、品牌的理念从细微处传达出去，赢得更多信任，更多对品牌创新理念、关怀理念的理解。长此以往，润物细无声地占领消费者的心智，在“零和”时代才能走得更远。

（以上内容选编自 2013 年第 5 期《品牌》景隽的文章《今麦郎的品牌创意营销》）

品牌创意是一项有针对性、有目的的行为活动，它是主观能动性与客观现实性完整结合的意识反应。通过对一些国内外知名品牌成功创意的探讨可以发现，品牌组织常常通过引起人们对品牌意识和品牌创意策略的重视来巩固品牌在消费者心中的地位。探讨品牌创意的意义在于，让消费者去品味其中新颖、含蓄、深沉、厚重、巧妙或者是曲折、诙谐、风趣的、韵味的观念和想法，令消费者认同品牌主张，从而引导消费者的价值观念。

6.1 品牌创意的内涵

6.1.1 什么是品牌创意

创意是什么？创意就是具有新颖性和创造性的想法，以高度概括、清新明快、强烈准确的组合化语言，将代表事物本质特征的文字、印象、空间、时空和图像理念通过一种记录性、互动性、视觉性、现实性和美感性的交流方式结合在一起。

品牌创意是指通过对品牌的构成要素进行研究，发现品牌中引人注意、激发消费者兴趣、引发消费者购买欲望与行为的创新性思维与设计方案。品牌创意要对品牌所反映出的消费群体的情感和精神需要与品牌的品质、品味、创新等方面的诸多问题进行融合性的思考。

品牌由众多因素构成，如产品质量要好，这是品牌确立的基础；商品要美观，要实用；要适应消费水平；要注意消费者的反映，并以此作为改进产品质量、花色品种的重要依据；对品牌宣传要有计划、有目的，更要有科学性和实用性。

6.1.2　AIDA 法则

品牌名称创意设计应遵循的原则是 AIDA 法则。AIDA 是四个英文单词的首字母。A 为 Attention，即引起注意；I 为 Interest，即诱发兴趣；D 为 Desire，即刺激欲望；最后一个字母 A 为 Action，即促成购买。AIDA 模式也称“爱达”公式，是国际推销专家海英兹·姆·戈得曼(Heinz M. Goldmann)总结的推销模式，是西方推销学中一个重要的公式，它的具体含义是指一个成功的推销员必须把顾客的注意力吸引或转变到产品上，使顾客对推销人员所推销的产品产生兴趣，这样顾客欲望也就随之产生，而后再促使采取购买行为，达成交易。

在品牌创意的过程中要遵循的 AIDA 法则体现在以下几方面。

(1) 创意者要设计好品牌的广告语、名称、独特的售卖点等内容，引起消费者的注意。

(2) 诱导顾客，想办法激发顾客的兴趣，有时采用“示范”这种方式也会很有效。

(3) 刺激顾客购买欲望时，突出购买这种商品是因为他需要，而他需要的商品正是设计者向他推荐购买的商品。

(4) 购买决定由顾客自己做出最好，创意策划者要不失时机地帮助顾客确认，他的购买动机是正确的，他的购买决定是明智的选择。

“AIDA”模式的魅力在于“吸引注意，诱导兴趣和刺激购买欲望”，充满了创意策划者的智慧和才华。

6.1.3　品牌创意的特点

品牌创意具有如下特点。

1. 传承性：延续品牌节奏

了解品牌拥有者的想法，即品牌内在的东西，在传承的基础上，打造更精准的创意才能满足客户的需求。在接受创意任务时，参考有关品牌传播的口号、视觉形象、包装等很多方面已经形成的风格。在进行全新创意时，就需要把品牌以往的消费者熟知的因素考虑进去，从而延续品牌原有的节奏，起到事半功倍的效果。

2. 共鸣性：与人情感共鸣

品牌创意来源于人基于对品牌相关信息的理解产生的思想，那么它就跟人的情感产生了强大的关联性，它要达到的目的是要让客户产生认同，让消费者产生认同感。一个创意的好与坏的界定，从消费者角度出发，情感因素就是一个基本评判标准。策划人是创意的构想者，但也是大众消费者，自身的情感感知，也代表着消费者的情感。如果一个创意，不能够让创作人员产生情感共通性，那么这一定不是一个好创意。对于策划人而言，一个创意能不能过关，首先要过的就是自己这关，然后才是其他人。所以，在广告创意过程中，情感的共鸣性也是创作的基本原则之一，是不可违背的。

3. 原创性：坚持独特创想

目前的创意市场中，手段和形式同质化非常严重，只有做到独特性才能得到品牌组织和消费者的青睐，那就要看策划者的内在功力。根据客户的需求，进行有效的创作，那么创意的原创性就是首要。对于品牌而言，要建立自身的独特核心竞争力，在品牌创意过程中，原创性是保证品牌独特性的基本，坚持独特的创想就是根本原则。

4. 可操作性：能够有效执行

品牌创意可操作性的最基本的两个方面，一是视觉表现；二是落地执行。

首先，品牌创意要符合设计的表现，设计师能够做出这一套视觉稿是第一步，能不能通过审核最后出街才是最后一步。其次，一些公关、营销等活动策略，很多时候，创作人员都想得很好。但是给客户提的时候，发现根本就难以执行，毕竟这涉及客户自身的人力、物力、财力等众多因素。最后，即便是创意能够执行，但是一些落地的细节是否能够做好，各方面能否做到流畅地配合也是关键点。如果做不好，就等于创意失败，反而起到了适得其反的效果。所以，可操作性决定创意的最终生死，也是品牌创意是否成功的根本。

6.1.4 品牌创意的内容

品牌的创意主要包含四个方面的内容。

1. 品牌名称创意

各类产品品牌中，一个富有穿透力的品牌名称总能第一时间引起消费者的注意。因为一个好的品牌名称它不仅能充分地释放出产品的信息，而且还能让人产生丰富的联想和想象。如饮用水品牌“农夫山泉”就是凭着这饱含创意性的叫法，而迅速凸显品牌的魅力。通常可以采取两种方法做到品牌名称创意的精准：一是让产品名称对消费者来说具有故事的趣味性；二是让产品能传递出一种健康的理念或生活的时尚。

品牌的接受者是使用品牌的消费者。所以，品牌的名称应符合消费者的心理和风俗习惯，要能让目标消费群体喜闻乐见，乐于接受。消费者购买商品的心理需求是多种多样的，有性别的差异，也有年龄的差别，给品牌创意时必须充分考虑到这些因素才行。即使是性别、年龄相同的消费者，由于所受文化教育、生长环境不同，也有不同的心理倾向。

2. 品牌设计创意

品牌产品或服务要能让消费者接受和喜欢还需要有赏心悦目的产品设计和包装设计，这样才能让顾客爱不释手，迷恋上自己的产品。其实在更多的同类产品竞争中，技术差异在一定时间范围内，是难以拉开差距的，因为任何一个行业，它的技术变革都有一个周期。关键是我们的产品和包装设计上没有创意，总是灰头土脸，不能给人以享受和体验的感觉。产品设计作为艺术生活化的再现，在当今社会越来越受到消费者的认可。产品设计往往是生产一代、储备一代、概念一代。概念设计现如今是风靡于各个行业，大到汽车、飞机，小到指甲刀、打火机都在追求创意设计。

3. 品牌广告创意

广告不是万能的，但没有广告是万万不能的。因为一个鲜为人知的产品品牌是很难成为消费者购买对象的。在如今这样一个多元化的信息社会，有时可以说成也广告，败也广告。创意是广告策略的表达，其目的是创作出有效的广告，促成购买；广告创意是创造性的思维活动，这是创意的本质特征；广告是使顾客了解本产品的途径，创意必须以消费者心理为基础；广告最重要的作用是使顾客通过广告购买产品，促成交易的达成，所以广告的创意必须新颖独特，激发消费者购买欲望。

4. 品牌营销创意

品牌营销创意是推动和促进品牌不断深入消费者心智的关键环节。它的创造性发挥是产品品牌有效形成市场竞争力的关键。特别是在竞争同质化的大背景下，如何找到适合品牌发展的营销渠道显得十分重要。其实诸多的品牌营销实战案例告诉我们营销的本质不仅仅是在卖产品，同时也是在发掘消费者的欲望，谁距离消费者的欲望越近，谁就找到了开启财富的钥匙。

6.2　品牌命名

品牌命名是指对品牌赋予的消费者认可的名称。一个好的品牌命名能够让消费者快速地记忆，而且能够在短时间内更加长久、范围更广地传播开来。在实践中，对于商品组成要素进行一些概念的突破和创新，往往能取得销售的突破；在市场中，顾客接触的不是战略布局或策略内涵，而是品牌表现，如何将规划精确的策略内涵展现于顾客面前，是品牌创意的重中之重。而在品牌表现中，最先接触到的是品牌的命名。在名称中能够体现品牌的沟通核心，是我们进行品牌创意的首要因素。

6.2.1　品牌命名的原则

1. 含义共鸣

品牌是主体与受众心灵的烙印，倘若品牌名称的含义能够使他们产生心灵的共鸣，必将有助于品牌的快速成长。Google 就是一个非常成功的案例。Google 是以英文单词 Googol 按照通常的英语拼法改写而来的。Googol 是一个大数的名称，是 10 的 100 次方，表示 1 后面跟着 100 个 0，它表达的数量比宇宙所有的基本粒子的数量总和还要大，这显然满足一个充满勃勃野心的创业梦想，用创建人佩奇的话说就是“我们的任务就是要对世界上的信息编组”，其实正好满足人们从网上海量信息中自由翱翔的意愿，双方的心灵之间会产生共鸣。

2. 简单响亮

音节简单、发音响亮、声调起伏的名字才容易上口，便于识别和传播，让消费者的记忆深刻、经久难忘，使品牌能够脱颖而出。为品牌取名，要遵循简洁的原则。青岛、999、燕京、白沙、小天鹅、方太、圣象等，我们耳熟能详的一些品牌都非常简单好记。

3. 正面联想

“动感地带”是中国移动旗下与“全球通”和“神州行”并列的数字移动电话服务品牌，其目标用户群非常明确，即每用户月花费值中低，但数据业务比重高，15 到 25 岁的年轻一族。“动感地带”定位在“新奇”，“青春、时尚、好玩、探索”是其主要的品牌属性。“动感地带”为年轻一族创造了一种新的、即时的、方便的、快乐的生活方式，这种品牌内容和文化符合此创意命名臆想。

金字招牌金利来，原来取名“金狮”，香港人说来，便是“尽输”，香港人非常讲究吉利，面对如此忌讳的名字自然无人光顾。后来，曾宪梓先生将 Goldlion 分成两部分，前部分 Gold 译为金，后部分 lion 音译为利来，取名“金利来”之后，情形大为改观，吉祥如意的名字立即为金利来带来了好运，可以说，“金利来”能够取得今天的成就，其美好的名称功不可没。

4. 尊重受众

不同国家或地区的消费者因民族文化、宗教信仰、风俗习惯和语言文字等的差异，使得人们对同一名称有着截然不同的认知和联想，因此，我们要特别注意目标市场的传统风俗文化，以免在他们心中产生不悦，影响品牌的发展。

海尔就是一个可以全球通用的好例子，“海尔”以及其英文译名“Haier”没有什么特别的意思，是个中性的词汇，可以根据各个国家的具体国情融入进去，比如在讲英文的国家，读音像 Higher，意思就是更高的，正好与一首英文流行歌的歌名完全一样，因此很快就能被人接受。

5. 新颖独特

新颖独特的名字才能与众不同，别具一格，打动消费者的心，让人记忆深刻，烙下深深的印记。通常要求名称具有新鲜感，最好创造出新的概念来，能够迎合甚至引领时代潮流，体现品牌的独特个性，暗示品牌的某些鲜明属性，满足受众的情感需求。如雅虎、搜狐、搜狗、酷儿等都是新颖独特的好名字，出奇制胜，往往就会脱颖而出。

6. 法律保护

再好的名字，如果不能注册，得不到法律保护，就不是真正属于自己的品牌。“米勒公司”(Milier)曾推出一种淡啤酒，取名为 Lite，即淡字的英文 Light 的变异，生意兴旺，其他啤酒厂纷纷仿效，也推出以 Lite 命名的淡啤酒，由于 Lite 是直接描绘某类特定产品的普通词汇，法院判决不予保护，因此，米勒公司失去了 Lite 的商标专用权。

6.2.2 品牌命名的策略

1. 品牌的传播力要强

在品牌的经营上，一个成功的品牌之所以区别于普通的品牌，其中一个很重要的原因就是：成功的品牌拥有家喻户晓、妇孺皆知的知名度，消费者在消费时能够第一时间回忆起品牌的名称。因此，对于品牌的命名来说，首要的是要解决一个品牌名的传播力的问题。也就是说，不管给产品取一个什么样的名字，最重要的还是要能最大限度地让品牌传播出去。要能够使消费者，尤其是目标消费者记得住、想得起来是什么品牌，只有这样，品牌的命名才算得上成功的。否则，就算给产品取一个再好听的名字，但传播力不强、不能在目标消费者的头脑中占据一席之地，消费者记不住、想不起来，也只能算是白费心机。

所以说，给品牌命名，传播力是一个核心要素。只有传播力强的品牌名才能为品牌的成功奠定坚实的基础。

2. 品牌名称的亲和力要浓

除了品牌名的传播力因素之外，这里面还有一个品牌名亲和力的问题。品牌名的亲和力取决于品牌名称用词的风格、特征、倾向等因素。力士这个品牌名虽然传播力强，但在亲和力上却远不如舒肤佳来得直接。力士给人的感觉生硬、男性化，但我们知道，一般情况下，在家庭中采购香皂的大多数是家庭主妇，因此力士这一名称和目标消费者的喜好显然是格格不入的。而舒肤佳则不同，这一名词首先给人的感觉是倾向于中性化的用语，它不但更广泛地贴合了目标消费者的偏好，而且，通过强调“舒”和“佳”两大焦点，给人以使用后会全身舒爽的联想，因此其亲和力更强。所以，在给品牌命名时，不但要注意品牌名的传播力因素，而且同时也要注意把握品牌名的亲和力因素，只有这样才能使品牌的传播达到最佳效果。

3. 品牌名称的保护性要好

一直以来，我们的市场中都不乏处心积虑的市场追随者，“螳螂捕蝉，黄雀在后”就是所谓追随者的竞争策略。他们有着敏锐的商业嗅觉，时时都在打探着钻营的机会，而企业不注意保护自己的品牌名恰恰就给他们提供了这样的机会。因此，在给品牌命名时，企业有必要考虑品牌名的保护性，最好采用注册商品名来给产品命名。脑白金、泰诺、曲美这些成功的品牌都是以注册商品名来给产品命名的，而消炎药利君沙不但用注册商品名给产品命名，而且为了防止相似品牌的出现，还进行了与注册商品名近似的注册，以全面保护品牌不受侵犯。所以，给品牌命名不能只讲传播力、亲和力，能否不被仿效、侵犯也是品牌命名重中之重的问题。

6.3 品牌设计创意

品牌设计就是对品牌产品或服务进行标志设计、平面设计、包装设计、展示设计、广告设计及推广、文化理念的提炼等，从而使其区别于其他品牌的个性塑造过程。品牌设计来源于最初的品牌战略顾问和策划顾问对品牌组织进行战略整合以后，通过形象的设计所表现出来的品牌内涵，后来慢慢地形成了专业的品牌设计团体对品牌形象设计进行有效的规划。

6.3.1 品牌LOGO设计

1. 什么是品牌LOGO

LOGO是标志、徽标、商标的意思，它是一种具有象征性的大众传播符号，它以精练的形象表达一定的含义，并借助人们的符号识别、联想等思维能力，传达特定的信息。LOGO传达信息的功能很强，在一定条件下，甚至超过语言文字，因此它被广泛应用于现代社会的各个方面。品牌LOGO创意是将具体的事物、事件、场景和抽象的精神、理念、方向通过特殊的图形固定下来，使人们在看到LOGO标志的同时，自然地产生联想，从而对品牌产生认同。

2. 品牌LOGO设计

(1) 文字型设计

字体不仅是标志设计中的重要组成部分，而且是最能发挥人的智慧与才能的设计载体。

汉字型：从字体上说，有真、草、隶、篆、行书、飞白、八分、鸟虫书、汉简、魏碑等体。千百年来，历代书法家及书法艺术实践者的创作活动，更赋予汉字非常丰富的内涵，呈现出色彩缤纷的艺术风格。此外，还有现代各种印刷字体，可以利用字形的结构转化为图形的意象，也可加入其他图像点出主题。

字母型：英文26个字母常常是设计展现拳脚的大舞台。其外形呈圆、方、角等几何形态，字形各异，变化多端，可塑性强。另外，字母的点线面构成则简练到了极致。凭借这些字母的特色可以纵横驰骋想象的翅膀，构想出千变万化、异彩纷呈的图形。

数字型：在数字型的标志设计中，常以阿拉伯数字从0到9的十个数字进行演化构形，通过不同的编排表达特定的意念。这种主要突出数字量化含义的构成手法，多用于表达社会重大纪念活动和企业周年庆典活动。在构形上主要以创造具有某种意味的组合体，或将数字和其他构成要素进行组合变化，可创造出形态各异、意趣盎然的各种数字标志。

(2) 图形类设计

图形类商标标志分为具象图形商标标志和抽象图形商标标志两大类。

具象是指具体的形象。在具象图形商标标志设计中，一般不采用自然意义的表现手法，而应以自然形态为原形，进行概括、提炼、取舍、变化，使之具有典型的形象特征和鲜明的个性特征。经过设计者的艺术加工和构思创造，形成能表达所属行业或产品内涵的新的视觉形象。

抽象表现形式是以抽象的图形符号来表达标志的含义，以理性规划的几何图形或符号为表现形式。可以借助于纯理性抽象形的点、线、面、体来构成象征性或模拟性的形象。抽象形式的标志，单纯地表现对象的感觉和意念，具有深刻的内涵和神秘的意味感。造型简洁，耐人寻味，产生一种理性的秩序感，或具有强烈的现代感和视觉冲击力，给观者以良好的印象和深刻的记忆。

(3) 图文组合型设计

在标志构成时首先应该抓住标志的功能和内在需要，运用点、线、面、色彩构成视觉象征的形式要素来体现其形式格调。把所想到的构图，尽可能地体现出来，然后经过反复推敲，去粗取精，充实和发展图形，最后使其成为简洁生动、单纯凝练的图形，从而体现匠心独运、耐人寻味的效果。简洁、概括不等于简单，形简而内涵丰富是简单的升华。

3. 品牌LOGO设计的注意事项

设计品牌LOGO应注意如下事项。

(1) 准备充分

设计应在详尽明了设计对象的使用目的、适用范畴及有关法规等有关情况和深刻领会其功能性要求的前提下进行。

(2) 考虑周全

设计须充分考虑其实现的可行性，针对其应用型式、材料和制作条件采取相应的设计手段。同时还要顾及应用于其他视觉传播方式(如印刷、广告、映像等)或放大、缩小时的视觉效果。

(3) 防止雷同

如果我们在设计标志时同其他企业出现雷同，那将会大大减弱品牌标志的识别性能。所以在设计时，既要与企业的形象、产品的特征联系起来，又要体现构思新颖、别出心裁的风格。

(4) 繁简适中

设计要符合作用对象的直观接受能力、审美意识、社会心理并且要易读易记。既要充分考虑易于识别和记忆，又要注意文字或图形太简单，而失去显著特征。

(5) 构思独特

构思须慎重推敲，力求深刻、巧妙、新颖、独特，表意准确，能经受住时间的考验。

(6) 构图主次分明

要与商标指定商品或服务项目相联系，使人能联想到商品或服务特点，把商标构思的立意充分体现出来。构图要凝练、美观，适应其应用物的形态，图形、符号既要简练、概括，又要讲究艺术性，色彩要单纯、强烈、醒目。

(7) 及时修正

在标志设计中，要注意这种放大或缩小引起的变形。在设计时对可能引起公众和消费者心理错觉的地方作某种修正。

(8) 避免禁忌

激烈的品牌竞争对品牌标志的设计提出了更高的要求，把设计的程序推上了更专业化的道路。在设计品牌 LOGO 时必须考虑到产品行销国对色彩、图形、图案的偏好和禁忌，遵循 LOGO 设计的艺术规律，创造性地探求恰切的艺术表现形式和手法，使 LOGO 具有高度整体美感、获得最佳视觉效果。

6.3.2 品牌色彩设计

建立一个品牌色彩创意体系可供选择的颜色仅有几大色系，基本的颜色只有 6 种(红、橙、黄、绿、蓝、紫)，加上无彩色(黑、白、灰)。打造品牌色彩形象，必须要根据该品牌的市场定位和品牌文化找到代表自己的形象色系。

1. 品牌色彩选择的原则

选择品牌色彩应遵循如下原则。

(1) 创造差异

品牌要用独特的语言以及独特的表现方式来呈现产品，形成一种特有的色彩品牌形象。

(2) 树立个性

色彩与色彩的搭配可以唤起人们丰富的想象力，要在产品的色彩、宣传广告的色彩、包装的色彩上投入精力，使商品的色彩突出商品的特性、体现企业的个性，使色彩成为企业在商战中的强有力武器。

(3) 长远目标

要维持这种有针对性、延续性和有效性的色彩体系，色彩作为品牌设计元素中最直接的一种，色彩的选择要在长期的市场运行中有效。

2. 色彩心理

色彩心理是指通过来自色彩的物理光刺激对人的生理发生的直接影响。心理学家对此曾做过许多实验。他们发现，在红色环境中，人的脉搏会加快，血压有所升高，情绪兴奋冲动。而处在蓝色环境中，脉搏会减缓，情绪也较沉静。

冷色与暖色除去给我们温度上的不同感觉以外，还会带来其他的一些感受，例如，重量感、湿度感等。比方说，暖色偏重，冷色偏轻；暖色有密度强的感觉，冷色有稀薄的感觉；两者相比较，冷色的透明感更强，暖色则透明感较弱；冷色显得湿润，暖色显得干燥；冷色有很远的感觉，暖色则有迫近感。

色彩的明度与纯度也会引起人们的感知和联想，颜色的重量感主要取决于色彩的明度，暗色给人以重的感觉，明色给人以轻的感觉。纯度与明度的变化给人以色彩软硬的印象，如淡的亮色使人觉得柔软，暗的纯色则有强硬的感觉。

3. 品牌色彩创意

雀巢咖啡曾经做过一个有趣的试验，把同样的咖啡分装在绿色、红色和白色的杯子中，让消费者品尝，得到的结果是：大多数消费者都认为红色杯中的味道最棒，而绿色杯中的感觉偏酸，白色杯中则感觉偏淡，于是雀巢选择了红色作为包装设计的主要色彩，结果一推出即在市场大受欢迎。苹果公司经典的白色 iPod 播放器，既是设计的胜利，也是色彩的胜利，白色意味着极度简约，而 iPod 就胜在简约。

(1) 声音与色彩

通常低音具有深沉感，代表低明度色彩，高音具有明亮感，代表高明度色彩；清楚的声音是单纯而鲜明的，混杂的声音具有混浊感，声音的感情可以由色相来传达。联想各种乐器的材质和色彩，能帮助我们寻找到不同乐器的色彩形象，如弦乐为茶色系，管乐为黄色系，电子音乐为无色透明的感觉。

(2) 触觉与色彩

色彩与触觉的关系也是同一个道理，如红色与蓝色的物体虽然同质，但用手去摸，会给人造成红色坚硬而温暖、蓝色柔软而冰凉的错觉；同样，明亮的色彩比暗的色彩使人感到洁净。

(3) 味觉与色彩

心理学家认为，明色调的食物一般比暗色调的食物容易下口，而暖色系的食物与冷色系列的食物则对人的胃口影响不大。如按色相来分，红色通常代表辣的感觉；橙色代表香甜；黄色代表甜酸；绿蓝色代表酸涩味；咖啡色代表苦味；紫色代表着腐臭；白色代表平淡无味；带灰色的色调是不好吃的感觉；黑色和深色色调是味浓的表示。

(4) 嗅觉与色彩

色彩还可以对嗅觉产生作用。最常见的是由某种色彩联想到某种花香，如白色使人联想到百合花或夜来香的气味；桃红使人联想到桃花的芬芳；茶褐色会使人联想到焦煳的气味；深色调则使人联想到腐败的气味；最能发出芳香的色相是黄绿色。

(5) 表情与色彩

喜的色调可考虑为喜庆、热闹、高兴等感觉；高彩度的暖色调，以红为主，适当配以绿或黄色；怒的色调可以考虑为愤怒、怒火、冲突等感觉；明度的低长调，以中高彩度的暖紫色为主，配上黑白，以加强对比；哀的色调可以考虑为悲伤、死亡等感觉，低彩度的冷色调，无彩色系的黑白灰，配上适当的蓝色；乐的色调要比喜柔和，可考虑为甜美、愉快等感觉；明快的高调，暖色系的粉彩色。

(6) 季节与色彩

黄绿色是强调春天特征的色，因为它能让人联想到植物的发芽，黄色是最接近于阳光的色，也是迎春花、油菜花的色。夏天的色彩多为高彩度的色相对比，再以明度的长调对比，补色对比作为自然秩序的表示，光线与阴影的强烈对照是夏天的特征。秋天的色彩多为柿子色、橘子色、苹果色、梨色、山里红色、葡萄色等。冬季到处布满灰色，但冬天里的梅花、水仙花、兰花、雪松、冰花、树挂、枯枝等也会使我们流连忘返，得到美的享受。

(7) 时间与色彩

一天当中的早、中、晚、夜同样可以联想到四个截然不同的时间色彩。黎明、清晨的色彩以淡淡的冷色调为主，如中高明度的蓝紫灰、黄灰等。中午用明度的高长调和黄、黄橘色来表现此时间段阳光强刺激和温暖的感觉。傍晚以晚霞的色彩情调为标志，明度选用中调，色相用橘、橘褐色。夜晚以低明度的蓝调来表现，点缀少量的黄橘色以示灯光。

6.3.3 品牌包装及产品形象设计

1. 产品包装设计

包装是品牌理念、产品特性、消费心理的综合反映，它直接影响到消费者的购买欲望。包装的功能是保护商品、传达商品信息、方便使用、方便运输、促进销售、提高产品附加值。包装作为一门综合性学科，具有商品和艺术相结合的双重性。

(1) 外形要素

外形要素就是商品包装展示面的外形，包括展示面的大小、尺寸和形状。包装的形态主要有圆柱体类、长方体类、圆锥体类和各种形体以及有关形体的组合及因不同切割构成的各种形态。包装形态构成的新颖性对消费者的视觉引导起着十分重要的作用，奇特的视觉形态能给消费者留下深刻的印象。

(2) 构图要素

构图是将商品包装展示面的商标、图形、文字和组合排列在一起的一个完整的画面。这四方面的组合构成了包装装潢的整体效果。商品设计构图要素商标、图形、文字和色彩运用得正确、适当、美观，就可称为优秀的设计作品。

(3) 材料要素

材料要素是商品包装所用材料表面的纹理和质感，它往往影响到商品包装的视觉效果。利用不同材料的表面变化或表面形状可以达到商品包装的最佳效果。包装用材料，无论是纸类材料、塑料材料、玻璃材料、金属材料、陶瓷材料、竹木材料以及其他复合材料，都有不同的质地肌理效果。运用不同材料，并妥善地加以组合配置，可给消费者以新奇、冰凉或豪华等不同的感觉。

2. 产品形象设计

(1) 品牌形象广告部分

平面广告推广：杂志报纸等平面广告基本格调、格式、风格整体规划等。

影视广告推广：创意、脚本、导演、摄制、数字制作等。

网络互动推广：媒体广告策划、其他特殊媒体广告创意设计等。

(2) 企业画册创意部分

企业形象画册：整体格调创意、图片摄影、文案、电脑设计、印刷、制作、监理等。

企业年报画册：按五年或者十年一个整体规划、图片摄影、文案、创意设计、印刷、制作、监理等。

产品形象手册：产品摄影、文案、创意设计、印刷、制作监理等。

(3) 品牌形象展示部分

品牌形象展示：展示空间设计、展示资料、展示内容、展示制作、监理等。

产品宣传展示：产品陈列、产品演示、产品资料、展示环境、展示制作、监理等。

产品促销展示：统筹设计、展示工作人员素质培训、展示制作、监理等。

6.4　品牌广告创意

6.4.1　什么是品牌广告创意

现实中，广告界更愿意以"广告作品的创意性思维"来定义广告创意。广告创意简单来说就是通过大胆新奇的手法来制造与众不同的视听效果，最大限度地吸引消费者，从而达到品牌传播与产品营销的目的。

广告创意直接影响着广告的生命力，好的广告创意不仅要符合产品和品牌形象的要求，更能够精确地表达品牌的理念和产品的属性，而且要符合其受众人群的理解习惯和视觉习惯，同时还要同同行业或者同类产品表现出差异化和个性特色。

6.4.2　品牌广告创意的原则

1. 冲击性原则

在令人眼花缭乱的广告中，要想迅速吸引人们的视线，在广告创意时就必须把提升视觉张力放在首位。通过图片、视频等作品将摄影艺术与电脑后期制作充分结合，拓展了广告创意的视野与表现手法，产生了强烈的视觉冲击力，给观众留下了深刻的印象。

2. 新奇性原则

新奇是广告作品引人注目的奥秘所在，也是一条不可忽视的广告创意规律。有了新奇，才能使广告作品波澜起伏，奇峰突起，引人入胜；有了新奇，才能使广告主题得到深化、升华；有了新奇，才能使广告创意远离自然主义向更高的境界飞翔。

3. 包蕴性原则

吸引人们眼球的是形式，打动人心的是内容。独特醒目的形式必须蕴含耐人思索的深邃内容，才拥有吸引人一看再看的魅力。这就要求广告创意不能停留在表层，而要使“本质”通过“表象”显现出来，这样才能有效地挖掘读者内心深处的渴望。

4. 渗透性原则

人最美好的感觉就是感动。感人心者，莫过于情。出色的广告创意往往把“以情动人”作为追求的目标。

5. 简单性原则

一个好的广告创意表现方法包括三个方面：清晰、简练和结构得当。简单的本质是精练化。广告创意的简单，除了从思想上提炼，还可以从形式上提纯。简单明了绝不等于无须构思的粗制滥造，构思精巧也绝不意味着高深莫测。平中见奇，意料之外，情理之中往往是广告创意的目标。

6.4.3 品牌广告创意模式

1. 功能诉求模式

对于保健品、医药产品、家电产品等产品类别来说，广告语的功能性诉求往往是主要考虑的因素。因为这类产品，从消费者看来，便利和功效是最重要的，产品广告说得再好，实际效果不是这样，是很容易失信于消费者的。在广告宣传过程中，一是要能敏锐地发现产品卖点；二是广告宣传要能适应消费者对此类产品的期望需求。

2. 情感占位模式

俗话说得好，良好的印象是恋爱成功的一半。所以如果广告诉求第一次能打动消费者的“芳心”就意味着广告传播成功了一半。针对咱中国人逢年过节有送礼和孝敬父母的传统，“脑白金”一句“今年过节不送礼，送礼还送脑白金”就搅动了亿万中国人的心。

3. 销售促进模式

销售促进几乎是一切产品广告宣传的主要目的，也是企业在广告语构思上最费尽心思的了。其实对于以销售促进为目的的广告传播，必须要说到做到，并且是能帮消费者一起实现才行。日化产品是目前广告市场竞争比较激烈的一块，但想必常看电视的家庭主妇是不会忘记郭冬临走街串巷时，念念有词的那句广告语“洗衣服用汰渍，汰渍只用二块五”。

4. 事件捆绑模式

利用事件进行捆绑广告，应该是近几年来，企业比较热衷的一种广告传播模式。这是因为突出事件的本身在一定时间内就是媒体和公众关注的焦点。所以企业如果对事件的时机选择得当，广告语构思奇妙是可以收到意想不到的效果的。在这方面农夫山泉是做得比较成功的。“农夫山泉”凭借“农夫山泉有点甜”迅速树立了自己在行业中的差异化形象。接着又以赞助中国奥运代表团的机会，叫响了“每喝一杯农夫山泉，就为中国奥运捐出一分钱”的广告语，使消费者联想到农夫山泉为中国奥运事业作出的贡献，一下子勾起了农夫山泉与大众的奥运情结。

5. 名人嫁接模式

“名人嫁接模式”是许多时尚类产品的主要广告嫁接模式，但目前有越来越向其他行业扩展的趋势，一般只要企业理念与名人的关联性比较强，这种模式还是比较受企业认可的。这样做一是为了利用名人已有的社会知名度，二是名人正面的、良好的社会形象能给品牌组织和产品带来“光环效应”。

6.4.4　品牌广告创意的新趋势——植入式广告

1. 什么是植入式广告

植入式广告是指把产品及其服务具有代表性的视听品牌符号融入影视或舞台产品中的一种广告方式，给观众留下相当的印象，以达到营销目的。植入式广告创意已成为广告主进行广告投放时寻求突破的一个出发点。其实很早以前，植入式广告传播就已经悄悄来到了中国：蒙牛酸酸乳和湖南卫视《超级女声》的成功合作应该算是正式宣告了植入式广告传播的来临。

2. 植入式广告的表现形式

植入式广告的表现空间十分广阔，在影视剧和娱乐节目中可以找到诸多适合的植入物和植入方式，常见的广告植入物有商品、标识、VI、CI、包装、品牌名称以及企业吉祥物等。

(1) 影视作品中最常见的植入方式有如下

台词表述：产品或品牌名称出现在影片台词中。代表性例子是《一声叹息》，徐帆扮演的妻子在电话里多次提到“欧陆经典”，特别在影片结束前，徐帆在电话里再次说到，“过安慧桥，过了安慧桥左转，就是‘欧陆经典’，牌子很大，一眼就看见了！”

特写镜头：这是植入式广告最常见的出现方式，具体方式就是“道具应用”，比如《手机》中平均几分钟就出现一次摩托罗拉手机。在葛优主演的《没完没了》中，中国银行的广告则堂而皇之地印在“依维柯”车身上，在整个影片中反复出现。

扮演角色：商品或品牌在影视剧中不再是道具，而是一个角色，这属于深度嵌入型的广告形式。品牌或商品在影片中出现频率极高,更可以为品牌导入新的联想。《海尔好兄弟》则是用海尔的吉祥物做主演,在低龄观众心目中根植下对海尔品牌的广泛认同。

场景提供:《魔戒3》的上映再度在全球影迷心中掀起一股新西兰旅游热,他们希望亲临《魔戒》拍片现场一探“中土”的真实面貌,现在到新西兰旅游成了全球观光客最热门的选择之一。植入式广告成了旅游目的地推广的新方式。

(2) 综艺节目中最常见的植入方式如下

奖品提供:综艺节目中嘉宾与现场观众、场外观众常常有获奖的机会,主持人反复介绍所提供奖品和奖品的赞助商,这种情形下很少有人对广告提出异议,因为奖品正是节目的一个重要元素,更是场内外观众的关注焦点。

节目道具:这是把商品深度嵌入综艺类节目中,提高与受众的接触率的上佳方式。

商标竞猜:典型的例子是央视《幸运52》,选手的成绩干脆用商标来代替,其中《幸运挑战》环节中商品竞猜,以及在节目最后邀请观众参与的幸运商标竞猜都将植入式广告的功能发挥到极致。

(3) 网络文章中最常见的植入方式如下

网络原创小说:广告植入信息可以体现为小说人物的某个嗜好、对某种品牌的看法、某个日常生活消费习惯等。

网络新闻门户:广告植入信息可以体现为对某个品牌或某个企业的新闻报道。

个人博客或者网络论坛:广告植入信息可以体现为博主对某个品牌的点评或推崇。

网络游戏:把广告创意融入网游的情节中或是做游戏胜利的奖品。

(4) 图书中最常见的植入方式如下

科普教材类图书:往往需要很多案例,在案例部分,可以将企业及相关信息进行详细的分析,并巧妙地向读者表达企业所要展示的信息。通过这种形式进行广告植入,往往效果最佳,其最极致的案例就是企业或企业家传记。

小说等娱乐类图书:这类图书主要是给人以精神上的娱乐,因此,其植入方式方法与电影中的植入式方法大体上是差不多的,不过由于图书没有电影的时间限制,因此在许多方面,植入式广告可以做得更加深刻。

企业赞助出版类图书:这种赞助出版业包括企业家署名联合出版和为企业量身定制出版两种,当然并不适合所有企业。

6.5 品牌营销创意

2013年,在香港尖沙咀海运码头展览的巨型塑料黄鸭,吸引了几百万游客参观,为主办方赚尽人气,赢得了商业上的巨大成功。一只用普通橡胶做成的“大黄鸭”走红,引发许多思考:游客喜爱鸭子憨态,商界羡慕营销高招,社会讨论创意经济。“大黄鸭”来港,是由香港著名的购物商场“海港城”做东。海上巨鸭，让市民游客大饱眼福，也为“海港城”凝聚了巨大的人气。香港一家公司的策划总监羡慕地说：“海港城用最低的成本，吸引了最多的人气，巨鸭来港，实在是一单划算的生意。”

品牌营销创意是指品牌营销策略要从品牌的定位出发，通过巧妙设置传播内容，将品牌的形象柔性传达给消费者，并且通过互动沟通，收集用户反馈，不断地调整营销策略，才能做到有效而精准的营销。

1. 塑造个性化品牌形象

最高级的营销不是建立庞大的营销网络，而是利用品牌符号，把无形的营销网络铺建到社会公众心里，把产品输送到消费者心里，使消费者选择消费时认可产品，投资商选择合作时认可企业，这就是品牌营销。成功的品牌都有一个特征，就是以始终如一的形式将品牌的功能与消费者的心理需要连接起来，并能将品牌定位的信息准确传达给消费者。在同质化的市场竞争中，唯有传播能够创造出差异化的品牌竞争优势。当消费者日益追求个性化消费诉求之时，企业要通过社会化媒体传播，赋予品牌个性化，并通过巧妙的传播策略，在个性化、娱乐化、生活化的信息中植入品牌精髓，潜移默化地进行品牌塑造和推广。

2. 传播多样化的品牌内容

传统的市场营销专注于自己寻找客户，通过电视、印刷媒体、在线广告和广播等传统媒体进行大众化的、单向流通的推销。这种信息的单向流通往往投资回报率低，并且对受众存在打扰；传播的内容也侧重于企业理念、品牌故事、公益事业等方面。但是新媒体本身是交谈的场所，而不是演讲的场所。企业在设计传播内容时，首先要确定内容的目标受众，只有明确了受众身份和偏好，才能做到有的放矢。其次要将内容以多样化的形式进行包装，社会化媒体的传播信息包括了文字、图片、视频、音频等。多样化的形式可以保障内容更大范围地扩散。最后要有规律地更新内容，并且及时关注用户的评论和反馈。频繁的互动沟通能够有效地控制舆论，树立良好的品牌形象。

3. 建立良好的客户关系管理机制

客户关系管理(CRM)强调的是以消费者为中心，强调与客户的沟通交流，是满足消费者的需求。在社会化媒体的市场营销活动中，通过对消费者的需求进行实时了解和采集，从而最大限度了解并提供消费者所需要的服务。品牌组织要建立多账户管理，在不同的社会化媒体平台建立官方信息渠道显得至关重要，比如，设立微信公众号，利用新浪微博、开心网、人人网、FACEBOOK 等平台，统一发布信息。并且针对不同的受众，选择性地发布信息，实现精准营销。多账户管理，也能够全方位地获取市场信息，最终做出正确的营销决策。

6.6 品牌创意的流程

品牌创意的流程如下。

1. 了解消费者动机

通过对品牌的调研，了解消费者对品牌使用的心理动机，并对这种动机进行记录。品牌的创意者要想引导或改变人们的消费行为，就必须从人的动机上感化他。美国心理学家马斯洛根据人的心理动机推出人的需求层次理论，在衣、食、住、行、性等基本的生活需求之上，渐高层次的需求包括安全感、爱抚、归属感、成就感等，人的最高需求层次是理想或事业的自我实现等。品牌创意应该站在人的较高层次的心理需求上来关注消费者，才能引起他们的共鸣和注意。

2. 展示品牌信息

品牌的创意者要善于利用品牌的设计方案与消费者进行沟通，沟通的诀窍是善于向消费者展示自己产品的个性或特性。应该在五个方面加强与消费者的沟通：为什么本品牌与众不同；为什么消费者觉得本品牌吸引人；本品牌的特点是什么；本品牌吸引什么样的人；本品牌和消费者之间的关系如何。在此基础上分门别类地对号入座进行沟通，自然会起到水到渠成的效果。

3. 进行品牌创意

品牌创意作为一种标志艺术在商品经济中的应用，应满足品牌的功能要求。要求品牌创意能把品牌的内在含义正确、清楚地传达出来，这种信息传递的功能是通过文字和图形体现出来的，而这些文字和图形在许多商标设计中采用了内涵丰富的象征手法加以表现。树立品牌的形象，洞悉消费者的需求，通过创意设计能够带来市场良好反应的品牌标志和口号、宣传语。通过品牌的独特设计吸引消费者的关注，形成口碑，使品牌形象深入人心。

4. 推广创意方法

展开富含创造力的品牌创意思维可以激发品牌流通的速度，各种不同的方法都可以尝试。通常的创意方法包括：

(1)“二旧化一新”创意方法

“二旧化一新”的概念是研究人类心志作用对创意的影响时提出的。新构想常出自两个相抵触的想法的再组合，这种组合是以前从未想到的。即两个相当普遍的概念或想法、情况甚至两种事物，把它们放在一起，会神奇般地获得某种突破性的新组合。有时即使是完全对立、互相抵触的两个事件，也可以经由“创意的行动”和谐地融为一体，成为引人注目的新构想。“二旧化一新”创意方法的价值主要体现在它能使创意者把各种互不相关甚至互相抵触的事物交融、组合在一起，形成一个令人注目的创意，并给人以意料之外、情理之中的感受。

(2)"水平思考"创意方法

"水平思考"的概念是由英国心理学家爱德华·戴勃诺博士在进行管理心理学的研究中提出的。所谓垂直思考法，是指传统逻辑上的思考。传统逻辑上的思考法的明显特点就是思考的连续性和方向性。运用水平思考法首先必须找到支配性的构想。其次，要把思考的重点从明晰的看法转换到其他尚不明确的看法上去。也就是要多角度地思考问题，思考角度的变化往往是创新的基础和前提。水平思考法能有效地弥补垂直思考法的不足，克服垂直思考法所引起的头脑的偏执性和旧经验对人的思维的局限，进而有利于人们突破思维定式、转变旧有观念、获得创造性构想。水平思考法虽然优于垂直思考法，但却无法完全取代垂直思考法。在优秀的广告创意中，我们常能看到二者的交融。正是二者的相互补充、相互辅助，才最终诞生了别具一格、新颖独特而又深具效力、影响久远的创意佳作。

(3)"集脑会商思考"创意方法

集脑会商思考法，又称头脑风暴法、脑力激荡法，它依靠的是集体的智慧和力量，故有人又将之称为集体思考法。

6.7 知识链接

耐克品牌创意13法则

NIKE创建于1971年，今天成为了全球最著名的品牌之一。究其成功的原因，除了它不断开发新的产品之外，更重要的还得益于它的品牌创意策略。综观其品牌成长过程，广告创意策略的制定始终围绕其品牌的核心价值——人类从事运动挑战自我的体育精神。

创意法则1：篮球不是球

世界上恐怕没有第二种产品可以像耐克一样，将篮球运动和自己的产品形象紧紧地结合在一起，成为一对天然的关系。优秀的品牌都会找到一种自然的象征，让品牌生长在另外一个物体上来演绎产品自身所无法表现的个性。

创意法则2：用速度征服速度

黑白相间、广袤的天际，汽车、大自然和运动员的视觉关系，巧妙地诉求了产品的优越特征，将产品的物理个性演绎为人征服速度或超越自我的一种精神象征。

速度对比的创意是耐克在所有广告创意中常常采用的手法。其实，征服速度一直是人类有史以来的梦想。穿上耐克就可以实现你心中的愿望——征服速度，它迎合了每一个人。

创意法则 3：让产品"思想"起来

产品在社会与年轻人之间用思想搭建起了桥梁，让品牌具有思想，具有不同于循规蹈矩的认识，这是耐克 1997 年推出的一系列广告之一。这组黑白系列广告是用一组年轻人的特写，刚毅的面庞、冷峻的风格，通过文案阐述了对社会、失败、人生等不同事物的看法，暗喻耐克坚毅、反叛而充满青春与活力的品牌个性。

创意法则 4：不要放过灵魂

让你离开人世后还使用耐克的产品，真是"鞋鬼情未了"。创意发挥得淋漓尽致，其魅力连神鬼都为之撼动。这组卡通式极为夸张的创意风格似乎违背了耐克一贯的创意风格。广告是 1997 年由伦敦一家广告公司创作的。其创意极为大胆反叛，其中一则文案写到："快跑——你去世后，你的灵魂可以在地球上散步"。创意诙谐幽默，一改耐克传统的"戏路"，这也许和英国人的文化背景有关，但无论怎样，创意的相关性还是与耐克所有的广告一致，它们共同强调"穿上耐克的鞋会跑得更快更舒适"，即使你的灵魂也是这样。

创意法则 5：最好让产品也讲话

耐克不仅仅用篮球运动彰显品牌个性。随着西方全民运动的普及，耐克为了提高市场占有率，将产品定位为大众化的、非职业运动员都可以穿的品牌。采用在风雨中骑自行车的运动员一往无前的形象，阐述一种不屈不挠的精神，强调人与自然抗争，顽强战胜自我的精神状态。

创意法则 6：让不可能变为可能

优秀广告创意的精髓就是将生活中看似不可能的事，通过产品诉求变为可能。其创意的法则就是要在产品和事物中找到某种关联，而且是内在的、不是表象的关联。让著名跳远运动员 Jackie Joyner-Kersee 跨越看似不可能的距离，夸张的比喻暗示了运动员之所以有着超越不可能的力量，就在于他们脚上的那双神奇的运动鞋。

创意法则 7：老当益壮显身手

"80 岁的她，人们说还有一次大显身手的机会，但她不这么认为。她说她还有好几次。"人性化是耐克品牌最能打动消费者心的杀手锏。用老妇人老当益壮、身手矫健的文案诉求，形象而生动地刻画出了生命在于运动的哲理。创意虽夸张，但诙谐让人可以会心一笑而欣然接受。耐克赋予人生活力和生命的品牌个性跃然纸上。在生命和运动之间画上等号，挖掘出了受众渴望生活、珍惜生命的心理需求和期盼。在女性、弱者、年迈与男性、健康和年轻象征的耐克之间找到一种联结和关联，杰出的创意是没有年龄界限的，人性是永恒的。这一创意并未因老者的形象而弱化品牌个性，反而进一步强化了耐克的人性和健康活力的诉求，这就是该创意的成功所在。

创意法则 8：究竟谁怕谁

这是品牌创意的又一法则。耐克采用反向思维的方式让消费者在深夜奔跑于荒郊野外。一轮明月，枯竭的树干，勾画出了旷野的荒凉与恐怖。但是，不用怕，"是狼害怕你，而不是你怕狼”。文案的副标题写到：“晚上就如在家里”。广告创意用一个生活中我们有可能经历的场景，将耐克产品隐藏在了恐怖与夜色之中，但它却鲜明地彰显了如同阳光一般明媚的个性。优秀的创意即使在黑暗中也照样发光，关键是如何从生活的源泉中去观察和体验产品特性和品牌之间的内在联系，之后，再用一种意想不到的方式将它表现出来。耐克在黑夜、狼和恐惧的反面要素中，找到了与品牌的联想。

创意法则 9：善用明星武器

利用体育明星作为品牌的代言人或化身，一直是体育产品最为有力的创意武器。网球巨星阿加西作为耐克品牌的形象代表，他的网球价值观是，要狠狠地击球，更要狠狠地打击对手的自我意识。耐克将这段文字作为其创意文案与阿加西击球刹那间的动作结合在了一起，传达了耐克力克群雄、追求成功的品牌理念，迎合了购买者崇尚明星、渴望成为胜利者的心理欲望和潜在需求。

创意法则 10：图腾，图腾

最原始的崇拜就是图腾。不是把标志，把他所崇拜的体育明星赤裸裸地文在身上。文身的意义已经超越了美观自身，演化成了心理欲望和精神期盼的外化。耐克和文身之间建立了什么？耐克的创意暗示：精神是一种心理的图腾，耐克可以将人类的图腾变为现实。

创意法则 11：跑不跑由你

比较一向是广告创意常用的手法之一，但能在比较广告中不伤害竞争对手，并显示出可以包容不同生活方式的人或事，乃是品牌创意的大家风范。

创意法则 12：要穿不要熨

耐克除了运动鞋之外，又推出了健身运动服的广告。其广告诉求讲，护理运动装，不是用熨斗，而是要用身体。运动装的价值就是在锻炼实践中方可体现出来。创意用一个非使用熨斗的服装标志和黑白虚拟的人物画面，集中突出了富有色彩的产品。创意的风格很现代，可能这是新世纪耐克在创意上的又一大胆突破。

创意法则 13：我爱橄榄球

好的创意是找到一种与产品有内在关联的象征。有了这点，伤痕都可以拿来做创意。广告的标题是“我爱橄榄球”。即使他已经伤痕累累，但对橄榄球的挚爱和追求不变。看不到产品和运动之间，或者说和当事人之间有任何直接的联系，唯有体育的精神和境界。黑白照片的风格和特写的男性脊背的伤痕，整个画面洋溢着雄性和阳刚之气。耐克倡导的体育精神和永不言败的豪情不言而喻，品牌所能打动人心的魅力也就自然寓在其中。借某种象征表示一种精神，间接地表现产品内涵，是品牌发展到一定阶段采取的创意策略，当然，前提必须是该品牌具有一定的知名度和可信度。

（以上内容选编自 2009 年第 9 期《文体用品与科技》文兴的文章《耐克品牌创意 13 法则》）

6.8 案例分析

“无印良品”的品牌创意世界

创意就是不断地颠覆和超越。创新是一个民族进步的灵魂。创造是一个国家兴旺发达的不竭动力。“无印良品”在这个全球化、个性化的时代，引领了一种自然、简约、质朴的生活潮流，在世界范围内传播东方智慧的“创”与“意”。“无印良品”的创新不是颠覆式的创新，而是改良式的微创新，围绕着“日常生活”这个主题，持续性地改良和提升。从创立之初的40种商品到如今的5 000多种商品，涵盖衣、食、住、行等日常生活的方方面面；从隶属于西友百货的小品牌，到与顶级奢华的大品牌并肩齐名的世界品牌，它的发展轨迹，让人们看到了东方创意是如何影响人们的生活方式和生活态度的。

一、无之生：开创新的市场需求空间

(1) 应对经济危机之法：“这样就好”的简约诉求。无印良品诞生于1980年。由于第二次能源危机，世界经济陷入低迷，日本也经历了严重的经济衰退。当时的消费者不仅要求商品有好的品质，也希望价格从优。在这种情况下，“无印良品”应运而生。以“非名牌”为出发点，通过合理选择素材，反思生产流程，减少包装，做生活中真正必需的东西，以真正必要的形态，向市场推出了第一批无品牌产品。所提出的口号就是“物有所值”、“这样就好”。

(2) 逆势经济繁荣之时：“这样就好”的反其道而行。从1982年起，世界经济重回高速发展轨道，日本经济繁荣达到让人炫目的程度，经济大繁荣引发消费大升级，日本人陷入“标志迷恋”，引发设施品牌大战。同时，各种产品顺应潮流，加法美学潮流风行一时，造就了浮华夸张、物欲横流的时代特征。而无印良品却是逆潮流而动，反其道而行，执着于做减法：拿掉商标、去除一切不必要的加工和颜色。简易包装，简单到只剩下素材和功能本身。自然、简约、质朴的风格，对于当时厌烦了追求品牌和奢华生活的典雅一族来说，产生了耳目一新的效果。无印良品所传递出来的形象和风格，满足了这部分人群深层次的心理需求，赢得了追求文化品位的小众市场，成功地塑造出无印良品的知性品牌形象。

(3) 适应经济全球化之道：东方精神的知性生活。随着时光流逝，进入20世纪90年代，无印良品继续积累内涵和市场，它倡导的简约生活与“这样就好”的品质定位，与逐渐兴起的环保风潮一脉相连，贯穿着东西结合、天地和谐的价值观。

二、无之用：创立新的产品价值

(1) 素华的设计：自然、无印、简约无华。无印良品的自然并不是天然而成，而是道法自然的创造。以“最合适的形态，展现产品本质”(如无印良品的衣服)。在今天这个造型过度、色彩过度的世界里，无印良品于简洁朴素之中包含着低调优雅，传递着东方智慧的含蓄节制、宁静淡泊、师法自然、无形无为。

(2) 素颜的产品：自然无彩，和净清雅。无印良品崇尚自然的色彩，如清水出芙蓉，摒弃繁杂的色调，回归宁静的素色，色调总在黑、白与不同程度的灰之间游移：清爽宜人的米色，优雅大气的驼色，干净淡泊的蓝灰色，经典高贵的黑色。恬静的色彩有着轻松惬意的自然味道和淡淡的田园风格。

(3) 素质的体验：细腻质感，精致细节。“新主张”、“微创意”和“再设计”——从衣服到日用品，从食品到家具，一件件良品集结而成，构筑起“平实好用”、“富于质感”的良品家族，丰富了日常生活的面相，提升了“日常生活”的美丽质感。

三、无之境：创建新的生活空间

无印良品，是日本当代最具代表性的“禅的美学”的物象化经典之一。与之相类似的日本创造，还有谷口吉生和妹岛和世的建筑、宫崎骏的动画电影、岩井俊二的小说、东山魁夷的油画等，无不遵循传统与现代意识相结合的审美原则，在纷繁变幻中摒弃浮华，去除喧嚣。简洁的禅意，别样的纯净，空灵的意境，具有十分独特的气质和美感。以谷口吉生的法隆寺宝物馆为例，四方形的石头盒子被纯净透明的玻璃盒子包裹，前方大片浅浅的水面，成就场所的宁静和秩序。整个建筑造型内敛，气氛宁静致远，就像一个沉默而丰富的容器，并不炫耀自己。但当你步入其中，纯净、透明、光亮扑面而来，人置身其中，经受一番视觉上和精神上的洗礼，净化了思想，酝酿着情绪。随后步入艺术的殿堂，却只是一个黑匣子。这里建筑空间消失了，无影无形，沉潜在无边的黑暗之中。唯一的光亮，投射在展出的唐代宝物上，舞动千年的唐俑，在点射灯的映射下熠熠生辉。谷口的宝物馆，建筑空间清静无为、自然无形。它只是背景、载体，是虚位以待的“空无容器”，反映出谷口对博物馆建筑空间本质内核的深层认识。21 世纪的无印良品已经发展为一个成熟的东方品牌，集设计、创意、素华、精致于一身。它蕴涵的东方智慧、天人合一的精神，成为东方古老文化与生活理念的重新发现。尤其是进入 21 世纪的全球化与网络时代，人们渴望在视觉冲击中寻求宁静和秩序，无印之境中蕴涵的简约禅意和日式纯净，无论是在形式上还是在精神内容上，都迎合了这个背景下产生的新美学价值观，映射出人们对于生活最本真的期望。

（以上内容改编自 2011 年第 4 期《企业导报》夏小棠的文章《“无印良品”的品牌创意世界》）

6.9 品牌人物

创意品牌 Teeker 的创始人蓝灿辉

1980 年出生的蓝灿辉有着令同龄人羡慕的教育履历，1998 年他以优异成绩从福建考入清华大学生物系，4 年本科之后，他又被保送直升博士，但是他在两年之后休学，选择了一条与其他清华人迥然不同的创业之路。

从生物学高知到服装老板

2004 年，在清华大学攻读生物学博士的蓝灿辉向导师提出，想停学创业。蓝灿辉属于传统意义上那种“不安分”的学生，在读书期间，他做了很多社会工作，比如，给本科生当辅导员，也干过一些小买卖。他的第一笔生意就是在清华大学的 BBS 上搜集各个院系的邮箱，然后发出了上千封 E-mail 得来了第一个订单：给清华环境系做一份海报，这笔生意为他带来了 50 元的收入。

2008 年，蓝灿辉到美国专门考察了 T 恤市场，发现美国不仅有很浓厚的 T 恤文化，更有非常完善的 T 恤供应链模式，这给他很大的启发。“美国有在纳斯达克或者纽交所上市的专门做个性体恤和个性礼品的公司，但是在中国就没有，而在国内互联网发展很快，各种基于网络的圈子越来越多，也有这种表达的需求。”蓝灿辉说，“T 恤一定要更多地销售给具有认同感或者是说要去表达这种认同的一些圈子，这在国外做得很好，但在中国还没有做大，我认为这是一个空白的市场。”

蓝灿辉在美国考察了无线 T 恤公司，这个网站汇集了大量设计师和 T 恤爱好者，利用众包模式来设计新 T 恤。该公司网站每星期都会收到上百件来自业余或专业艺术家的设计，然后把这些设计放在网站上让用户打分。每星期有 4 到 6 件得分最高的 T 恤设计会被投入制造，然而能不能量产还要看公司是否收到足够多的预订单，只有预订单达到一定数量的 T 恤才会正式被排入生产线。这是个“三赢”的局面：设计者的创意得到发挥，消费者有更多选择，而无线 T 恤公司省下了雇用设计师的费用，而且它只生产获得足够分数和预订单的产品，几乎不可能亏损。

在美国的考察经历让蓝灿辉看到了将创意设计、电子商务与传统服装生产结合起来所创造的巨大市场，他决心在此领域重新创业。回国后，蓝灿辉关掉了广告公司，并争取到了一笔数目不是很大的天使投资，将全部资金和精力转向了 T 恤项目上，于 2010 年 3 月创办了 Teeker 公司。

一家企业干了三家公司的活

在实际摸索过程中，蓝灿辉发现，在国内无法照搬美国同类企业的商业模式，因为国内无论在挖掘和满足客户需求的方式上，还是在供应链的组织形式上，都不完善，需要进行本土化的改造。

蓝灿辉对 Teeker 的定义是“为圈子服务的定制型电商”，即面向圈子服务，提供定制服务的系统解决方案和创意实现体系，成长于传统行业但定位已不是一家工厂，而是定制圈子系统需要的产品。目前，其客户主要有几个来源：互联网社区、QQ 群、人人小组等网络圈子以及明星粉丝群、校园、公益组织、新兴互联网企业以及设计师用户。

在创意设计环节，蓝灿辉发现，国内的很多设计师专业水平很好，但对于如何将设计应用到 T 恤生产中理解不成熟，蓝灿辉只能招聘专职设计师来帮助客户解决这个问题，为用户提供设计方面的增值服务。

在生产环节，为了让 T 恤质量更好、款式和颜色更多、生产效率更高，蓝灿辉跑遍了广东、江浙等代工业发达的地方，看了很多工厂，但他发现在手头资金规模有限的情况下，找不到可靠的供应商，大工厂不愿意接单，小工厂又做不好，所以他决定自建工厂，以保证供应链的质量和效率。

在构建信息系统方面，最初蓝灿辉将这一工作外包给了一家 IT 企业，但对方就是理解不了他的需求，导致网站迟迟无法上线，蓝灿辉从北京大学挖来了一位相关专业的博士担纲技术总监，组建自己的技术团队才解决这一问题。

现在，这套 Teeker 自主研发的信息系统可以自动处理收集来的客户数据，生产、印花、物流和售后都由信息系统完成。同时，信息系统也支持代经营功能，允许用户在 Teeker 平台上开店，销售收入的 30%分给第三方合作方。这一功能还可以被打包成第三方应用插件，放在任何论坛、社区里，甚至在手机端应用里，Teeker 的库存数据、组合搭配数据都是开放的，在互联网的任何网站、社区、论坛都很容易植入。

终极目标做平台还是做品牌

铺得下去还得收得回来，收回来以后还能处理好，这其实是商业模式中工业化控制的问题，需要企业想清楚如何合理控制库存数量，如何保证操作效率，如何靠信息系统解决这些问题。

蓝灿辉说，目前，Teeker 已经解决了这些问题，现在 Teeker 唯一的挑战仍是来自供应链的挑战。而这也是 Teeker 从创业之初一直以来面对的问题，曾经蓝灿辉在这一问题上吃过大亏。当时正逢清华百年校庆，校友定制了 1 万多件 T 恤，但是等到校庆时间都结束了，衣服还没有发出去，原因就在于供应链体系不完善，“我们使劲在前端做营销，但是后端供应链跟不上，好不容易接到了大单，却超出了当时的生产规模。最终，5%的订单退款，剩下的衣服我们承担了快递费，寄给客户，整整花了一个多月才解决完。”

现在，上万件的订单对于 Teeker 已经没有问题，2013 年 Teeker 同时接了站酷网、雪球财经、穷游网等几个大单，每单规模都相当可观，在供应链上没有出现纰漏，用户从下单到收到衣服，一般需要 7 至 10 天。但是，蓝灿辉也实话实说，如果这个订单规模再翻上 10 倍，Teeker 的供应链仍然会有问题，“我们在前端如设计、营销上不需要花太多钱，整个体系已经建立起来，所以挑战还是在后端。”

事实上，在此之前，Teeker 已经在做品牌，这个品牌有定制系统、电商的代运营服务和创意设计的增值服务，但蓝灿辉对品牌的理解还比较模糊，现在他的目标已经非常清楚，就是作为圈子服务的品牌，“未来我的商业模式不会发生太大变化，仍然是用电子商务平台支撑一个品牌，但是之前有些分不清主次，未来我们的战略很明确，一切为了品牌。”

（以上内容改编自 2013 年 9 月 21 日《中国文化报》李婧的文章《为圈子用户量身定制产品——创意品牌 Teeker 创始人的掘金路》）

6.10 本章小结

本章对品牌创意的概念和特点进行描述，分析品牌创意包括的主要内容。从品牌命名、品牌设计、品牌广告、品牌营销等环节论述品牌创意的构成要素。提出品牌创意流程包括了解消费者需求、传递品牌信息、品牌创意实施及创意方法普及的过程。本章是品牌策划中较为重要的内容，要把理论知识和实践经验融合在一起。

6.11 学习要点

基本概念

品牌创意；AIDA 法则；品牌命名；品牌设计；品牌 LOGO；色彩心理；品牌广告创意；植入式广告；品牌营销创意；水平思考法；头脑风暴法。

思考题

(1) 简述品牌创意的内涵。

(2) 简述品牌创意的特点。

(3) 简述品牌创意包括的内容。

(4) 简述品牌命名的原则。

(5) 品牌命名的策略有哪些？

(6) 简述品牌 LOGO 设计的注意事项。

(7) 简述品牌色彩选择的原则。

(8) 简述产品包装设计的要素。

(9) 简述植入式广告的表现形式及发展趋势。

(10) 简述品牌创意的流程。

第7章 品牌形象塑造

导入案例

贝因美的品牌形象塑造

贝因美是“BEING”与“MATE”的组合，是一个创造性的英语词汇，英文原意为“生命伴侣”，中文音译是“贝因美”，寓意“宝贝因爱而美”。BEINGMATE 中“G”的心形演化，意在诠释贝因美爱的品牌精神，字母 G 还蕴涵“GOOD”之意，体现贝因美追求优质的产品和服务，表达贝因美的专心、爱心、恒心与决心。贝因美的品牌名称从字、形、意多角度都给公众温馨可亲的感觉，且符合其婴童行业的定位，成功的 CI 设计为品牌形象塑造打好了基础。

1. 导入 CIS

认识到组织识别系统对于企业形象塑造的重要性，贝因美积极导入 CIS，力图从企业理念文化、行为文化和更为具体的视觉识别三个角度，全方位塑造贝因美的品牌形象。

理念识别——MI

企业宗旨是打造伟大企业，追求成功人生。企业核心价值观是忠信仁爱。历史使命是重塑亲子文化，提升国民素养。口号是个个是育婴专家，人人是母婴顾问；造就冠军宝贝。企业文化的核心即品牌精神是爱。追求“五大价值”(顾客价值、股东价值、员工价值、社会价值、合作伙伴价值)的高度统一，追求“中国婴童行业第一品牌”的目标。

行为识别——BI

根据产品进行目标市场细分，分为婴幼儿营养奶粉、婴幼儿营养米粉等。产品定位是专为中国宝宝研制。企业节日是贝因美将每年的 11 月 11 日定为“育婴专家节”，将 2 月 14 日定为爱婴日。公关策划的活动有“贝因美杯首届全国婴童产业创富大赛”、“圆好妈妈一个幸福梦想”好妈妈评选活动、冠军宝贝总动员等。贝因美公司通过“爱婴工程”、“育婴工程”和“亲母工程”这三项常态化的社会公益事业体系诠释“爱”的品牌精神，展示品牌形象的人性化维度。

视觉识别——VI

活泼可爱的小龙容卡通形象是贝因美的VI设计，贝因美公司通过以上的文字与图像设计来诠释品牌形象的符号维度。根据CIS各个部分的特点，贝因美对自己进行了明确的市场定位，确立了自己的品牌形象识别系统。

2. 塑造“育婴专家”形象

贝因美长期坚持三大公益事业体系，从生育、养育、教育多个层面为中国宝宝的健康成长提供服务，奉献爱心——“爱婴工程”提供社会人道援助；“育婴工程”传播科学育儿知识；“亲母工程”关爱母亲，成就母爱。贝因美公司通过以上这三项常态化的社会公益事业体系，诠释“爱”的品牌精神，宣传了企业，展示了企业品牌形象的人性化维度。

3. 公关策略提升品牌形象

贝因美公司策划了“贝因美冠军宝贝大赛”、“圆好妈妈一个幸福梦想”等公关专题活动，进而提升品牌形象。2006年贝因美推出冠军宝贝大赛，设立了8个赛区，涉及全国31个省、市，贝因美产品销量激增1.5倍，更重要的是贝因美的品牌认知度得以全面迅猛的提升。此项活动提升了品牌形象，激活了活动所在城市的终端销量，把大量潜在的消费者变成了现实消费者、忠诚消费者。2007年“贝因美冠军宝贝总动员”更成为贝因美以公益心赢得市场理念的一个集中体现。作为亲母工程的一部分，贝因美策划主办了全国范围内的“圆好妈妈一个幸福梦想”好妈妈评选活动，取得了良好的社会效益。贝因美主办了“贝因美杯首届全国婴童产业创富大赛”，被誉为“网络创业板超女”的公关赞助，试图通过创富大赛，调动广大有志青年对中国婴童行业发展的热情，选拔对婴童产业有“心”的创业者，宣传婴童产业，在很大程度上提升了贝因美的品牌形象。

（以上内容选编自2012年第4期《市场营销》丁亚鸽、富永年的文章《公关视角下的品牌形象塑造——以贝因美为例》）

随着时代的不断发展，可供消费者选择的产品越来越丰富，品牌组织的营销手段不断成熟，营销重点也在不断转移，品牌的作用和魅力也日益突出。随着产品的差异性越来越小，产品的基本功能不再是消费者购买行为中的决定因素，精神或心理需求成为消费者选择品牌的重要筹码。品牌形象的概念也就是适应这种市场需求变化和满足消费者的心理需求而提出来的，良好的品牌形象是品牌组织所致力塑造的，社会所推崇的，也是消费者对品牌产品或服务产生忠诚度的基础。

7.1 品牌形象塑造的内涵

7.1.1 什么是品牌形象

品牌形象是公众对品牌的总的看法和根本印象，是公众对品牌感知、理解和联想的总和。品牌形象是品牌文化外在的综合反映，是通过品牌组织和社会公众之间的信息传播而形成的。

品牌组织将某种品牌与目标消费者生活工作中的某种事物、某些事件之间建立起一种联系，这种被联系的对象经常就是品牌的形象。品牌形象是一个综合的概念，它是受感知主体的主观感受、感知方式、感知背景影响的。不同的消费者，对品牌形象的认知和评价很可能是不同的。当然，作为品牌组织总是力图在所有消费者心目中都树立一个清晰、健康、良好的形象。

7.1.2　品牌形象的构成要素

品牌形象的构成要素如下。

1. 品牌的外观形象

指品牌名称、外观设计、商标图案、包装装潢等直观的视觉、听觉效果。如“Adidas”牌运动服的中文读法是阿迪达斯，“奥迪”牌汽车的商标是串联着的四个圆圈，“南山”牌奶粉外观设计的主题背景是绿色的草原等都属于品牌的外观形象，这是品牌形象系统中最外层、最表面化的形象。

2. 品牌的功能形象

指品牌能够让消费者产生的对产品的诸如实用性、可靠性、安全性、便利性、先进性、舒适性、环保性等各种物理功能特性的联想。如一听到“索尼”，便让人联想到高质量，就会习惯性地认为只要是“索尼”的质量即是有保证的；一看到“微软”，便让人联想到高科技等，那么只要是“微软”的，即是较先进的；等等。

3. 品牌的情感形象

指被消费者所普遍认同的品牌所具有的情感性的特征，也就是品牌能够让消费者产生的情感感受，如“多喜爱”让人感觉到温馨与爱意，“梦洁”让人感觉到浪漫与甜蜜等。

4. 品牌的文化形象

指被消费者所普遍认同的品牌所具有的文化性的特征，也就是消费者从品牌身上所能够感受到的某种文化品位或生活方式，如“可口可乐”代表了自由与激情，“万宝路”代表了坚韧与豪迈，“海尔”代表了团结与真诚等。

5. 品牌的社会形象

指被消费者所普遍认同的品牌所具有的社会性的特征，也就是消费者从品牌身上所能够感受的某种社会价值，如开“宝马”车体现了地位，吃“肯德基”象征着时髦，穿“金利来”代表着品位等。

6. 品牌的心理形象

指被消费者所普遍认同的品牌能够带给消费者的某种自我价值的心理体验，是能够让消费者产生强烈心理共鸣的某种品牌特性。如广告语："春兰空调，高层次的追求"，似乎是在说只要是高层次的人都会追求"春兰"牌空调，那么，只要购买"春兰"牌空调的人，就会在心理上感受到自己已经符合高层次的条件了。同样的还有如："每一个成功的男人都要有一件柒牌立领"，等等。

7.1.3 什么是品牌形象塑造

在品牌的形象系统中，最核心的形象是品牌的心理形象，它是品牌形象系统中最深层的形象，是品牌的灵魂形象，然后才是品牌的社会形象、文化形象、情感形象、功能形象和外观形象。由此可见，品牌形象塑造其实是在对一个形象系统的设计策划，品牌形象策划并不只是简单地为产品取名字、设计商标，而是要科学、系统、全面地设计品牌的各种目标形象。

品牌形象塑造是指在赋予品牌某种定位的基础上，为了使公众对品牌的总的看法和根本印象达到预期的品牌感知、理解和联想的目标，而付诸行动的过程或活动。

品牌形象塑造是一项长期而艰巨的任务，它不是哪一个具体行动就可以完成的。它需要按照一定的原则，通过一定的途径，全方位地精心塑造。

7.1.4 品牌形象塑造的原则

1. 系统性原则

品牌形象的塑造涉及多方面因素，要做大量艰苦细致的工作，是一项系统工程。它需要企业增强品牌意识，重视品牌战略，周密计划，科学组织，上下配合，各方协调，不断加强和完善品牌管理；需要动员各方面力量，合理利用企业的人、财、物、时间、信息、荣誉等各种资源，并对各种资源优化组合，使之发挥最大作用，产生最佳效益。另外，品牌形象的塑造不是单在企业内部即可完成，而要通过公众才能完成，因为品牌形象最终要树立在公众的脑海中。它需要面向社会，和社会相配合，并动员社会中的有生力量，利用社会中的积极因素。这一切都说明，品牌形象的塑造是一项复杂的社会系统工程。

2. 民族化原则

在国际化的今天，品牌的成功之源仍是品牌的民族文化特质。品牌在空间上的国际化、本土化，并不意味着品牌自身的文化丧失。相反，品牌的文化内涵从来都是民族性的，而不是国际化的。一个成功的、历史悠久的国际品牌，总是体现着这个国家、这个民族最根本的民族性和文化内涵。例如德国的民族文化内涵是严谨、注重细节，强调质量、不强调速度，这在西门子品牌中得到了充分的体现：尖端的技术和过硬的质量，表现出来的仍是德国人的严谨和踏实，就是在公司的发展战略上，西门子公司同样也保持着德国人的严谨与稳健。

3. 统一性原则

品牌形象的统一性原则是指品牌识别，即品牌的名称、标志物、标志字、标志色、标志性包装的设计和使用必须标准统一，不能随意变动。例如同一企业或产品的名称在一个国家或地区的翻译名称要统一，像日本的松下、丰田和美国的通用、微软等的中文名称就不能随便采用其他汉字来代替。

说起来有点令人难以置信，但却再也真实不过了——一只鸡腿跑遍了全世界。肯德基是一家国际性的连锁店，其最大特征是：一家是一家，十家是一家，千家还是一家，无论你身处何地，只要到了肯德基，你就会发现自己并没走多远。因为那红白条的屋顶、大胡子山德士上校、宽敞明亮的大玻璃窗、笑容可掬的侍应生，还有香喷喷、脆松松、金灿灿的油炸鸡腿，都是你再熟悉不过的了，这就是统一的力量。

4. 特色性原则

所谓特色性其实就是指品牌形象的差异化或个性化。品牌的特色性可以表现为质量特色、服务特色、技术特色、文化特色或经营特色等。品牌形象只有独具个性和特色，才能吸引公众，才能通过鲜明的对比，在众多品牌中脱颖而出。抄袭模仿、步人后尘的品牌形象不可能有好的效果，也不可能有什么魅力。比如人家说自己生产的摩托车轻便、快捷、安全，你也说自己生产的摩托车轻便、快捷、安全，那就不会有什么特色。特色性原则中还有一点也很重要，就是品牌形象的民族化。民族化的东西总是富有特色的。“只有民族的，才是世界的。”抓住民族特色而赋予品牌形象一定的含义，往往能收到意想不到的效果。

5. 长期性原则

品牌形象还是企业形象的重要组成部分，塑造品牌形象也应与塑造企业形象相互一致，相互促进，以谋求企业的长远发展。例如，M&M 巧克力的广告语“只溶在口，不溶在手”，十分形象地体现出产品的特色，而且上升到了精神领域，具有了真正的内涵，让竞争者难以效仿赶超，而且自从打入中国市场就一直使用，让消费者难以忘怀。

7.2　国家品牌形象塑造

7.2.1　国家品牌形象塑造的内涵

就国家形象的本源而言，它是一个国家在历史文化传统的基础上对其国家或民族的精神气质经过发掘提炼所形成的一种主体意识。“国家形象”作为对于一个国家及其民众的历史、现实、政治、经济、文化、生活方式以及价值观等的综合印象，在一定程度上体现着一个国家的整体实力和竞争力。近年来，我国加强了国家形象对外传播的力度。

从国家形象的形成原理来看，一国的国家形象是其自身实力和现实特征的外化表现，其决定因素是自身实力的提高和现实特征的变化。即，一国可以通过改变自己的实力和特征，来达到改变国家形象的目的。国家通过自己的行为来塑造自身形象，就是国家形象的"自塑"过程。心理学家戈夫曼的"戏剧理论"可以应用到国家形象的管理上。我们可以把国际社会看作一个大舞台，各个主权国家在其中分别扮演某种角色。在别国面前，一个国家总是企图控制别国对自己的评价和印象。获得赞许的需要、控制交往结果的愿望，促使人们进行印象管理。印象管理就是在自我期待和别人评价的博弈中寻求平衡。所以我们在国家形象管理上的那种单向的宣传灌输思维要有所改变。

7.2.2 国家品牌形象塑造的路径

1. 通过公益类广告塑造国家形象

通过电视短片来宣传国家或者城市形象是世界各国普遍采用的宣传手法。在全球化的语境中，保护环境、爱护动物、温室效应、反恐反战等已成为各国关注的社会问题，通过公益广告来宣传国家理念，树立正面的国家形象，和其他国家达成观念上的默契是一种行之有效的沟通方式和外交策略。

2009 年 11 月 23 日，由商务部中国商务广告协会、中国机电产品进出口商会、中国轻工工艺品进出口商会和中国纺织品进出口商会等四家行业组织联合制作的国家形象广告以"中国制造，世界合作"为主题，并在美国有线新闻网(CNN)的美国频道、美国头条新闻频道和国际亚洲频道投放，为期六周。2011 年 1 月 17 日至 2 月 14 日，由国务院新闻办公室发起，制作了由 59 个华人出演，60 秒与 30 秒两个版本的中国国家形象广告(人物篇)，同时在被称为"世界十字路口"的纽约时报广场大型电子显示屏、美国有线新闻网、华盛顿画廊广场上播出，此后，自 2011 年 8 月 1 日起，新华社在纽约时报广场 2 号楼租赁了一块巨型广告屏幕，播放新华社、新华网、上海市、成都市、五粮液等单位的形象广告。

2. 通过旅游业广告塑造国家形象

任何国家在他国人民心中都有一个形象，这个形象是本国政府政治、经济、历史、地理、文化等诸要素综合起来形成的。人们可以通过本国媒体或工作、旅行、学习等多种途径与机会获得关于他国的综合信息，而很多国家的对外形象就取决于本国在与他国国民接触中所提供的产品与服务状况。旅游业就是人们对他国品牌形象进行了解的一个最直接简便的方法。有很多国家的国际形象都是通过旅游广告宣传而来的，如，新加坡、马来西亚等国家，都是通过公益性的国家形象广告宣传被更多的世界人民所了解。因此，旅游业是国家形象塑造中最具竞争力的市场力量。

3. 通过产品塑造国家形象

产品的品牌形象很多时候是直接和国家形象联系在一起的，优质产品的完美品质和可靠性能可以提升国家形象。日本和韩国就是突出的例子。20 世纪 80 年代，丰田、索尼等一些成功的日本企业出现，日本成了工业产品质量优异和技术精良的代名词；韩国则在很大程度上是依靠“三星”、“现代”等一批知名产品品牌树立起来的；同样的，如法国的服饰名品、瑞士的钟表、德国的奔驰汽车、西门子电器等。所以，一个国家的强大同样能够推动一个产品的成长。比如中国的海尔电器、青岛啤酒等知名品牌的建立，正是一个国家国情整体实力提升并成为一个产品强有力后盾的标志，这些产品也当之无愧地在海外市场占有了一席之地。因此，商业品牌和国家形象是相辅相成的。

4. 通过民族传统和经典文化塑造国家形象

在世界各国中，具有独特文化传统的国家总会给人留下深刻的印象。比如“金字塔”可以使人联想到埃及；“斗牛”使人联想到西班牙；“木屐”使人联想到日本；而提到“京剧”、“丝绸”、“瓷器”、“旗袍”、“长城”等概念时，人们就知道这个国家叫中国。可以说，国家形象里展现的正是一个国家在发展进程中所凝聚的独特的民族精神和深刻的民族个性。

5. 特殊事件对国家形象的影响

有些特殊事件会成为国家品牌的免费广告，因为这些事件往往直接影响国家形象。比如“9・11 事件”带给了美国人民难以愈合的伤痛，而且使美国的“世界强国”的形象也因此大打折扣。相反，好的事件会推动国家经济及文化的发展，比如 2008 年奥运会将在北京召开，这是中国形象构建中一次千载难逢的机会。为了迎接这一盛事，我国政府在各方面都进行着积极的努力和准备：修建新公路、铁路、机场航站楼和其他设施，以及提升城市形象，对此政府投入了大笔资金。奥运会不仅是一个展示中国国家形象的平台，它更肩负着在世界范围内重新构建中华民族形象的历史重任。

7.3 地区(城市)品牌形象塑造

7.3.1 地区(城市)品牌形象塑造的内涵

地区(城市)品牌从广义而言，是一个地区或城市的历史文化、地理资源、人文性格、城市景观、经济形态等诸要素被社会与公众广泛认知且认同的某种最具典型意义的象征与印象。在全球化进程加剧的当下，地区或城市品牌已经成为城市最大的无形资产，良好的品牌效应不仅可以提升地区或城市形象，还能增加地区或城市的竞争软实力，置换出更大的政治、经济、文化和环境效益。随着中国社会的城市化发展宏观进程，国家与政府对旅游产业、创意产业以及文化产业的重视与推进，目前的政府、城市管理者对所谓“地区或城市品牌”的重视与投入程度也愈来愈大。

地区或城市形象塑造是指，运用现代城市营销的观念与手段来整合、提升城市形象，以现状调查为基础策划出特定的城市形象作为主题，然后在实践中要求所有的城市活动都围绕这个主题展开，并使之得以不断强化，同时将实践成果借助传播媒介向外扩散，及时进行反馈、控制与评价，把城市魅力充分显示出来，努力创造和谐优美城市形象的过程。

地区或城市形象，对地区或城市建设乃至整个国际的经济建设意义重大，它不仅有助于提高地区或城市的凝聚力、向心力，发挥城市的综合功能优势，提升城市形象，而且有助于提高城市的竞争力，增大广泛引资、广结良缘的机遇，从而促进城市建设的飞速发展。塑造地区或城市品牌形象的重大意义还在于它强大的“名牌效应”。一个名牌城市可以吸引更多的投资商来投资，加快本地的经济发展，还可以解决部分的就业问题，同时可以吸引人才的流入。名牌城市还可以吸引外地游客来旅游观光，增加本地经济收入。一个好的地区或城市品牌会使本地区的社会公众充满自豪感、优越感和认同感，更加鼓舞他们去响应城市的环境建设、文化建设，同时也提高自身的素质。

7.3.2 地区(城市)品牌形象塑造的影响因素

1. 自然环境因素

地理位置：地区或城市是一个空间范畴，因而这一范畴的地理特征对这一地区或城市的发展或形象构成至关重要，它是地区或城市以自然形态呈现在人们眼前的直观形象，所以地区或城市品牌的形成同地区或城市的地理特征关联密切。如地势平坦的平原城市天府之国成都、依山傍水的高原姑苏丽江市都是因独特的地理环境形成的特色旅游城市。

自然风光：天然存在的自然风光可作为一个地区或城市品牌资源形成的重要依据，是地区或城市品牌差异化的本原要素之一，世界各地的旅游城市都是这类城市的具体代表。以城市风光和景观为主导来创建地区或城市品牌一是拥有特殊的自然地理资源而将旅游业作为城市的根本动力来发展，如以滨海风光闻名的海南三亚；二是通过人为的建设景观地标来提升地区或城市形象，如纽约的自由女神像和帝国大厦、迪拜的帆船大酒店等都成为城市的景观地标。

自然资源：地区或城市品牌形成的自然物质基础是强大的自然资源的支撑，大多数地区或城市品牌都是依托于自然资源的优势而形成的，而且它也是形成人类社会一切其他物质的基础。独特而优越的自然条件是形成地区或城市品牌的原始动因之一。

2. 经济因素

经济基础：是指在一个时期全社会的经济总量规模、结构关系及政府调度资源并投入建设的经济可行性，由此可以测度社会的经济能力与政府的经济能力。一个地区或城市的经济基础是地区或城市品牌得以生存及发展的经济土壤和宏观经济环境，地区或城市经济总体状况和经济总量、人均经济指标等都会对地区或城市品牌的形成产生重大的影响。这些因素也决定了地区或城市品牌形成的现状与发展潜力。

产业结构布局：产业结构布局是指产业在某一地区内的空间组合。建设合理的产业结构布局是地区或城市经济可持续健康发展的保障，它包括产业趋同系数、产业比重和产业潜力三个要素指标。当产业趋同程度高时，地区或城市之间的竞争相对比较激烈，该地区或城市就应尽量避免与实力远强于自身的其他地区或城市进行正面较量，选择差异比较大的产业进行发展。

优势特色产业：以企业为主要内容的地区或城市经济，在地区或城市品牌建设中，建立名牌企业群是必然选择。优势特色产业是指某地区或城市的某种产品稳定地在一个较大的范围内拥有突出优势，占有较大的市场份额，或者某地区或城市独有的特产都可以构成地区或城市品牌形成的要素，如山西煤矿产业，名牌企业群通过强强联合，增加各个组成机体的软硬实力，提高特色产业的知名度，品牌形象也就应运而生了。

3. 人文文化因素

历史角色：悠久的历史向人们诉说着这个地区或城市过去的故事，某一地区或城市在历史上曾经扮演过什么角色，而这种角色对地区或城市内外产生的影响便很容易成为地区或城市的品牌。洛阳以“九朝古都”闻名，南京则被称为“六朝古都”。

文化底蕴：丰富的文化既有深层次的积淀，也有浅层次的表现，但是只要成为文化，它对人的价值取向、道德规范、行为方式，进一步又对经济发展和社会变迁都必然产生巨大影响。“时尚之都”巴黎、“动感之都”香港的美称，都是以这些城市的文化底蕴为背景的。

民风民俗：城市以人为本，有时我们去一个城市并非为了看风景，也不是为了吃美食，而是这个地方的民风民俗吸引了我们。在西双版纳，我们可以体验浓浓的傣家风情；到呼伦贝尔，我们可以感受豪放的蒙古胸怀。

居民素质：居民是组成某一地区或城市的最基本元素，一个地区或城市的居民从根本上影响着地区或城市品牌，居民特性是一个地区或城市最本质的特性。居民素质包括道德素质、法律意识、文化素质和身体素质。居民的素质是这个地区或城市的教育、医疗等基础设施建设以及法律宣传、文化氛围营造等共同努力的结果，它同时又反过来影响该地区或城市各方面的建设，影响地区或城市品牌的形象。

4. 营销因素

地区或城市品牌定位：地区或城市品牌建设须首先进行准确鲜明的地区或城市品牌定位，它既是建立地区或城市品牌的基础，也是对该地区或城市核心价值的探索和确定的过程。地区或城市品牌的价值是一个地区或城市独一无二的定位和不可替代的个性，特色和个性是地区或城市品牌生命源泉。

地区或城市服务：地区或城市服务是一地区或城市对外品牌建设的重要窗口，具有公用性、公众性和公益性。其范围几乎涉及所有的社会生活，因此最能够体现地区或城市品牌的物质性价值就在服务行业之中。人们在接受服务的同时，能够通过服务态度、服务制度、服务手段等方面所体现的服务意识、服务价值等文化内涵，感受到一个地区或城市的素质，并由此形成对一个地区或城市的初步系统的印象。

地区或城市整合营销传播：地区或城市品牌理念一旦确立，就必须通过传播系统来具体地扩散。传播系统是指以利益相关者为核心，通过重组地区或城市品牌要素，综合协调各种形式的传播方式，以统一的目标和统一的传播形象，传递清晰、一致的该地区或城市的信息，目的是实现与利益相关者之间的双向沟通，在最大程度上树立、巩固地区或城市形象在利益相关者心目中的地位。

7.3.3 如何塑造地区(城市)品牌形象

1. 找准定位

只有明确自身所处的位置及大环境才可能找到正确的发展出路。地区或城市定位本身就是一项非常复杂的工作，一旦找到适合自己发展的核心主体，那么这个地区或城市将会有生机、有活力。首先，结合地区或城市的发展现状进行 SWOT 分析。其次，综合优势，科学定位。城市品牌形象应该定位在其特有的、独一无二的城市特色中。

2. 选择推广内容

“酒香也怕巷子深”，有好的定位是不够的，还需要合理地利用其自身条件和周边各种资源对其加以提炼、拓展和推广。从推广的目的确定品牌推广的内容。品牌推广的内容有如下三个方面。

地区或城市理念：包括城市战略品牌、活动领域、组织目标、价值观、行为准则、行动口号、发展策略、城市精神、座右铭、发展方针等要素。

地区或城市行为：包括地区或城市群体和个体的管理、教育，以及对外宣传、广告活动、招商活动、公关活动、公益活动等内容。

地区或城市视觉品牌：包括城市标志、城市名称标准字(包括中英文名称、简称)、城市标准色、标准组合形式、专用印刷字体等。

3. 广告宣传

现在的地区或城市形象广告可谓百花齐放。大到一个省，小到一个区、一个交易会，都通过广告来为自己做宣传。除了通过影视广告来宣传外，还有网络的广告宣传和户外广告的宣传。网络媒体是一个新兴的且具有强大生命力的媒体，每一个城市都应该有属于自己的网站，利用网络资源，为宣传提供更大的影响力和更广的影响面。

4. 活动营销

国内外很多成功城市的经验都是借助于节庆活动、体育赛事来展开宣传。通过开展一些适合自己特点、具有重大影响力的“活动”可以起到扩大城市影响力和知名度的作用。如：法国戛纳国际电影节，一个地地道道的小城，全城居民仅有七万余人，然而每年一次的“国际电影节”蜚声世界；青岛“国际啤酒节”，不仅使城市的国际知名度大幅提高，城市文化也得到了相应的提升，而且带来了良好的经济效益。

7.4　政府品牌形象塑造

7.4.1　政府品牌形象塑造的含义

政府是一个由多个因素构成的具有结构功能和特殊行为的系统，而政府系统则是相互联系并与周围环境发生关系的各组成部分的总和。政府形象是以自身的素质、行为及表现为基础，政府形象是社会公众对政府机关及其对社会公共事务的管理活动的总体印象和评价。其内涵主要包含三个方面的内容：一是组织风格，也就是政府区别于其他组织的独特特征，如政府行政理念、政府行为规范、精神面貌、服务水准及在公众中的信誉等；二是政府公务员的形象，即政府工作人员的工作态度、言行举止、工作能力和衣着仪表等；三是政府的象征物，如国旗、国徽等。

政府品牌形象塑造就是政府的理念、行为及效果的集中表现和综合形成的系统过程，体现着政府主体特征与公众感知反映的互动的过程。

7.4.2　政府品牌形象塑造的特征

政府品牌形象塑造具有如下特征。

1. 客观内容与主观形式的有机统一

政府形象塑造是政府的实际执政行为和政府运行的各种要素共同作用于公众，从而在公众头脑中所形成的一种主观反映。这种反映是以政府行为为基础，并且受到政府执政理念和目标的限制，具有一定的客观性。但另一方面，政府形象的形成又受到公众的主观认识的影响，因此难免打上公众主观的烙印，而与政府本身的形象并不一致。所以，这种对政府形象的感知从某种程度上来讲，很难做到准确、客观、全面。鉴于此，政府形象的塑造首先要切实改善政府实际形象，同时也要加强政府与公众之间的交流与沟通，主动引导，使公众能够正确、全面地了解政府。

2. 整体性与个体性的有机统一

一方面，公众是一个整体概念，它是大大小小的群体组织乃至其他国家；另一方面，公众也是由一个个不同的个体所组成的，由于每个人的生长环境、教育背景、价值观念等各不相同，每个群体或组织的地位、利益和需求也不相同，因此，对政府也有着不同的衡量标准。由此可知，同样的政府行为，在不同的个体或群体组织中的反映也会有很大的差异，也就产生出无数个不同的政府形象。这就是政府形象的个体性特征。另一方面，政府形象不是某些少数个体的形象反映，也不是个体心中映像的简单相加，而是公众的个体映像与整体意识的有机统一。

3. 稳定性和动态性的有机统一

政府形象的稳定性是指政府的形象在公众心中的一种长期积淀，是在一段时期内公众对政府总的看法和评价。它并非因公众对一时一事的感受所形成的，而是在长期的与政府大量接触中不断累积起来的印象所形成的。因此，这种映像具有一定的稳定性。一方面，政府所处内外环境在变，政府自身也在变，不管是环境迫使政府改变，还是政府为适应环境而主动发生改变，最终的结果都是不断地在变化。随着政府自身的变化，公众对政府的感受也在不断地发生变化。另一方面，公众自身也在变化，随着他们的自身所处环境、经验、利益需求发生变化，他们对政府的看法、评价也会发生改变，政府形象同样会发生变化。因此，政府形象塑造是稳定性和动态性的有机统一。

7.4.3 政府品牌形象塑造的策略

1. 提升公务人员素质，塑造政府内部形象

首先，领导人作为社会中的精英，是媒体和广大人民群众关注的焦点，领导人在塑造政府形象方面起着不可替代的作用。一个组织其形象的好坏，是通过“知名度、美誉度、认可度”来表现的，领导人要通过这三个方面进行塑造，要做到言必正，行必慎，言行一致；同时，领导人还要不断提升自己的眼界、能力等综合素质，通过塑造领导人的形象进而塑造政府的形象。其次，公务员是政府形象的重要组成部分，提高公务员的道德素质，加强公务员自省自律，也是美化政府内部形象的重要举措。一方面，公务员在入岗后，应该由所在机关或部门对其进行统一培训，包括个人品行、办事原则、工作态度等，不能匆匆了事，一定要严格对其进行教育，做到恪尽职守，全心全意为人民服务；另一方面，还应加强公务员制度建设，提高自省自律，建立对其的监督体系或机构，严格执行公务员相关法律、法规，年终或期中对公务员的作风和表现进行考核调查，不能一劳永逸，政府公务员宁缺毋滥，必须保证高质量的人员素质。

2. 树立传媒形象意识，加强与媒体的良性互动

政府形象是一面镜子，媒体具有特殊的地位，他们代表最广大的人民群众利益，敢说真话，其影响力和传播速度都是相当快的，一旦有些不好的形象被媒体宣传后，需要做很大努力进行改善，政府必须与媒体加强互动，在有重要对外活动中提前设计好形象宣传，同时邀请媒体进行配合，增加美誉度，提高知名度。政府形象的塑造手段是多样化的，对于媒体一方面可以采用召开新闻发布会、听证会、开放日等形式；另一方面还应积极利用网络媒体，不断探索新的塑造媒介。网络媒体是适应时代发展的产物，网络媒体在众多类型的形象宣传方式中占据十分重要且特殊的地位，这就决定了政府要想树立良好的政府形象，必须与时俱进，必须积极发挥网络媒体的优势，为政府形象的塑造添砖加瓦。

3. 提高应急管理能力，树立良好形象

危机自始至终伴随人类，天总有不测风云的时候，危机总是突然到来，让人措手不及。正因为危机的不确定和破坏性十分大，政府必须具有一定的危机管理意识，防患于未然，将危机管理作为日常生活中不可或缺的工作，在危机发生的第一时间，就要及时地做好公关宣传工作。首先，保证公关的时效性和透明性。一方面，政府要加强对各级组织领导的管理，尽快调动人员安排，随时掌握最新信息，将主动权掌握在政府手里，先确保事态的稳定；另一方面，要正确合理地与公众和媒体进行良性沟通，不能欺骗，更不能哄骗。其次，要健全新闻信息的发布制度，积极地与各方面进行沟通，将处理进度尽量同步同时，防止不法分子肆意挑拨，不要造成危机的扩大化。最后，做好危机公关的对外宣传工作，运用现代传播工具，提高应急能力，减少危机带来的破坏和不良影响，建立健全完善的危机管理机制。

7.5　企业品牌形象塑造

7.5.1　企业品牌形象塑造的含义

良好的品牌形象是企业在市场竞争中的有力武器，深深地吸引着消费者。品牌形象内容主要由两方面构成：第一方面是有形的内容，第二方面是无形的内容。

品牌形象的有形内容又称为“品牌的功能性”，即与品牌产品或服务相联系的特征。从消费和用户角度讲，“品牌的功能性”就是品牌产品或服务能满足其功能性需求的能力。例如，洗衣机具有减轻家庭负担的能力，照相机具有留住人们美好的瞬间的能力等。品牌形象的这一有形内容是最基本的，是生成形象的基础。品牌形象的有形内容把产品或服务提供给消费者的功能性满足与品牌形象紧紧联系起来，使人们一接触品牌，便可以马上将其功能性特征与品牌形象有机结合起来，形成感性的认识。

品牌形象的无形内容主要指品牌的独特魅力，是营销者赋予品牌的，并为消费者感知、接受的个性特征。随着社会经济的发展，商品丰富，人们的消费水平、消费需求也不断提高，人们对商品的要求不仅包括了商品本身的功能等有形表现，也把要求转向商品带来的无形感受。在这里品牌形象的无形内容主要反映了人们的情感，显示了人们的身份、地位、心理等个性化要求。

即使是最有价值的企业品牌，其品牌形象也必须是不断丰富、内涵不断发展，既要继承品牌形象一贯的传统，又要兼顾市场、消费者以及竞争等需求。因此，企业品牌形象的塑造是一个长期的过程，必须不断地发展，顺应时代、顺应潮流。

7.5.2 企业品牌形象塑造的主要内容

1. 品牌知名度

品牌知名度是指潜在购买者认识到或记起某一品牌、某类产品的能力。品牌的知名度是品牌资产的重要组成部分之一，是形成品牌形象，打造成功品牌的先决条件。品牌知名度越高，消费者购买此品牌的可能性也越高，抵御竞争对手的能力也越强。如果消费者在市场上根本就不知道某个品牌，他对这个品牌的消费可能性就比较小，或者说他根本不会去消费这个品牌。在竞争激烈的细分市场中，提升品牌知名度并使其产生实际的销售收益对企业至关重要。

2. 品牌美誉度

品牌美誉度是指市场中人们对某一品牌的好感和信任程度，它是现代企业品牌形象塑造的重要组成部分。品牌美誉度源自消费者自身的感觉，消费者自身的感觉，不一定是正确的，但是消费者认为这个产品最好的时候，就是对品牌的美誉。品牌的美誉度，是经过认知度、知名度、满意度层层累积而成的，所以当品牌拥有美誉度时，说明它在消费者心目中已经有了较好的形象，更要时刻以消费者为中心，一切服务于消费者，维护并提高品牌的美誉度。

3. 品牌忠诚度

品牌忠诚度是指消费者在购买决策中，多次表现出来的对某个品牌有偏向性的而非随意的行为反应。提高品牌的忠诚度，对一个企业的生存与发展，扩大市场份额极其重要。品牌忠诚度是品牌形象价值的核心。品牌的忠诚度，是品牌的最高境界，是品牌资产中最重要的部分，也是品牌知名度、美誉度的最终体现。品牌忠诚度的形成，使得竞争品牌受到消费者的排斥。消费者基于长期消费经验积累起来的对品牌的好感、依赖、联想度、习惯、消费行为等，不是一蹴而就的，所以忠诚度的形成不容易。企业要维护好品牌，因为消费者一旦对品牌形成了忠诚度，就会重复购买。品牌忠诚度是在品牌知名度和美誉度的基础上长期累积获取的。一个没有知名度、美誉度的品牌，是无法成就忠诚度的。

4. 品牌联想

品牌联想是指提到某一品牌时消费者大脑中会浮现出来的所有与这一品牌有关的信息。领导品牌、强势品牌的一个重要特点就是能引发消费者丰富多彩的联想。品牌是消费者通过产生联想形成的资产，品牌联想在品牌建设实践中具有重要意义。品牌联想是指一切可以让消费者联想到的某个品牌的因素。品牌联想还是一种力量。这种内涵给顾客的经验越多，或者通过传播使顾客接触的机会越多，顾客就越有可能将这种内涵和品牌联系起来。品牌因素越多，顾客就越容易产生联想。

5. 品牌定位

在产品同质化日益严重的今天，靠品牌定位找到产品特征，而这个产品特征是在严格的市场细分的情况下确立的。一个好的品牌，一定是定位很好的品牌，往往有吸引力很强的品牌联想来支持。我们强调品牌可以借势，借强势品牌来让消费者产生联想。品牌联想越强，产品定位才可能越有吸引力。如何给品牌定位也是企业在发展中的一个重要任务。通过定位，要突显产品和品牌的特色，要与众不同，只有这样才能体现出品牌在消费者心目中的特殊地位。

7.5.3　企业品牌形象塑造的路径

1. 加快产品创新能力

在激烈的市场竞争中，产品的创新周期越来越短，产品老化的速度也越来越快，在同一产品领域中，新研发出的产品总能提供更好的功效和质量，占据更多的市场份额。而产品形象是品牌形象的内在表现，企业品牌形象的好与坏，取决于产品的水平和质量。因此，企业应不断地引进先进的科学生产技术，扩大产品的研发团队，增加产品研发的力度，使企业的产品在市场中具有强大的竞争力。联想集团一直不断创新、不断超越，从一家十几个人、20 万元投入的小公司，逐步成长为年销售额逾 130 亿美元的全球第三大 PC 厂商。

2. 提高服务质量体系

服务质量体系是企业品牌形象建设的重要方面。一个企业的品牌形象是多方面潜移默化地传达给消费者的，作为产品的服务质量，则是企业形象的重中之重。企业不仅仅要提高产品的创新能力，更要提高服务质量，优秀的服务能够不断提高消费者满意度，也更能赢取消费者的忠诚度。当今社会，消费者对其购买产品的要求越来越高，他们不仅仅看重产品的质量，更看重产品的服务质量，当消费者遇到服务质量差的产品时，就会产生抱怨和不满，给品牌形象带来极坏的影响。因此，服务质量已成为影响消费者对品牌的信任度、追随度的重要因素，成为消费者选择品牌的关键因素。“国际星级服务”是海尔启动的全球化品牌战略，这一战略的成功运作，使海尔当之无愧地成为一个国际大品牌。

3. 加大品牌体验的力度

品牌建设要依靠组织流程来进行有序的管理，但管理的目的是让消费者、经销商、供应商更多地认知品牌，感知品牌，因此品牌体验就显得尤为重要。不同的产品，要根据产品不同的诉求，和顾客有亲密的接触，让产品真正地走进消费者的心中，大大提升品牌忠诚度。宜家家居不仅通过品牌名称、标识等来进行品牌建设，更注重“家的感觉”，让消费者来进行更多的品牌体验。

4. 推行品牌经营战略

当今社会已进入品牌时代，品牌的竞争更多地取代了产品的竞争。在品牌建设方面，将品牌作为市场营销对象，推行企业品牌经营战略是企业经营战略中不可忽视的重要问题。品牌塑造的方向不是一成不变的，一个企业要经营好自己的品牌，必须制定适合自身品牌发展的经营战略。

5. 品牌愿景规划

品牌在今天已变得越来越重要，由于市场和经济变幻莫测，技术进步和创新突飞猛进，市场细分越来越细，使得未能打造出强势品牌的公司，纷纷面临亏损和倒闭。不论是百年老店，还是新创公司，如果不能很好打造一个强势品牌，就很难在市场上生存和发展。每一个强势品牌都有一样东西在引领着品牌发展的方向，正向灯塔的光线是为旅行者提供清楚的方向，品牌愿景是企业的管理者通过品牌传递给人们的，更是企业长久发展的基石。树立一个品牌原景，就一定要告诉消费者和社会公众：品牌今天代表的是什么？品牌明天代表的是什么？品牌为消费者带来的产品和服务是什么？品牌与其他同类商品相比的优势是什么？品牌愿景的正确规划，能够让企业在激烈的市场竞争中把握方向，确定更好的目标，从而塑造出更强势的、更长久的品牌。

7.6 个人品牌形象塑造

7.6.1 个人品牌形象塑造的含义

个人品牌是指他人头脑中持有的一种印象。个人品牌形象是指根据自己的性格特点、特长、爱好及希望建立的目标形象作准确的定位，然后进行包装，而传达给他人的个人信息，以体现个性魅力，实现社会、社区的关注度。塑造个人品牌的中心问题就是别人如何看待你。突出的个人品牌都需要清楚界定自己代表的东西，以让目标受众能够快速领会。对于个人品牌来说，受众就是我们拥有(或者想拥有)的各个关系人。

美国管理学家汤姆·彼得斯指出，“21世纪的工作生存法则，就是建立个人品牌。那些拥有优秀个人品牌的人总是与众不同，令人印象深刻”。然而，个人品牌并不像大多数人认为的那样是一种高高在上，无法接近的抽象事物，只有名人才会拥有。其实，这是人们对个人品牌的误解。美国首屈一指的个人品牌大师彼得·蒙托亚一针见血地指出，“你就是品牌”。每个人都拥有个人品牌，个人品牌就是你的公众标志，也是你的信誉所在。

7.6.2 个人品牌形象塑造的影响因素

1. 个人的专业技能

个人的专业技能即我们通常说的“吃饭的本事”，没有精深的专业技能的人想建立个人品牌是很困难的。就像一件产品，如果三天两头出现质量问题，也会让客户避而远之的。

2. 个人对社会的责任和贡献

人的生存依赖于社会，就必须对社会承担责任，一个没有社会责任感的人是难有作为的，即使偶有成就，也不会在历史的长河中行之甚远，而往往会走向历史的反面。纵观人类的文明史，每一个响当当的名字都是与他们对社会、对人类的杰出贡献紧密联系在一起的。

3. 个人的传播力

广告大师大卫·奥格威说过，传播可以增加品牌的价值，通过传播，不但传达品牌的个性信息，也向受众传达了品牌价值以及你的承诺。在传播个人品牌的过程中，个人本身的特点、个人声誉也会被更多人知道。在合作风行的时代，一个人必须善于与他人、与媒体沟通，善于整合多方资源，才能为社会创造更大的价值，进而才能为个人品牌价值加分。

4. 个人品牌的知名度和美誉度

企业需要优秀的人才，同时，个人也希望找到好的展示自我的平台。但是企业和个人如何才能成功对接呢？这实际上是一个很复杂的问题，猎头公司的存在足以证明这一点。因此，个人必须想方设法在目标受众中，提高个人品牌的知名度和美誉度，占领目标受众的心智，让目标受众认可个人品牌，从而可以在一定程度上提升个人品牌的价值。

5. 品牌生命力

如果一个品牌只是昙花一现，那么这个品牌也就没有什么价值。品牌的生命力越持久，能从这个品牌中挣到的钱也就越多，这个品牌的价值也就越高。

7.6.3　个人品牌形象塑造如何定位

1. 从认识自我开始

只有准确地认识自我，分析并了解自身状况，才能准确地进行个人品牌定位。认识自我，就是要客观地评价自己，既不高估，也不贬低。要认识自己的优势、劣势、自己的与众不同和发展潜力；要认识自己的生理特点，认识自己的理想、价值观、兴趣、爱好、能力、性格等心理特点。对自己认识得越准确，越能在职场上大显身手，获得成功的可能性也将大大提高。

2. 注重人品修炼

个人品牌像企业品牌、产品品牌一样，要有知名度、美誉度，更重要的是要有忠诚度。从某种意义上讲，个人品牌就是个人的能力和人品，其最基本的特征是具备业务技能的高质量和人品的高质量，既要有才，更要有德，要具有人格力量和人格魅力。

3. 个人品牌要有知名度和忠诚度

忠诚是一个人最可贵的品质，忠诚是衡量个人品牌的重要砝码，一个经得住诱惑考验的人，他的个人品牌在无形中就会得到提升。因此，既要忠诚于自己所在的企业或组织，忠诚于自己的同事、自己的团队，又要忠诚于朋友、自己所在的社区。诚信是社会的要求，也是一种美德。信用能为产品带来市场，为企业带来顾客，为顾客带来信心。经济上的损失，将会挽回，但信誉的损失，却难以弥补。能做到言行一致、重承诺、守信用，做事就会产生一个正向的循环，就越能成功地打开局面。

4. 培养责任心

讲诚信、守信誉、有责任心是做人的基本原则。责任感是取得事业成功的第一要素，放弃了自己对社会的责任，就意味着放弃了自身在这个社会中更好的生存机会。因此，一个有良好品牌的人，必须是一个有责任感的人。

5. 敬业是个人品牌重要的品质保证

敬业是一种职业态度，是职业道德的崇高表现，也是个人品牌的品质保证。一个人无论从事什么行业，只有全心全意、尽职、尽责地工作，才能在自己的领域里出类拔萃，才能树立起自己的个人品牌。

7.6.4 个人品牌形象塑造的路径

1. 努力提升自己的专业能力

拥有"个人品牌"的人，与其不断地努力分不开，特别是专业能力，它代表的是知识、技能。"拥有专业能力"的人是一种内涵的呈现。由于不断地有新知识及新技术推出，必须不断地增进专业能力，这是"个人品牌"保持水准及提高其品质的方法。

2. 态度谦虚，充满自信

即使你已经拥有很好的成绩，懂得谦虚仍是非常迷人的特质。愈是有成就的人，对人愈谦和。同时，自信心是一种绝佳的魅力，它可以吸引他人的认同及跟随。即使面对未曾经历的工作，也要有自信心及勇气去克服它。自信心是不断培养起来的，只要不断地累积成功经验，自信就会随之积累起来。

3. 不断学习，提升自己的领导才能

不断学习，才能增强素质。把学习当成一种习惯和乐趣，通过学习不断提升自己的计划、组织、控制等能力，从谦、情、实、容等方面提升个人素质，用领导的影响力推动各项工作的开展。

4. 广结善缘，建立完善的关系网

成功学家卡耐基说，"一个人的成功，只有15%是由于他的专业技术，而85%则靠人际关系和他做人处世的能力。”可见，良好的人际关系是一个人成功的基础和保证。美国《幸福》杂志对美国500位年薪50万美元以上的企业高级管理人员和300名政界人士进行的调查结果表明，93.7%的人认为人际关系畅通是事业成功的最关键因素。建立关系网络，就是创造有利于自我发展的空间，努力得到别人的认可、支持和合作。良好的人际关系不仅带给你工作上的成功与顺利，还带给你安宁、愉快、轻松、友好的心理环境。

5. 不怕挫折，增强容忍力

人生不总是一帆风顺，会遇到各种困难和阻碍。因此，挫折在所难免，受挫折并不可怕，只要有信心、有意志，就不会被挫折吓倒，就会达到胜利的终点。挫折容忍力是属于EQ的层面，是一种绝佳的竞争力。挫折容忍力是保护自己渡过难关的个性特质，透过兴趣的培养、人际的支持、运动等方法，都可以有效地提升挫折容忍力。挫折容忍力高的人不会随便情绪化，可以冷静地面对各种挑战。

7.7　知识链接

“品牌形象”含义的演变

品牌形象是一个综合性的概念，各个企业都有形象，但是可能这种形象在不同的消费者心里是不一样的，而每一个企业都希望能建立起企业自身想要建立的形象，让消费者都感受相似，而品牌的形象又受形象感知主体主观感受及感知方式、感知前景等影响。总地来说，品牌形象是消费者在心理上形成的一个联想性的集合体，品牌形象是一种企业独特的资产，在很大程度上可以说是企业在市场上竞争的核心竞争力之一。

大体上，我们可以根据不同学者对品牌形象的不同定义将这些定义所强调的不同重点加以区分，分为强调消费者心理要素、强调意义、强调消费者自我意义和强调消费者个性四种类型。下面分别对这四种定义进行简单的阐述。

1. 强调消费者心理要素的定义

有些研究者关注消费者对品牌的心理反应，这些学者通常是直接采用心理学术语来对品牌的形象进行描述和定义，这种基于消费者心理要素来定义品牌形象概念的做法在品牌形象看作是消费者记忆中有关品牌的联想或知觉。这里的定义主要是强调消费者的心理因素，以消费者的心理因素来界定品牌形象的。

2. 强调意义的定义

一些学者认为品牌形象的概念或者意义是消费者赋予的，他们认为由于消费者对每一类产品都有不同的认知，所以不同的产品对消费者来说是有不同意义的，而正是这些意义将品牌清晰地区分开来。在这里主要是强调品牌的意义，而这种意义对于大多数人来说是太广泛了，在某种情况下说，不具备描述性，所以用这种定义来定义品牌还是显得太空泛了。

3. 强调消费者自我意义的定义

在强调意义的基础上，有些学者开始细化意义，加之这种意义要和消费者相结合，所以这些学者就开始将角度集中于关注消费者所寻求的特殊意义，即“自我意义”。这些学者认为消费者在购买很多产品的时候并不是纯粹将这些产品作为消费产品，而更多地是寻求这些产品的象征意义，和使用这些产品的社会地位、形象等方面的意义。换句话说，就是这些消费者在当下社会更多关注的是自我的意识，追求精神上的满足自我需求。

4. 强调消费者“个性”的定义

在众多学者关注了消费者自我意义的时候，部分学者又开始进一步将消费者的这种自我意义定义为消费者的自我“个性”，更加关注的是消费者自身特征，强调消费者的自身特征，这和消费者的自我意义进一步区分开来了，消费者的“个性”强调的是消费者以自我为中心，要用产品的形象来反映自身的个性，而消费者的自我意义则是消费者被自身所购买的产品的形象所定义了，一个是定义品牌形象是以消费者为中心的，一个则是以产品为中心的。当然，所有的品牌的品牌形象都要以消费者的行为为中心，只是在定义的时候有所侧重。

一方面，必须将品牌形象的定义界定准确才能有效帮助更多的学者展开与品牌形象相关的研究，为学术界做贡献。另一方面，要建立良好的品牌形象就必须精确掌握消费者的行为，只有精准掌握了消费者的心理因素和购买行为，才能更进一步地根据这些行为要素来构建有市场竞争力的品牌和品牌形象；更重要的是，也只有准确地掌握消费者的心理和行为才有可能以此为依据制定市场策略。

（以上内容选编自2013年第8期《市场研究》陈汉昌的文章《品牌形象与消费者行为关系》）

7.8 案例分析

政务微博“@上海发布”的政府品牌形象塑造策略

2012年2月，国家行政学院电子政务研究中心权威发布《2011年中国政务微博客评估》报告。报告显示，在新浪网认证的党政机构微博12 103个，党政干部微博10 652个，政务微博总数22 755个，标志着微博成为最大的官民互动平台，成为塑造政府品牌形象最大的网络媒体。微博由于信息传播及时高效、反馈互动及时强大和多种信息形式共存等传播特性，促使政府品牌形象的传播范围、传播平台、传播模式和塑造方式产生了相应的改变，为政府品牌形象塑造带来了新的机遇。

一、“上海发布”政务微博品牌形象分析

1. “上海发布”政务微博概况

“上海发布”是上海市人民政府新闻办公室实名认证的政务微博，于2011年11月28

日上午 8 时 40 分在腾讯网、新浪网、东方网、新民网同时上线。平台以发布权威的上海政务性内容、提供涉沪实用资讯等非政务性内容和与公众进行互动的微博问政栏目等内容为主。

人民网舆情监测室 2012 年 6 月 6 日发布的《政府新闻办微博一周影响力排行》中，以“北京发布”、“上海发布”等副省级以上政府新闻办微博为分析对象，以 5 月 29 日至 6 月 5 日为分析时间段，结合粉丝活跃率、一周日均微博数、评论转发率、媒体热度等 6 项指标，综合得出影响力指数。其中“上海发布”为排行榜榜首。

2. “上海发布”政务微博的政府品牌形象塑造分析

对“上海发布”新浪政务微博平台进行分析：微博名称为“上海发布”；微博图标为蓝色调的上海城市剪影；微博背景为蓝色调为主的背景；微博简介为“欢迎围观，共话上海”。

对“上海发布”新浪政务微博的内容进行分析。从分类上看，可以将其内容归为新闻资讯、生活贴士、天气预报、交通信息、热点话题、好书推荐、活动推荐、互动交流、公益转发和其他等十大类。其中新闻资讯类的微博比例占总微博数的 26%，生活贴士以 13%紧随其后，天气预报、交通信息、热点话题等类型的微博各占 10%左右。从性质上看，政务性微博比例为 25.4%，商业性微博数为 0。从内容的范围上看，与上海相关的微博比例为 76.3%。从微博用语上看，除了政务性微博，多数微博采用了“小布”、“筒子”、“＋U”等网络用语。从微博内容组合上看，80%的微博以文字加图片的形式呈现。

对“上海发布”新浪政务微博的评论和转发进行分析，可以发现评论与转发的数量具有一定的相关性，其中转发和评论最多的均为公益转发类；原创类微博中，天气预报和热点话题类微博的转发和评论数量最高，而生活贴士、新闻资讯活动类也具有较高的转发和评论数量。在与网民互动上，“上海发布”专门设立了“你问我答”为主题的微博与网民进行互动交流，其平均转发量高达 90 条，平均评论量接近 40 条；在回复网民的评论的环节上，“上海发布”回复率非常低，这种现象同样出现在“直击发布会”和“你问我答”等类型的微博上。

对“上海发布”新浪政务微博关系进行分析，“上海发布”新浪政务微博首页右栏设置了市级委办局和区县政府等政务微博链接，数量分别为 34 和 16 个。在微博内容上，有 60%的微博内容提及其他微博链接，其中 72.4%的微博提及政务微博，20%的微博提及第三方机构，如出版社等。

因此，“上海发布”新浪政务微博的品牌形象为：以提供上海区域性新闻资讯为主、生活信息为辅的年轻化的政务性微博。从理念系统上看，“上海发布”新浪政务微博以“为民便民利民”为服务理念，以打造以上海为主的区域性服务型品牌为服务目标；从行为系统上看，“上海发布”把自身定位为政务微博群系统中的一部分，以提供上海周边的信息服务和整合其他政务微博和第三方机构微博的信息为主要行为，以与公众交流互动为次要行为；从视觉系统上看，“上海发布”新浪政务微博的视觉元素较年轻化、平民化、生活化。

二、"上海发布"政务微博对政府品牌形象塑造的启示

信息服务是"上海发布"政务微博的基本功能,"上海发布"日均更新约 20 条微博,话题多元化并持续不断,同时注重与网民的互动。在塑造上海市政府品牌形象方面已经是一个十分成熟和成功的网络平台,无论是政界、媒体,还是学术界,对"上海发布"的评价都非常高。

1. 品牌定位确定政府品牌理念识别

在政务微博平台的建设中,应当以理念识别为核心,进行准确的定位,形成自身的品牌个性特色,从而有效地与公众进行沟通。政务微博的品牌定位主要包括服务理念、服务目标、服务对象、服务内容以及微博个性等五部分。

服务理念是政务微博的核心价值,是政务微博的运营思想,是政务微博对公众的服务承诺的体现,是增加微博用户黏性的影响因素。"上海发布"政务微博的服务理念为"利民便民",与我国政府服务理念"为人民服务"保持一致。

服务目标是指政务微博运营所期望的成果,政务微博大多是以塑造服务型政府品牌形象为主,可以是提供信息服务,也可以是提供交流途径等多种实现路径。"上海发布"的服务目标为建设"上海为主的区域性服务型品牌",成为上海政务微博体系中的一部分。

服务对象是指政务微博的服务对象的定位,是对服务对象的细分,决定了政务微博内容的方向和范围。"上海发布"政务微博以上海市居民为主要服务对象,兼顾全国其他地区的公众,因此其微博内容与上海相关的比例占总微博数高达 76%。

服务内容主要与服务对象相关,是对政务微博的主要内容及其类型、性质进行规定。"上海发布"新浪政务微博的内容包括十大类型,也包括政务性和非政务性等多种性质,其每天都能有条不紊地运营,与对服务内容的严格规定是分不开的。

微博个性是指微博具有的人的特质,是微博在公众心中留下的人格化的形象。"上海发布"便是将自身定位为普通的上海市民,因此具有生活化、年轻化等多个特征。

2. 团队管理支撑政府品牌行为识别

政务微博的品牌行为识别主要来自公众对信息服务产生的印象,包括微博内容本身和互动交流微博专业运营团队是微博运营的核心,对微博运营团队进行管理即是对微博品牌行为识别的管理。团队管理主要包括团队的组成与分工。

团队的组成具有相当严格的要求,因为微博运营团队必须同时具有把握政策、发布新闻、研判舆情和较强的编辑、创作能力,才能保证政务微博的精准性和有效性。"上海发布"办公室中,一共拥有 9 名成员:2 名来自市政府综合处、应急处,4 名来自媒体,3 名来自新闻办,这种组合使得"上海发布"的每一条微博都具有相当大的价值,取得每条平均 45.6 次评价数、平均 220 次转发数的成绩。

团队的分工也是决定每条微博价值的重要因素,应当根据微博内容选择专业人员运营,普通话题可选择专业外包,重要发布内容应由运营团队负责,同时应参考政府新闻发

言人意见。“上海发布”每条微博发布必须经过至少 3 名编辑审核；与重大事件相关的微博，需要整个运营团队共同讨论；突发事件，应当快速报市政府秘书长审核；而自由度最大的天气微博，则由一位网民运营。

3. 视觉元素统一政府品牌视觉识别

政务微博中视觉系统的呈现方式主要有两条途径：官方微博主页和微博内容。官方微博主页主要包括微博名称、微博图标、微博简介、微博域名、微博背景、微博主页图片和微博主页视频等；微博内容主要包括微博名称、微博图标、微博文字、微博图片、微博视频等。

在官方微博主页的视觉元素选择上，政务微博应当引入相应的 VI 系统，实现微博名称、微博图标、微博简介、微博域名、微博背景与品牌定位的一致性。“上海发布”以蓝色调作为微博主页的主色调，给人一种现代化、信息化的感觉。同时微博主页的背景设置根据不同的季节而改变，体现了一种活力感。

在微博内容的视觉元素组合上，政务微博应当采用尽可能丰富的组合方式，实现品牌形象的全方位展示。“上海发布”80%的微博以图文结合的方式发布，其中接近 90%的图片与文字内容高度相关，在图片的选择上，以生活化的图片为主，与其定位十分贴切。

（以上内容改编自 2012 年第 9 期《东南传播》林伟豪、廖宇、翁晓玲的文章《政务微博的政府品牌形象塑造策略——以“@上海发布”新浪政务微博为例》）

7.9 品牌人物

周鸿祎：创新不能被“神话”

再次登上演讲台，周鸿祎依旧穿着其标志性的“红色 T 恤衫”，更深刻剖析互联网时代的挑战与机遇。他说：“我一直被认为是很二的创业者。”的确，“二”所带来的争议性似乎一直伴随着周鸿祎。

互联网“老兵”

翻开这位 1970 年出生的“牛人”履历，多少让人“看不清，摸不透”。生于湖北、成长于河南，因为父母是测绘工程技术人员，周鸿祎很早开始接触计算机。1992 年周鸿祎被保送西安交通大学读研究生。读研期间编过游戏软件、杀毒产品。为了卖自己的产品还开过两家小公司，最后以失败告终。

而周鸿祎的这种“不务正业”一直延续到其离开方正集团。1995 年，周鸿祎研究生毕业后加入了方正集团。1997 年 10 月，周鸿祎组织开发成功中国第一款自主版权的互联网软件方正飞扬电子邮件，虽然互联网不属于方正的主营业务，方正飞扬同样没有取得预期成功，但周鸿祎还是在这个项目中练了手。

1998 年以前，第一代网民使用着复杂的英文网址，依旧兴奋，周鸿祎正是抓住了网民对于冲浪的迫切需求，试图说服领导开发相应的产品，但此次的产品设想并未获得领导的认可。1998 年 10 月，28 岁的周鸿祎离开方正，成立国风因特软件有限公司。公司网站名叫 3721，取自“不管三七二十一”的意思。新公司起步于 5 个人，全是他在方正的同事。同年，周鸿祎推出了 3721“网络实名”的前身——中文网址。网络实名的本质，实际上是在英文域名的体系下，构建一套中文寻址系统，专为中国人上网服务。

这一年，李彦宏根据在硅谷工作以及生活的经验，在内地出版了《硅谷商战》一书，而马化腾则凑了 50 万元创办了腾讯，1999 年，李彦宏带着风险投资回国创办了百度，丁磊 50 万元创办了网易，陈天桥创办盛大，马云注册了阿里巴巴。

由于定位准确，产品管用，加上强悍的市场合作与推广手段，网络实名所向披靡，并以插件形式快速安装到千千万万用户的电脑中。两年后，3721 大获成功，中文上网插件一度覆盖 90%以上的中国互联网用户，每天使用量超过 8 000 万人次。2001 年，3721 率先在互联网行业宣布盈利。到 2002 年，3721 的销售额达到 2 亿元，毛利 6 000 万元，成为当时国内互联网行业一颗耀眼的明星。

但这颗明星并没有成为巨星闪耀到最后。2003 年雅虎收购 3721 公司。周鸿祎其后就任雅虎中国总裁。2005 年 8 月，周鸿祎在执掌雅虎中国 18 个月后功成身退。

周鸿祎后来以投资合伙人的身份正式加盟 IDG（国际数据集团风险投资基金），先后投资了多个创业项目，其主要投资成果包括迅雷、Discuz!、酷狗等多个知名的互联网产品。

颠覆式创新

周鸿祎曾说过后悔卖掉 3 721，错失了一个 10 亿美元的市场，或者说错失了一个价值观输出的机会。而投资 360 或许是为了圆梦。2006 年 8 月，周鸿祎投资奇虎 360 科技有限公司。论商业模式，360 通过免费的方式聚集海量用户，将增值应用贩卖给用户获得收入，只是 360 向上游的第三方应用提供者收费。以 2008 年为例，奇虎 360 全年近 1 700 万美元收入中，66%来自杀毒软件的销售分成，34%来自推荐第三方软件下载的佣金。

但“360”的免费策略改变了杀毒软件行业此前收费杀毒的业务模式，给杀毒软件行业带来了新的变化，一方面，用户普遍欢迎免费软件；另一方面，免费策略必然对长期从事收费杀毒模式的企业带来一定的冲击。与此同时，360 杀毒也“杀掉了”一些互联网企业的商业模式。

2006 年 7 月，奇虎一款免费软件“360 安全卫士”正式对外推出，专门扫描安装在用户电脑里的恶意软件，并且帮助用户卸载流氓软件。

当时成为一些互联网公司收入的一部分的“流氓软件”已经泛滥成灾，用户也需要一个工具来帮助卸载、清理各种流氓软件。360 安全卫士发布仅 2 个月，就有超过 600 万网民下载安装，每天卸载的恶意软件超过 100 万次。截至目前 360 安全卫士的累计用户量已经突破 4 亿，成为仅次于腾讯 QQ 的第二大客户端软件。

就在传统杀毒公司与“互联网大佬”的战场中，2011 年 3 月 30 日，奇虎 360 公司正式在纽约证券交易所挂牌交易。“360 从来没有刻意与谁为敌。以往为了用户利益，360 多次冒‘业界’之大不韪，向一切灰色利益和潜规则宣战。曾有许多人因为失去暴利而合伙报复 360，究其原因，360 打破了潜规则、挡了灰色利益的路。”周鸿祎曾说。这种打破，周鸿祎称之为颠覆式创新。“颠覆式创新”又叫破坏性创新，理论来源于克里斯坦森的创新者系列书籍，是创业者如何跟巨头作战的教科书。破坏性创新的核心是主动响应市场变迁。

周鸿祎认为，颠覆式创新并不是专门为 IT 企业或者为互联网准备的，“现在有一个不好的现象，就是把创新神话了，一说创新就是大企业要弄几个研究院搞大的项目、大的发明，更多定义成了创新一定是发明一个新玩意，发明一个别人没有做过的东西。”

创新就是即使没有发明一个新东西，但是能够利用一些技术，把一个很成熟的市场换一个思维来做，这也是创新。所有的颠覆和破坏都是用技术来解决两个问题，一种是用户体验的创新，一种是商业模式的颠覆。

“你能把原来收费的东西变得免费，这件事就能产生巨大的颠覆。实际上它就是通过让东西更好用，让东西更便宜，使得更多低端用户最后也能进入这个市场，最后让市场获得一个 5 倍或者是 10 倍基数的扩大。”周鸿祎表示。

聚焦和专注

从 2012 年以来，互联网对传统行业的颠覆在金融领域迅速发展，今年已硝烟四起，原来的电商各种“要宝”式互联网金融产品密集上线，余额宝、全额宝、收益宝、活期宝、现金宝、易付宝、盈利宝等不一而足。尽管模式尚不成熟，但互联网金融还是吸引着各大巨头“遥相呼应”。

2013 年的“双十一”无疑成为互联网金融的一次“演练”。天猫“双十一”购物节首次推出以赚钱为主打的理财分会场，相关网页推出了 6 款“赚钱宝贝”，涵盖基金和保险，其中数款定制产品收益率高达 6%～7%。

不过，周鸿祎感觉还是“千军万马在过独木桥”，“如果互联网公司什么都干，也就失去创新的动力了，我还是希望中国互联网公司能够有更多的创新，能推出一些创新产品。”周鸿祎认为，中国的很多商业巨头是没什么创新的，“马云的支付宝做了多少年了，人家就是往这个目标走，走到互联网金融，还是顺理成章，但其他互联网巨头也觉得这是块大肥肉，冲进来，让人感觉不过是追随和抄袭，我倒觉得有的公司电商做得好，有的支付做得好，我们可以选择与他们合作，未必是自己去干，而要想做好事情，必须要做到极致，要做到极致，就必须要聚焦和专注。”

谈到 360 未来的“专注”，周鸿祎表示，还是将持续聚焦于安全，追求极致。在安全上，360 将会更专注，更聚焦。360 的使命是要成为中国乃至全球最大的互联网安全公司。在平台策略上，360 走开放和合作的道路。

（以上内容改编自 2013 年 11 月 13 日《第一财经日报》陈汉辞的文章《周鸿祎：创新不能被神话》）

7.10 本章小结

本章对品牌形象塑造的概念和特点进行描述，分析品牌形象塑造的意义和原则。从国家品牌形象塑造、地区或城市品牌形象塑造、政府品牌形象塑造、企业品牌形象塑造、个人品牌形象塑造等主要内容分析品牌形象塑造内涵、特征及具体策略。

7.11 学习要点

基本概念

品牌形象；品牌形象塑造；国家品牌形象塑造；地区或城市形象塑造；政府品牌形象塑造；企业品牌形象塑造；个人品牌形象塑造。

思考题

(1) 简述品牌形象的构成要素。

(2) 简述品牌形象塑造的原则。

(3) 简述国家品牌形象塑造的路径。

(4) 简述地区(城市)品牌形象塑造的影响因素。

(5) 如何塑造地区(城市)品牌形象？

(6) 简述政府品牌形象塑造的特征。

(7) 简述政府品牌形象塑造的策略。

(8) 简述企业品牌形象塑造的主要内容。

(9) 简述个人品牌形象塑造的影响因素。

(10) 简述个人品牌形象塑造的路径。

第8章 品牌维护

导入案例

方太探路品牌延伸

在厨房狭小天地的区区三尺灶台间，方太一心要玩出变化，做出极品。不久前，方太高调推出吸油烟机新品“风魔方”。这款造型张扬的近吸式产品，外观上继承了方太一贯的冷峻和金属质感，此前主打的自动巡航增压等核心技术成为标配，吸油烟能力大幅提升。“方太的技术又升级了。”

2012年之前，厨电行业连续几年超高速增长，各家企业赚得盆满钵满，即便是局外人也被撩拨着想进来分杯羹。谁知寒冬说来就来，而困境也令企业高低立现。面对各种不利因素，方太却逆势上扬，位居行业领先的地位。

产品创新力是支撑方太在行业下跌时仍能持续增长的基石。事实上，方太拥有世界上规模最大、设施最先进的厨电实验室，成立了业内首家国家级企业技术中心，研发团队超过200人。方太坚持每年将不少于收入的5%用于研发。从畅销的“高效静吸”二代机型，到刚刚推出的“风魔方”，方太的技术始终领先行业一步，也黏住了众多拥趸。“方太‘风魔方’的创新设计看似不难，但行业独有，在产品原发性上秉承了方太高端引领的风格，也强化了消费者对方太品牌的认可。”

做大规模始终是方太的目标诉求，只是没有放在第一位。与大多数厨电企业看重销量和利润不同，方太更希望做使命、愿景及核心价值观驱动的企业。所以，方太的高端定位已经决定其必须高投入，没有足够的企业规模做支撑，持续大量投入将成无源之水，保证企业持续增长，同样需要规模的适度延伸和扩张。

在“专业化、多品牌”的指导思路下，方太的扩张显得谨慎而又坚决：一方面始终专注高端厨电之下的产品多元化；另一方面又分别在1998年、2005年果断砍掉了饮水机项目和电磁炉项目，方太根本不容许多品类中的不可控因素影响品牌的完整性。“在高端领域，方太和老板的地位还无法撼动。”知情人士透露，方太对于向下延伸品牌已经有布局的考虑，只是依旧围绕厨电，且不会大张旗鼓。不仅如此，方太不久还将有新的多元化动作。伴随品牌向下延伸，销售通路和产品线也都必须“下沉”。

方太以噪音低、吸烟排烟效果好，开创了“让厨房干净又安静”的极致用户体验。“中国高端家电专家与领导者”——方太这句家喻户晓的广告语更像是自我定位。不过高端领导者的定义不仅在于价格，更应通过创新的技术给行业带来革命性的变化。此前，由于行业领头羊的力推，吸油烟机江湖也自然而然分化成两派：以方太为首的“高效静吸”和以老板领衔的“大风量”。如果说，方太去年上半年推出的“高效静吸”二代还是主打“静音”，那么前不久问世的“风魔方”产品，在敞篷宽留进风、全加速直排系统、全自动隔烟屏、自动巡航增压等四大核心技术的护航下，不仅巩固了静吸的优势，在吸烟排烟效果上也大大提升，显示出高效排烟与超低噪音其实可以兼得。

但若完全以理性却又冷冰冰的技术彰显自己，那就不是方太而是西门子了。对于方太而言，技术只是落脚点而非卖点。方太的产品以噪音低、吸烟排烟效果好开创了“让厨房干净又安静”的极致用户体验，比起同样走技术路线、产品渲染温情的老板，更接地气。方太董事长兼总裁茅忠群曾说过方太“不做500强，要做500年”。这种追逐利润和价值实现，不求做大和“纸面繁荣”的理念成就了方太能将产品做到极致。

方太的电商战略是有备而发，后来居上。线上线下产品区隔、提升购物体验和满意度、降低广告营销成本等问题，方太在启动前期就已经较好地解决了。2012年在天猫厨电品牌里方太的销售额名列第一。2012年10月，方太还推出了“品质之旅”活动，邀请网购顾客亲临方太，让他们零距离接触现实产品，从产品生产到在线销售再到包装发货，见证网购过程中的每一环节，将体验式网购落在实处。

（以上内容选编自2013年4月13日《中国电子报》邱江勇的文章《方太探路品牌延伸》）

品牌产品或服务作为品牌拥有者和顾客沟通的最有效最忠诚的载体，向来备受重视。但品牌竞争力的形成却不是一朝一夕之功，很多品牌由于缺乏必要的前瞻性维护，在市场竞争中往往扮演了夭折的角色。还有很多品牌组织由于缺乏对品牌理性建设的理解，一味的贪大求全，反遭市场淹没。由此可见，现代市场竞争，品牌维护不容小觑。

8.1 品牌维护的内涵

8.1.1 什么是品牌维护

品牌维护是指品牌组织针对品牌生存环境的变化带来的影响所进行的保护品牌形象、保持品牌的市场地位和品牌价值的一系列活动的统称。品牌维护包括品牌维系和品牌保护。

品牌维系是指对品牌资产进行维护管理，品牌的拥有者针对内部和外部环境的变化所进行的维持形象、保持市场地位的活动。对品牌进行维系是品牌的拥有者保持成功的关键，也是品牌企业在经营中稳定品牌地位、保持品牌的良好声誉的必要手段。只有不断进行市场的调查研究，追随消费者的需求变化，积极开拓新的市场、不断推出新产品以满足用户需要，不断创新，才能使品牌在变化的市场中立于不败之地。

品牌保护，就是对品牌的所有人、合法使用人的品牌实行资格保护措施，以防范来自各方面的侵害和侵权行为，包括品牌的经营保护、品牌的法律保护、品牌的社会保护和品牌的自我保护几个组成部分。品牌的拥有者要通过专利申请、商业秘密等方式进行品牌保护。

8.1.2　品牌维护的作用

1. 巩固品牌的市场地位

品牌在竞争市场中的品牌知名度、品牌美誉度下降以及销售、市场占有率降低等品牌失落现象被称为品牌老化。任何品牌都存在品牌老化的可能，尤其是在当今市场竞争如此激烈的情况下。因此，不断对品牌进行维系，是避免品牌老化的重要手段。

2. 保持品牌持续的竞争力

品牌的生命力和竞争力取决于消费者的需求。对品牌进行维系有利于对消费者的需求不断进行调查，并且在品牌创新的过程中增强品牌的吸引力，保持品牌以旺盛的生命力占领市场，从而维持产品的销售，保持和不断扩大市场占有率，使品牌获得可持续发展。

3. 有利于预防和化解危机

品牌维护要求品牌产品或服务的质量不断提升，能有效化解来自企业内部的危机，也可降低外部危机发生后的波及风险，可以有效地防止内部原因造成的品牌危机，同时加强品牌的核心价值，进行理性的品牌延伸和品牌扩张，有利于降低危机发生后的波及风险。

4. 有利于抵御竞争品牌

在竞争市场中，竞争品牌的市场表现将直接影响到企业品牌的价值。不断对品牌进行维护，能够在竞争市场中不断保持竞争力。同时，可防止假冒现象，假冒品牌无孔不入，不断对品牌进行维护既可保持企业品牌的价值，也可抵御假冒品牌的侵袭。

5. 可预防品牌空心化

品牌竞争最终是价值创造的竞争。品牌核心价值的保持和增加可以有效防止品牌空心化的发生。目前许多品牌在消费者心智中并没有建立起独特的区隔和差异化的联想，品牌资产、整体价值感与品牌威望也没有得到提升。品牌空心化现象不断出现，品牌维护显得非常重要。

6. 不断调整和完善品牌诉求

品牌诱导消费者购买,是由品牌认知开始的。品牌认知的基础是品牌识别。有了识别,消费者才能了解产品的特色和优点。当品牌深入人心后,即产生品牌忠诚。当然,消费者的需求是不断变化的,对品牌的诉求也不是持续不变的,如何通过品牌维护,更好地适应消费者的诉求,是品牌组织的重要品牌战略之一。

8.1.3 品牌维护的核心理念

1. 以品牌价值观作为决策的依据

品牌价值观是凝聚在品牌上的各种价值观念形态的总和,是品牌塑造行为的灵魂。成功的品牌无不体现出其特有的价值观念,而且这种价值观念是大众所认可和接受的。强生的价值观是"以公众和顾客利益为第一",以朴素的价值观念指导着大规模的品牌维护管理活动,从而成功地保持品牌的生命力。

2. 以长期利益作为管理的目标

面对危机,很多企业采取了掩饰、强辩和推卸责任的态度,其目的是避免危机带来的一系列经济损失,比如,产品召回、消费者赔偿、短期商誉受损等。这种强硬态度来自对短期利益的过分关注。然而消费者的眼睛是雪亮的,任何试图忽略、缩小、弱化责任的行为,都会使企业失信于社会,破坏消费者与品牌之间的信任关系,最终体现为品牌资产的极大贬值,这种损失更是难以估量。由此可见,品牌维护管理应该以长期利益为目标,为品牌创造良好的发展空间。

3. 以真诚沟通作为行动的指南

品牌形象的好坏很大程度上依赖于社会公众的口碑。在品牌维护过程中包括公司内部员工、顾客、媒体、政府、银行、社会公众、各类社会组织、渠道伙伴、投资者等,这些利害关系者都站在其各自的立场和角度来看待危机,并通过各种方式来传播关于品牌危机的各类信息,形成社会舆论。如果品牌组织未能妥善处理好与利害关系者的关系,就容易产生各种负面舆论,极大地伤害品牌形象。为了摆脱舆论困境,品牌组织要以开放和真诚的态度和利害关系者进行全面沟通,争取他们的合作,集中力量来战胜危机,维护品牌的市场和地位。

8.1.4 品牌维护的流程

1. 树立品牌维护的理念和意识

思想是行为的先导,只有从思想上给予足够的重视,才能有正确的行为。品牌维护工作融在日常一般工作之中,要想达到维护效果,必要的思想教育不可或缺。企业可以将其作为企业文化教育的组成部分。

2. 建立有效的品牌维护机制

制度是品牌维护有效的保障。品牌组织要建立品牌维护机制，从制度上加以系统考虑和规划。科学有效的品牌维护涉及各种资源的有效利用，只有建立高效机制才能实现。同时，品牌战略的良好规划、品牌策略的正确执行，都有赖于制度保证。企业应建立终端形象管理体系，对企业整体市场形象进行系统、有效管理。

3. 保证提供高质量的产品和服务

产品是品牌生存的基础，也是品牌的载体。品牌是产品的核心价值之一，它代表着产品的部分特色。高质量的产品才会在消费者心目中积累起品牌价值，失去这一载体，品牌将无法生存。只有产品能充分满足消费者需求的情况下，品牌强大、持久的力量才能发挥。

4. 进行必要的品牌延伸

进攻是最好的防御，只有不断丰富品牌的内涵，才能使品牌得到发展。对现有品牌的深度或宽度进行调整和对品牌进行延伸，都能起到丰富品牌的作用。品牌的生命力来源于发展的品牌，品牌延伸是实施品牌战略的重要内容，它是在原有品牌影响力的基础上，推出新产品或新品牌，以达到能让消费者快速接受新产品或新品牌的目的。当然，品牌的核心价值在于专业优势，不要轻易进行品牌延伸。

5. 及时进行品牌重新定位

消费者的需求不断变化，市场竞争态势不断发展，各种复杂的因素对品牌的成长都会产生影响，这使得品牌的初始定位可能已不符合当前的现实状况，就必须对品牌进行重新定位。品牌定位或重新定位的原则都在于：保持稳定，动态调整。重新定位不能破坏品牌定位的稳定性，不能影响品牌价值的实现。重新定位要尽量使品牌保持健康的发展态势。

6. 做好品牌维护中的危机管理

品牌只有承受起市场的考验才算成功。考验较多来自危机，对这些危机的公关便成为品牌能否维续的关键。品牌危机来自很多方面，有产品或服务的质量、企业内部管理、竞争对手的攻击、市场条件的变化、政府政策的调整等。有时还会突发品牌危机，如媒体偶然的报道、企业管理人员或销售人员的口误等。面对各类危机，必须树立忧患意识，建立危机预警机制，防患于未然。还应设置专门机构或安排专人处理危机，把危机损害降至最低。

7. 加强对假冒侵权行为的打击力度

在我国市场上假冒、侵权现象依然十分严重，这种现象对企业品牌负面影响很大，使品牌组织损失了很多市场份额和利益，同时也损害了消费者和社会利益，严重扰乱了市场秩序。应积极做好防范，汇集多方力量加大打击力度，维护品牌形象。

8. 避免维护不当，走入误区

品牌维护要适当，应避免和竞争对手恶性竞争，两败俱伤。不应攻击竞争品牌，更不应诋毁对方，防止招致法律纠纷，使自身品牌形象受损。还应避免对品牌的过度保护，产品能满足消费者使用即可，没必要过度超出消费者的预期。也不应过分相信某些称号，没必要花大量精力在各种评选活动上，而应在品牌经营上多下功夫。

8.2 品牌延伸

8.2.1 品牌延伸的含义

品牌延伸是指某一知名品牌或某一具有市场影响力的成功品牌扩展到与成名产品或原产品不近相同的产品上，以凭借现有成功品牌推出新产品的过程。

当一个品牌在市场上取得成功后，该品牌则具有市场影响力，会给拥有者创造超值利润。随着品牌的发展，品牌拥有者在推出新的产品时，自然要利用该品牌的市场影响力，品牌延伸就成为自然的选择。这样不但可以省去许多新品牌推出的费用和各种投入，还通过借助已有品牌的市场影响力，将人们对品牌的认识和评价扩展到品牌所要涵盖的新产品上。品牌延伸从表面上看是扩展了新的产品或产品组合，实际上从品牌内涵的角度，品牌延伸还包含有品牌情感诉求的扩展。如果新产品无助于品牌情感诉求内容的丰富，而是降低或减弱情感诉求的内容，该品牌延伸就会产生危机。不应只看到品牌的市场影响力对新产品上市的推动作用，而应该分析该产品的市场与社会定位是否有助于品牌市场和社会地位的稳固，两者是否兼容。

8.2.2 品牌延伸的准则

1. 慎重选择品牌延伸策略

是否采用品牌延伸策略，企业还要根据自身的实力、产品的特点、品牌的核心价值等因素，经综合权衡后来决定。自身实力强、品牌经营能力强的企业，又有叫得响的名牌产品，可采用品牌延伸策略；但推出个性化、感性化、等级化严重、市场细分程度高的产品时，则宜采用多品牌策略。

2. 谨慎把握产品线延伸策略

如果一个品牌在消费者心理上已经有了一个固定的位置、有一个明确定位了，那么进行产品线延伸的时候就要分外慎重。品牌延伸后的产品必须能够继续支持或强化原有品牌的核心价值而不是与之相悖。要努力变“产品品牌”为“概念品牌”，增加品牌延伸能力。向上延伸和双向延伸相对企业而言好把握些，成功的可能性也大些。

3. 选择适当的一牌多品策略及一主多副策略

这里涉及新老产品的关联度问题，如果关联度比较高，那么采取一牌多品策略比较合适。就如天福茗茶，它最先生产茶叶，进行品牌延伸主要还是进入与茶相关的一系列行业，如茶具、茶具工艺品、茶点、茶糖等，做得很好。雀巢品牌的成功延伸就是因为其麾下产品都是关联度较高的食品饮料。雀巢奶粉、柠檬茶等系列产品的推出也是借了雀巢咖啡的东风而大行其道。

4. 适时采取特许经营策略

特许经营的优势有：可借助特许方的品牌优势，迅速延伸，占领市场；品牌价值日益突现，品牌得以广泛传播；从机制上可减少大企业臃肿的弊端，更灵活地发展；进一步巩固发展市场网络，能逐步做大做强。劣势就是受许人必须放弃自己的品牌。特许经营于品牌、市场声誉等无形资产可能带来负面影响，应对构建特许加盟体系或系统有预先的理性而深入的调查分析，这是保持特许经营健康发展并在特许过程中实现双赢的必要前提。另外，还要选择合适的加盟者，建立统一的经营管理制度和严格的检查监督制度，注意专有技术的保密工作。

8.2.3　品牌延伸的基本规律

1. 品牌延伸要有关联度

品牌延伸的论述中最为常见的是“相关论”，即门类接近、关联度较高的产品可共用同一个品牌，如娃哈哈与雀巢品牌延伸成功可以从品牌麾下的产品都是关联度较高的食品饮料的角度来解释。

2. 品牌延伸要考虑顾客的忠诚度

关联度较高、门类接近的产品可共用同一个品牌。关联度高只是表象，关联度高导致消费者会因为同样或类似的理由而认可并购买某一个品牌才是实质，可以说，这是品牌核心价值派生出来的考虑因素，即延伸顾客的忠诚度。

3. 品牌延伸要兼顾市场容量

在产品的市场容量较小的市场环境中应该尽量多地采用品牌延伸策略。企业所处的市场环境与企业产品的市场容量也会影响品牌决策，有时甚至会起决定性作用。同一个品牌用于各种产品。这与其成长的市场环境有关，任何一个行业的市场容量都十分有限。也许营业额还不够成功推广一个品牌所需的费用，所以更多的是采用“一牌多品”策略。

4. 进入市场空档与无竞争领域容易成功

延伸产品的市场竞争不激烈，不存在强势的专业大品牌，那么就可以大胆地进行品牌延伸，尤其是在市场中品牌的核心价值与基本识别独树一帜，进入空白市场，先入为主，更容易延伸成功。

8.2.4 品牌延伸策略

1. 产品线延伸策略

产品线延伸策略比较常见的情况就是一个品牌在某一条产品线上进行移动的策略。产品线延伸策略包括向下延伸、向上延伸和双向延伸三种方式。所谓“向下”、“向上”和“双向”分别指一个品牌在目前的档次上分别向低档、向高档、同时向低档和高档延伸的策略。一般来说,品牌使用产品线策略的向下延伸要比向上延伸风险大。

2. 一牌多品的策略

一牌多品的策略这是一种最常见的品牌延伸策略。TCL 和海尔利用他们的品牌优势,几乎把其产品延伸到了整个家电行业。

3. 一主多副的策略

一主多副的策略指用一个主品牌涵盖企业的系列产品,同时给各个产品打造一个副品牌,以副品牌来突出不同产品的个性形象。一般是同一个产品使用一主一副两个品牌。这个策略能够避免品牌延伸不当所带来的株连效应和跷跷板效应等。主副品牌策略实施的关键是广告宣传的中心是主品牌,副品牌处于从属地位。这和品牌延伸的最初出发点是一致的。这样,广告受众识别和记忆的主体是主品牌,副品牌突出产品的不同特色,方便消费者选择。

4. 特许经营策略

特许经营策略是以品牌连锁为核心的品牌延伸方式,可以使品牌特许人和受许人共享的品牌得到发展。其关键就是塑造统一的外部形象,维系品牌内在质量并继承和发扬外在形象的专有技术、独特配方和有效的经营方式、管理控制手段等。“麦当劳”和“肯德基”的遍地开花,给特许人和受许人都带来了极大的利润,是特许经营策略的典范。

8.3 品牌扩张

8.3.1 品牌扩张的内涵

在市场经济不断发展的今天,品牌代表着市场份额,在一定程度上也代表着品牌组织的实力。品牌需要培养,需要耐心、勇气、财力、物力多方面长时间的投入。如何对现有品牌进行开发和利用,更好地发挥品牌的作用,是品牌经营战略中不可或缺少的课题。而实际上利用品牌资源实施品牌扩张,已成为品牌组织发展的核心战略,也是通常所说的对名牌进行开发利用的策略。众多品牌组织正是因为成功地运用了品牌扩张策略才取得了市场竞争的优势地位。

品牌要传递一种市场信息，让顾客在瞬间以简单的形象识别，联想到品牌产品或服务提供的区别于其他品牌的内在信息，如服务、质量及顾客能得到的价值。品牌扩张既是品牌营销发展的必然结果，也是品牌组织合理利用品牌资源的重要方式。

所以，品牌扩张是对品牌扩散效应的发挥，是品牌组织将某一知名品牌或某一具有市场影响力的成功品牌扩展到与成名产品或原产品完全不同的产品上，以凭借现在成功品牌推出新产品的过程。

品牌扩张内涵涉及两个方面的内容：其一，品牌组织借助品牌效应实现地域市场范围的扩展，即凭借现有成功品牌，通过品牌授权许可、管理合同等方式或通过与知名品牌进行合作的策略在其他地域开设新企业方面的扩展。其二，运用品牌及其资本价值进行业务范围内的扩展，即凭借原有品牌通过品牌延伸、多品牌策略等进入其他业务市场，为其他具有不同喜好的消费者提供与原有产品均有明显差异性的新产品。

8.3.2 品牌扩张的原因

1. 品牌扩张是消费者的心理需求

消费者使用某个品牌产品或接受某种服务并获得了满意的效果后，就会对此种品牌形成正面评价，形成良好的消费经验，并把这种经验保留下来，影响其他消费行为。尤其消费者在消费某一名牌并获得了满意后，会形成一种名牌的“光环效应”影响这一种品牌下的其他产品或服务。例如，人们购买了耐克牌运动鞋，经过使用并获得了满意(认为其质量好、保护脚等)，由此人们会对其他款式的耐克鞋产生好感，对耐克牌的其他产品如运动服、体育器材等也产生好感，并影响人们将来对此类产品的消费行为。中国有句成语“爱屋及乌”便说明了这种心理效应。

2. 品牌扩张是企业实力发展的需要

企业发展到一定阶段，积累了一定的实力，形成了一定的优势，如企业积累了一定的资金、人才、技术、管理经验后，为品牌扩张提供了可能，也提出了扩张要求。特别是一些名牌企业，它们一般具有较大的规模和较强的经济实力，这为实行品牌扩张提供了条件。在企业实力的推动下，企业主动地进行品牌扩张，以充分利用企业资源，在这方面的表现主要是利用品牌优势，扩大产品线或控制上游供应企业，或向下游发展，或是几者的综合。众多企业在积累了一定的实力后，纷纷采用品牌扩张的保护措施。TCL集团在家电方面取得了优秀的业绩，形成实力后，又向信息产业进军。

3. 品牌扩张是市场竞争压力的促动

市场竞争的压力常会引发品牌扩张的行为。市场竞争压力下的品牌扩张主要指由于竞争对手在某些方面做出了调整，或进行了品牌延伸或市场扩大，而迫使企业不得不采取相应对策，进而采取相应的品牌扩张措施。竞争对手的品牌扩张使其实力增强、规模扩大或发生了其他有利于竞争的变化。另外，品牌组织生存的外部环境，如政治环境、自然环境等，某一环境因素的变化都可能导致企业进行适应性变革，这些变革很多是品牌扩张的内容。比如，对于石油产业，当石油资源枯竭时，企业必须进行品牌扩张，向新的产业转移；对于一家企业其供应商出现变化而影响到企业时，企业也需要做出相应调整，以适应这种变化的要求。

4. 品牌扩张是品牌生命周期的结果

品牌产品或服务进入市场要经过投入期、成长期、成熟期和衰退期等生命周期过程，当产品生命周期的成熟阶段或衰退阶段时，市场需求停止增长并开始下降，这时应考虑如何推出新产品或进入新的市场领域，从而避免产品生命周期给企业带来的灾难。实际上，当产品处于成熟期或衰退期时，品牌组织就开始考虑品牌扩张，希望通过品牌扩张推出新产品或转入新行业，从而使品牌继续生存和发展下去。

5. 品牌扩张是规避经营风险的需要

品牌经营常会遇到各种风险，其中的一种便是单一的产品、项目或业务经营的失败给品牌组织带来的致命打击。也就是说，对于单项经营的品牌组织来说，此项业务的失败，会使企业唯一的经营活动失败，从而带来严重的损失。由此，众多的品牌组织在发展中往往采用品牌扩张的策略，进行多元化经营，从而规避经营风险。实施品牌扩张，使品牌组织左右逢源保证了品牌平稳发展。

8.3.3 品牌扩张的形式

1. 单一品牌扩张

品牌许可与授权是品牌的拥有者允许其他企业投资方或业主使用自己的品牌，以特许连锁经营或通过管理合同输出管理经验的形式进行品牌扩张的一种扩张形式。这是某一品牌在更大的地域市场范围内以最小的资金代价扩张自身业务最重要的一种手段，也是品牌扩张的最基本表现形式。品牌许可与授权主要有如下两种表现形式。

(1) 特许连锁经营

特许连锁经营是指品牌拥有者授予被特许经营的企业在某一特定的时期、特定的地点使用自己的商标与品牌，与品牌同时可以被使用的特权还包括各类管理标准与要求、营销网络、采购网络及质量控制等，作为回报，被特许经营企业需要向品牌拥有者支付一次性的特许费用和运营过程中的一部分经营利润。特许连锁经营是一种投资较少而效率极高的品牌扩张方式，可以最大限度地利用企业积累的成熟经验与管理技能，实现品牌快速占领市场的目的。但也存在一定的风险，主要表现为：质量控制难及契约管理难以到位。由于企业只是授予品牌使用权，所有经营活动仍由所有者自身负责，因而无法对被特许经营企业的日常工作实施监控，对受许可企业的质量及服务不易进行直接管理，如果某一受许可企业较差时，会影响到整个品牌的声誉。

（2）管理合同

管理合同最早由希尔顿集团使用，其雏形是 20 世纪 60 年代希尔顿集团与波多黎各合作经营 Carribe Hilton 饭店时所使用的利润共享租赁。现代管理合同指一个企业由于缺乏专门的管理人才与管理经验，将企业交由专业管理公司经营管理时签订的合同，这种方式又称为受托管理。在受托管理方式下，业主投资兴建的企业可以在委托期内使用管理公司的品牌。管理合同广泛使用于酒店业，如凯悦国际公司等一些大的酒店集团均采用此种方式实现品牌的扩张以及企业的成长。与特许经营方式相比，管理合同的优点体现在企业对受托方的控制力有所增强。管理合同中规定经营者在管理企业时不受业主干扰，所以企业的产品及服务质量能够得到有效保障，这在一定程度上更有利于维护企业的品牌形象。

2. 合作品牌扩张

合作品牌策略也称双重品牌策略，是指两个或两个以上的品牌在同一个产品上使用。合作品牌的使用一般是源于两家企业的合作，即一个品牌需要借助于另一个品牌来获得竞争优势，处于弱势的品牌往往要以一些代价获得合作的机会，而强势品牌可以借助这一时机实现品牌在新地域市场内的扩张。“一汽大众”就是典型的合作品牌，是“一汽”和“大众”两个企业品牌的联合。合作品牌多发生在世界性或区域性知名品牌进入其他国家或地区时，可以与当地某品牌实行合作，这一举措对双方都有好处，知名品牌可以不必投入太多，借助当地企业实现快速的品牌扩张，而当地企业品牌则可以借助知名品牌提高自己的声誉，由此可以看出，合作品牌策略是一种双赢模式。

3. 多品牌扩张

多品牌策略指一个企业在同一类产品中采用多个品牌进行竞争和扩张，即集团业务中的每类产品都有自己与其他产品不同的品牌。如宝洁公司在洗发水这类产品中采用了飘柔、海飞丝、潘婷等多个品牌，在清洁产品中采用了碧浪、汰渍、舒肤佳等多个品牌。多品牌策略可以帮助企业占领更多的细分市场，每个品牌均有不同的市场定位，满足不同消费者的需求，从而提高自身的市场覆盖率和市场份额；此外，多品牌策略还有利于提高企业的抗风险能力，多个品牌依靠集团品牌联系在一起，但又具有明显的区别，一个品牌的失败不易波及其他品牌与集团品牌。因此，与品牌延伸相比，多品牌策略不会轻易动摇企业的品牌组合优势。

8.4 品牌危机

8.4.1 品牌危机的含义

“品牌危机指的是由于企业外部环境的突变和品牌运营或营销管理的失常，而对品牌整体形象造成不良影响并在很短的时间内波及社会公众，使企业品牌乃至企业本身信誉大为减损，甚至危及企业生存的窘困状态”；“品牌危机是指由于企业自身、竞争对手、顾客或其他外部环境等因素的突变以及品牌运营或营销管理的失常，而对品牌整体形象造成不良影响并造成社会公众对品牌产生信任危机，从而使品牌乃至企业本身信誉大为减损，进而危及品牌甚至企业生存的危机状态”；“品牌危机是指在企业发展过程中，由于企业自身的失职、失误，或者内部管理工作中出现缺漏；等等，从而引发的突发性品牌被市场吞噬、毁掉直至销声匿迹，公众对该品牌的不信任感增加，销售量急剧下降，品牌美誉度遭受严重打击等现象”；等等。尽管学者们从不同角度来阐释品牌危机的概念，都涉及品牌危机的一个实质性内容，即品牌危机是一种信任危机，是公众对品牌信心与忠诚的改变。

8.4.2 品牌危机的特征

1. 突发性

品牌危机的突发性是指品牌危机的发生是突然的、不可预计的，危机事件的发生是难以预测的，人们很难准确地把握。即便有时在品牌危机发生之前可以通过详细的分析进行预测，但是无法保证预测的准确性和具体信息，如时间、方式和规模等。它反映了危机事件的偶然性和随机性。企业一旦发生品牌危机，就要迅速反应并使社会各界密切关注。时间资源的有效管理是品牌危机中的一个重要特征。

2. 严重性

品牌危机会致使企业的成果受到整体性的抵抗，市场份额会有大部分欠缺；品牌容易陷入法律纠葛，面临赔偿。企业的名誉也会因此受损，导致品牌价值大不如前，带来多方面的损失，正常的商务活动难以有序进行，使企业陷入对自身不利的地位。

3. 危害性

品牌危机一经发生，就会产生程度不同的破坏作用，使企业、消费者和社会公众的利益受到损害，破坏消费者对企业品牌的感知和忠诚，使企业的名誉受到严重影响，因此遭受极大损失，并且导致诸多方面的品牌价值问题，降低企业的市场份额，甚至使企业消亡。

4. 低可见性

品牌价值受到各种因素的交叉以及系统性的影响，这些因素之间的相互作用致使品牌价值严重受创。品牌经营管理过程中的每一个环节都会受到某种影响，导致最后品牌的没落。危机事件常常影响媒体大众的关注焦点，产生大量的舆论信息。以上均说明了企业品牌的危机的低可见性。这一低可见性容易导致企业、消费人群和社会大众对于品牌产生恐慌，从而加剧品牌危机的扩散。企业的管理者必须在面临企业危机的不确定影响的情况下做出决策，因此在决策方面存在限制。

5. 公共舆论关注性

品牌危机一旦发生，立即就会引起媒介、公众和相关组织等密切关注，并迅速成为社会和舆论关注的焦点，成为新闻媒体争相报道的内容，危机的信息传播速度比危机事件本身的传播速度还要快。媒体对危机的报道，贯穿于危机发生的整个过程，往往成为危机处理中最棘手的问题，舆论的导向作用也能够直接影响到品牌的生死存亡。

6. 机遇性

企业在关注品牌危机的突发性、严重危害性的同时，还应该看到品牌危机在某方面产生的积极作用。尽管有些品牌危机难以完全避免，但我们仍能从品牌危机中发现机遇，对品牌危机的恰当处理能够给企业带来新的机遇。品牌危机的发生可理解成对内部管理者和员工敲醒了警钟，能够使企业员工、管理层克服品牌自傲的心态，避免企业陷入品牌毫无价值的窘况。

8.4.3 品牌危机的成因

1. 产品质量存在问题

企业产品产生质量问题的原因很多，主要有：一是由于在原料采购，产品的生产、营销、储存、运输等过程中，对质量的监督、检查等管理不严，引发质量问题；二是由于设计或生产技术方面，不符合相关法规、标准等的规定，造成产品存在缺陷，出现质量问题。可以说产品质量出现问题是引发品牌危机的主要原因。例如，在 2008 年 9 月的三鹿奶粉事件中，其重要原因就是企业及有关质量检验部门，事前放松了对产品质量的监督、检查，给不法分子造成了可乘之机。

2. 品牌营销策略的失误

品牌营销策略的失误会引发品牌危机的产生。品牌营销策略的失误主要有：

(1) 品牌的个性定位不正确。有的企业不考虑消费者对其品牌形象风格的感知状况等造成品牌定位不正确。

(2) 品牌的盲目延伸。有的企业为尽可能地开发品牌市场潜力不遵循品牌延伸的规律，对品牌进行任意的延伸。

(3) 品牌传播广告费的过度投入。一些企业单一地依赖广告投入，希望促使品牌快速成长，结果使得企业不堪重负，最终拖垮企业。

(4) 过度的价格战。过度的价格战，将导致消费者对价格及产品质量产生质疑，难以建立消费者对品牌的较高忠诚度。

3. 市场环境的变化

市场经济、技术、竞争等环境的改变，易导致品牌危机的发生。在经济出现衰退时，消费者的购买力不足，导致品牌产品滞销，产生品牌危机；当一种新技术出现代替了原有的技术，使得品牌产品的技术含量降低，会使消费者的购买发生转移，从而导致品牌危机；在激烈的市场竞争中，竞争对手往往会采用降价、加强促销等手段，使对方市场占有率、销量等降低，产生品牌危机。

8.4.4 品牌危机管理

1. 危机管理的6F原则

在进行危机管理时，危机管理的6F原则十分重要，即：forecast(事先预测)原则，通过对市场环境的分析调查，敏锐地捕捉信息，事先预测企业的运营是否良好，有没有出现品牌危机的迹象；fast(迅速反应)原则，一旦危机来临，就要迅速采取行动，积极有效地去解决危机；fact(尊重事实)原则，就是以事件发生的客观事实为依据，采取客观、务实、公正的态度解决危机；face(承担责任)原则，面对危机的来袭，企业要敢于真诚、坦然地面对，勇于承担因危机引发的各种责任；frank(坦诚沟通)原则，危机爆发已经是事实，最有效的方法就是采取坦诚、负责任的态度与公众进行沟通，以化解危机；flexible(灵活变通)原则，根据事态的发展情况灵活掌握危机管理的时机和方法。

2. 品牌危机管理策略

(1) 迅速组成危机管理的应变总部

在危机爆发后，最重要的是应该冷静地辨别危机的性质，有计划、有组织地应对危机，因此，迅速成立危机管理的应变总部，担负起协调和指挥工作就是十分必要的。一般讲这类机构应该包括以下各种小组：调查组、联络组、管理组、报道组等。每个小组的职责要划定清楚。一旦危机事件发生，调查组要立即对事件进行详细的调查，并尽快做出初步报告。调查内容包括突发事件的基本情况、事态现状及具体情况、事态所造成的影响、是否已被控制、控制的措施是什么、企业与有关人员应负的责任等。联络组要马上投入各方面的联络工作，如接待外部人员、要约见何人、需要哪一方面的力量协助等，都需要通过联络组统筹安排。如果是灾难性事故，还要及时向事故伤亡人员的家属通报事故最新进展。管理组要马上投入抢救、现场保护、死亡人员的善后和伤员的治疗、出现次货时商品的回收和管理、环境污染时的治理工作等。宣传报道组要马上统一起组织对外传播的工作。

一般组建这种以传播信息、报道新闻为主要责任的机构是由公关部门负责。

(2) 迅速启动“产品召回”制度

由于产品质量问题所造成的危机是最常见的危机，一旦出现这类危机，企业要迅速启动产品召回制度，不顾一切代价收回所有在市场上的不合格产品，并利用大众媒体告知社会公众退回这些产品的方法。启动产品召回制度，回收不合格产品表现了企业对消费者负责任的态度，表明企业始终是以消费者的利益为第一位的，为此不惜承担任何损失。这首先就从心理上打动了公众。如果放任这些产品继续流通，就有可能使危机涉及的范围进一步扩大，引起公众和媒体的群起而攻之，最终达到不可收拾的地步。

(3) 建立积极的、真诚的内外部沟通机制

一是搞好内部公关，取得内部公众理解。面对各种突发性的品牌危机，企业要处变不惊，沉着冷静，正确把握危机事态的发展，有条不紊地开展危机公关工作，才能管理好内部公众关系，避免人心涣散、自顾不暇、各奔前程的局面。企业要迅速组建由首席执行官领导的危机公关小组，小组由企业相关部门人员组成，有必要时可以根据情况聘请社会专业公关资源作顾问进行协助，制定出公关方案，统一口径对外公布消息。向企业内部成员通报有关危机真相和管理进展，号召大家团结一致、同舟共济、共渡难关。同时向经销商、供应商及所在社区等利益相关组织或群体通报消息，使他们第一时间得到消息而不是被动地从媒体上接收信息，争取他们的协作和理解，避免一连串的危机连锁反应；努力使公司继续正常的经营工作，使危机公关小组的工作和经营管理人员的工作不受干扰；设立24小时开通的危机管理信息中心，接受媒体和公众的访问。

二是外部沟通。它包括消费者和公众公关两个方面。品牌是一种承诺，生存于消费者心中。品牌企业首先要关注消费者的利益和感情，当重大责任事故导致消费者和公众利益受损时，要以最快的速度直接和受害者进行坦诚的深层沟通，尽量满足他们的要求，给予一定的精神和物质补偿，和消费者达成和解，使危机朝有利于企业的方向发展。

三是要通过媒体向所有受影响的消费者及公众致以诚挚的歉意，公布管理和改正措施，承担应有的责任，最大限度地争取公众的谅解。即使责任不在企业，也要给消费者以人道主义的关怀，为受害者提供应有的帮助，以免由于消费者的不满，他们的关注点会转移到事件之外，使危机升级。总之，品牌要表现出诚恳和对公众负责的态度，才能在公众心目中树立良好的社会形象，甚至抓住契机，把危机转化为宣传自己的机遇。尤其要强调的是，无论哪种危机产生都不能为了短期利益，而一味地为自己辩解，推脱责任，这只能使品牌丧失信誉，毁坏原有形象。

8.5 品牌创新

8.5.1 品牌创新的含义

品牌创新，实质就是赋予品牌要素以创造价值的新能力的行为，即通过技术、质量、商业模式和企业文化创新，增强品牌生命力。这样的话，品牌创新就可分为质量管理创新、技术创新、商业模式创新和品牌文化创新。

1. 质量管理创新

目前质量管理已经越来越受到企业以及各方面的关注，无论从国际质量发展趋势，还是从中国质量发展趋势，以及从未来质量发展的趋势看，对质量管理的重视已经深入人心。质量正成为进入国际市场的首要关注点，成为企业竞争力的核心组成部分；质量的概念、原理和方法等，将被越来越广泛地应用于各行各业以及人们工作生活的各种场合；组织内部的质量管理将不再局限于技术和操作层面，而是更加关注如何从保护层面上重视质量，以获得持久的成功。我们不难得出，未来企业的竞争，实质是产品质量和经营质量的竞争；未来国力的竞争，实质是经济增长质量的竞争。

2. 技术创新

技术创新是一个从产生新产品或新工艺的设想到市场应用的完整过程，它包括新设想的产生、研究、开发、商业化生产到扩散这样一系列活动，本质上是一个科技、经济一体化过程，是技术进步与应用创新共同作用催生的产物，它包括技术开发和技术应用这两大环节。

对技术创新的认识，无论是只强调技术，还是只强调经济，都是不全面的认识。只有二者结合，才有可能是理性、现实的。技术开发和技术利用是要组成一个有机的整体，在这个整体中，不仅需要从技术的角度、技术发展的规律，考虑技术开发的可能性，还要以市场为导向，考虑技术开发的有效性。市场引导着技术开发的方向，技术本身的发展规律决定这种引导实现的状况和程度。循着这一认识路径，我们看到，技术开发、开发成果的转移、技术开发成果的利用，才构成一个完整的技术创新过程。

3. 商业模式创新

虽然最初对商业模式的含义有争议，但到 2000 年前后，人们逐步形成共识，认为商业模式概念的核心是价值创造。商业模式，是指企业价值创造的基本逻辑，即企业在一定的价值链或价值网络中如何向顾客提供产品和服务，并获取利润的。通俗地说，就是企业如何赚钱的。商业模式是一个系统，由不同组成部分、各部分间连接关系及其系统的“动力机制”三方面所组成。

4. 品牌文化创新

文化在交流的过程中传播，在继承的基础上发展，都包含着文化创新的意义。文化发展的实质，就在于文化创新。文化创新，是社会实践发展的必然要求，是文化自身发展的内在动力。文化自身的继承与发展，是一个新陈代谢，不断创新的过程。一方面，社会实践不断出现新情况，提出新问题，需要文化不断创新，以适应新情况，回答新问题；另一方面，社会实践的发展，为文化创新提供了更为丰富的资源，准备了更加充足的条件。所以，社会实践是文化创新的动力和基础。

8.5.2 品牌创新的意义

1. 品牌组织参与市场竞争的需要

市场竞争说到底就是品牌的竞争。在市场经济活动中，"进入市场交锋的是品牌，接受社会公众认同的是品牌，决定市场份额的还是品牌"。长期以来，我国拥有不少出口销量最大的世界级产品，却十分缺少世界级的品牌。在国际商场上，妇孺皆知的是"中国制造"，而知道中国品牌的却很少。由于缺乏自主品牌，中国的产品难以卖出好价格，长期处于全球生产链和价值链的末端，拥有强大制造能力的泱泱大国却没有较强的增值盈利能力。

2. 企业追求利润最大化的需要

一是，创建自主知识产权的强势品牌，无疑是扩大企业无形资产、增加巨额财富的直接途径；二是，由于品牌的知名度、美誉度高，品牌产品的价格较之于同类产品常常数以倍计，其利润率也远远高于一般产品；三是，由于品牌的外向度高，其提升力、反拉力、延伸力也较强，既可以提升企业的一般产品，带动相关配套产业的发展，也可以收购、兼并同类企业，实现品牌的不断扩张和延伸。

3. 企业实现可持续发展的需要

品牌组织在波涛汹涌的国际市场上取胜的主要手段已不再单纯依靠产品本身的竞争，更重要的是品牌的竞争；一个企业只有不断地进行品牌创新才能青春永驻；打造具有个性特色的强势品牌是企业在激烈的市场竞争中出奇制胜的法宝；坚持品牌创新、推行品牌战略是企业可持续发展的必然选择。

4. 维护消费者权益、赢得更多用户的需要

一个品牌，代表一个企业的形象；一个享有盛誉的品牌，是企业的一笔巨大财富；一个知名品牌，不仅具有令人信服可靠的内在品质和较高的科技含量，而且具有法律上赋予的专有权和保护权。一方面，生产者和经营者决不会忽视信誉和质量，轻易砸掉自己的牌子；另一方面，如有假冒、仿造必然受到法律的惩处。因此，打造强势品牌和创建名牌的过程，就是在扩大企业利益的同时维护消费者的权益，从而吸引更为广泛的消费群体眼球的过程。

8.5.3 品牌创新策略

1. 战略创新

品牌战略创新是指企业经营方向和经营理念的重大变化。为了落实战略创新,品牌组织要进行市场、品牌、产品等多方面的调整。正是通过调整,许多国际品牌都保持了旺盛的生命力,如 IBM 、MOTOROLA、HP 等。要成为顶尖公司,就要与自己竞争,专注于超越自我,把自己的品牌做大,增强自己的竞争力,这其间重要的一点就是不断进行战略的创新。

2. 营销创新

并非只有新发明、新发现才是创新,在经济领域中只要是对旧元素的重新组合都属于创新。没有先进的营销方式来给予支持,任何形式的品牌创新都是纸上谈兵。所以,我们可以说,营销创新是品牌创新的基石。在冰淇淋这个市场上,哈根达斯是绝对的领导者。哈根达斯之所以能取得这样的地位,与它新颖的营销方式是分不开的。每一个哈根达斯专卖店都装修得非常的考究,温馨而高雅的色调,精致的桌子和沙发,轻柔的音乐,透明的落地窗,使得哈根达斯冰淇淋成为了一种高雅的奢侈品。类似的营销创新还有很多,比如星巴克不仅卖给你咖啡,还卖给你优雅的环境等。所以,一种新的营销方式往往会给企业带来意想不到的神奇效果。

3. 技术创新

产品的创新包括性能、品质、品种、包装各个方面,突出地表现为技术创新。技术创新必然带来产品创新,为了适应市场的充分竞争,企业必须依靠技术上的创新来保持企业的持续发展。技术本身就具有“新”的属性,通过技术创新赋予品牌新的科技生命力,是品牌创新的基础。而消费者“喜新厌旧”的本性决定了他们对产品的期待是永远不满足的,总是在不断追求更高、更新的产品,期待着功能更好、更强,能提供更多选择的品牌。

4. 广告创新

广告是塑造品牌形象最重要的法宝之一,但如果广告的创意与传播枯燥陈旧,缺乏表现力,不具现代感,那么在今天消费者面对的海量广告信息中,根本不会引起什么关注,更不可能有多少号召力。强势品牌是由其他功效显著的工具创造的,包括网络、赞助活动、品牌宣传、直效营销、旗舰店、消费者俱乐部、样品等视觉形式、公众服务项目、户外展览和店内陈设等。

5. 形象创新

改变可以是外在的,同样也可以是内在的。因为品牌是活在消费者心中的,同样,品牌创新也是在与消费者互动的过程中完成的。因此,适时与消费者进行互动沟通,让品牌内涵植于消费者的内心，是进行形象创新的重要举措。对于企业来说，名称是最基本的形象识别要素，如果名字有缺陷又难以更改，一定要及时采取补救措施。变换品牌标识是指变换品牌中可以通过视觉识别传播的部分，包括符号、图案或明显的色彩和字体。很多国际大型企业的品牌标识都经过几十年甚至上百年的时间才演变成今天我们所见到的这样，在品牌经营中，品牌标识变与不变、什么时间变，都是需要企业决策者在反复权衡机会与风险之后才能做出重大的抉择。

8.6 品牌保护

品牌保护就是对品牌的所有人、合法使用人的品牌实行资格保护措施，以防范来自各方面的侵害和侵权行为，包括品牌的法律保护、品牌的社会保护和品牌的自我保护几个组成部分。

8.6.1 品牌的法律保护

1. 商标权保护

商标是用以区别商品和服务不同来源的商业性标志，由文字、图形、字母、数字、三维标志、颜色组合或者上述要素的组合构成。商标权是商标专用权的简称，是指商标主管机关依法授予商标所有人对其注册商标受国家法律保护的专有权。商标注册人依法支配其注册商标并禁止他人侵害的权利，包括商标注册人对其注册商标的排他使用权、收益权、处分权、续展权和禁止他人侵害的权利。我国商标权的获得必须履行商标注册程序，而且实行申请在先原则。商标是产业活动中的一种识别标志，所以商标权的作用主要在于维护产业活动中的秩序，与专利权的作用主要在于促进产业的发展不同。根据《商标法》规定，商标权有效期 10 年，自核准注册之日起计算，期满前 6 个月内申请续展，在此期间内未能申请的，可再给予 6 个月的宽展期。续展可无限重复进行，每次续展期 10 年。商标权是一种无形资产，具有经济价值，可以用于抵债，即依法转让。根据我国《商标法》的规定，商标可以转让，转让注册商标时转让人和受让人应当签订转让协议，并共同向商标局提出申请。

2. 专利权保护

专利权，简称“专利”，是发明创造人或其权利受让人对特定的发明创造在一定期限内依法享有的独占实施权，是知识产权的一种。我国于 1984 年公布专利法，1985 年公布该法的实施细则，对有关事项作了具体规定。

专利权的主体即专利权人，是指依法享有专利权并承担相应义务的人。

专利权的客体，也称为专利法保护的对象，是指依法应授予专利权的发明创造。根据我国专利法第二条的规定，专利法的客体包括发明、实用新型和外观设计三种。

3. 域名保护

近年来，随着我国企业信息化程度的加深，域名作为企业品牌建设和网络营销的重要工具，起着关键性作用。尤其在全球金融危机的环境下，企业越来越注重电子商务平台的应用，域名的优势也更加凸显，一个好的域名甚至比公司CEO还重要。然而，企业域名应用的迅速普及也带来了一些问题。统计数据显示，全球域名纠纷案件呈现逐年上升的趋势，企业域名的法律保护问题已经成为域名知识产权领域广受关注的问题之一。针对围绕域名的法律纠纷问题，CNNIC于2002年9月30日发布实施《中国互联网络信息中心域名争议解决办法》及《中国互联网络信息中心域名争议解决程序规则》，同时授权中国国际经济贸易仲裁委员会和香港国际仲裁中心作为CN域名争议解决机构，初步建立了CN域名的争议解决体制，并在之后根据域名争议的新形势，修改完善了域名争议办法。专家认为，针对如何避免企业在域名权益上的被动，最好的办法就是树立企业的域名品牌意识，加强企业的知识产权保护，这样才能够有效避免侵权行为给企业品牌造成的危害。域名品牌应以预先保护为主，法律手段为辅。

8.6.2 品牌的社会保护

1. 传媒对品牌的保护

新闻媒体是党、政府和公众的耳目喉舌，它代表着广大人民群众的利益。1992年1月到6月，以大众传播媒介牵头，一些社会团体参与、政府作为后盾支持的"中国质量万里行"活动全国震动，各地传媒对各种假冒伪劣产品大量曝光，宣传知名品牌正品，全国最权威的传媒同时大规模地对某一假冒伪劣现象曝光，让它不能再公开在全国市场上生存下去。近些年，每年的"3·15"消费者权益保障日这天，全国的各种各类大小媒体齐心协力共曝假冒伪劣产品的光，而各媒体几乎每天都在为品牌的正常健康发展起着防火墙的作用。传媒就应该这样敢于揭露各种丑恶行为，使制假者犹如过街老鼠人人喊打，让广大人民群众了解它们，与假冒伪劣产品划清界限。中国也就出现了这样一种现象，假的劣的差的东西总是难以治疗，没人敢管，除非经过媒体的披露。

2. 政府对品牌的保护

在我国，目前各级政府都十分关注品牌事业的发展。首先要在政策、规划、纲要上积极提倡鼓励和推动品牌保护，贯彻质量兴国的方针，营造整体大环境。改革开放以来，更是制定了许多相关的政策、纲要、规划，如《产品质量法》、《消费者权益保障法》、《反不正当竞争法》、《关于推动企业名牌产品的若干意见》等，各级地方政策也制定了有关提高产品质量和实施名牌战略的各项措施，从而加大了对品牌保护的力度。政府可以有效地组织开展创名牌活动，推动知名品牌战略；为企业品牌创造良好的环境；加大打假力度，全面保护品牌，依法对制假贩假者从重处罚。

3. 消费者对品牌的保护

许多个社会团体是与打假活动有密切关系的，它们应该积极地参与到打假活动当中，保护品牌和人民群众的合法权益和既得利益。广大消费者是假冒伪劣商品的最大受害者。近年来，由于使用假冒伪劣产品造成身体伤害、心理伤害以及给消费者带来重大经济损失的现象可谓屡见不鲜。面对假冒伪劣产品的大肆蔓延，消费者应该勇敢地拿起武器，依法进行斗争，绝不能采取息事宁人的态度，要依法维护自己的合法权益，同时也对品牌起到了重要的保护作用。我们的消费者就要人人成为打假先锋，让假冒伪劣产品无处藏身。

8.6.3 品牌的自我保护

1. 加强商标保护

要加强商标的续展意识，保护好品牌的商标。企业应定期查阅商标公告，一旦发生被侵权行为，应该及时提出异议，收集证据，最大限度地保护自身的合法权益。我国商标法规定，在企业改变注册商标、改变注册商标的注册人的名义和地址等注册事项、转让注册商标的时候要到商标局办理登记手续。

2. 保护商业秘密

商业秘密是指不为公众所知悉、能为品牌的所有者和权利人带来经济利益、具有实用性并经权利人采取保密措施的技术信息和经营信息。对于可能造成商业秘密被窃的参观访问，应该有技巧地予以拒绝，开国际会议也应回避商业秘密的内容。为了保护本企业的商业秘密，必须把企业经过多年研究的技术信息、经营信息等做一个全面的回顾和分类，决定保护的内容、保护的措施。确立保密的义务人，包括技术人员、资料员和合作伙伴等。还要制定保密规章制度，专人保管商业秘密的资料、规定节约范围、加强保密措施等。

3. 注重互联网域名权

域名是互联网时代一个企业与外部交流的身份证，它不但是企业的网上名称、网上商标，也是顾客与企业沟通的入口。注册域名是企业进入互联网世界从而实施电子商务的第一步。

4. 打击假冒侵权行为

要利用高科技手段，提高自身的防卫能力，应用滴水消失新型防伪技术、记忆行功能防伪技术、货币版防伪技术和电话号码防伪技术等技术。品牌的所有者要积极收集有关制假的线索，配合管理部门，共同打击假冒侵权行为。

8.7 知识链接

品牌体检：品牌健康维护的必修课

品牌体检是一个形象的说法，意思是说我们应该经常监测、评估品牌的健康状况，一旦出现病症(风险隐患)可以迅速采取救治行动，以免形成品牌危机。因此，品牌体检事关组织的存亡，其目的在于预防风险、及时发现问题，便于后续处置。品牌问题的出现与企业间的竞争密切相关。据日本学者仁科贞文分析，20世纪80年代末，欧美发达国家开始重视品牌管理问题，那个时期发达国家经济开始衰退，企业之间普遍存在着一种"没有品牌就会灭亡"的危机感，品牌的价值被迅速发现和重视起来，"品牌"作为一种资产的观念也逐渐盛行起来，品牌管理的观念也浮出水面。

1. 从生存危机角度认识品牌体检

"现代营销学之父"科特勒说，营销是一个组织的灵魂。营销是组织的基本职能，一个组织做不好营销工作也就失去了在市场上立足的基本条件。那么，营销的灵魂又是什么呢？是口若悬河的演说技巧还是巧舌如簧的推销技巧？都不是。营销的灵魂是产生信任——这是一种心灵契合，也是一种长期的承诺。沃尔沃汽车的"安全"信赖，海尔家电的"售后服务"信赖，都是它们的品牌财富。"古井贡"的品牌危机是一个典型的案例。享有"中国八大名酒"声誉、有"酒中牡丹"之称、曾经品牌一路飙升的"古井贡"，为何在一则不经意的酒精采购消息披露后遭遇品牌危机？究竟是因为年份酒"勾兑"的传闻，还是因为塑化剂风波的突然袭击？表面看起来，好像是突发事件所致，但从品牌安全的角度来看，其实并不尽然。假如古井集团具有品牌体检的制度和习惯，懂得品牌维护的方法和技术，它早就会发现问题，根本不用为所谓的"行业潜规则"买单。

2. 从全面价值管理角度理解品牌体检

品牌是组织的无形资产，品牌更是组织的社会价值。作为无形资产的品牌，其价值远远超出了可以衡量的有形资产范畴。它所蕴涵的独特溢价能力和特殊竞争优势以及对于产品营销的无形影响，使得它成为组织宝贵的财富。正如营销学大师科特勒所言，品牌不是产品，但是，"每一个强有力的品牌实际上代表了一组忠诚的客户"。在市场经济环境下，良好的品牌形象是一个企业在激烈竞争中强有力的资本。

作为社会价值的品牌，它给组织营造的是一种未来持续发展的社会环境，是一种对美好未来的共同期许，是一种多方利益兼顾的对称平衡。"资产"是一种经济学意义上的衡量，"价值"则是社会学意义上的评价。没有社会价值的兼顾考量，产品价值、顾客价值也很难得到充分满足。一个忽视社会价值的组织，一定是一个没有发展持续性的组织，一个没有未来的组织。所以，卓越的组织应当追求经济效益和社会效益双丰收。

基于这样的思考，我们认为，对于任何组织而言，品牌都弥足珍贵，因为它是实现组织社会价值的重要资源和纽带。对于这样一种极为珍贵的资源，任何组织都不应该忽略或放松对它的管理。也只有时刻关注品牌的健康状况，才可能更好地维护它的社会价值。换句话说，品牌管理应当成为全面价值管理的重要“抓手”，成为全面价值管理不可或缺的一环。

3. 从时间间隔和指标设定的角度认知品牌体检

品牌体检间隔多长时间比较合理？品牌体检主要针对哪些方面？这是一个具体的操作性的命题。品牌体检要讲究效率：既要能准确反映品牌健康状况，又要尽量减少资源成本。简单地说，就是既要有效，又要高效。因此，品牌体检的时间间隔不能太长也不应该太短；品牌体检的指标不应该太简略，也不需要太繁复。总之，只要能够有助于把握品牌健康的真实情况就可以了。

一般来说，品牌体检的时间间隔设定要考虑两方面因素：品牌自身的生命周期和外界环境的局势。比如：处于健康成长轨道的组织按照常规计划即可；而处于衰退期的组织则往往要增加频次；竞争环境比较温和的可依常规执行，竞争比较激烈，或者宏观环境、中观环境比较恶劣的则要考虑增加频次。但通常来说，以年度为周期的体检时间间隔是比较合适的。特殊情形下，可以考虑增加临时体检。

指标方面，分为纵向和横向。纵向指标考察品牌的知名度、满意度、美誉度等不同层级的品牌影响力。横向指标考察品牌的各个组成侧面，如：产品质量、服务态度、社会责任、核心理念、整体形象等。其中的重点，是品牌核心元素的监测。所谓核心元素，指的是最能体现组织品牌特点和优势的关键方面，比如：红十字会的慈善、企业的业绩（合法性的业绩）、法院的公平、新闻媒介的客观真实性，等等。

4. 从制度建立和程序规范的角度认知品牌体检

建立制度的目的是要赋予品牌体检以合法性，进而保证它的连续性，因为这对于组织品牌的长期健康是至关重要的。一个人一辈子只做一次体检固然也有价值，但对于保障其长期健康来说可能远远不够。比较科学的做法，是经常性、规律性地进行体检。组织管理若无制度保障，很可能因为管理者的更替而出现重大变故。一旦因此而打破对品牌健康状况的持续、系统监测，风险就会相应增长。

规范程序是保障监测数据连续、系统的要求。规范化的品牌体检除了能够发现即时的品牌风险或危机外，还可以预测/预警未来可能存在的风险和危机。但是要想充分发挥品牌体检的作用，就必须保证监测数据的长期有效。因此，品牌体检的操作标准必须统一，技术要求必须一致，这样的数据才具有可比性，也才更具有参考分析价值。通常来说，品牌体检包含数据监测、健康评估和维护建议三个部分。

（以上内容选编自 2013 年第 9 期《青年记者》王朋进的文章《品牌体检：品牌健康维护的必修课》）

8.8 案例分析

中国红十字会的危机传播

一、红十字会品牌

中国红十字会，以从事人道主义工作为主，是国际红十字运动的合法成员。它以保护人的生命和健康，发扬人道、博爱、奉献精神，促进人类和平进步事业为宗旨。中国红十字会于 1904 年成立，经历了 100 多年的发展过程，红十字会拥有了红十字博爱送万家、博爱家园、疾病预防和关爱、扶贫救心、心灵阳光工程、爱心工程、国际人道法传播、灾后重建等品牌项目。但是因为它的身份是准政府部门，玉树地震、汶川地震等大灾之后，青海、四川等省级红十字会所募得的善款，大部分归入了财政资金，政府统一调配使用。这种做法使得红十字会成为了政府实际上的组成机构，其宗旨中的独立性不能体现。同时善款也纳入财政，使得捐赠信息透明化也难以实现，违背现代公益慈善理念。

相反，美国红十字会人员不是由财政供养，接受来自政府的款项，也并非直接拨款，而是政府针对于具体项目提供资金，政府与红十字会的关系，类似于购买服务的合作关系。与其特殊地位如影随形的是，中国红十字会诞生之初，就被赋予了公募权，也就是说其有权向不特定公众募款。但民间社会对公益行为和组织的要求变得越来越高，红十字会不得不面临公信力流失的困扰。这对其品牌影响力造成了非常不良的影响。

从募捐组织的市场发展和营销实践的趋势看，需要从更高层次用更有效的方式在组织和顾客之间建立起不同于传统的新型主动性关系，如双赢关系、互动关系、关联关系等。随着重视消费者关系的营销时代的发展，募捐组织需要把捐赠者当做合作伙伴，发展成为组织的会员或者志愿者，形成双方互动的良性循环关系。红十字会要特别注意与捐赠者建立关联，也要与募捐产品需求建立关联，提高募捐市场的反应速度，重视公共关系的营销，才能确保募捐的目标顺利实现。

二、中国红十字会的危机传播

中国红十字会作为公益机构，不太善于进行危机传播。从“郭美美事件”到滥用捐款与谋取商业利益等问题，都充分证明了组织与社会大众进行沟通的失败，给组织品牌构成了严重的威胁。对中国红十字会进行研究的意义是为了观察红十字会如何把握危机传播机会，进行危机传播。

中国红十字会自 2011 年“郭美美事件”以来，被网民围观的热情一天高过一天，传闻纷飞，事件持续发酵，中国红十字会及其合作伙伴相继被卷入“无法自证清白”的尴尬境地。持续不断的负面新闻，包括谋取商业利益和滥用捐款等问题。中国红十字总会针对公众质疑发表过多次声明，也逐条回应，但没有使得“郭美美”等事件偃旗息鼓，相反，每一次声明几乎都能够激起网民的质疑。

究其原因，作为承载着中国慈善事业名誉的社会公益机构的中国红十字会，从虚假发票到万元帐篷再到天价公务餐事件，各种滥用善款和贪腐问题刺痛了公众敏感的神经。红十字会以往慈善募捐活动中，瞄准了受益人的需求，却没有对捐赠人的需求、动机、内心感受给予足够的关注。捐赠人往往被忽略，知情权和监督权被剥夺。由于体制不透明和法律滞后以及监督机制的不完善，善款使用情况大部分捐赠人无从知晓，红十字会与公众以及红十字会与捐赠者都没有进行过良好的沟通。所以这些事件导致红十字会公信力的下降是必然的结果，中国红十字会品牌正在遭遇着前所未有的信任危机。为应对危机，中国红十字会对社会承诺，做到“两公开、两透明”，即：招标采购公开，分配使用透明；捐赠款物公开，财务管理透明。其中公开透明的重要一步是将中国红十字会捐赠信息发布平台正式上线，但这当中错漏信息百出，再次遭公众质疑。随着质疑而来的是捐款数额急剧下降，无偿献血数量的急剧减少。民政部最近统计数据显示，受这些事件的影响，社会捐款下降了五成。更有联合早报、新浪等多家知名媒体调查的投票显示，超过70%的公众表示不会再次向红十字会捐款，公众信任度已经降至冰点。

三、中国红十字会品牌维护策略建议

为实现组织的宗旨、目标及使命，中国红十字会应该加快信息公开，推进体制改革并且加强内部监管。公众对中国红十字会最大的不信任来自财务不透明，对善款流向和管理使用不能够了解，因此，公众对红十字会混乱的管理状况表示担忧，而红十字会监督机制则成为了公众攻击的焦点。所以，红十字会问题的根本在于体制的混乱和立法不完善。

1. 改革体制

如果体制不改革，那么公众的信任无从谈起。

改革体制的核心有三点。

(1) 善款使用和基金会募款信息要公开透明。红十字总会与分会应建立起统一的信息平台和数据库，使公众对善款流向有据可寻。红十字会要定期发布清晰的财务状况，让公众监督了解各种款项的使用。

(2) 理顺红十字总会和各级分会之间的关系，建立责权明确的管理监督体制。红总会对商红会的缺位监管引发的“郭美美事件”应该给管理者敲响警钟，严格加强各级分会之间的管理。

(3) 建立监督评估和追责机制。对红十字会的监督有三个方面：完成任务的能力、财务的审计和工作过程的高效，而这样的监管不仅仅要依靠红十字会内部，还需要政府的监管、媒体和专业的第三方机构及公众共同的努力。

2. 加强立法工作

中国红十字之所以存在这种种问题，其根本原因在于没有明确的法律界定红十字会的地位及责任边界，法律的滞后导致了中间环节薄弱，也没有严格的法律规范及明确的机制，行业的自律无法实现，所以红十字会应该从立法方面努力。

(1) 开展法制建设的调研会,探讨红十字章程的修改和慈善法的制定。当前慈善事业法律滞后,要召集主管部门的官员、红会的工作人员、法律专家和媒体人员以及公众代表参与相关立法工作的研讨,并且及时向公众征集意见。

(2) 根据专家及公众的意见制定最终意见稿和相关法律的草案,提交给立法机构。

总之,信任被摧毁很容易,重建却需要一个漫长的过程。中国红十字协会只有做到公开、透明,巧妙把握危机传播机会,再加上完善慈善机构的体制和立法,才能在全民问责中浴火重生,树立新的品牌形象。

(以上内容改编自 2013 年第 6 期《现代营销》郑晓辉的文章《从品牌营销的视角研究中国红十字会的危机传播》)

8.9 品牌人物

危机逼出来的品牌老板

"依步达"在韩语中是漂亮、美丽的意思,EBUDA'S 时尚女装品牌也走的是韩派服装风格,精致、靓丽、时尚,加之请韩国名模朴素妍做代言,很容易让人觉得是韩国的某个高端女装品牌。而创办 EBUDA'S 品牌时装的却是一位地道的山东汉子——许飞。

危机处境被迫出山

时光倒退回 1995 年,许飞与家人筹集 60 万元资金创办了电脑刺绣公司——淄博华丽时装刺绣有限公司,主要业务是为别的企业做配套服务,虽然规模不大,但也经营得不错。然而到了 1998 年,欧美等国家联手制裁中国,加大了我国纺织品服装的出口限制,转眼间许多国字号企业、大集体企业都烟消云散了,刺绣公司不可避免地出现了亏损。面对公司欠下的债务和为公司辛勤工作的员工以及心情灰暗的家人,许飞决定放弃自己的工作,全身心投入到公司的经营中来。在他的苦心支撑下,经过近 3 年的努力,企业才慢慢恢复了元气。

经过这一变故,许飞深刻地体会到:如果没有自己的自主品牌只能永远为他人做嫁衣。于是,许飞作出了在企业发展中具有转折点意义的决策:把公司从淄川区移师到淄博高新区,投资 3 000 余万元新建了集进出口贸易、服装加工、电脑刺绣、丝网印刷等为一体,管理科学化、技术先进、设备一流的花园式工厂。公司名称也改为"山东华丽时装有限公司"。

从贴牌中积累经验

既然做品牌,就要掌握品牌的创意设计、生产流通、形象策划、市场拓展、产品营销方面的经验。经验来自哪里?从给国际知名品牌做贴牌代工学起。于是,许飞搭起擂台招兵买马,先后成立了欧美业务部、日韩业务部及国内贸易部,相关配套部门及先进的管理手段全部置办齐备。多年的市场历练，使许飞越发深刻地认识到科学管理的重要性，也越发体会到制度管人才是激发企业活力的根本。为此，许飞经常向先进企业学习管理心得，并运用在自己的管理方法中。比如，对于新入职的员工，由于干活不熟练，很难拿到很高的计件工资。公司为保护新员工的学习积极性，制定出一种激励机制。第一个月，一位新学员配备一位老师，学习操作要领，并可以拿到保底工资；第二个月，学员要完成 800 元的计件工作量，公司再补贴 800 元，如果超额完成，800 元以上部分也计入学员的当月收入；第三个月，学员要完成 1 200 元的计件工作量，公司再补贴 400 元，如果超额完成，1 200 元以上部分也计入学员的当月收入。这样激励学员在最短的时间内熟练掌握技能，并且体现多劳多得。所以在华丽公司，把人的效率发挥到极致是许飞所追求的管理境界。

同样，许飞也利用 ERP 系统管理技术，随时跟踪公司生产、流通、销售各个环节的动态情况。一部手机、一台电脑就可以轻松了解公司所有运营情况。按照现代化企业管理理念经营公司，使许飞的外贸业务越做越大。Calvin Klein、GiorgioArmani、Levis、依恋、百家好、HANGTEN 等国际品牌都与许飞建立了合作。公司的知名度、信誉度、品牌质量及管理水平都得到了提升。

品牌梦想终成真

由于许飞经常与韩国客商合作，不知不觉间，韩国服饰文化以独特的风格和其鲜明的个性引起了许飞的注意。同时，伴随韩剧在中国的热播，韩餐、韩服等“韩流”文化吸引了无数时尚青年男女。创办一个注入韩国服饰文化基因的时装品牌逐步在许飞的头脑中形成。

2008 年，许飞先在韩国设立了时尚休闲服装“华丽 · 依步达”品牌设计研发中心，同时在国内注册了“华丽 · 依步达”及都市时尚女装“EBUDA'S”品牌，主攻国内都市时尚休闲女装中高端市场。为了满足时尚年轻群体对于不同风格的着装需求，2008 年 9 月，依步达时尚服饰品牌在时尚创意之都——深圳成立深圳依步达服饰有限公司。公司聘请中韩知名设计师团队，以流行的日韩风格为基础，精选高档纯棉为主的舒适面料，加入时尚独到的设计理念，彰显出穿着者的衣着品位和文化气质，传播“穿出你的活力来，让你的生活更精彩”的服饰文化。

为加大对品牌文化的培植力度，依步达还与东华大学服装艺术与设计学院签约，共建时尚休闲服装研发中心，通过产学研用的合作，研究先进的时尚休闲文化，促进我国时尚休闲服装创意产业的发展。经过 5 年的发展，依步达品牌已经被评为“山东名牌”和“中国服装成长型品牌”。目前，“EBUDA'S”女装及依步达休闲品牌服饰在全国共有 60 多家店面，4/5 的门店处在盈利状态，年销售额过亿元，年销售额 200 万元以上的单店数量在逐年增长。在众多服装品牌“百舸争流”中，人们期待“EBUDA'S”品牌能够越发走得长远，脚步越发坚定。

（以上内容改编自 2013 年 12 月 17 日《中国纺织报》梁枫的文章《危机逼出来的品牌老板》）

8.10 本章小结

本章对品牌维护内涵、作用和核心理念进行描述，分析品牌维护的流程。从品牌延伸的基本规律和策略、品牌扩张的原因和形式、品牌危机的成因和管理原则、品牌创新的内容、品牌的法律保护、社会保护及自身保护等方面分析品牌维护的具体策略。

8.11 学习要点

基本概念

品牌维护；品牌延伸；品牌扩张；品牌危机；品牌危机管理；品牌创新；品牌保护；商标权保护；专利权保护；域名保护。

思考题

(1) 简述品牌维护的作用。

(2) 简述品牌维护的理念和流程。

(3) 简述品牌延伸的准则。

(4) 简述品牌延伸的策略。

(5) 简述品牌扩张的原因和形式。

(6) 简述品牌危机的成因特征。

(7) 简述品牌危机管理策略。

(8) 简述品牌创新策略。

(9) 简述品牌保护的主要内容。

第9章 品牌传播

导入案例

苹果手机品牌传播的“七块拼图”

作为全球颇具影响力的iPhone手机，能在竞争日趋激烈的手机行业中脱颖而出，取得炫目的销售佳绩和行业地位，甚至在中国市场，没有做很多的宣传即可吸引消费者，让不少国内品牌望其项背，让无数广告人士赞叹不已。市场上没有无缘无故的成功，苹果的品牌传播在很大程度上成就了苹果。

美国著名的营销专家菲利普·科特勒认为：“品牌是产品的名称、术语、符号、图案，或者是这些因素的组合，用来进行产品识别。”品牌有利于开拓市场，提高市场占有率，培养忠诚的客户，同时还是一种无形资产。建构品牌，产品就多些价值承载点，影响市场和客户的深度就更进一步。苹果让人们知晓、了解，然后到购买，在这期间把品牌传播的七块拼图运用得恰到好处。

苹果品牌之“故事”。阿兰·麦席森·图灵，计算机逻辑的奠基者，许多人工智能的重要方法也源自这位伟大的科学家。1954年6月8日，图灵42岁，正逢进入他生命中最辉煌的创造顶峰。一天早晨，女管家走进他的卧室，发现台灯还亮着，床头上还有个苹果，只咬了一小半，图灵沉睡在床上，一切都和往常一样。但这一次，图灵是永远地睡着了，不会再醒来……今天，苹果电脑公司的Logo——一个咬掉一口的苹果，就是为纪念这位伟大的人工智能领域的先驱者——图灵。

苹果品牌之“人物”。史蒂夫·乔布斯，发明家、企业家、美国苹果公司联合创办人、前行政总裁。他凭敏锐的嗅觉和过人的智慧，勇于变革，不断创新，引领了全球电子产品的潮流，把电脑和电子产品变得简约化、平民化；让曾经是昂贵稀罕的电子产品变为现代人生活的一部分，深刻地改变了现代通信、娱乐乃至生活方式。他的被辞退、再任职及逝世，让人们把苹果跟天才联系起来，并疯狂追捧。

苹果品牌之“通关密语”。通关密语是品牌给予消费者最重要的一项利益点，必须显现于各项产品上，且与品牌精神一致。例如迪斯尼的品牌承诺是在全世界各地带给人类欢乐。所以，走进迪斯尼乐园所见到或遇到的人物、商店、建筑以及所经历的各种体验，都是在传递“欢乐”的使命。正如大家所感知的 iPhone，无时不清晰地带给大家创新、时尚之感，且不缺失地位、生活品质的象征之特点。

苹果品牌之“象徵”。象徵的代表就是 Logo。奢侈品流行起 Logo 风，就是一例，以 Logo 呈现在皮包、皮带、领带以及马克杯等各种商品上。苹果电脑公司以咬了一口的苹果为其商标的图案，它简洁、便于识别。图灵的故事为苹果 Logo 注入新的魅力，也为苹果的品牌提供了新的认知。通过创造一个标识抓住消费者的眼球，从而产生了强烈的共鸣。无论苹果的哪一款产品，简单的标识、配件、色相、包装，都让消费者感到它的贴近和实用，其背后那个被咬掉一口的银色的苹果，总是能够引起热爱苹果产品的消费者的消费冲动。每个 iPhone 后面显示的 Logo 更多的是一种符号，代表它的品牌文化、品牌内涵，给予消费者附加的精神享受。

苹果品牌之“信念”。信仰就是品牌的最高理想或愿景，是产品的精髓，能指引品牌、产品走得更远。苹果的品牌核心价值是“Think Different”。基于这样的信念，苹果推出的产品从 iPod、iTouch 到 iPhone 总是令人耳目一新，创意十足。iPhone 正是在创新、冒险和完美主义的信念支撑下在越来越多的消费者心中站稳脚跟，且不可替代。

苹果品牌之“仪式”(产品发布会)。仪式是创造一种特殊的过程，让品牌核心意念与精神，透过一个正式且经年累月可以持续下去的活动，对消费者传达或让他们体验品牌价值。苹果正是通过万人关注的“全球开发者大会(WWDC)”将产品陆续公开给大家，并给出理由让大家认知、了解、记忆并最终采取购买行动。

苹果品牌之“非我族类”(偏执、创新、顶尖人士)。任何一个超级品牌所缔造的成就，总是令人炫目，微软、可口可乐、Google 等超级品牌拥有亮丽的财务成绩，以及忠实的客户，甚至改变人类生活的习惯、提升人类工作的效率，其影响力绝非一般品牌所能比拟。

(以上内容选编自 2013 年第 7 期《新闻知识》李转红的文章《浅谈苹果手机的品牌传播》)

传播就是信息借助媒介载体从传播者流通到受传者的过程。一个优秀的品牌要想为公众所认识和接受，必须经过传播媒介向公众进行推广，使品牌相关的信息能够被更多的消费者了解并皆发自内心地接受和使用。研究和学习品牌传播的规律，将会引导品牌的拥有者研究消费者的需求，通过适当的媒介方式，把有利于顾客满足需求的信息传递出去，在这个过程中，品牌的知名度、美誉度不断丰富，消费者不断成熟，品牌逐渐成长。

9.1 品牌传播的内涵

9.1.1 什么是品牌传播

“品牌传播”，就是品牌的拥有者以品牌的核心价值为原则，在品牌识别的整体框架下，选择广告、公关、销售、人际等传播方式，将特定品牌推广出去，以建立品牌形象，促进市场销售。品牌传播是企业满足消费者需要，培养消费者忠诚度的有效手段。

通过品牌的有效传播，可以使品牌为广大消费者和社会公众所认知，使品牌得以迅速发展。同时，品牌的有效传播，还可以实现品牌与目标市场的有效对接，为品牌及产品进占市场、拓展市场奠定宣传基础。品牌传播是诉求品牌个性的手段，也是形成品牌文化的重要组成部分。

9.1.2　品牌传播的特点

1. 信息的聚合性

作为动态的品牌传播，其信息的聚合性，是由静态品牌的信息聚合性所决定的。品牌表层因素如名称、图案、色彩、包装等，其信息含量是有限的，但“产品的特点”、“利益与服务的允诺”、“品牌认知”、“品牌联想”等品牌深层次的因素，却无疑聚合了丰富的信息。而它们构成了品牌传播的信息源，也就决定了品牌传播本身信息的聚合性。

2. 受众的目标性

将品牌传播的对象表述为“受众”，强调的是受众对品牌的认可与接受，体现的是传播上的信息分享与平等沟通观念。如果将信息传播也视作一种营销行为，那么与所有在市场中求取生存的企业一样，传播者也需细分市场，寻找到自己的目标消费者即目标受众。只有确立了明确的目标受众，传播中的受众本位意识才能得到体现，受众的需求才能得到满足，相应的品牌传播才是卓有成效的。

3. 媒介的多元性

传统的大众传播媒介，如报纸、杂志、电视、广播、路牌、海报、POP、DM、车体、灯箱等，对现代社会的受众来说，依然魅力犹存；对它们的选择组合本身就具有多元性。而新媒体的诞生，则使品牌传播的媒介多元性更加突出。而由互联网所带来的新媒介形式的丰富性使品牌传播在新旧媒介的选择中更有了多元性的前提。

4. 操作的系统性

在品牌传播中，其系统的构成主要为品牌的拥有者与品牌的受众，二者由特定的信息、特定的媒介、特定的传播方式、相应的传播效果（如受众对品牌产品的消费、对品牌的评价）、相应的传播反馈等构成。由于品牌传播追求的不仅是近期传播效果的最佳化，而且追求长远的品牌效应，因此品牌传播总是在品牌拥有者与受众的互动关系中，遵循系统性原则进行操作。

9.1.3 品牌传播的作用

品牌传播具有如下作用。

1. 有利于品牌组织和消费者的沟通

商品力、品牌文化和品牌联想等构成品牌形象的因素只有在传播中才体现出它们的力量。要使有关品牌的信息进入大众的心智,唯一的途径是通过传播媒介。如果少了传播这一环节,那么消费者将无从对商品的效用、品质有进一步的了解;会忽略产品的定位和产品的特定目标市场;品牌文化和品牌联想的建立则几乎是不可能的。

2. 有利于更好地满足消费者的需求

传播过程中的竞争与反馈对品牌力有很大的影响。传播是由传播者、媒体、传播内容、受众等方面构成的一个循环往复的过程,其中充满竞争和反馈。在现代传播日益发达的社会中,人们再也不能企望接收所有信息,而是"逐渐学会了有选择地记取、接受,即只接受那些对他们有用或吸引他们、满足他们需要的信息"。比如,在电视机前,当你不满某个品牌的广告时,就会对该品牌的产品不满。如果绝大多数的人都产生这样的情绪,传播者在销售的压力下,就不得不重新考虑传播的内容。因此在传播中塑造品牌形象就必须考虑到如何才能吸引、打动品牌的目标消费者,考虑如何在传播中体现出能满足更大需求的价值。

3. 有利于品牌组织和环境的互动

传播过程是一个开放的过程,随时可能受到外界环境的影响。在现实生活中,外界环境通常会对传播过程产生制约、干扰,从而影响品牌传播活动的进行。

9.2 品牌传播要素

9.2.1 品牌传播者

1. 品牌传播者的含义

品牌的传播者是品牌信息传播过程中的"信源",即品牌传播行为的引发者,是以发出与品牌有关的讯息的方式主动作用于他人的人或组织。在品牌传播中,品牌传播者包括品牌机构、专业的传播机构等。

品牌机构是指国家、城市、企业、个人等品牌的拥有者,他们在品牌信息流动的过程中扮演传播者的角色;专业的传播机构指广告公司、公关公司、品牌顾问公司等服务于品牌机构的营销传播机构,他们按照品牌机构的要求负责对品牌信息进行编码,也是传播者。

2. 品牌传播者的特征

品牌传播者具有如下特征。

(1) 是品牌传播战略的制定者

品牌的传播者肩负品牌的拥有者和传播机构之责,在品牌信息流通之前,要对品牌传播的过程有所把握,即要对品牌传播的目标、传播的路径、争取的受众以及取得的传播效果进行谋划。品牌的传播者要深知创建品牌的目的,消费者会从品牌信息的流通中得到什么满足,品牌将传播什么样的价值观念,品牌与竞争者的差异在哪里,怎样对品牌的符号系统(品牌的标识、商标、口号语等)进行设计,什么样的传播媒介能够使品牌更好地传播,等等。

(2) 掌握权威的品牌信息

由于品牌的传播者掌控着与品牌相关信息的"信源",所以品牌传播者是品牌信息流通中对信息最权威的掌管者,甚至有些信息是品牌传播者所独占的。一般来说,从品牌机构发出的所有品牌信息应当保持内在的一致性,并且要在一定的时段内具有连续性。

(3) 以受众为导向

任何一个品牌传播过程,都是品牌的传播者与品牌的消费者双向沟通的合作互动过程。传播者所传递的品牌信息,最终必须到达消费者的头脑之中,并为消费者所接受,才算真正完成了品牌传播过程。只有那些很好地识别经过变化的消费者群体的特征、消费者个体的需求和需要以及消费者所使用的品牌,才能抓住永远成功的最佳时机,但是成功的前提是整个企业要以消费者的需求为运作核心。

(4) 以获取有效传播效果为目的

多维的消费者组成的受众是传播反馈的核心环节,传播效果必须从受众的反应中进行评价,受众是决定传播活动成败的关键因素,只有品牌被受众认可,才会取得有效的传播效果。所以传播者对品牌信息进行编码,对传播渠道进行选择,了解受众的需求,及时获得反馈信息等工作都是为了获得受众的满意,使品牌传播取得有效的传播效果。

3. 品牌传播者的议程设置

政治学家伯纳德·科恩1963年提出来的议程设置理论,是指媒体有意无意地建构公共讨论与关注的话题。科恩认为,媒体在使人们怎么想这一点上很难奏效,但在使人们想什么这点上却十分有效。1972年,M. E. 麦库姆斯(McCombs)和D. L. 肖(Shaw)在《民意》季刊(Public Opinion Quarterly)上发表了《大众传媒的议程设置功能》一文,通过实证调查研究,证实了此前科恩(Cohen)等人提出的议程设置(agenda setting)猜想的成立。议程设置理论的主要含义是:大众媒体加大对某些问题的报道量、或突出报道某些问题,能影响受众对这些问题重要性的认知。

在品牌传播中,议程设置的力量是不可小看的。它不但有能力提升一个品牌的销售量,而且有能力带动一个产业的发展。在产品同质化的今天,消费者往往会失去判断能力，把自己的关注重心转移到具有品牌传播的议程设置当中。要注意把握议程设置的契机，借助媒体报道助力提高品牌知名度；同时借助重大事件传播产品品牌；通过议程设置吸引消费者的注意力，跟踪延伸事件发展的过程；在事件发生的过程中品牌的传播者要积极与政府和媒体合作，对事件的进展及时掌握，引导品牌信息的传播走势并积极应用法律的武器保护自身的权益。

9.2.2 品牌讯息

品牌讯息是指由与品牌相互关联的意义符号组成，能够表达有关品牌的完整意义的信息。品牌讯息是品牌的传播者和受传者之间社会互动的介质，通过与品牌有关的讯息内容，两者之间发生意义的交换，达到互动的目的，使品牌传播者在讯息流动过程中取得预期的传播效果。

1. 品牌名称

品牌名称是指品牌中可以用语言称呼的部分，品牌名称是品牌的重要组成部分和企业的无形资产。在品牌传播越来越细化的今天，每一个环节都对最终的传播结果产生重要的影响。而品牌名称更是市场营销工作当中的第一个重要的传播工具，如果不想输在起跑线上，品牌的传播者就一定要重视品牌名称的传播价值。一个好的品牌名称不仅便于受众记忆，让受众产生好的联想，进而对品牌抱以好感，并最终促使购买行为的产生。同样，一个好的品牌名称还能为企业节省下一笔大的宣传费用。反之，一个不好的品牌名称不仅不便于受众记忆，还会影响受众对品牌的好感，进而大大影响购买欲望。可见，一个好的品牌名称对品牌的成功与否起着至关重要的作用。

2. 品牌标志

品牌标志，是指品牌中可以被认出、易于记忆但不能用言语称谓的部分——包括符号、图案或明显的色彩或字体，又称“品标”。品牌标志自身能够创造品牌认知、品牌联想和消费者的品牌偏好，进而影响品牌体现的质量与顾客的品牌忠诚度。品牌标志是一种“视觉语言”。它通过一定的图案、颜色来向消费者传输某种信息，以达到识别品牌、促进销售的目的。品牌标志自身能够创造品牌认知、品牌联想和消费者的品牌偏好，进而影响品牌体现的品质与顾客的品牌忠诚度。因此，在品牌标志设计中，我们除了最基本的平面设计和创意要求外，还必须考虑营销因素和消费者的认知、情感心理。

3. 品牌口号

品牌口号是指能体现品牌理念、品牌利益和代表消费者对品牌的感知、动机和态度的宣传用语。品牌口号一般都突出品牌的功能和给消费者带来的利益，具有较强的情感色彩、赞誉性和感召力，目的是刺激消费者。品牌口号通常通过标语、手册、产品目录等手段进行宣传。品牌口号要突出自己的特色或竞争优势，同时还可以对商品名称起到解释作用。品牌口号也可以像品牌标志色和标志物那样进行动态调整，以便适应市场需要。品牌口号不应随意变动，它将运用于广告词、宣传品、海报、条幅、网站等任何能想得到的地方。在最初的阶段确立正确的决策，然后坚决执行，毫不动摇。

4. 品牌包装

品牌包装就是指品牌产品的包装。品牌包装设计应从商标、图案、色彩、造型、材料等构成要素入手，在考虑商品特性的基础上，遵循品牌设计的一些基本原则，如保护商品、美化商品、便利使用等，使各项设计要素协调搭配，相得益彰，以取得最佳的包装设计方案。假如从营销的角度出发，品牌包装图案和色彩设计是凸显商品个性的重要因素，个性化的品牌形象是最有效的传播手段。

9.2.3 品牌受众

受众是指信息的接收者。在品牌传播中，我们可以发现，受众是传播反馈的核心环节，传播效果必须从受众的反应中进行评价，受众是决定传播活动成败的关键因素。品牌传播的受众不仅包括品牌产品的消费者，也包括品牌利益相关者，即除了品牌拥有者之外的品牌利益人，包括员工、零售商、供应商、竞争者、公众和其他利益相关者。

1. 品牌传播的受众心理特征

美国学者约瑟夫·克拉珀提出受众有三种选择性心理特点，即选择性注意、选择性理解和选择性记忆。

(1) 选择性注意

受众往往只注意那些与自己观点相符合或相一致的内容，对不符合的消息加以回避或拒绝。选择性注意表明只有当受众乐意去接触品牌时，品牌传播才能真正建立起来，而受众是否乐意去接触品牌，完全是由受众自主决定的。

(2) 选择性理解

一层意思是指受众在所有接收到的信息中只对其中一部分进行深层次的认识、思考和处理，对其他信息则只停留在注意的层次上，不再花费更多的精力去思考。另一层意思是指具有不同认识结构的受众会对同一信息赋予不同的意义。当受众真正理解、接受品牌，把所感知的品牌传播内容化为自己的认识时，受众与品牌、传播者的互动才进入了一个比较高的层次。

(3) 选择性记忆

受众只记住了那些与自己观点一致的内容。选择性心理这一理论有助于对受众在品牌传播过程中的行为规律进行考察。而这是一个复杂的心路历程，受众的此种心路历程不仅取决于品牌本身，也取决于品牌传播的力度、质量，但更取决于受众的需求、态度、价值观、智力和其他个人因素等方面。

2. 受众与传播者的互动

(1) 认知互动

受众对品牌的认知首先通过内部感觉和外部感觉认识某种品牌的产品，受众把感觉到的各种讯息加以整理会形成对品牌的完整印象，进一步加深对品牌的认识，形成知觉，进而建立起对品牌的整体认知。传播者要结合受众对品牌的认知不断吸引和维持受众的注意，增强品牌讯息对受众的刺激，增加刺激物之间的对比，提高品牌讯息的感染力，引发品牌联想，加深受众对品牌的记忆，形成对品牌讯息的思维反映，建立对品牌的评价观念。

(2) 态度互动

品牌传播就是要在受众心中形成对品牌的正面的积极的态度，从而在竞争中取胜。当品牌讯息在传播的时候与受众固有的对品牌的认知趋于一致时，受众会形成积极的态度并引发购买的行为，相反则可能产生抵触。所以品牌的传播者要对受众的具体情况进行分析，避免引起受众的反感和抵触情绪。

(3) 情感互动

在品牌讯息流动的过程中，品牌获得受众关注并且对品牌形成认知，传播者利用情感因素以情感人，用亲情、爱情、激情等受众乐于接受的形式与受众进行互动。

(4) 行为互动

受众在对品牌认可的过程中会不断经历从认知、态度到情感行为的互动过程，逐步建立起对品牌的忠诚度。当品牌讯息更新或推出新的产品时，受众会采取新的行为与传播者互动。

9.2.4 品牌媒介

媒介是将品牌传播过程中的各种因素相互连接起来的纽带。一切形式的品牌讯息最终都必须经由媒介传递出去，所有的品牌传播工具也都必须经过传播媒介才能使品牌讯息与受众接触。

1. 大众传播媒介

大众传播是指专业化的媒介组织运用先进的传播技术和产业化的手段，以社会上的一般大众为传播对象而进行大规模的信息生产和传播活动。大众传播是特定社会集团利用报纸、杂志、书籍、广播、电影、电视等大众媒介向社会大多数成员传送消息、知识的过程。目前公认的大众传播媒介包括报纸、杂志等纸介印刷媒体，广播、电视等电子媒体，互联网、手机等新兴媒体。

2. 小众传播媒介

小众传播媒介是相对于大众传播媒介而言，指传播范围相对较小，受众群体少些的传播媒介。这些媒体往往可以直接影响消费者的购买行为，进行促销，能够弥补和配合大众传播媒介的传播活动，满足消费者的整体需要，有时也可统称为促销媒体。小众传播媒介包括一些小众化的传播载体，如：进行品牌传播的图书、期刊、科技报告、专利文献、学位论文、产品资料、档案等，进行品牌传播的车身广告、舞台表演、POP（售点媒介）、DM 广告、灯箱广告、展览等。

9.2.5　品牌传播效果

品牌的传播效果是品牌的传播活动给品牌带来的效果，品牌传播是使品牌与消费者建立关系的桥梁，使企业的目标受众能够接触到清晰、明确的品牌信息，并且形成强有力的品牌识别，积累品牌资产，从而达成有效的品牌传播，能够帮助传播者成功地区别于其竞争对手，在品牌的整体建设和维护过程中具有重要的战略意义。

1. 影响品牌传播效果的因素

影响品牌传播效果的因素如下。

(1) 传播者的影响

传播者是整个品牌传播活动的引发者，也是最大的影响因素之一。品牌的传播者决定传播的目的、内容和方式。

(2) 受众对品牌传播的影响

受众作为品牌的传播对象，是整个品牌传播活动的出发点和落脚点。受众是否接收媒体发布的品牌信息，是否能记得和理解所宣传的品牌信息，甚至是否愿意去购买所宣传的品牌，这些本身就是品牌传播效果的体现。

(3) 媒体中的品牌传播信息的质量的影响

媒体中的品牌传播信息的质量也会影响到品牌的传播效果。在传播过程中，对于品牌信息具体“说什么”和“如何说”是决定品牌信息质量的关键所在。

(4) 媒体的宣传是否合适也是品牌传播效果要考虑的重要条件

媒体的选择是否得当，决定着品牌是否能被传播给自己的目标受众。媒体发布品牌信息的时段或位置的选择和发布量大小等一系列问题都会影响到品牌的传播效果。

2. 有效监控品牌传播

为了有效地掌控品牌传播的效果，应注重搜集来自公众的品牌认知信息。将其与品牌机构自发的品牌信息进行比对，查找品牌裂缝以进行针对性的修补。公众会通过购买行为，或者态度、意见的表达对接收到的品牌信息进行反馈。这要求品牌机构积极搜集公众的信息，比对公众发出的品牌信息与品牌机构发出的品牌信息之间的差异，检查品牌裂缝，并进一步调整完善向目标公众发送的品牌信息，使品牌机构与公众共同的意义空间不断扩大。

9.3 品牌的新闻传播

9.3.1 品牌新闻传播的含义

新闻是指公众关注的最新事实信息的报道,品牌新闻是指能够引起公众关注的与品牌有关的新情况、新信息。

品牌的新闻传播是指以新闻报道为主要传播方式,以品牌信息为主要传播内容所进行的以传递新闻为主的活动。品牌新闻传播是以新闻的刊载播出为形式,以传递品牌信息为目的的活动。品牌新闻传播是一种新闻传播活动的细分,这时的新闻传播活动更多的是被当成品牌讯息传播的工具和手段。

9.3.2 品牌新闻传播的特征

品牌新闻传播具有如下特征。

1. 品牌的新闻传播是社会传播活动方式的一部分

人类社会一切传递、交换和沟通信息的活动都是传播活动,它是人与人之间相互联系,结成社会关系的基本方式。自从人类有了新闻活动以来,一直没有缺少过对商业信息、品牌活动、国家和城市的变化等新闻内容的报道。品牌新闻传播的建立不仅反映品牌本身的变化,而且是政治、经济、社会、文化生活的重要组成部分,它是社会发展的一个缩影。

2. 品牌的新闻传播是受众获取品牌新信息的手段

品牌的新变化是品牌新闻传播主要传递的内容,知名品牌的新情况更是公众关注的热点,所以对于品牌的顾客、品牌的利益相关者来说,品牌的新闻传播活动是他们了解经济走势、参与品牌经营的主要手段。

品牌新闻传播活动中,有关品牌的新闻越来越多,表明媒体、品牌的拥有者的品牌意识越来越强,加上市场经济的激烈竞争,品牌的建设、扩张、兼并、竞争更是风起云涌。受众只有在不断接触新闻、探究新闻策划的本源、了解新闻传播的目的等过程中跟踪品牌的变化和创新。而品牌新闻传播模式为受众提供了这个过程中新闻传播的规律。

3. 品牌新闻传播获得品牌有效传播效果的主要方式

品牌传播的根本目的是使品牌的受众接触到品牌讯息,对品牌的新情况有更为广泛而深刻的了解,进而在认知和态度层面建立品牌意识,最终的目标是使受众产生对品牌的购买行为,使品牌建立良好的知名度、美誉度,使受众更加忠诚于品牌。通过新闻传播让受众了解品牌的变化，认可品牌的知名度和服务，在心理和态度上支持品牌的发展，不断关注品牌的新信息，使受众自觉地成为品牌追随者，这样才可以获得传播者预期的传播效果。

9.3.3　品牌新闻传播的步骤

1. 确立报道主题

主题的选择是整个品牌新闻策划的灵魂，是统率整个活动的思想纽带和思想核心。主题的确立往往建立在掌握种种资料和整合种种资源的基础上。一个新闻可以从不同的角度来做，不同的角度有不同的重点，不同的角度会产生不同的方案，所以一般在讨论后都要从多个方案中选择并确定一个主题而不是多个。而确定这个主题的标准即是新闻价值的大小，即追求新闻价值的最大化。这里所形成的主题往往比较宽泛并有待于进一步细化；必须说明的是，在最初的讨论时期，主题的宽泛有利于从多个层次展开品牌新闻采访活动。

2. 体裁与风格

体裁关系到报道的性质。可以选择解释性报道或是预测性报道、调查性报道的品牌新闻体裁，也可以在分析研究的基础上提出对策性很强的研究报告，也可能策划为整合报道或是连续报道、组合报道。

3. 单元结构

单元结构通常是指内在结构。结构必须坚实而稳固，与此同时，它应该由多个结构单元组合而成，往往每个结构单元代表了一个次主题。为了寻找到尽可能理想的单元组合，在策划的这一阶段，往往采取穷举法进行无限制列举，然后再通过筛选和归纳的方法得到一个真正科学、高效、具有阅读价值的内在结构。

4. 任务描述

任务描述是一个对文章结构总体和每一个单元的任务作进一步细化的过程——使用一个长句子，具体可感地描述出：每一单元将会包括哪些内容、具体要采访什么、难点和重点是什么、成稿后的面貌如何，等等。

5. 分工与计时

具体分工包括：基于文本单元，或者采访工作的不同侧面，把采访对象和采访内容分配到每一个相关人员，提出注意事项。时间的安排要合理，在考虑新闻同业竞争的同时也要留有余地。一般来说，日程表上前面的时间进度较紧凑，后面可以留有时间余地来调整。

9.4 品牌的广告传播

9.4.1 品牌广告传播的含义

广告是为了某种特定的需要，通过一定形式的媒体，公开而广泛地向公众传递信息的宣传手段。广告有广义和狭义之分。广义广告包括非经济广告和经济广告。非经济广告指不以营利为目的的广告，又称效应广告，如政府行政部门、社会事业单位乃至个人的各种公告、启事、声明等，主要目的是推广；狭义广告仅指经济广告，又称商业广告，是指以营利为目的的广告，通常是商品生产者、经营者和消费者之间沟通信息的重要手段，或企业占领市场、推销产品、提供劳务的重要形式，主要目的是扩大经济效益。

品牌广告传播是指以树立产品品牌形象，提高品牌的市场占有率为直接目的，突出传播品牌在消费者心目中确定的位置的一种方法。

9.4.2 品牌广告传播的特征

品牌广告传播具有如下特征。

1. 品牌广告传播是有明确目的的传播

无论营利性广告传播或非营利性的公益广告传播活动都具有明确的目的。例如作为营利性企业追求的是要把企业的信息尽快地传给潜在的目标受众，实现商品销售，提供服务，获得盈利，维持企业生存和发展，其目的性是非常明确的。也正是为了实现企业的盈利目的，企业广告主才对广告创意给予高度重视，对广告文案字斟句酌，制定周密的广告传播计划，并要求广告制作要有效地、准确地传递信息，要求“广告上的每一个字、图表、符号都应该有助于你所要传达的讯息的功效”。

2. 品牌广告传播是可以重复的传播

广告信息总是力求所有的目标受众都接收到。对于以营利为目的的商业广告而言，广告主总是针对潜在消费者策划传播活动的。在第一次刊播以后，不可能被每一个目标受众接收，一次传播到达率是极低的，那就需要第二次再播，第三次再播，……

同时广告的反复传播也是为了对受众能产生足够的影响力，从而对受众产生认知、感情、态度以至行为方面的影响，达到广告传播的预期目的。

3. 品牌广告传播是复合性的传播

广告传播不是单一渠道进行的，大多数广告主常常通过多种渠道展开复合性传播，其方法一是以大众传播媒介为主体，同其他媒介相配合。即利用报纸、杂志、广播、电视等媒体向分布广泛、人数众多、互不相识的受众进行信息传播。二是以付费的传播为主体与不付费的传播相结合。大众传播媒介需要付费，这是现代广告的基本特点之一。广告主也可以通过自办媒介开展广告传播活动，虽然其规模较小，传播有限，但可以针对特定受众进行有效的传播活动，并且费用较低。

4. 品牌广告传播是对销售信息严格筛选的传播

一个企业，一种商品，一种服务或观念，可以宣传的方面是很多的，有待于传播的信息是大量的，但是广告传播实际所能传播的内容总是十分有限的。对信息严格地加以筛选是广告传播的又一显著特点。

9.4.3　品牌广告传播的类型

1. 报纸广告

报纸广告是指刊登在报纸上的广告。报纸是一种印刷媒介，它的特点是发行频率高、发行量大、信息传递快，因此报纸广告可及时广泛发布。报纸广告以文字和图画为主要视觉刺激，不像其他广告媒介，如电视、广告等受到时间的限制。而且报纸可以反复阅读，便于保存。鉴于报纸纸质及印制工艺上的原因，报纸广告中的商品外观形象和款式、色彩不能理想地反映出来。

2. 杂志广告

杂志是视觉媒介中比较重要的媒介。杂志广告的优势在于具有比报纸优越得多的可保存性，没有阅读时间的限制，传阅率也比报纸高；杂志的发行量大，发行面广；杂志的编辑精细，印刷精美；杂志可利用的篇幅多，没有限制，可供广告主选择，并施展广告设计技巧；专业性杂志由于具有固定的读者层面，可以使广告宣传深入某一专业行业。杂志广告的局限性在于刊发量远远地小于报纸，时效性不强。

3. 广播广告

广播是通过无线电波或金属导线，用电波向大众传播信息、提供服务和娱乐的大众传播媒体。从多年的发展趋势上看，广播广告的影响力仍然很大，它的独特魅力有其他媒体无可比拟之处。广播广告传播及时、覆盖面广、声情并茂、制作方便、干活收听两不误。广播广告优势在于：传播范围广；低成本、高回报；灵活、快捷；目标受众针对性、互动性强。广播广告劣势是：难于记忆；听众分散，宣传效果难以测定；缺乏视觉形象；难保存。

4. 电视广告

电视广告，是一种以电视为媒体的广告，是电子广告的一种形式。它是兼有视听效果并运用了语言、声音、文字、形象、动作、表演等综合手段进行传播的信息传播方式，通常用来宣传商品、服务、组织、概念等。各式各样的产品皆能经由电视广告进行宣传，从家用清洁剂、农产品、服务，甚至到政治活动都有。

5. 网络广告

网络广告就是在网络上做的广告。网络广告是利用网站上的广告横幅、文本链接、多媒体等方法,在互联网刊登或发布广告,通过网络传递到互联网用户的一种高科技广告运作方式。网络广告具有得天独厚的优势,是实施现代营销媒体战略的重要部分。Internet是一个全新的广告媒体,速度最快,效果很理想,是中小企业扩展壮大的很好途径,对于广泛开展国际业务的公司更是如此。目前网络广告的市场正在以惊人的速度增长,网络广告发挥的效用越来越显得重要。

6. 手机媒体广告

手机媒体广告指通过手机媒体承载的广告。手机媒体广告的优势体现在它的大众性、互动性、便携性、实时性、天然强迫性。手机媒体广告易于传播、分众性强、针对性好、潜力大。尽管目前国内手机上网尚不普及,但是随着科技的发展、3G的开发和运用,手机能够承载的功能越来越多,与媒体结合的功能也就越来越深入。

7. 户外广告

凡是能在露天或公共场合通过广告表现形式同时向许多消费者进行诉求,能达到推销商品目的的物质都可称为户外广告媒体。户外广告可分为平面和立体两大部类:平面的有路牌广告、招贴广告、壁墙广告、海报、条幅等;立体广告分为霓虹灯、广告柱以及广告塔灯箱广告等。在户外广告中,路牌、招贴是最为重要的两种形式,影响很大。设计制作精美的户外广告成为一个地区的象征。户外广告的主要特征有:它对地区和消费者的选择性强;户外广告具有一定的强迫诉求性质,即使匆匆赶路的消费者也可能因对广告的随意一瞥而留下一定的印象;户外广告表现形式丰富多彩,特别是高空气球广告、灯箱广告的发展,使户外广告更具有自己的特色;户外广告内容单纯,而且户外广告费用较低。户外广告的不足之处,主要表现在覆盖面小、效果难以测评。

8. 直接广告

直接广告,指以直接实现销售为目的,吸引读者或观众立即采取行动反应的一种广告形式。直接广告与传统广告的区别在于,直接广告并不刻意追求广告的品牌和形象效果,一切以促进立即反应为唯一目的。在形式上,直接广告有平面、网页、电视、邮件、DM等多种形式,在广告载体上,与传统广告没有任何区别。

9. 交通广告

在火车、飞机、轮船、公共汽车等交通工具及旅客候车、候机、候船等地点进行广告宣传,旅客量大面广,宣传效果也很好,交通广告由于是交通工业的副产品,因此,费用比较低廉。

10. 售点广告

售点广告为 Point of Purchase (POP) Advertising 的缩写，意为销售点广告或购物场所广告。POP 广告围绕销售点现场内外的各种设施做媒体，有明确的诱导动机，旨在吸引消费者，唤起消费者的购买欲，具有无声却有十分直观的推销效力。它可直接影响销售业绩，是完成购买阶段任务的主要推销工具。许多 POP 广告作品属平面范畴。这种广告形式，在有限的时空里，对吸引顾客，引导顾客购物，激发顾客欲望，促成顾客的购买行为，具有特殊的功效。

11. 包装广告

有人把包装广告称为是“无声的推销员”。商品的包装是企业宣传产品、推销产品的重要策略之一。精明的厂商在包装上印上简单的产品介绍，就成了包装广告。利用包装商品的纸、盒、罐子，介绍商品的内容，具有亲切感，它随着商品深入到消费者的家庭，而且广告费用可以计入包装费用之中，对企业来说，既方便又省钱。近几年，许多厂商干脆在商品的外包装(如塑料提袋等)上加印自己生产或经营的主要商品，从而扩大了包装广告的作用。这种广告形式主客两宜，获得了普遍欢迎。

12. 邮寄广告

邮寄广告的种类很多，诸如推销信、明信片、折页、小册子、产品目录、企业介绍卡、年历片、挂历、传单等。它用通信方式把各种印刷品广告寄给可能的消费者，面广费省，速度快，形式灵活，而且对象明确，直接挂钩，有高度的选择性。邮寄广告还具有浓厚的人情味，便于联络感情。对每一邮寄广告，作者都可以按照自己的主观愿望，采用最适合的形式使之具体化。很多推销信和明信片是非常具有人情味的，近年来邮寄广告发展得很快。采用邮寄广告，企业一般都拥有一个详尽的经常的用户名单，然而按照名单逐一投寄，非常简便。

9.5 品牌的公共关系传播

9.5.1 品牌公共关系传播的含义

品牌公共关系传播是品牌组织通过报纸、广播、电视等大众传播媒介，辅之以人际传播的手段，向其内部及外部公众传递有关组织各方面信息的过程。

公共关系传播模式是品牌的传播者通过有组织、有计划、有一定规模的信息交流来进行品牌推广，向其内部及外部公众传递有关组织各方面信息，从而使品牌得到受众认可的活动。它的目的是沟通传播者与公众之间的信息联系，使组织在公众中树立良好的形象。

公共关系传播的客体是公众。公众一般由两部分组成，一部分是组织内部公众，另一部分是同组织有着某种特定联系的外部公众。内部公众是构成组织的基本因素。它对于组织，犹如人民对于国家一样，是不可或缺的。公共关系传播的目的之一，就是沟通、疏导组织内部上下之间、成员之间的信息联系，消除各种不利因素，为组织发展创造有利的条件。外部公众是公共关系传播的主要对象，对于政府机构来说，它是自己所面向的那一部分群众；对于工商企业来说，它是与组织密切相关的协作者、竞争者、用户和消费者。公共关系传播的一个重要任务，就是影响这一部分公众，改变他们的态度，引起与组织期望相应的行为。

9.5.2 品牌公共关系传播的类型

在广告费越来越难以承受、媒体的种类与数量越来越多、消费者产生资讯焦虑的今天，公关成为了企业品牌传播的重要武器，公关手段在很多企业的传播手段中起着越来越重要的作用。

公共关系传播活动是主观见诸客观的一种社会实践。组织的公共关系活动是一个组织长期进行社会交往、沟通信息、广结良缘、树立自身良好形象的过程，它表现为日常公共关系活动和专项公共关系活动两大类。

日常公共关系活动是指为改善公共关系状态，人人都可以做到的那些日常接待工作，如热情服务、礼貌待客以及大量的例行性业务工作和临时性琐碎的工作等。

专项公共关系活动是指有计划、有系统地运用有关技术、手段去达到公共关系目的的专门性活动，如新闻发布会、产品展示会、社会赞助、广告制作与宣传、市场调查、危机公关等。

9.6 品牌的整合营销传播

9.6.1 品牌整合营销传播的含义

整合营销传播模式是指企业在经营过程中，以由外而内的战略观点为基础，为了与利害关系者进行有效的沟通，以营销传播管理者为主体所展开的传播模式战略。

整合营销传播(integrated marketing communication，IMC)这一观点是在 20 世纪 80 年代中期由美国营销大师唐·舒尔茨提出和发展的。IMC 的核心思想是：以整合企业内外部所有资源为手段，再造企业的生产行为与市场行为，充分调动一切积极因素以实现企业统一的传播目标。IMC 从广告心理学入手，强调与顾客进行多方面的接触，并通过接触点向消费者传播一致的、清晰的企业形象。这种接触点小至产品的包装色彩大至公司的新闻发布会，每一次与消费者的接触都会影响到消费者对公司的认知程度，如果所有的接触点都能传播相同的、正向的信息，就能最大化公司的传播影响力。同时消费者心理学又假定：在消费者的头脑中对一切事物都会形成一定的概念，假使能够令传播的品牌概念与消费者已有的概念产生一定的关联，必然可以加深消费者对该种概念的印象，并达到建立品牌网络和形成品牌联想的目的。

整合营销传播的核心和出发点是消费者，企业树品牌的一切工作都要围绕着消费者进行，企业必须借助信息社会的一切手段知晓什么样的消费者在使用自己的产品，建立完整的消费者资料库(用户档案)，从而建立和消费者之间的牢固关系，使品牌忠诚成为可能；运用各种传播手段时，必须传播一致的品牌形象。

9.6.2　品牌整合营销传播的层次

1. 认知的整合

认知的整合是实现整合营销传播的第一个层次，这里只有要求营销人员认识或明了营销传播的需要。

2. 形象的整合

第二个层次牵涉到确保信息与媒体一致性的决策。信息与媒体一致性一是指广告的文字与其他视觉要素之间要达到的一致性；二是指在不同媒体上投放广告的一致性。

3. 功能的整合

功能的整合是把不同的营销传播方案编制出来，作为服务于营销目标(如销售额与市场份额)的直接功能，也就是说每个营销传播要素的优势劣势都经过详尽的分析，并与特定的营销目标紧密结合起来。

4. 协调的整合

第四个层次是人员推销功能与其他营销传播要素(广告公关促销和直销)等被直接整合在一起，这意味着各种手段都用来确保人际营销传播与非人际形式的营销传播的高度一致。例如推销人员所说的内容必须与其他媒体上的广告内容协调一致。

5. 基于消费者的整合

营销策略必须在了解消费者的需求和欲求的基础上锁定目标消费者，在给产品以明确的定位以后才能开始营销策划。换句话说，营销策略的整合使得战略定位的信息直接到达目标消费者的心中。

6. 基于风险共担者的整合

这是营销人员认识到目标消费者不是本机构应该传播的唯一群体，其他共担风险的经营者也应该包含在整体的整合营销传播战术之内。例如本机构的员工、供应商、配销商以及股东等。

7. 关系管理的整合

这一层次被认为是整合营销的最高阶段。关系管理的整合就是要向不同的关系单位作出有效的传播,公司必须发展有效的战略。这些战略不只是营销战略,还有制造战略、工程战略、财务战略、人力资源战略以及会计战略等。也就是说,公司必须在每个功能环节(如制造、工程、研发、营销等环节)发展出营销战略以达成不同功能部门的协调,同时对社会资源也要作出战略整合。

9.6.3 品牌整合营销传播的过程

1. 建立消费者资料库

这个方法的起点是建立消费者和潜在消费者的资料库,资料库中至少应包括人员统计资料、心理统计资料、关于消费者态度的信息和以往购买记录等。整合营销传播和传播营销沟通的最大不同在于整合营销传播是将整个焦点置于消费者、潜在消费者身上,因为所有的厂商、营销组织,无论是在销售量或利润上的成果,最终都依赖消费者的购买行为。

2. 研究消费者

这是第二个重要的步骤,就是要尽可能使用消费者及潜在消费者的行为方面的资料作为市场划分的依据,相信消费者"行为"资讯比起其他资料如"态度与意想"测量结果能够更清楚地显现消费者在未来将会采取什么行动,因为用过去的行为推论未来的行为更为直接有效。在整合营销传播中,可以将消费者分为三类:对本品牌的忠诚消费者、其他品牌的忠诚消费者和游离不定的消费者。很明显这三类消费者有着各自不同的"品牌网络",想要了解消费者的品牌网络就必须借助消费者行为资讯。

3. 接触管理

所谓接触管理就是企业可以在某一时间、某一地点或某一场合与消费者进行沟通,这是 20 世纪 90 年代市场营销中一个非常重要的课题,在以往消费者自己会主动找寻产品信息的年代里,决定"说什么"要比"什么时候与消费者接触"重要。然而,现在的市场由于资讯超载、媒体繁多,干扰的"噪声"大为增大。目前最重的是决定"如何、何时与消费者接触",以及采用什么样的方式与消费者接触。

4. 发展传播沟通策略

这意味着什么样的接触管理之下,该传播什么样的信息,而后,为整合营销传播计划制定明确的营销目标。对大多数的企业来说,营销目标必须非常正确,同时在本质上也必须是数字化的目标。例如对一个擅长竞争的品牌来说,营销目标就可能是以下三个方面:激发消费者试用本品牌产品;消费者试用过后积极鼓励继续使用并增加用量;促使对其他品牌的忠诚者转换品牌并建立起对本品牌的忠诚度。

5. 营销工具的创新

营销目标一旦确定之后，第五步就是决定要用什么营销工具来完成此目标，显而易见，如果人们将产品、价格、通路都视为和消费者沟通的要素，整合营销传播企划人将拥有更多样、广泛的营销工具来完成企划，其关键在于哪些工具、哪种结合最能够协助企业达成传播目标。

6. 传播手段的组合

最后一步就是选择有助于达成营销目标的传播手段，这里所用的传播手段可以无限宽广，除了广告、直销、公关及事件营销以外。事实上产品包装、商品展示、店面促销活动等，只要能协助达成营销及传播目标的方法，都是整合营销传播中的有力手段。

9.7 知识链接

品牌“微传播”

随着网络技术的发展以及人们生活节奏的加快，越来越多的“微传播”出现在人们的生活中。在百科、微信、微博、问答等“微传播”盛行的时代，企业品牌的传播与推广也深深地打上了“微传播”的烙印。

一、“微传播”时代的品牌传播特点

1. 传播形式琐屑化

微博就是一个明显的例子。在微博中，可以发布日常工作与生活中点滴的小事，如工作程序、会议现场、乘坐地铁、工作见闻等。微博的用户来源广泛，没有身份、职位等方面的限制。当一个企业的员工通过微博宣传本企业的情况时拥有了大量的粉丝之后，企业的品牌形象自然被广泛关注。

2. 传播内容复杂化

140字的微博，使得使用者不受限制，各个阶层都有了展示自己的舞台。网民可以通过这个平台，将自己对一些品牌产品的看法实事求是地表达出来，和其他传播手段相比较更加真实可感。这样，品牌的有形部分加入了真实的体验，无形部分也能得到充实与丰满。

3. 传播效果快速化

在市场经济日益完善的今天，快速获得市场与消费者信息成为企业经营成败的一个关键因素，以微博为代表的“微传播”出现给企业的发展注入了新的活力。在“微传播”中，大多通过网络及手机等形式，打破了信息传播的时间和空间限制，企业所传递的信息可随时被人们接收。

二、“微传播”下的品牌创新

1. 产品信息发布“微传播”化

在传统的品牌传播中，企业存在着一个两难选择，由于品牌信息得不到完整的呈现，普通消费者会对产品广告充满敌视、反感的情绪；而潜在的消费者由于对品牌信息了解得不够，难以对产品产生兴趣。而在微传播中，普通消费者可以根据自己的实际需求情况选择接收信息或者屏蔽处理；潜在消费者可以在了解一定的品牌信息后，通过反馈，来获取其需要的信息，这就为品牌传播提供了一个良好的通道。例如，在企业新产品面世时，可以通过微博报道产品研发人员事迹、技术指标、产品参数、使用效果等，使消费者对新产品产生猎奇心理，进而产生购买欲望。再如，也可以通过微信，以声音、图片等形式向客户传递新产品的信息，信息传播得既快捷又全面，更能在开发客户方面起到意想不到的作用，并降低企业的品牌宣传成本。

2. 客情关系“微传播”化

“微传播”用户在注册账号时，为了便于与他人更好地交流，往往会填写较为详细的个人信息或标签，反映了注册人的一些消费偏好或者消费能力，能够给企业提供较为准确而全面的消费者信息，为企业品牌传播策略的制定提供了依据，有利于企业与客户相互了解、加深信任。

在维护客情关系时，企业可以通过微博来进行与消费者的互动，来了解消费者深层次的需求，为改进产品和提高服务打下基础；同时微博连续的信息传递，能够加深消费者的品牌印象，为品牌传播创造良好的条件。也可以通过微信的形式，把企业和客户联系起来，通过群聊等方式，在消费者之间的交流中，了解产品的使用情况，倾听消费者的感受，针对消费者的个性需求为其提供差异化服务，培养与消费者的情感。

3. 品牌形象提升“微传播”化

随着网络技术的发展和信息化社会的来临，微博、微信等“微传播”的形式得到井喷式发展，注册人数屡攀新高。截至 2012 年年底，新浪微博的注册用户超过 5 亿，其他微博也得到了快速发展；腾讯 2011 年年初推出的微信，截至 2013 年 1 月，注册用户已达 3 亿。在这些用户中，涵盖了营销学上所有的细分市场。

在营销管理上，精准营销一直是广大企业所追求的，这就需要精准传播来支撑，而现今的“微传播”这种传播途径正体现了精准传播的特点。企业可以通过微博、微信，向消费者和潜在消费者以及其他群体加以宣传，并可以结合软文等其他传统方式传播品牌形象，来提高品牌传播的效果。

（以上内容选编自 2013 年第 5 期《参花》周严、彭兰的文章《“微传播”的品牌传播创新》）

9.8　案例分析

安徽卫视品牌传播策略

安徽卫视是以电视剧为主打品牌的卫视频道，从早期提出“打造中国最好的电视剧大卖场”的宣传口号确定品牌战略之路，到而后冠以“剧行天下、爱传万家”形成清晰的品牌定位，意图用“爱”联系起人间冷暖、真爱情意，提炼出电视剧的真谛。目前安徽卫视电视剧品牌传播的口号是“剧时代，变者强”，意图大规模进驻自制、定制市场，让频道更具掌控力，从电视剧播出大台向电视剧制作大台转型，由此，品牌传播策略也必须随之而变。

一、安徽卫视电视剧品牌构建与频道品牌传播

1. 电视剧品牌定位形成频道品牌核心竞争力

安徽卫视在1999年的改版中，将电视剧作为频道改版的主要内容，其晚间的《黄金剧场》率先在全国从每晚一集改为每晚两集连播，电视剧的收视率也随之上扬。2000年，开播了周末剧场《周末大放送》，每天8集电视剧连播，使该剧场收视率排名迅速上升为省级卫视周末时间第一位。2002年，安徽卫视瞄准全国市场，提出了“打造中国最好的电视剧大卖场的口号”。2003年，安徽卫视频道开始正式实施以电视剧为主的品牌战略。这个阶段，由于省级卫视整体呈现一种大一统的状态，安徽卫视从采用差异化编排以及打造特色化剧场开始，开始了自己最初的特色化资源的尝试。并通过覆盖、广告服务等基础设施的建设来进一步保障电视剧带来的收视效应转化为经济效应。

从最早的“电视剧大卖场”的形象开始，安徽卫视一直注重将其“剧”品牌注入观众心中，并且随着“剧”战略的逐步成熟，寻找合适时机将新的惠益和内涵注入品牌中。2008年，安徽卫视进一步推出“剧行天下，爱传万家”的理念，大爱的精神注入安徽电视剧品牌，使其拥有了更丰富、更贴近人性、更易引起观众共鸣的普世内涵。安徽卫视电视剧品牌在安徽卫视的精准定位、优选优排、强势推广中凝聚了巨大的品牌价值，不但曾经使安徽卫视上升并稳定在全国卫视第二的高位，还一度将电视剧成功打造成为安徽卫视的第二个台标，使安徽卫视的电视剧品牌塑造成为业界的成功范本和经典案例，从而形成频道品牌核心竞争力，频道品牌影响力得以凸显与提升。

2. 电视剧营销模式创新聚合频道品牌价值

大剧营销是安徽卫视对电视剧广告营销的突破性尝试，经过几年的运作，已经成为安徽卫视电视剧品牌推广的代名词。这一尝试成功拓展了电视剧产品的广告价值，提升了客户品牌的传播效力，同时聚合了自身频道品牌价值。安徽卫视最早在升级卫视中提出台网联合的传播策略，2010年3月，安徽卫视与优酷网达成战略合作协议，实现强强联合，既增加了广告主的投放力度，也为自身品牌增值。

3．自制独播剧提升频道品牌形象

契合品牌形象定位，突出品牌的专属性和排他性。安徽卫视自身定位为“专业电视剧频道”，将电视剧作为主导战略。从2000年开始，安徽卫视每年投资2.5到3个亿购买独播剧和电视剧。从2008年开始，安徽卫视谋求从电视剧播放大台向电视剧制作大台转变。契合安徽省级卫视“专业电视剧频道”的定位和从电视剧播放大台向制作大台的战略转移，其首部自制剧《幸福一定强》已经开播。

二、安徽卫视品牌传播存在的问题

安徽卫视电视剧品牌拥有优异的品牌基础，但是在品牌传播的核心环节出现了问题，各卫视争相采取跨越式发展战略，大幅增加投入、迅速决策购买。而曾经领先的安徽卫视尽管稳步推进，却在省级卫视电视剧大发展的背景下显得缓慢、停滞几近倒退。新剧争夺战中对资源掌控的相对缺乏使安徽卫视电视剧产品的核心竞争力——电视剧资源的品质成为品牌资产升值的短板。

品牌的塑造也许需要经过经年的努力，但品牌一旦受损，品牌所有者则不但会失去获得更多的新顾客机会，还可能不断丢掉老主顾，以致原来保有的市场领地被竞争对手取而代之。而更深层的危机还有：颓势一旦形成，就很可能进入恶性循环通道，将很难被逆转。

安徽卫视电视剧品牌的成熟期正在经历一个关键拐点，其收视率与排名正在双双进入缓慢下滑的通道，对安徽卫视多年累积的电视剧品牌资源正在产生不可估量的深远影响。而造成这一切的主要原因在于，电视剧市场的产品构成在安徽卫视的领军示范及省级卫视的集体跃进中发生了转变，新剧战取代了旧剧战，而安徽卫视的常规发展在其他竞争卫视的跨越式发展中式微，大剧缺席阻碍安徽卫视持续提升品牌价值，影响其进一步向前发展，甚至保持其原有领先局面。

三、安徽卫视品牌传播对策

1．保持品牌定位与发展战略相贴合

安徽卫视电视剧品牌定位从“电视剧大卖场”到“剧行天下，爱传万家”，再到“独剧魅力，与爱同行”，不仅是品牌定位字面的变化，更意味着安徽卫视电视剧战略的不断深化、强化和优化。从以上品牌定位的变化可以看出，安徽卫视在坚持电视剧发展战略的同时，也在尝试为品牌注入新的内涵。大“爱”、“独”播等概念逐渐从电视剧的主旋律中浮现出来，成为其间的和声与亮点，为安徽卫视的电视剧品牌增加了更多的层次与色彩。安徽卫视如果想在电视剧市场的竞争中胜出，维护其电视剧品牌的感召力与影响力则必不可少。这也就意味着安徽卫视电视剧的竞争战略必须与其品牌定位相契合，在进行电视剧资源的整体布局时，尽量通过电视剧的选购、编播、推广甚至策划、制作等环节，充分传播大“爱”的理念，体现“独”播的特色；同时在电视剧战略的具体落实中，不断总结提炼在实践中形成的新的品牌内涵，为电视剧战略的进一步发展寻找新的定位。从这个层面上来讲，发展战略与品牌定位二位一体，只有使二者相互结合与促进，才有利于安徽卫视在电视剧的竞争中以鲜明的形象、坚定的步伐重返省级卫视的前列。

2. 品牌整合营销形成全方位形象传播

安徽卫视深谙频道不是节目的拼盘，即使是优质节目的大杂烩也不会有好的收视和评价。定位先行、定位明晰是媒体经营中形成的共识。安徽卫视电视剧爱的品牌可包容性极强。这意味着，抢占了电视剧内容定位的安徽卫视，有极大的空间舒张自己“爱”的价值主张，围绕节目进行“爱”的主题营销。爱的品牌形象有助于安徽卫视实现对观众和广告客户的功能性利益与情感性利益的和谐统一，进一步成为亲和的、大众的、被普遍需要和认可的主流媒体。可以说，安徽卫视的定位无论从内容还是观众的角度均为频道找到了生存依据，为频道的品牌建设奠定了基础，更为品牌的发展确立了方向。频道定位之后，就要求在个性塑造和形象包装上来体现和强化频道定位。

频道的整体包装，其意义就在于与目标观众建立良好的沟通，营造亲和的氛围，增强频道的识别性。频道的个性包装是标识、标准色、宣传片等视觉上或节目内在风格的统一。比如标准色上，安徽卫视将蓝色改成了红色，主要是考虑到“爱”的品牌定位，因为红色是温暖色，能更好地表征和诠释爱。

从“电视剧大卖场”到如今“剧行天下、爱传万家”，安徽卫视不断整合内部优势资源，强化电视剧这一核心战略定位，品牌形象得到不断强化，为实现全方位的品牌整合营销奠定了基础。

（以上内容改编自2013年第6期《艺术科技》王庆、吕艳的文章《安徽卫视品牌传播策略探析》）

9.9 品牌人物

TCL梁启春：改变品牌从改变自我开始

2013年11月30日，第二届中国传播领袖论坛在北京举办。TCL集团助理总裁、品牌管理中心总经理、TCL公益基金会秘书长梁启春以2013年引领TCL品牌向“年轻化、时尚化、国际化”转型，在好莱坞娱乐营销方面的优异成果，以及公益领域的突出表现获得“2013中国传播年度人物”奖。

“现在年轻人要么盯着苹果、三星，买不起的就选择略小众的品牌，即便别人看不上眼，他们互相之间却很有归属感。”梁启春指出的，正是同样主宰着消费电子领域的“小时代”现象。

“三化”落地求活力

“三化”品牌战略是TCL针对年轻消费群体作出的改变，展示一种全新的形象。2013年年初，TCL全面启动了“年轻化、时尚化、国际化”（简称三化）的品牌战略，并把“三力一系统”战略作为其品牌建设的核心驱动力。与以前品牌框架中的“三力”（设计力、品质力、营销力)不同的是,新的品牌战略把设计力、品质力合并为“产品力”,在保留“营销力”的同时,增加了“体验力”。种种努力,都是为了迎合目前的消费趋势,提升品牌,让 TCL 更有活力。

通过 4 个月的市场调研,TCL 对全国各地十几个城市采集样本进行定性定量分析。特别针对电视、手机需求的变化和消费者使用习惯的变化做了一些研究,也得到很多宝贵反馈意见。在“60 后”、“70 后”、“80 后”、“90 后”这几个年龄段对照分析里面,我们明显感觉到前两个年龄段的消费者对 TCL 非常认可。而“80 后”的消费者慢慢感觉 TCL 有一些中年化的特征,相比行业其他企业活力不足。而到“90 后”,他们的消费对象不是电视,更多的是手机,“90 后”感觉 TCL 属于爸爸妈妈那一代人用的东西。面对这样一种品牌现状,为渐趋“老化”的品牌注入活力刻不容缓。“要么向上,要么往下,品牌定位不能总停留在原有位置上。”梁启春表示。

TCL 选择的是针对“80 后”、“90 后”新兴消费群体做出一些自身改变。“‘三化’品牌战略是 TCL 针对年轻消费群体做出的改变,通过一种新的形象、新的模式跟他们沟通,为他们服务。TCL 从包装、销售终端、产品外观到设计都做了很大的改变,VI 也做了改变。这些只是第一阶段的努力,通过视觉的冲击、年轻元素的导入,让大家感觉到 TCL 品牌的变化。第二阶段还要通过产品本身,包括发力服务和体验环节,让消费者真正感受到 TCL 在改变。”梁启春表示。

自我改变搏“出色”

TCL 想追求一种更阳光、更正面的生活方式,活出色。如何改变才能让年轻人认可?对 TCL 品牌的考验首先是对 TCL 掌舵者和执行者的考验。“这对我们自身是一种挑战,毕竟我们成长经历和现在接触的人群都还是偏老一点。但从老板到我们操作层面都在换脑,换一个角度看问题。”梁启春表示,“好多时候包括日常的一些内部策划会议,我们都会专门把一些年轻的“85 后”、“90 后”员工请过来,让他们首先发言,发表自己的真实想法,不受领导或者老一代的想法左右。我们有很多经验,但是社会变化非常快,若按照原有经验做事肯定会出现问题。这对我们工作思路、工作模式都会产生一些影响。”

“现在年轻人关注的东西、思考方式和我们是完全不同的。怎么能够让你的概念、做法得到年轻人的理解,我们需要换一个角度甚至换位思考。”梁启春告诉记者,“我们一直在研究年轻人的行为模式,玩什么、愿意去哪里、接收什么样信息、怎么寻求服务、怎么交流沟通、设计如何迎合他们。我们需要与年轻人建立价值认同。”

2012 年 12 月,从 TCL 手机业务开始,TCL 提出了“成就更好的你”广告词,今年整个 TCL 集团的推广主题是“活出色”。梁启春向记者解释,现在年轻人面临的工作、生活的压力远大于“60 后”、“70 后”刚参加工作时,作为一个积极向上的品牌,TCL 能做的是通过理念上的激发,通过技术手段,帮助年轻人实现自我价值。“这样才能让他们认同 TCL 品牌。”他说。

据介绍，2013 年下半年，TCL 将推出微电影大赛，也是以“活出色”为主题，挖掘身边的生活原形，挖掘能传达正能量的行为。“无论你是否具有专业背景，只需利用科技手段，就能利用手里的电子设备，挖掘快乐的正能量。”梁启春向记者表示，“TCL 赞助的钢铁侠的目标是拯救世界，而我们倡导从自己做起，做出一些改变，让大家意识到 TCL 正在发生变化。我们想追求一种更阳光更正面的生活方式，活出色。”

TCL 品牌目标：跻身全球前三

近年来，TCL 电视市场占有率节节攀升。2011 年第一季度，TCL 电视机市场占有率为 4.9%，2012 年同期为 5.6%。根据 NDP Displaysearch 研究数据显示，2013 年第一季度，TCL 平板电视全球市场份额占比已为 7.3%，仅次于三星和 LG，成为全球平板电视市场占有率位列第三名的企业。同时，根据 TCL 集团发布的 2013 年 1—6 月份数据，TCL 液晶电视销量达 804.71 万台，同比增长 21.63%。其中 TCL 多媒体国内外市场销量同比增长达 36.05%和 4.38%。TCL 电视销量首次进入全球前三名，使中国彩电企业离跻身第一阵营的梦想又进一步，成绩是值得肯定的。

如今彩电市场竞争日趋白热化，技术升级、产品差异化、营销策略、应用服务等方面都决定了彩电企业的未来。TCL 也将面临更多的挑战：国内彩电品牌快速发展，差异化产品成为企业赢得消费者青睐的关键，探索适合的盈利模式也成为厂商能否领先的关键因素。

从全球来看，TCL 虽然在销量进入前三名，但是与三星 28%、LG 16.6%的市场份额相比，还有一定的差距；与夏普 5.7%、索尼 5.1%的市场占比相较，领先的优势并不是很大。同时，在销售额方面，TCL 领先优势也并不明显，应该加强危机意识。此外，下半年随着节能补贴政策推出，将对国内彩电市场需求产生较大影响，要想真正跻身全球彩电第一阵营，提升销售额也是 TCL 下一步要努力的方向。

研发投入：亮点在上游

技术创新能力是支撑企业品牌的基础，也是企业比拼的关键。近年来，TCL 不断提升自主创新及研发能力，持续加大研发投入。2012 年 TCL 共获得 145 项注册专利，研发投入金额达到 26.73 亿元。尽管这一数字少于海信研发投入的 32.52 亿元，但是多于长虹的 21.58 亿元。除了节能技术，TCL 研发投入的重点是智能云电视的软硬件升级。无论是硬件基础平台、智能操控以及智能云应用，TCL 都取得了创新性突破。TCL 智能云电视的语音操控、手势控制功能使用户体验大幅提升。

2013 年除了智能云电视的研发，TCL 将很大一部分研发投入集中到 4K 电视领域，实现了产品和技术的创新突破。为了最大限度优化 4K 超高清显示，TCL 投入大量技术资源升级 4K 电视运行平台。同时，TCL 电视还实现了“2K 转 4K 关联补偿技术”，使画面效果提升 90%，缓解了 4K 片源匮乏的难题。与其他彩电厂商不同的是，TCL 与华星光电联动，形成产业链优势。随着华星光电 110 英寸超高清面板和大尺寸面板的良品率不断提升，TCL 4K 电视成本有更大的降低空间。

值得一提的是，TCL 在新型显示技术方面已经开始布局。目前华星光电已经投建了一条 4.5 代 OLED 生产线，并加速 OLED 电视的研发。倘若 OLED 产品研发成功，TCL 将有机会成为区别于其他彩电厂商的家电企业。

（以上内容改编自 2013 年 8 月 2 日《中国电子报》孙鸿凌、连晓东的文章《TCL 梁启春：改变品牌从改变自我开始》）

9.10 本章小结

本章对品牌传播的概念和特点进行描述，分析品牌传播的要素和品牌传播的不同类型。对品牌的新闻传播、广告传播、公共关系传播到品牌整合营销传播等的内涵、特征和传播过程进行阐释。

9.11 学习要点

基本概念

品牌传播；品牌传播者；品牌讯息；品牌名称；品牌标志；品牌口号；品牌包装；品牌受众；品牌媒介；品牌的传播效果；品牌的新闻传播；品牌的广告传播；品牌公共关系传播；品牌整合营销传播。

思考题

(1) 简述品牌传播的作用和特点。

(2) 简述品牌传播的要素。

(3) 简述品牌的新闻传播的特征和步骤。

(4) 简述品牌广告传播的特点及类型。

(5) 什么是品牌的公共关系传播？

(6) 简述品牌公共关系传播活动的类型。

(7) 什么是品牌整合营销传播？

(8) 简述品牌整合营销传播的层次和过程。

第10章 品牌价值

导入案例

林书豪与中国元素的品牌价值

两年前，林书豪还是一个陌生的名字，不过因为这个亚洲人在篮球赛场上的出色发挥和他的肤色，林书豪顷刻间变成了一个品牌，一个能代表篮球、代表亚洲人的知名品牌，无数商人从中看到了这个名字背后蕴含着的巨大商机。根据法律，林书豪应该算是一个纯粹的亚裔美国人，回顾这个年轻球员的成长史，完全是一个由普通平民蜕变成家喻户晓的超级明星的过程。

自从林书豪成名后，各类企业纷纷抢先推出有关“林书豪”的产品。网站、体育用品品牌、餐饮业甚至博彩业都把目光瞄准了这棵摇钱树。当大家准备抢注“林书豪”这一商标品牌时，却发现早有人已先下手，这个人就是具有远见的江苏无锡商人——虞敏洁。

2010 年 7 月的一天，在偶然的情况下，虞敏洁发现了林书豪。那时林书豪根本不被太多国人知晓，只是通过直播或录像人们偶尔能在电视上看见这位华人球员。况且当时林书豪的发展并不被人看好，在黑人球员统治的 NBA 赛场上，黄种人总会被贴上“柔弱”的标签。但是在虞敏洁看来，这个年轻人身上有着无限的商机，很有可能接替姚明成为新一代华人 NBA 球星的代表。抱着对潜在品牌价值的期待，虞敏洁注册“林书豪”商标，并向国家工商总局提交了一份申请，申请两大门类的商标。此后，2011 年 8 月 7 日，国家工商总局商标局批复了虞敏洁的申请，在交付 4 460 元费用后，虞敏洁拥有了“林书豪”品牌的专用权限，直至 2021 年 8 月 6 日。

如此早地抢注商标把其他竞争对手甩在了身后，就连林书豪本人想必也不曾知晓。随后发生的情况大家都已知道，仅仅在虞敏洁注册商标后半年，林书豪本人越来越火，个人品牌价值得到凸显，虞敏洁手中的商标价值不断上涨。据称已经有企业接洽虞敏洁，想花巨资购买“林书豪”的商标使用权，而这家企业的购买意图并非自己使用，同样是看好林书豪品牌价值的上升空间，希望持有商标，在价格继续上涨后转手卖掉，借此大赚一笔。

林书豪并非第一个带来商机的华人球员，早在他之前中国的王治郅、姚明、巴特尔、易建联等效力过 NBA 的球员就体现出过个人的品牌价值，最重要的应该说是中国元素的品牌价值。

林书豪和“中国元素”体现的品牌对企业来说是一种无形资产，但却具有巨大的价值，这些品牌能提高企业经营的收益，为企业带来庞大的利润。这些品牌价值将通过市场上消费者的认同和接受获得效益，使得企业在产品与服务的推广中节省对自身宣传的投入。消费者会根据名人效应自我形成对企业产品的印象，由此加深对企业的认知，最终企业得到的还是从消费者手中流出的金钱。

中国的影响力不断在扩大，经济、文化、科技等多方领域都出现了中国元素的身影。西方国家同样看到了中国元素的品牌价值，积极寻求合作机会，希望得到共赢。对于企业而言，国别的差距只是地域上的界限，商场上以利益为重，只要能创造价值，跨国合作未尝不可。因此，林书豪和“中国元素”在国外企业看来同样具有巨大的品牌价值。从占领中国市场和稳固本国市场的角度出发，外国企业更加重视“中国元素”起到的桥梁作用。而站在国内企业的位置，这些无形中的品牌也正是我国企业跨出国门，进入国外市场的一种媒介。由此看来，对品牌价值的重视与运用越来越成为企业发展中需要注重的因素之一。

（以上内容选编自 2012 年第 4 期《中国品牌》闫泓萧的文章《林书豪与中国元素的品牌价值》）

英国品牌鉴价顾问 Brand Finance 最新公布 2013 年全球品牌价值调查结果，苹果遥遥领先，以品牌价值 873 亿美元登上冠军宝座，紧追在后的三星为 588 亿美元，其次为 Google 的 521 亿美元、微软的 455 亿美元。值得注意的是，三星是从前年的第六名往前窜，让 Google 和微软都退了一位，而三星去年最突出的表现，就是 Galaxy S3 销量在第三季首次超越 iPhone 4S。品牌作为一种无形资产之所以有价值，在于它是否能为相关主体带来增值，即是否能为其创造主体带来更高的溢价以及未来稳定的收益，是否能满足使用主体一系列情感和功能效用。

10.1 品牌价值的内涵

10.1.1 什么是品牌价值

品牌价值是一个品牌区别于同一类别竞争品牌的重要标志，也是该品牌管理要素中的核心部分。品牌价值是品牌组织和消费者相互联系作用形成的一个系统概念。它体现在品牌组织通过对品牌的专有和垄断获得的物质文化等综合价值以及消费者通过对品牌的购买和使用获得的功能和情感价值。

品牌价值是指品牌在某一个时点，一方面是用类似有形资产评估方法计算出来的金额，一般是市场价格；另一方面是品牌在需求者心目中的综合形象，不能用金额来衡量，但体现了品牌在消费者心中的知名度、美誉度和忠诚度。

10.1.2 品牌价值的构成

1. 品牌的资产价值

品牌资产概念的界定可归纳为两种类型：一种是基于企业从财务的角度进行定义；另一种是基于顾客从营销的角度进行定义。

从财务角度进行品牌资产的定义主要是将品牌资产用货币的形式表现出来，即一个产品的品牌名称所赋予的增加价值；相对于没有品牌名称的产品，拥有品牌名称的产品带来的增加现金流；品牌资产为凭借成功的计划和活动，产品和服务的交易所带来的可度量的财务价值；国内一些学者认为品牌资产是企业以往在品牌方面的营销努力产生的赋予产品或服务的附加价值。基于顾客从营销的角度对品牌资产的定义为购买品牌的顾客、渠道成员及母公司产生的一组联想和行为，它使得品牌能够获取比没有品牌时更大规模或更大边际的利润，以及优于竞争者的一种强有力、持续及差异化的优势。

因此，一个全面的品牌资产的定义和概念必须满足两个主要目标：一是统一未来对品牌资产测量的研究；二是引导实践者利用有意义的、全面的和可信的品牌资产评估标准，以便不同品牌之间进行精确的比较。

品牌的资产价值是将品牌作为一种资产或权益的价值量化，它能够将品牌的潜在的利润及发展潜力科学、准确地反映出来。如果企业能够有效地利用品牌的资产价值，并配合相应的管理经营方案，该品牌一定会有更高的知名度、形成强势品牌，并发挥强势品牌所特有的扩张功能，进而反作用于企业的经营管理，提高市场份额，为企业带来声誉和经济等多方面的利益。也就是说，有效利用品牌的资产价值能够使该企业品牌的资产有形化。因此，品牌的资产价值是一种能够量化的价值，即硬价值。

2. 品牌的客户价值

品牌的客户价值取决于客户对品牌的心理认知，来源于客户对品牌从消费到使用的感受，客户使用某品牌产品后对其认可度决定了区别各个品牌及产品的关键所在。所谓品牌的客户价值，是在客户购买并使用某品牌产品后的心理感受，即客户从品牌产品中获得的超越于商品价值的情感价值。客户从品牌中得到的情感价值与品牌承诺客户的品牌价值及商品价值相关，由情感价值引发的客户对品牌的情感态度及品牌忠诚的变化会影响品牌的潜在价值。因此，客户价值是一种无法以数字表示，也无法量化的软价值。

品牌的资产价值与客户价值是息息相关的，二者相互作用、相互影响、相互促进，品牌的资产价值得以提升时，会有更多的客户购买产品并获得满意的情感价值，从而增加了品牌忠诚度及客户价值，并吸引更多新的客户。因此，资产价值与客户价值共同维持并逐步提高品牌价值。

10.1.3 品牌价值的主要内容

1. 品牌认知

品牌认知是消费者认出、识别和记忆某个品牌是某个产品类别的能力，从而在观念中建立起品牌与产品类别之间的联系。

品牌的认知度是指消费者对品牌的知晓程度。品牌认知度是品牌价值的重要组成部分，它是衡量消费者对品牌内涵及价值的认识和理解度的标准。品牌认知是公司竞争力的一种体现，有时会成为一种核心竞争力，特别是在大众消费品市场，各家竞争对手提供的产品和服务的品质差别不大，这时消费者会倾向于根据品牌的熟悉程度来决定购买行为。

2. 品牌形象

品牌形象是指消费者对某一品牌的总体感受或整体印象。它是消费者对品牌的判断和感性认知，是对品牌的无形的、整体的感知。品牌形象是企业或其某个品牌在市场上、在社会公众心中所表现出的个性特征，它体现公众特别是消费者对品牌的评价与认知。品牌形象与品牌不可分割，形象是品牌表现出来的特征，反映了品牌的实力与本质。品牌形象包括品名、包装、图案广告设计等。形象是品牌的根基，所以企业必须十分重视塑造品牌形象。品牌形象是品牌价值的重要组成部分。

3. 品牌联想

品牌联想是指人们的记忆中与品牌相关联的各种事物。即消费者看到某个特定品牌时，从他的记忆中所能被引发出的对该品牌的任何想法，包括感觉、经验、评价、品牌定位等；而这些想法可能是来自消费者在日常生活中的各个层面，例如消费者本身的使用经验、朋友的口耳相传、广告信息以及市面上的各种营销方式等。上述各个不同的来源，均可能在消费者的心中竖立起根深蒂固的品牌形象，进而影响消费者对该品牌产品的购买决策。

品牌联想是任何与品牌记忆相联结的事物，是人们对品牌的想法、感受及期望等一连串的集合，可反映出品牌的人格或产品的认知。品牌联想虽然是一种人们的意识，但这种意识的集合具有品牌价值的作用。

4. 品牌忠诚

品牌忠诚指消费者对某一品牌具有特殊的嗜好，因而在不断购买此类产品时，仅仅是认品牌而放弃对其他品牌的尝试。品牌忠诚的价值体现在可以降低行销成本，增加利润；品牌忠诚度高代表着每一个使用者都可以成为一个活的广告，自然会吸引新客户；拥有高忠诚度的品牌企业在与销售渠道成员谈判时处于相对主动的地位；当面对同样的竞争时，品牌忠诚度高的品牌，因为消费者改变的速度慢，所以可以有更多的时间研发新产品，完善传播策略应对竞争者的进攻。

5. 品牌附加价值

作为品牌资产的重要组成部分，品牌的附加价值包括那些与品牌密切相关的、对品牌的增值能力有重大影响的、不易归类的特殊资产，一般包括专利、专有技术、分销渠道、购销网络等。

10.2　品牌价值评估

10.2.1　品牌价值评估的含义

品牌价值评估就是通过对品牌价值进行量化来测定品牌的市场竞争力，是将品牌作为一种资产和一种权益的价值量化过程。

优秀品牌主要通过对三个利益相关群体的影响来推动公司业绩：（现有和潜在）顾客、公司员工以及投资者。优秀品牌首先能影响顾客的选择，建立顾客忠诚度；其次能吸引人才，留住人才和激励人才；最后还能降低财务成本。

若能切实实施品牌评估，则会使得企业资产负债表结构更加健全，通过将品牌资产化，使得企业负债降低，贷款的比例大幅降低，显示企业资产的担保较好，获得银行大笔贷款的可能性大大提高。

品牌通过所有接触点一致地表达自己的主张，从而塑造客户对品牌的认知，因此影响购买行为，降低产品和服务的可替代性。品牌用这样的方式创造需求，帮助公司获得更高的回报。优秀品牌还能在未来持续地创造需求，提高获得预期回报的可能性，换言之就是降低未来的风险。所以，品牌创造的经济价值体现在它能带来更高的收益和增长，同时降低风险。

对公司各个品牌价值做出评估后，有利于公司的营销和管理人员对品牌投资做出明智的决策，合理分配资源，减少投资的浪费。品牌价值不但向公司外的人传达公司品牌的健康状态和发展，而且还向公司内所有阶层的员工传达公司的信念，激励员工的信心。品牌评估的最大作用是可以提高公司的声誉。

10.2.2　品牌价值评估的应用领域

1. 财务应用

越来越多的品牌组织在与投资者沟通中强调品牌的作用。越来越长的年报篇幅被用来阐述公司如何重视品牌。相当数量的公司非常重视品牌，甚至达到定期向投资者汇报品牌价值的程度。品牌一直也是并购过程中溢价收购的重要驱动因素。品牌的溢价能力通常表现为进入新市场和延伸到相邻领域的潜力。量化目标品牌的溢价潜力需要一套全面的方法,综合市场调研、品牌、业务战略以及业务建模。一些品牌价值评估方法也被用于设定品牌专利使用费,作为其他一些更为传统的方法的补充。通过确定品牌为企业创造的价值,再结合对各方相对议价能力的评估,可以为设定品牌的发展给出一些专业建议。

2. 品牌管理应用

从根本上讲,作为品牌管理者所做的一切应该从创造价值的角度出发。由于相当一部分的投资被用于品牌建设,确定这些投资是否能够为您的客户以及股东创造价值变得尤为重要。合理的品牌价值评估方法可以成为持续品牌管理的战略工具,品牌价值评估将市场、品牌、竞争者和财务数据整合成统一的、以价值为基础的框架,从而评估品牌在业务中的表现,指出需要改进的地方以及衡量品牌投资带来的财务影响。不仅如此,它还为公司上下提供一种共同的语言,帮助激励和管理员工。

3. 战略和业务发展应用

品牌组织有时需要对品牌战略的重大变化进行评估,包括是否要重新定位、调整构架、适度延伸,甚至完全重建。这些变化通常需要巨大的前期财务投入,并且具有很高的不确定性,难以预计能否收回投资以及何时收回投资。

一些品牌组织领导者喜欢基于定性的战略分析和直觉做出重要的品牌决策。但是,大多数领导者期望更全面、更深入的分析,他们想要了解每个可供选择的方案对业务的总体财务影响。除了详细的成本预估,还要进行全面业务分析,通过对营业收入的主要驱动因素建模,来衡量候选方案对营业收入的影响,以及具体实施时对利润率的影响。

用于建模的驱动因素随着业务的不同而有所改变,但主要涵盖顾客数量增减、溢价、消费占比、购买频率以及单次购买数量等因素。切实可行的品牌价值评估模型将市场、品牌、竞争者以及财务数据有机地结合起来,为业务分析建模提供了理想的框架。

10.2.3 品牌价值评估的内容

对于一个品牌,对其进行价值的评估应主要包括下列内容。

1. 品牌寿命

存在时间长对品牌形象力大有帮助。如果是同类产品中的第一个品牌则更加重要。许多排名前 100 位的品牌在一定市场领域内已存在 25 至 50 年,甚至更长,品牌资产,如同经济上的资产一样,是随时间而建构起来的。

2. 品牌名称

品牌名称是赋予商品的文字符号,它以简洁的文字概括了商品的特性。评价一个品牌是否一个好的名称,应主要考虑:改品牌是否能引起消费者的注意和兴趣,是否能使消费者感到有魅力、有特征、有新鲜感,是否能刺激消费者的好奇心;是否能使消费者容易理解，即易读、易懂、易分辨；是否能使消费者对之产生好感；等等。

3. 商标

商标是用来帮助人们识别商品的几何图形及文字组合，它以简洁的线条组合，反映公司和商品的特性，起到明示和凸显商品特点的作用。判断一个商标是否价值较高应考虑：是否能引起消费者注目，能适合社会的消费潮流，反映商品的特性；是否有欣赏价值，使人看了能产生一种愉快、轻松的感觉；其设计的具体性和整体性是否能明显体现出来；该商标是否能使人产生好感，是否能满足商品持有者的各种心理需要；等等。

4. 品牌个性

一个品牌不仅仅只有识别产品的作用，许多强有力的品牌几乎成为产品类别的代名词，甚至人们可以仅仅通过品牌名称来识别它们的产品或服务。

5. 品牌产品类别

一些产品类别更容易引起消费者关注，它们趋向于为产品制造更高的知名度和推崇程度。因此，一个品牌的产品或服务类别在很大程度上对品牌形象力的等级起到帮助或妨碍作用。娱乐、食品、饮料和汽车等类别都有使品牌形象力排名靠前的趋势。

6. 品牌产品功能

使用该品牌的消费者对其产品的功能了解多少；知道而未使用该品牌的消费者对其产品功能了解多少；如果对产品品质功能有了解，在其产生需要时，可能会产生指名购买；以及品牌下产品的使用功能、特点、外观如何都是影响品牌创立的重要因素。

7. 品牌产品质量

虽然这个因素似乎很明显，但质量和可靠性是每个品牌建立大众信誉的基础。无论公司或产品代表什么，它首先必须“如它所期望的那样”。这就要考虑品牌的质量信赖度如何，产品的耐用度如何等因素。

8. 消费者的态度

消费者通过有关媒体对该产品的介绍，通过亲属和朋友的推荐，以及自己使用该产品，会对该产品形成一种态度。这种态度对产品市场表现影响很大。对之的评价主要注重：消费者对该品牌产品在技术水平、质量和价格比、功能和价格比等方面的认识；对该品牌所代表产品的情绪体验，包括在以往使用该产品过程中的情绪体验，该产品带给消费者心理上的满足，对群体心理的适应，其售后服务对客户要求的满足程度，等等。

9. 品牌认知

因为按照一般人的购买习惯，在购买商品时，总是先在自己叫得出名字、外观包装也舒服的品牌中选购自己所需要的产品，所以，好名字，设计美观的商标就是一项无形资产。对于这项指标还有一些具体的衡量标准，如：品牌认知度在其知名度不同的消费者中现在处于何种状态；相竞争品牌的品牌认知度如何；造成目前品牌认知度的办法及其主要原因。

10. 品牌的连续性

即便一个品牌已经有长达100年的历史，连续性对一个品牌保持时间发展上的相关性仍是必要的。关键是信息的连续性，而非执行的相同性。

11. 消费者的购买倾向

经过各种影响过程，如果形成了消费者对该品牌产品的依赖性，那么，一旦感到需要，就会去购买该品牌产品，这就是说，消费者对该品牌形成了比较稳定的购买倾向。

12. 品牌媒体支持

媒体的支持保证了品牌在市场上的可见性。像麦当劳，由于它在一些人流大的地理位置设立分店，这也增加了它的可见性。有一些品牌虽然广告花费很少，但排名也很靠前。不过一般来说，品牌要保持它在市场上的巨大影响，必须始终得到媒体投入的支持。

13. 品牌产品的市场表现

这主要是考虑该品牌产品近年的盈亏情况、该品牌产品市场特点及发展动向、与同行业最先进企业的差距、该品牌产品竞争能力，等等。

14. 品牌产品的服务

关于品牌产品的服务主要考虑：品牌服务度如何，品牌对消费者在品质上有何承诺，品牌产品在品质上有何发展创新等方面。

15. 品牌更新程度

如同投掷一枚硬币，相反的一面也是真实存在的。这就是说，品牌除了保持连续性外，还必须时常更新自己，使自己能符合新一代消费者的要求。

16. 品牌忠诚度

消费者能够持续地购买使用同一品牌，即为品牌忠诚。主要包括：谁是品牌的忠诚消费者，品牌为忠诚消费者提供的差异性附加值是什么，品牌对忠诚消费者的承诺兑现如何，品牌如何与消费者沟通，建立感情，忠诚消费者的需求是什么，忠诚消费者对品牌推出的新产品是否偏好，品牌忠诚消费者更喜欢哪种公关促销活动，品牌的转换成本如何，怎样制造转换成本，是否因产品延伸而动摇了忠诚消费者，如何挽回这种损失，品牌是否有转换惰性，与品牌相竞争的品牌的忠诚度如何，品牌忠诚消费者对其(品牌)产品有何期望，品牌忠诚消费者的分布区域如何，品牌的现状，忠诚度的建设有多长时间等问题都是解决之关键。

17. 品牌联想度

透过品牌，联想到品牌形象，这一形象正是消费者所需的，便会通过购买来满足需求。

这个指标的因素包括：品牌首先会使消费者产生何种联想、品牌的消费者利益是什么、品牌会使消费者联想到产品的什么样价格层面、品牌会使消费者联想到何种使用方式、品牌消费者的生活方式如何、品牌属于何种产品品类、品牌与同类品牌的差异点在哪儿、品牌为消费者提供了何种购物理由、品牌的产品有何附加值、品牌附着了何种内涵、品牌内涵发掘度如何、消费者对此类品牌产品有什么期望、对他们的生活的影响程度如何，等等。

18. 专利权价值

对于有的大企业，专利权是非常重要的一个环节。对品牌价值进行评估，应包括如下内容：产权归属；名称；该专利作为解决某类问题的方法或可以生产的产品的社会作用；该专利评估的目的，如用于拍卖或转让、作价入股等；该专利适用的条件；该专利的特点或替代原有专利的特点；该专利评估假定的条件。

10.2.4　品牌价值评估的方法

1. 品牌价值直接评估法

品牌价值主要由三部分组成，即品牌投入所带来的增值、品牌使用所产生的增值以及品牌未来的增值。

品牌价值评估公式如下：

$$P = V_C + R_{TM} + V_F$$

其中，P 为品牌综合价值；V_C 为品牌运营成本价值；R_{TM} 为品牌对企业当期收益的贡献；V_F 为对品牌未来收益的贴现值。

(1) 品牌运营成本价值指标

企业需要投入大量的人力、物力和财力才能确保品牌塑造成功，因此，成本控制和成本收益率是品牌战略实施过程中所必须关注的两个因素。

品牌运营成本价值公式为：

$$V_C = (C_1 + C_2) \cdot r$$

其中，V_C 为品牌运营成本价值；C_1 为商标标志的自身成本；C_2 为品牌经营成本；r 为品牌塑造的投资回报情况。

(2) 品牌当期收益贡献指标

企业在使用品牌后当期收益会大幅度增加，这使得品牌成为企业一种重要的无形资产。

品牌对企业当期收益的贡献价值可由下列公式进行计算：

$$R_{TM} = (P_{TM} - P_0)(Q_{TM} - Q_0)$$

其中，R_{TM} 为品牌对企业当期收益的贡献价值；P_{TM} 为使用品牌后产品的价格；P_0 为没使用品牌时产品的价格；Q_{TM} 为使用品牌后产品的销售额；Q_0 为没使用品牌产品的销售额。

(3) 品牌未来收益指标

在品牌价值中,品牌未来收益指标是最重要的。计算品牌未来收益的方法主要有三种:实验法、判断法和统计法。针对实验法而言,其操作成本高,并且影响其准确性的因素较多;针对统计法而言,企业如果没有足够的数据,那么其计算准确性将受到影响。由此可见,判断法是计算品牌未来收益的最合适方法。

采取判断法计算品牌未来收益时为了确保计算结果的准确性,风险因素是必须考虑的。将营销环境分为三种情形:乐观、正常和悲观。然后通过专家意见法对三种情形出现的几率进行确定。对企业品牌收益的预测主要是通过企业外专家和内部工作人员来共同进行。品牌未来收益是对这三种情形进行加权平均所得到的,最后品牌未来收益指标的确定主要是通过对这三种情形的几率进行加权再贴现来实现的。

2. 品牌价值间接评估法

品牌价值评估可以通过品牌价值间接评估法来实现。每个企业都能够选取与自己同行的企业作为参考物,根据品牌强度系数比,折算参照物企业的企业品牌价值,最后得到本企业品牌的价值。通过这种方法计算企业品牌价值的公式如下:

$$P_{\mathrm{B}} = P_{\mathrm{A}} \cdot (I_{\mathrm{B}}/I_{\mathrm{A}})$$

其中,P_{A} 为 A 品牌的品牌价值;P_{B} 为 B 品牌的品牌价值;I_{A} 为 A 品牌的品牌强度;I_{B} 为 B 品牌的品牌强度;$I_{\mathrm{B}}/I_{\mathrm{A}}$ 为 B 相对于 A 的品牌强度系数比。

品牌强度系数比是指不同的企业品牌强度之间的比值。本企业的品牌价值就是通过品牌强度系数比和对照品牌的价值来获得的。这种方式所获得的数值并不准确,但是其操作方便、成本低,最重要的是其对评估本企业品牌价值水平的需要能够满足。

10.2.5 品牌价值评估的步骤

1. 评估品牌的现时获利状况

首先,由一些专门的独立的评估师、经济师、工程师和其他专家确定品牌所标识的产品年销售收入、成本、税金,确定税后净利。具体方法是利用公式:该品牌产品销售收入－对应成本－对应的产品销售税金－对应所得税＝税后净利。其次,从产品的净利中扣除行业平均净利,得出品牌的现有获利能力,以 P 表示。

2. 建立品牌综合能力的指标评价体系

建立品牌综合能力的指标评价体系,计算品牌的综合力量系数(L)。这些指标包括市场占有率、品牌的保护情况、品牌的支持情况、品牌的市场特性、品牌本身所表示的趋势感、品牌的国际化力量、品牌的寿命。

在这一步采用的方法主要是专家打分法。对于此种方法关键的是,挑选的专家对品牌未来市场力量的各项指标有一个清楚的把握,这样评判的品牌未来市场力量指标才具有可行性。但是由于我国市场经济起步较晚，我们对市场条件下的某些经济方法还没有充分的认识。实际上在市场经济的运行中，大多数模型和信息都是由评估师、营销人员和数学家们通过判断的方式得到的。对于所设定的权重应由有相当市场经验的评估事务所来确定，因为他们对问题的规律把握要准确得多，完全可以使这个评估体系很好地执行下去。

3. 测定品牌的价值

测定品牌的价值(V)是最关键也是最见效益但也是最简单的一步，只需用公式 $V=P\cdot L$ 计算出最终结果即可。

4. 检验测试

任何一项评估结果都可能有偏差，因此为了做到真实有效、公正客观地反映被评资产的价值，在所有评估工作基本完成之后，要进行可信度和效度检验的反馈测试。多次计算如果结果相近或相同，说明评估信度较高，评估结果才可靠。按照统计资料和调整的因素进行效度验证是保证评估结果有效性、客观性的常用方法。品牌价值的评估方法既要注重品牌的获利能力，又要平衡各种因素，通过对品牌市场力量因素系数的计算和分析，把品牌利润指标以外的价值内容(市场力量指标)反映在内，并且延伸到未来，将未来期的获利能力涵盖其中，把一个问题从两个角度互相补充地考察，保证品牌价值的完整性，并使品牌价值体现未来的市场竞争力。

10.3 品牌价值提升

10.3.1 品牌价值提升的作用

1. 品牌价值提升有利于增强品牌的市场竞争力

海尔集团总裁张瑞敏曾在谈到品牌时认为，品牌就 9 个字，即卖得多、卖得快、卖得贵。一般反映品牌竞争力主要体现在市场业绩指标的实现上，这主要包括市场占有率(产品及服务，或销售收入)和企业利润率(根据情况可以是净资产利润率、销售利润率等)。如果说市场占有率是品牌竞争力的数量指标，那么销售利润率则是品牌竞争力的质量指标。研究表明，领导品牌战略通常享有较高的利润空间，平均获利率为第二品牌的 4 倍，在遇到市场不景气或价格战时，领导品牌通常能表现出较大的活力。过去大家总认为这种不公开的优势是源于经济规模的大小，但据研究显示，市场领导品牌地位的取得是由于消费者认同其产品价值，而愿意多付一些钱去买。当然，一旦成为领导品牌之后，就能够缔造高销售量，自然也就有经济规模。

2. 品牌价值提升是人们生活水平提高的要求

随着人们生活水平的提高，人们对产品的需求也不断地发生变化。对品质生活的追求使得人们不再满足于产品的使用价值，而现在更多地关注产品的特色以及品质，如美观、舒适、豪华等，消费档次逐步提高，从单一性、普遍性的需求，向复合性、多层次、多元化、差异化的消费转变，从简单的实用需求转向精神需要的满足，如此，消费者选择产品也会逐步向优质品牌靠拢。在此情况下，品牌价值的提升显得愈来愈重要。

10.3.2 品牌价值提升的路径

1. 做好品牌规划

品牌规划是建立以塑造强势品牌为核心的企业战略，将品牌建设提升到企业经营战略的高度，其核心在于建立与众不同的品牌识别，为品牌建设设立目标、方向、原则与指导策略，为日后的具体品牌建设战术与行为制定“宪法”。

2. 关注顾客需求

当今市场的竞争焦点是如何满足消费者多元化的需求，因此关注顾客需求、提升顾客体验能够帮助企业创造更高的品牌价值。现在企业所面对的是70后、80后、90后等多个不同年龄段的消费人群，他们对产品的使用和外观要求有很大差异。因此，企业为了满足大相径庭的各个细分市场必须打造细分品牌，使品牌反映不同客户群的不同喜好。如90后这个细分目标客户群，他们喜欢的是“新、奇、特”产品，在消费选择时更倾向于新、奇、趣此类产品。

3. 品牌不断创新

创新是品牌保鲜的重要工作。品牌如果一成不变，就容易造成品牌老化。品牌创新不仅仅包含产品研发的创新，还包括企业经营机制的创新、品牌管理团队的创新和营销渠道的创新等。一方面，可以在原有品牌元素中加入新的创新元素，给消费者带来新的体验；另一方面，也可以采取更换包装标识或者广告表达方式来进行，还要进行产品创新，不断用新产品刺激消费者的购买力。

4. 品牌要具有预见性

研究发现，卓越品牌都具有超前的预见性，能够根据市场、技术的现状预测未来的发展趋势，并且敢于付诸实践，投入研发力量，争取技术和产品上的领先。卓越品牌超强的预见性是建立在对市场、行业发展动态以及消费者深刻理解的基础上，这就要求企业品牌工作者要练好基本功，只有基本功扎实了，才能具有国际性的前瞻视野。

5. 重视品牌文化

品牌问题归根到底是文化的问题，品牌是文化的载体，文化是品牌的灵魂。由于品牌具有文化内涵和象征意义，使得人们信仰品牌。打造品牌中国，关键的观念是不断提高企业家的文化品质，不断提高企业职工的文化修养。中国有句古话“十年树木，百年树人”，一个企业至少要用10年来奠定自己的地位，然后，用100年树立自己的品牌。

6. 加强客户关系管理

客户关系管理(customer relationship management,CRM)是一个不断加强与顾客交流,不断了解顾客需求,并不断对产品及服务进行改进和提高以满足顾客的需求的连续的过程。其内涵是企业利用信息技术和互联网技术实现对客户的整合营销,是以客户为核心的企业营销的技术实现和管理实现。

7. 加强品牌推广

企业要以品牌为导向,传播企业的产品、理念和文化。综合企业品牌与产品品牌,通过对产品进行营销推广,保持和谐、诚信的良好客户关系,加强品牌实施管理力度,建立全面的管理架构,从而更规范化地营运使用,促使品牌资产增值,加大品牌影响力。品牌的名称、企业的标志、员工服装、企业造型、办公环境等都应统一和美化,使公众在视觉上产生强烈的刺激,树立鲜明的企业形象。企业可通过多种途径对品牌进行宣传和推广。

8. 拓展经营能力

企业要拓展经营能力必须有明确的品牌竞争战略,用品牌竞争战略来指导各项工作,才能真正整合企业的各种资源,达到优化配置。企业要有合理、规范的管理体系,这样可以促使公司计划、组织、领导、控制等各个方面都有序进行、有制度可依,这种管理模式可以使部门职能、岗位职责、行为准则、运行程序都更加规范化,而信息传递、各项工作实现程序化,人才、资金、物资、时间等资源实现科学化利用,提升企业的经营能力。

9. 提升人力资源素质

品牌的建立和维护要靠企业全体员工共同的努力,因此,提升企业的人力资源素质至关重要。企业应建立专业多元化职业体系,制定科学的用人机制和激励机制吸引人才。要提供富有竞争力并且相对公平的薪酬待遇,推行竞聘制度,为每位员工提供公平、公正、公开的发展渠道和施展才华的平台,营造优雅的工作环境和和谐愉悦的工作氛围,创造富有挑战性的发展机遇留住人才。企业可采用引进与培养相结合的方式,企业的高级管理者和员工均可一部分靠培养一部分靠引进。要建立长期培训机制,邀请相关专家对员工进行品牌管理培训,鼓励员工学习,建立学习型职业团队。

10.4 品牌价值管理

10.4.1 品牌价值管理的含义

品牌价值管理包括准确定义、规范管理,并采用完善周详、切实可靠的方法尽可能对品牌进行衡量评估,不遗余力地开发品牌以最大限度地挖掘价值和利润。

品牌价值管理是以企业战略为指引,以品牌资产为核心,围绕企业创建、维护和发展品牌这一主线，综合运用各种资源和手段，以达到增加品牌价值、打造强势品牌为目的的一系列管理活动的统称。品牌具有价值，品牌管理的目标在于维护和保证品牌价值的增值。

10.4.2 品牌价值管理的要素

品牌价值管理有7个要素，它们的完美组合可以有效提高品牌资源累积效力，促进品牌资产增值，保护品牌形象。

1. 竞争力

在这样一个全方位竞争的时代，作为主要的竞争形态之一，品牌竞争越来越激烈，一切的品牌管理运作必须围绕如何超越主要竞争品牌并更具有市场竞争力，品牌管理的效力也可以从品牌相对竞争力的变化分析出。在提高品牌竞争力的主导目标下，将影响品牌竞争力的各项要素予以分解，就可以使品牌管理拥有一条脉络清晰的管理链条，从产品供应到市场营销、从形象传播到组织运营，都可以围绕品牌愿景目标展开，虽然内容繁复，但可以做到形散而神不散，有机组合，保证品牌管理的实际效力。

2. 战略

战略不仅在品牌规划阶段是关键的，在品牌管理阶段同样重要。毫无疑问，品牌管理是在当前环境和条件下对品牌未来发展愿景的持续调校，因为面对飞速变化的环境和越来越激烈的竞争，再有前瞻性的品牌规划都会黯然失色，品牌管理者必须通过持续的战略展望和规划调校保持对自己发展愿景的清晰认识，防止品牌在成长过程中迷失发展方向。不断校正中的品牌展望，不仅可以激发团队的探索欲望，刺激团队接受挑战的勇气，更可以增强其凝聚力和意志力，赋予整个团队以崇高的使命和无可替代的价值，在对品牌发展的持续展望中，团队成员的成长空间获得拓展，日常琐屑作业的价值也可以得到升华，自我实现感得以提高，不至于使漫长的品牌培育过程显得乏味无趣。

3. 沟通

品牌管理是对品牌与目标顾客及其他利益相关者的关系的管理，良好的顾客关系的建立和维系，需要良好的内部以及内外部之间的沟通系统支持，因此，保持顺畅的沟通就成为品牌管理的重要职能之一。在搭建品牌管理模块时，必须时刻把握沟通的要求，展开沟通法则的制定、沟通内容的更新、沟通风格的统一、沟通途径的编排、沟通效果的评估等具体作业，从而消除沟通障碍，防止沟通歧化，完整、及时、准确地传达品牌信息，巩固品牌与目标顾客和其他利益相关者的关系。

4. 规范

品牌的成长是一项马拉松比赛，其发展战略的有效实施和品牌形象的一致都需要有操作性强的品牌管理规范作为保证，各种管理规范又是品牌战略的具体体现和直接构成。

在完成品牌战略管理计划之后，制定与其战略导向相一致的品牌管理规范，保证各项规范指向清晰、内容全面、价值协调，可以使相关的运作拥有翔实的品牌行动指南和识别管理规范，防止实际作业与品牌发展战略计划相背离。

5. 识别

为避免品牌战略管理系统的庞杂，在这一计划中很少给出系统的具体的品牌识别，而识别又是如此重要，使得品牌管理者必须专门制定品牌识别管理规范，本着主题清晰、风格一致的法则规定品牌的价值理念、行为仪式、视觉形象等方面的作业法则。通过严谨统一的识别规范，繁复多样的品牌运作呈现出一致的类似乐团合奏的传播效果，提高整个品牌形象传播的效力，保证品牌形象的一致性。实效的品牌管理，不仅重视制定品牌识别系统，更注意在实际运用过程中时时监测环境的变化，如消费者意趣的变化、竞争品牌形象的变化、品牌自身资源的变化等，及时对品牌识别系统做出调整，以保证品牌形象与时俱进。

6. 组织

品牌管理必须涉及整个组织，企业组织的品牌化管理，可以保证品牌战略的落实。在实际的品牌管理过程中，品牌管理者必须根据品牌资产增值的要求，改变人们的思维定式，打破他们的运作习惯，将品牌管理目标分解到组织的各个组成部分和各项运作流程中，通过不断的教育、训诫和激励，激发组织成员的创造热情，统一他们的意志和愿望，才可能使组织全体成员共同推进品牌目标的实现。没有品牌化的组织结构及其协调控制，品牌管理职责就会归于营销部门，拒绝全员性参与，必然人为割断原本环环相扣的品牌管理链，降低品牌管理应有的效力。

7. 考核

品牌战略目标的达成和年度发展计划的落实，有赖于严格的绩效考核的保证。清晰地定义目标品牌与部门、岗位的关系，将品牌经营指标分解到各个部门，再继续分解到关键性岗位，明确品牌资产增值、保值的负责部门和岗位人，形成一个结构严谨的品牌管理考核指标体系，并据此展开阶段性的考核，自然可以实现全员化的品牌管理。由于品牌领域的特殊性和品牌发展阶段的不同，品牌管理绩效考核必须放弃一步到位的想法，视品牌领域的不同和发展阶段的不同具有一定的灵活性，在动荡的环境中随着目标品牌的不断成长逐渐调节、强化关于此方面的考核，以使品牌管理与品牌实际成长需求相适应。

10.5 品牌价值创新

10.5.1 品牌价值创新的含义

所谓品牌价值创新，就是在一定的成本范围内，在不断改进产品、服务的基础上，用新的品牌价值去满足顾客对原有产品或服务的更高价值目标的追求。品牌价值创新可以是更改品牌价值属性，也可以是赋予品牌全新的价值属性（比如对现有品牌深度、广度和相关度的开发延伸，拓展品牌新的领域），还可以是企业通过品牌的新的经营策略，实现对品牌价值的管理和维护，达到品牌价值创造和价值增值的目的。

企业之所以要进行品牌价值创新，是因为企业通过品牌价值创新可以提高顾客感知价值，可以降低顾客对成本的敏感程度。

通过品牌价值创新，有助于顾客整理、加工有关品牌价值信息，简化顾客购买程序；能够增强顾客购买信心，提高忠诚度，降低购买风险；能够增加产品的形象价值，提高顾客心理情感感知价值，降低顾客成本敏感程度。品牌价值创新可以为企业创造价值。通过品牌价值创新，能够增强顾客对相关产品广泛持久的信赖关系，增加重复购买的频率和购买种类；可以促进品牌声誉的价值溢出，促进品牌资产的扩张；可以建立竞争对手进入的有效屏障。

10.5.2 品牌价值创新策略

1. 创新消费者价值，增加品牌的附加值

企业要敏感地发现问题，关注不同层次消费者的深层次需要，关注消费者感受的重要方面，如产品的质量、价格、外观、包装、售后服务等；关注消费者从购买前、购买中到购买后体验的全过程，针对消费者在使用产品和提供服务之前、之中、之后都有哪些需求，仔细分析如何通过改进产品和完善服务，解决消费者的烦恼和不满，这就是企业创新价值的空间。对企业来讲，消费者需求在哪里，创新就在哪里，找到了消费者的需求点，也就发现了利润点。随着利润在价值链不同环节之间的转移，企业应更加关注并迅速捕捉到消费者需求的变化，及时为消费者提供相应的产品和服务，采取消除消费者不满意的措施，进而获取利润。

2. 执着于品牌的微创新，优化产品和服务

企业某一个细节的微创新，或某一系列产品、某一款式产品的创新，都是形成企业核心竞争力的源泉。“不积跬步，无以至千里；不积小流，无以成江海。”“跬步”和“小流”就是微创新。例如，九阳豆浆机从最初只能打湿豆到能打干豆；从有网的、难以清洗，到现在无网的、用水冲一下即可；从笨拙的外形，到现在像艺术品一样的造型，每一项细节的改进都非常贴近消费者的需求。随着市场“微分”时代的到来，消费者群分和产品细分，让本来已划分清晰的市场进一步精细化，消费者对产品和服务提出了更细、更多、更高的要求。为了满足消费者的需求，企业应更加精准地定位目标市场，为消费者提供更具针对性的产品和服务，以及更全面、更便利的解决方案。

3. 专注于优势主业，将非核心的业务外包

在市场竞争中，企业要收缩战线做“减法”，将一些非核心的、次要的或辅助性的功能或业务，交给外部的专业服务机构去做，利用其专长提高企业的整体效率，而自身只专注于优势核心功能或业务，以达到降低成本、提高核心竞争力的目的。当企业的非核心业务已成为标准化，附加值低或不能盈利，又有许多成熟的企业在做，就可以外包出去。企业可剥离辅助性业务，将信息处理、包装、运输、仓储等外包给专业的服务提供商，以便把更多的资源和精力投入更擅长的业务中。企业通过外包方式，不仅可整合外部资源，达到优势互补，而且可降低成本和风险，增加灵活性，提高经营效益，提升对不利环境的应变能力。

4. 扩大合作伙伴，参与公益活动以提升品牌价值

全球经济经过多年的演变，已从过去以产品差异化和技术革新推动的营销 1.0 时代，进入实行差异化的营销 2.0 时代；再进入今天通过使命感、价值观创造经济效益，为合作伙伴、运营商创造共享价值和经济价值之外的社会价值的营销 3.0 时代。在品牌有了一定的知名度之后，品牌美誉度和忠诚度就需要靠更高层次的品牌建设来实现，企业参与公益活动就是一种有效方式。企业参与公益活动的出发点，不应是功利性地获得消费者的认可，而是真诚地履行社会责任，让消费者认可。

5. 满足消费者感官需求，实行品牌价值创新

消费者感官上的体验是其购买产品的重要因素，其中视觉起着重要的作用。研究表明，人体有 70%的感受器集中在眼睛里，引起人的视觉感受的主要是物体的色彩、形状、大小等。品牌视觉必须有审美感染力，审美感染力不仅能强化消费者的情感体验，还能深化品牌认同。因为“看”不仅是一种认知方式，也是一种视觉体验和审美方式。虽然体验营销贯穿于整个营销过程中，但是消费者首先是从“看”开始的，其后才包括营销活动体验、产品使用体验和售后服务体验等环节。消费者最初的“看”是建立了初步的品牌印象，其中伴随着审美的感知，然后延伸到营销的其他环节，从而构成了完整的营销体验过程。

品牌视觉互动是以产品和产品的形象为核心，通过产品营销的各个环节的视觉设计和传播，引导消费者关注、欣赏并建立起品牌印象的过程。这一过程为消费者创造了品牌视觉体验，并转化成品牌形象积淀于消费者的记忆中，形成消费者的品牌忠诚度。体验营销与品牌视觉的互动并非在一个环节完成的，它是产品、包装、广告、促销等各个环节相互渗透、形成合力的结果。

10.6　知识链接

品牌价值的情绪效应

人们的情绪有多种，如担心、希望、热爱等。每个成功的营销人士都至少善于利用人们的一种情绪。医生想让人们来体检，得利用担心的情绪，而餐馆要是依赖人们的担心，往往生意惨淡；肿瘤学家要靠给人们希望才能赚钱，单身酒吧必然也要靠给人们希望招徕生意；苹果公司不断带来新的惊喜使得消费者对其产生热爱，极少有什么产品或服务没有利用消费者的热爱却获得了成功。21世纪以来，随着认知神经科学的进步和脑活动测量仪器技术水平的提高，认知神经科学在社会、心理、经济、文化、商业等诸多领域的应用也迅速发展起来，当人们能够从神经活动的层面来解读消费者的消费行为后，自然希望发现不同消费决策的神经活动。

在消费者情绪反应行为研究中使用核磁共振或其他脑部扫描仪器的费用都极其高昂，只能用于小规模研究，如果想大规模评估在与不同品牌、产品和公司名称等发生联系时的情绪反应倾向，就需要能够识别这一倾向的其他方法，为此学者们进行了积极的探索。

Desmet(2003)有一个很巧妙的实验，他设计了一套非常简单的面部图片，这些图片代表了一系列丰富而又不同的表情，接受实验者被要求从中选择。通过统计人们在描绘一个指定品牌或产品时选择哪张脸，以及选择的数量，就可以建立一个计算方法，看潜在的情绪有多少能被引发出来。Desmet展示了这一评估方法如何能应用于不同的文化，情绪又如何证实传统的描绘感情和情绪的口述评分方法。Hutton et al.(2006)进行了通过眼神示意测量消费者情绪的实验，不过这些方法都既费力又耗资巨大。

对于消费者行为研究来说，建立在面对面基础上的评估十分重要。Hansen(2005)认为，在调查研究中，当接受实验者接触到表达感情的词汇时，这些词会激发对特定对象的实际、无意识的情绪反应。他声称，既然有意识的感情是由无意识的情绪反应生成的，那么让接受实验者有意识地区别这种表达感情的词，将会在本质上区别内在的、无意识的情绪反应。通过这些分析可以得出与研究的品牌或产品相关联的内在的情绪反应倾向。从根本上说，一个给定的品牌能够引起情绪反应，随之可能引起有意识或无意识的感情，这些感情是接受实验者能够表达并告诉研究者的；另一方面，接受实验者得到一些相关的表达感情的、与给定品牌或产品相关的词，然后研究者要求他们脑中想着特定的品牌或产品，对这些表达感情的词作出反应。以这些反应为基础，可以量化出由该品牌引起的内在的积极和消极的情绪反应倾向。

丹麦的一项研究整合了神经科学方面的发现与消费者行为理论，通过一份记录消费者情绪反应的调查问卷来评估对大量品牌的情绪反应。最初报告的研究是在2003年进行的，该研究包括大约800名接受实验者。第二项研究在2004年进行，包括4 000名接受实验者。第一项研究中包括了64个品牌，第二项研究中包括了100个品牌，该调查不仅涉及品牌，还直接调查了人们对一些产品类别整体的情绪化反应，如手表、洗衣粉等。TNS/Gallup市场调查公司提供了数据收集服务，在两次大规模的调查中检验了这种方法，以展示评估情绪反应的潜力。为了评估任务，研究者选择了一批表达感情的词。最初在2003年的一项研究中，一共包括了24个这类词汇："渴望、性感、令人激动、刺激、高兴、不错、冷静、清新健康、好看、期待、骄傲、成功、侵犯性、聪明、解脱、存疑、怀疑、无聊、悲伤、疼痛、孤独、忧虑、生气、恐惧”。然而，不是所有 24 个词都与所有的品牌和产品类别有同等的关系，因此在研究分析报告中，研究者为每个品牌类别选择了 10 个表达感情的词。在第二项研究中，表达感情的基本词汇被减少到 16 个，删掉了最不常用的一些词。然后，同样的，在每个品牌和产品类别中，研究者选择了最重要的词。问卷设计中，在每种品牌名称的下面有一组表达感情的词的列表，都是被调查者有可能产生的感情。调查过程中可以任意选择词汇的数量，这取决于被调查者对于特定的品牌所认为的最合适的感情。选择了表达感情的词汇后，再选择这些感情有多强烈，问卷用 7 点标值来标识，1 意味着“不是特别强烈的感情”，7 意味着“非常强烈的感情”。可以认为这些数值的变化就是不同品牌资产的无形部分的量化。

调查结果统计发现了一些很有意思的现象，人们对有的产品类别的情绪化反应与品牌的情绪化反应程度存在巨大的偏差。例如，对面包的情绪化反应远远好于所有其他产品类别以及面包品牌，因为在调查过程中，被调查者脑中想到的面包是面包房或家里新鲜出炉的面包，而不是超级市场上可以买到的包装好的品牌面包，所以，面包类别的情绪反应数值远远高于具体品牌的数值是完全可以理解的。另外，有些著名品牌的无形价值能够通过情绪测量表现出来。例如在一些领域中，大部分品牌得到的情绪反应数值比这一产品类别的平均数值要低，但是一两个品牌能够脱离这一格局，比平均数值更高。汰渍品牌在洗衣粉类别中就是这种情况，品牌成功地在消费者心中占据了一个独特的地位，情绪反应数值比同类产品高出 20%。

（以上内容选编自 2011 年第 2 期《企业管理》王立志、缪荣的文章《品牌价值的情绪效应》）

10.7 案例分析

《南方周末》品牌价值

“今天是 2014 年的第二天，今年是我们创办这份报纸的三十周年。

每当新年，我们都在这里为你祝福，也在这里向你剖白。剖白是为了沟通，沟通是为了理解，理解是为了共识，共识是为了同行。

我们希望有你同行，但更尊重你选择的权利。而我们能做的，就是努力告诉你‘我是谁’。我们认为，在这个众声喧哗而又面目模糊的年代里，这也应成为每一个人、每一种身份、每一个行业的共同努力。这正是我们策划本期特刊的初衷。”

《南方周末》2014 新年献词让人们向这张面世 30 年的品牌报纸又投去深情一瞥。而说起《南方周末》，在对传媒业稍有认识的人中可以说无人不知，无人不晓。如果说《南方周末》就是中国传媒发展历史的一座丰碑，没有人会对此提出异议。经历了 30 年风风雨雨逐步走来的《南方周末》，可以说浓缩了、折射了中国报业发展乃至社会发展进程的核心内容,时至今日,她依然是一个深受同行尊重的媒体。

一、《南方周末》的品牌价值所在

新闻专业主义,是《南方周末》树立自身品牌价值的理论基础。正如《南方周末》现任总编辑向熹所言:“《南方周末》所强调的新闻专业主义,是承认新闻操作是一件专业性较强的工作为前提,探索提升新闻操作水准组织模式和管理方式;探索通过专业水准的提升带来新闻产品和媒体的整体创新。”

从《南方周末》历年所打出的口号中,我们不难发现《南方周末》办报的指导思想就是新闻专业主义:20世纪90年代末,正是处于我国社会保障尚未成形、法制建设尚未完善,社会矛盾较激化的时期,《南方周末》顺势打出“让无力者有力,让悲观者前行”口号,把针砭时弊、关怀弱势群体作为工作的重中之重,并时刻提醒南周人“高度警惕市场和权力”,力求少受到强权的干扰,在进行新闻报道时坚守真实、客观、公正的原则,从大局出发,维护大多数人的利益,这个观点和新闻专业主义的目标“服务于全体人民,而不是某一利益团体”是完全一致的;21世纪初,随着我国经济体制改革的深入,改革开放的成效开始越来越明显,“深入成就深度”、“记录时代进程”两句口号是顺应时代潮流,《南方周末》毫不讳言自己进行报道的方式和愿景,媒介职责的概念得到进一步强化,后来的事实也证明了《南方周末》做到了;2007年,“在这里,读懂中国”的口号更是敲出了媒介时代的最强音,明确了“信息服务的提供者”这个媒介的本质属性,将为读者创造价值作为自身最神圣的使命,新闻媒介职业化的概念呼之欲出,新闻专业主义在《南方周末》的实践得到新的发展。

此外,为了确保新闻专业主义在《南方周末》制度化、规范化,《南方周末》相继出台了《南方周末新闻职业规范》、《南方周末编辑记者绩效考核办法》、《南方周末关于规范新闻性报道(版面)的通知》,同时还成立了“《南方周末》职业规范委员会”,专司报社内所有新闻从业人员在业务上的调查、考核、奖惩等。自此,新闻专业主义作为《南方周末》的灵魂也终于得到确定,而这些规范至今仍为不少媒体奉为圭臬,运用至今。

二、《南方周末》如何利用其品牌价值

《南方周末》在其发展的每个时期都具有其自身的品牌价值,那么她又是如何将品牌价值(社会效益)转化成广告价格(经济效益)的呢?下文将从《南方周末》两个较有特色的品牌经营手段进行探讨。

1. 增开新品牌版面,扩大发行量

抓住机遇,树立新的品牌内容成为新的发展突破口,是《南方周末》利用其自身品牌的一个强有力手段。2001年末,《南方周末》决策层敏锐地察觉到,北京、上海、广州等三个城市发行量的增幅喜人,有望成为发行的一个新增长点。经过充分的分析取证、制定方案,《南方周末》决定结合大城市的读者构成特点,新增《城市版》,打开三个主要城市发行的纵深阵地。并且同时实施了版面改瘦、全国统一发行32版、零售价调整到2元每份等。

这一步棋被后来的事实证明是抢占发行层面先手的好棋：自从 2002 年增开《城市版》以来，大城市的广告额及发行的增幅成为整个《南方周末》在全国增幅的主力军，占了增幅总额的 70%以上，而且仅仅在以上三个城市的发行增幅，就有 20%的绝对增幅，品牌效果非常明显。

2. 利用公关在客户心中植入品牌理念

2001 年 8 月，《南方周末》企业高级经理人研究班第一期在广州开班。此举也是南方周末利用品牌吸引广告客户的妙招。这个培训班针对的就是企业的老总或者企业宣传的负责人，名为培训班，但是实质目的就是向其灌输、植入《南方周末》的品牌理念，把她的重点客户发展成稳定、长期的合作伙伴，而事实也证明《南方周末》成功了，这个培训班里的学员，大多数在返回自身所在的公司后无不向上层盛赞《南方周末》的品牌影响力。这也为《南方周末》今后稳定的广告收入打好基础。

三、《南方周末》的品牌生命周期

品牌价值作为一个企业的灵魂所在，它也必然和企业一样，有其自身存在的生命周期。《南方周末》经历了萌芽期（创刊至 20 世纪 90 年代初）、鼎盛期（90 年代中期至 2000 年）、稳定期（2001 年至今）后，虽然长江后浪推前浪，她作为老牌媒体的佼佼者，在日新月异的媒介环境中略显步履蹒跚，30 年的风风雨雨，《南方周末》依靠自身不断改革、不断完善而走到了现在。正如新年献词所说：

“今天，时间再一次开始，国家与民族正在出发。三十年未有的改革宏图正在徐徐展开，庙堂江湖、塞北江南正在摩拳擦掌，有一种似曾相识的共振在我们内心深处激荡，我们感觉自己又一次站在见证历史的起点线上。

我们也期待给自己一个见证，见证一群报人能否在数字世界里延续光荣与梦想。我们看到新媒体已成合围之势，听到四面楚歌正在响起，仿佛只待最后一击。但我们始终坚信，原创严肃新闻不会死，它只会创新阵地。三十岁本是成熟、内敛的年龄，我们却已准备好去新阵地开疆拓土。我们要让新闻理想的大旗在那里依旧高高飘起，让新闻人参与时代进程的荣誉感在那里依旧充盈。而我们深知这是一个需要勇气、智慧与决断力的艰难时刻，在过去三十年，我们有过坎坷、有过挫折，却从未如此需要浴火重生。现在，改革转型对于我们不仅仅意味着理想与见证，更是生存与发展。

我们是南方周末，我们三十而立。

我们希望有你同行，但更尊重你选择的权利。在这个美好的新年里，让我们共同站得更高，立得更直。”

我们希望这位纸媒行业的老大哥在今后的日子里能走得更稳，走得更远。

（以上内容改编自 2013 年第 7 期《神州》梁劲鹏的文章《“南方周末”品牌价值分析》）

10.8 品牌人物

袁隆平品牌价值超千亿

2014年1月10日，在北京人民大会堂，袁隆平捧回一个鼓舞全体农业科技者、全体湖南人的荣誉——国家科技进步特等奖。这是袁隆平第二次登上国家最高科技奖的领奖台。这位德高望重的科学家带着他的杂交水稻研究团队载誉回湘。面对鲜花、镜头和祝福的人群，83岁的袁隆平院士说："这个奖属于杂交水稻中心，属于全体农业科技人，国家给了我们最大的鼓励!"当记者问他接下来希望攻克的目标时，袁隆平说："我希望在2015年前杂交水稻大面积突破亩产1 000公斤！这是我90岁前的心愿!"

把荣誉锁进书橱

袁隆平说："我们在荣誉面前急流勇退，在事业面前要勇往直前。"他获得的一大堆重量级国际勋章、奖杯，都被一一锁进书橱。

"在中国科学家群体中，袁隆平无疑是受关注最高的'明星'之一。"一位常年跑科技线的记者说。一方面因为袁隆平的研究领域服务于每个人的第一要务：吃饭；另一方面则因为他率性不懂掩饰的个性：坦诚亲切。在昨日的接站现场，袁隆平开心地把大红荣誉证书借给记者留影。

31年前，在马尼拉召开的一个重大国际会议上，时任国际水稻研究所所长的斯瓦米纳森博士，在会场大屏幕上用英文打出"杂交水稻之父袁隆平"几个字，同时说道："我们把袁隆平先生称为'杂交水稻之父'，他的成就给人类带来了福音。"会场立刻响起热烈的掌声，完成了对这位中国科学家走上世界舞台的"加冕"。

他有着鲜明的价值观："我们在荣誉面前急流勇退，在事业面前要勇往直前。"他常说的一句话是："电脑里种不出水稻，荣誉不能当饭吃。"

热衷工作、"冷落"荣誉，在他的秘书看来已见怪不怪。多年来，秘书不得不把颁给袁隆平的大堆重量级国际勋章、奖杯，譬如：美国Feinstein基金会"拯救世界饥饿(研究)荣誉奖"、联合国粮农组织"粮食安全保障荣誉奖"、亚太种子协会"杰出研究成就奖"、法国政府"法兰西共和国最高农业成就勋章"等，一一锁进书橱。

田间健步如飞的"80后"

2001年到2013年，从古稀走进耄耋，袁隆平的大多数时间是在田间。

在刚刚过去的2013年，袁隆平增产粮食的"中国梦"，变成这样一组数据：

2013年，湖南实际推广杂交水稻1 496.32万亩，其中早稻推广456.26万亩，平均亩产490.5公斤，每亩增产72.1公斤；中稻(含一季晚稻)推广530.82万亩，平均亩产578.3公斤，每亩增产102.8公斤；晚稻推广面积509.24万亩，平均亩产532公斤，每亩增产67.7公斤。超级杂交水稻平均产量533.25公斤，比全省水稻平均亩产增产79.5公斤。

这只是一笔小账。这次荣获国家科技进步特等奖的“两系法杂交水稻技术研究与应用”，历经 20 多年的研究和实践，在关键技术上得到了突破，确保了我国杂交水稻技术居于世界领先地位。据悉，截至 2012 年，全国累计推广两系杂交稻 4.99 亿亩，增产稻谷 110.99 亿公斤，增收 271.93 亿元，推广区域遍及全国 16 个省、市、自治区，为我国粮食生产持续稳定发展提供了强力技术支撑。

在众多描述老年人的词汇里，颐养天年与袁隆平最是缘浅。2001 年到 2013 年，从古稀走进耄耋，他的大多数时间是在田间，或者去田间的路上。因为工作劲头不输年轻人，原湖南省委书记周强称他“80 后”。袁隆平的弟子、育种专家邓启云博士则告诉记者，在稻田里的袁老师是最幸福和快乐的，虽然他已年过八旬，但说他健步如飞，一点都不夸张。

超级“富翁”的另类人生

早在 1999 年，“袁隆平”这个品牌市值就达 1 008.9 亿元。但他的衣柜里，多数是大众品牌的普通衣服。他用个人获得的各类奖金设立科技奖励基金，颁给他人从不吝啬。

在习惯以金钱来丈量一个人能力与价值的商品经济社会，袁隆平是不是很有钱？据记者了解，至少在理论上，他早已是中国名义“首富”。

为什么说是名义？因为这位特殊“富翁”的价值，主要是靠公式计算出来的。早在 1999 年，经专业资产评估事务所评估，仅“袁隆平”这个品牌，市值就达 1 008.9 亿元。

袁隆平说：“人的身上，最值钱的，是装在脑袋里的知识和一颗责任心。我一个老头子，要那么多钱干什么？花不了，也没多少时间花。”他这次登上人民大会堂领奖时所穿的领奖服，以及历次在领取各大国际荣誉和勋章时的衣着，都是比较便宜的大众品牌。知情人告诉记者，袁隆平衣柜里多数是价格一般的普通衣服。但是，他用个人获得的各类奖金设立的袁隆平科技奖励基金，颁给他人从不吝啬——多则十几人，少则近十人，每人获颁奖金数万元。“等资金更充足时，我想把单人奖金额度提高到不少于 30 万元，这样就可以鼓励世界上更多有能力的人，投身到解决人类温饱的事业中来。”袁隆平曾向身边工作人员吐露心思。

他告诉记者，尽管目前我国超级杂交稻研究已经跑到了世界的最前沿，这只看作大家过去努力的结果，倘若有所分心、放松，别的国家可能就迅速赶上并超过你了。更何况，美国等发达国家的分子生物技术，远远跑在我们前面。

袁隆平深知增加水稻产量对保障粮食安全和减少贫困具有极其重要的意义，深知水稻承担着单产要在现有的基础上提高 60%的艰巨任务，更深知夺取水稻高产，必须要有良种、良法和良田的配套。其中，良种是核心，良法是手段，良田是基础，三者缺一不可。因为有这样的紧迫感，他在赴京领奖前夕，还一直扎在三亚南繁基地试验田里。领奖回来，他又将回到那个致力于走向丰衣足食的绿色世界，继续他温饱世界的事业，从“80 后”走向“90 后”的新的征程。

(以上内容改编自 2014 年 1 月 12 日《人民日报》李杜、谭琳静、辛业芸的文章《袁隆平：我有个增产

粮食中国梦》)

10.9 本章小结

本章对品牌价值的概念和特点进行描述，分析品牌价值的构成要素和品牌价值的主要内容。对品牌价值评估、品牌价值管理、品牌价值创新等相关内容的内涵、特征和过程进行阐释。

10.10 学习要点

基本概念

品牌价值；品牌资产；品牌资产价值；品牌客户价值；品牌认知；品牌形象；品牌联想；品牌忠诚；品牌附加价值；品牌价值评估；品牌价值管理；品牌价值创新。

思考题

(1) 简述品牌价值的构成。

(2) 简述品牌价值的主要内容。

(3) 简述品牌价值评估的含义及应用领域。

(4) 简述品牌价值评估的主要方法。

(5) 简述品牌价值提升的作用。

(6) 简述品牌价值提升的路径。

(7) 简述品牌价值管理的要素。

(8) 简述品牌价值创新的策略。

第11章 品牌策划书

导入案例

优乐美奶茶营销策划

优乐美是喜之郎公司推出的一款奶茶产品。我国冲调奶茶行业竞争格局趋于稳定，行业处于成熟阶段，超过五成的市场被立顿、香飘飘、优乐美三个品牌占有。奶茶既有茶的清香，又有牛奶的营养，奶茶以其香浓美味的口感，赢得了众多消费者，特别是年青一代的好感。相比于传统的碳酸饮品、果汁类饮品，奶茶类饮品近年来发展势头迅猛。

一、优乐美奶茶营销现状的SWOT分析

优势分析：

1. 生产技术优势

优乐美是果冻巨头喜之郎公司推出的一款奶茶产品。喜之郎集团雄厚的实力、丰富的文化内涵深深地吸引了广大消费者，其在果冻市场多年累积下来的声誉更为优乐美在杯状奶茶市场上便捷迅速地占有一席之地，在产品生产技术上也有先天优势。

2. 鲜活的品牌定位与代言

优乐美奶茶的目标人群是15～25岁的年轻人。他们对爱情拥有无限的期待，其目光焦点是爱情。他们敢于尝试新事物。他们主要接触的媒体是互联网，喜欢通过互联网平台娱乐、交朋友和购物等。作为一款全新上市的产品，优乐美奶茶由备受年轻人崇拜与追捧的周杰伦代言，周杰伦的知名度迅速地将优乐美奶茶的优雅、快乐、美丽的独特品牌内涵发挥得淋漓尽致。

3. 广告宣传到位

优乐美广告媒介以辅助性的病毒营销方式进行预热，采取电视广告强化记忆和网络媒体深度沟通相结合的方式，进行由广到深的品牌沟通。在电视广告和互联网广告方面，采取的是“全面整合网络工具，进行优化流量、更精准有效沟通”的投放策略。2008年春节，在中央一台、湖南卫视、星空卫视、华娱卫视等各大电视台的黄金时段，都能看到周杰

伦和江语晨在漫天雪花下，喝着优乐美奶茶的这段温情对白。同时，选择腾讯网、校内网、优酷网、56网、PPLive、杰迷中文网为优乐美奶茶官方网站的推广平台，整合各个优势媒体的网络资源，全面覆盖关注优乐美奶茶的年轻人群，并通过各个媒体最具特色的产品把优乐美学院推向与消费者精准有效沟通的平台中。

劣势分析：

1. 优乐美奶茶是后起之秀

在优乐美上市之前，整个奶茶市场已经经过了一轮洗牌过程，优乐美一上市就要面对强劲的竞争对手。要在导入期就能与成熟的香飘飘、香约、立顿等品牌抗衡，经销商们对新产品的支持则成为致命关键点。

2. 产品差异不明显

奶茶品牌种类很多，优乐美与香飘飘、立顿这类奶茶除掉包装，就产品本身口感而言是一样的，消费者没有更多理由选择优乐美。

机遇分析：

1. 生活发展需要这一休闲饮品

生活节奏加快，消费者尤其是青年女性、学生群体和青少年儿童喜欢便捷的奶茶，可以随时随地饮用，方便快捷。

2. 杯状奶茶市场已被打开

以香飘飘奶茶为首，率先打响的奶茶品牌大战，唤起了消费者的味蕾和感官，刺激了消费者的购买欲望，优乐美奶茶也盯中了这一市场机遇，开始了抢占市场的战争。

威胁分析：

1. 碳酸饮料类市场占有率巨大

市场上现有可口可乐、百事可乐、汇源果汁、康师傅、统一等众多饮料品牌，奶茶的消费群体还较少。

2. 替代品具有一定的市场

目前市场上已经有香飘飘、相约、立顿、优乐美等知名奶茶品牌，还有很多企业观望着这一市场机遇，奶茶行业的竞争越演越烈。

3. 消费者对奶茶健康的看重带来的挑战

奶茶喝多了容易发胖，脂肪容易堆积在肚子上，很多习惯喝奶茶的人想要减肥，就想要戒奶茶。奶茶中又有大量糖分，所以很多消费者不愿意饮用奶茶。

二、优乐美奶茶营销策略

1. 凸显差异化，不与香飘飘正面竞争

优乐美奶茶以情感作为策略推广核心，塑造温馨的品牌形象，在市场定位上与其他奶茶有明显区别，凸显这些差异化，可以避免与香飘飘等奶茶的正面竞争，同时也培养出自己的忠实消费者。

2. 利用喜之郎的实力打开销售渠道

喜之郎是以儿童食品起家，经过十几年的品牌积累，已经形成了非常稳固的品牌领先地位，优乐美以全新的品牌形象出现，再借助喜之郎原有的渠道优势和经销商资源优势使得优乐美的铺货工作达到水到渠成的效果。

3. 培养更多的奶茶消费群体

现在年轻一族消费的百事可乐、可口可乐一系列电热碳酸饮料比例较大，奶茶作为后起的饮料行业，要提升销量，首先得找到自己的客户终端，培养出更多的奶茶消费者。

4. 不断推陈出新

优乐美要想成为奶茶行业的领先者，要在产品定位上与其他品牌不同，不断地研制新品种，有针对性地推广不同口味、包装的奶茶，增强自身竞争优势。

5. 提高自身产品质量

社会的发展趋势，人们对消费品的健康因素越来越看重。根据这一形势，优乐美奶茶要提高自身的产品质量，研发出更加健康的奶茶饮料，迎合“绿色健康”消费理念。

（以上内容选编自 2012 年第 1 期《现代营销》胡春艳的文章《优乐美奶茶 SWOT 分析及营销对策》）

品牌是组织发展的生命力源泉，采取什么样的品牌战略去开创品牌、开拓市场和增加效益呢？这些都离不开先期的品牌策划。品牌经营活动要想获得成功必须对某个未来的活动或者事件进行策划，并展现给读者相应的文本方案，预测未来的品牌策划活动的可行性。好的品牌策划方案通过品牌策划书的形式展现在品牌拥有者面前，可以开发想象力，最快地达到品牌进入市场的目标。

11.1 品牌策划书的内涵

11.1.1 什么是品牌策划书

策划书是将谋划的内容以应用文的形式表现出来。

品牌策划书是指充分利用品牌组织的内、外部资源和全新的思维理念对品牌进行设计和创新规划。实际上就是整合各种有利因素，对品牌的未来发展进行塑造的过程，通常在得到决策者的认可之后可以进入策划管理的实施。所以，掌握委托人的真正对品牌进行定位塑造、推广、营销的最终目的是成功制作品牌策划书的前提。

进行品牌策划管理的目的是以较少的投入获得巨大的效益，一个操作性强的品牌策划方案需要一份可执行性很强的品牌策划书，品牌策划书是品牌策划管理的书面形式，编写要点包括目标受众、推广媒介、推广方式、经费预算、绩效评估等。

对于各行各业的品牌来说，因为不同品牌策划的目标重点各不相同，其品牌策划书的制作方法也不尽相同。

11.1.2 品牌策划书的基本格式

1. 策划书名称

尽可能具体地写出策划书名称，如"×年×月×日信息系×活动策划书"，置于页面中央。

2. 背景介绍

这部分内容应根据策划书的特点在以下项目中选取内容重点阐述：基本情况简介、主要执行对象、近期状况、组织部门、活动开展原因、社会影响以及相关目的动机。

3. 策划方案的目的及意义

应用简洁明了的语言将品牌策划的目的要点表述清楚；在陈述目的要点时，该活动的核心构成或策划的独到之处及由此产生的意义都应该明确写出。

4. 策划活动名称

根据活动的具体内容、影响及意义拟定能够全面概括活动的名称。

5. 策划目标

此部分需明示要实现的目标及重点(目标选择需要满足重要性、可行性、时效性)。

6. 策划方案的开展

作为策划的主题部分，表述方面要力求详尽，不仅仅局限于用文字表述，也可适当加入统计图表、数据等，便于统筹。

7. 经费预算

策划方案的各项费用在根据实际情况进行具体、周密的计算后，用清晰明了的形式列出。

8. 应注意的问题及细节

内外环境的变化，不可避免地会给方案的执行带来一些不确定性因素，因此，当环境变化时是否有应变措施、损失的概率是多少、造成的损失多大等也应在策划中加以说明。

11.2 品牌策划书的构思流程

1. 做好调查，准确定位

对所策划的对象进行调查研究，是品牌策划书的创作程序之一。只有进行调研，才能把准市场的脉搏，为品牌策划书进行准确定位。

在制作品牌策划书之前，制作者首先要调查了解决策者的意图，要清晰地知道他们的目的以及所要解决的问题是什么。这个问题如果弄不清楚，就会事倍功半，甚至事与愿违。比如，某公司委托你进行区域性的某品牌的策划，其目的是增加该品牌在此区域的受众认知度。如果你没弄清楚这一点，没有在增加该区域的受众认知度上下工夫，而是按照品牌策划的常规套路去进行品牌策划，既浪费精力、时间，又浪费资源，最后形成的策划书还不会得到决策者的认可。所以，掌握委托人的真正意图，是成功制作品牌策划书的前提。

在明确品牌策划的真正目的之后，就要进行有针对性的策划调研。策划调研是品牌策划的基础，科学有效的调研能够明确品牌策划的主题，以至于最终解决现实问题。在品牌调研活动中，市场调查很重要。进行市场调查前，应该有某种程度的预想，然后在此想法基础上进行调查。

2. 深入分析，设计战略

品牌策划离不开市场调查，也离不开相应的市场环境分析，只有在有效的调查和准确的分析基础之上，才会产生实用的品牌战略策划书。

我们在进行市场各种环境分析时，必须有相应的可供参考的资料。收集资料有多种渠道，可以通过问卷访问等实地调查，以及观察商家的实际情况，或通过试销试用，了解顾客的反应等方式进行；也可以从报刊书籍中收集资料，然后加以分析。现在的互联网极其方便，我们还可以上网收集国内、国外各行各业的相关信息，这些对品牌策划分析都是非常有帮助的。

在制作品牌策划书时，还应看到政治、经济和社会等因素直接或间接的影响，如果不能洞察到这些变化，相应的分析就无法深入、具体、准确，策划书也难以达到最佳效果。品牌策划分析一般包括行业市场环境分析、目标市场分析、竞品分析、消费者分析、品牌分析等，各类分析中还有更加详尽的细目分析。但对品牌策划而言，并非每一项分析都要面面俱到，只需针对与策划有关的项目进行分析即可。

3. 精心创意，合理布局

一切策划都离不开创意，品牌策划也不例外。新颖的创意是策划书的核心内容。如果一篇优质的品牌策划书在创意、内容及表现手法上都具有新意，就会给人以全新的感受并留下深刻的印象。策划者只有对所策划的产品及所涉及的市场和相关环境非常了解，才会生发出精彩的创意。有了好的创意，就会有与众不同的新颖的品牌策略。

有了充分的材料和好的创意，还要选择恰当的方式表达出来，形成书面材料，作为行动的参考和指南，这就是品牌策划书的制作。怎样写出一份完美的品牌策划书呢？首先要撰写大纲，精心布局，合理安排结构；然后精选材料，制作正文内容。正文是品牌策划书中最重要的部分，虽然因目标不同，各品牌策划书有所变化，但最基本的原则是主题明确，数据真实可靠，分析准确严密，条理清晰，富有创意。切忌内容拉杂，过分详尽。

精彩的品牌策划书源自良好的策划，而一个操作性强的策划又离不开一份可执行性很强的策划书。随着市场竞争日益激烈，好的品牌策划书定能成为企业发展的好方良药。

11.3 品牌广告策划书

11.3.1 品牌广告策划书的概念

广告策划是集谋略创造与科学决策于一体的艺术。策划的全面、周到，直接关系到广告活动的成败，关系到整个营销活动。广告策划人员只有在科学的策划谋略和意识理念的指导下，严格遵循广告策划的基本程序，踏实而又富有创造性地做好各环节的工作，才能赢得市场。它是在广告开始的最初阶段进行的，必要时贯穿于广告活动始终的一种优先、提前的，带有策略指导意义的活动。它对于提出、实施、检验广告决策的全过程作优先的考虑与设想。除了与经济活动有关的商业类广告，还包括基于社会目的的公益类广告、文化类广告、教育类广告、体育类广告等。在现代社会中，服务于大众的公益类广告、文化类广告越来越多，已逐渐成为一种对大众影响深远的传播形式。

广告策划书的写作要点在于始终紧扣“创意”与“创新”。“创意”就是找出一种具体的形式用以表现广告定位所确定的内容要点。“创新”则是对广告内容和传播方法所采取的新颖的处理方式。广告策划书在内容上的创新，并不仅仅指宣传对象的新，更是指广告内容与设计的新意。广告的宣传内容是客观存在，广告策划却具备较强的主观性特征。

11.3.2 品牌广告策划书的写作技巧

1. 封面

一份完整的广告策划书文本应该包括一个版面精美、要素齐备的封面，以给阅读者以良好的第一印象。

2. 广告策划小组名单

在策划文本中提供广告策划小组名单，可以向广告主显示广告策划运作的正规化程度，也可以表示一种对策划结果负责任的态度。

3. 目录

在广告策划书目录中，应该列举广告策划书各个部分的标题，必要时还应该将各个部分的联系以简明的图表体现出来，一方面可以使策划文本显得正式、规范；另一方面也可以使阅读者能够根据目录方便地找到想要阅读的内容。

4. 前言

在前言中，应该概述广告策划的目的、进行过程、使用的主要方法、策划书的主要内容，以使广告客户可以对广告策划有大致的了解。

5. 内容摘要

内容摘要也可以出现在前言中。摘要一般用来反映策划书中所策划的广告目的、方法及主要结果与结论，在有限的字数内向读者提供尽可能多的定性或定量的信息，充分反映该策划的创新之处。策划书中如果没有创新内容，如果没有经得起检验的与众不同的方法或结论，是不会引起广告主的阅读兴趣的。以“摘录要点”的形式以报道的方式说出策划者的主要策划成果和比较完整的定量及定性的信息，篇幅以 300～500 字为宜。

摘要的写作注意事项：

(1) 摘要中应排除常识性的内容，一般也不要对策划书内容作诠释和评论，尤其是自我评价。

(2) 不得简单重复题名中已有的信息。

(3) 结构严谨，表达简明，语义确切。摘要不分段。

(4) 用第三人称。建议采用“报告了……现状”、“进行了……调查”、“对……进行了策划”等记述方法。

(5) 要使用规范化的名词术语，不用非公知公用的符号和术语。

(6) 除了实在无法变通以外，一般不用公式，不出现插图、表格。

(7) 不用引文，除非该文献证实或否定了他人已出版的著作。

(8) 尽量不使用缩略语、略称、代号。

6. 正文

第一部分：市场分析

这部分应该包括广告策划的过程中所进行的市场分析的全部结果，为后续的广告策略部分提供有说服力的依据。

一、营销环境分析

1. 企业市场营销环境中宏观的制约因素

(1) 企业目标市场所处区域的宏观经济形势：总体的经济形势、总体的消费态势、产业的发展政策。

(2) 市场的政治、法律背景：是否有有利的政治因素可能影响产品的市场？是否有有利或者不利的法律因素可能影响产品的销售和广告？

(3) 市场的文化背景：企业的产品与目标市场的文化背景有无冲突之处？这一市场的消费者是否会因为产品不符合其文化而拒绝产品？

2. 市场营销环境中的微观制约因素：企业的供应商与企业的关系、产品的营销中间商与企业的关系。

3. 市场概况

(1) 市场的规模：整个市场的销售额、市场可能容纳的最大销售额、消费者总量、消费者总的购买量以及以上几个要素在过去一个时期中的变化、未来市场规模的趋势。

(2) 市场的构成：构成这一市场的主要产品的品牌、各品牌所占据的市场份额、市场上居于主要地位的品牌、与本品牌构成竞争的品牌是什么、未来市场构成的变化趋势如何。

(3) 市场构成的特性：市场有无季节性、市场有无暂时性、市场有无其他突出的特点。

4. 营销环境分析总结：机会与威胁、优势与劣势、重点问题。

二、消费者分析

1. 消费者的总体消费态势：现有的消费时尚、各种消费者消费本类产品的特性。

2. 现有消费者分析

(1) 现有消费群体的构成：现有消费者的总量；现有消费者的年龄；现有消费者的职业；现有消费者的收入；现有消费者的受教育程度；现有消费者的分布。

(2) 现有消费者的消费行为：购买的动机；购买的时间；购买的频率；购买的数量；购买的地点。

(3) 现有消费者的态度：对产品的喜爱程度；对本品牌的偏好程度；对品牌的认知程度；对本品牌的指名购买程度；使用后的满足程度；未满足的需求。

3. 潜在消费者分析

(1) 潜在消费者的特征：总量、年龄、职业、收入、受教育程度。

(2) 潜在消费者现在的购买行为：现在购买哪些品牌的产品？对这些产品的态度如何？有无新的购买计划？有无可能改变计划购买的品牌？

(3) 潜在消费者被本品牌吸引的可能性：潜在消费者对本品牌的态度如何？潜在消费者需求的满足程度如何？

4. 消费者分析的总结

(1) 现有消费者：机会与威胁、优势与劣势、重要问题。

(2) 潜在消费者：机会与威胁、优势与劣势、主要问题。

(3) 目标消费者：目标消费群体的特性、目标消费群体的共同需求、如何满足他们的需求。

三、产品分析

1. 产品特征分析

(1) 产品的性能：产品的性能有哪些？产品最突出的性能是什么？产品最适合消费者需求的性能是什么？产品的哪些性能还不能满足消费者需求？

(2) 产品的质量：产品是否属于高质量的产品？消费者对产品质量的满意程度如何？产品的质量能继续保持吗？产品的质量有无继续提高的可能？

(3) 产品的价格：产品的价格在同类产品中居于什么档次？产品的价格与产品质量

的配合程度如何？消费者对产品价格的认识如何？

(4) 产品的材质：产品的主要原料是什么？产品在材质上有无特别之处？消费者对产品材质的认识如何？

(5) 生产工艺：产品通过什么样的工艺生产？在生产工艺上有无特别之处？消费者是否喜欢通过这种工艺生产的产品？

(6) 产品的外观与包装：产品的外观和包装是否与产品的质量、价格和形象相符？产品在外观和包装上有没有欠缺？外观和包装在货架上的同类产品中是否醒目？外观和包装对消费者是否具有吸引力？消费者对产品外观和包装的评价如何？

(7) 与同类产品的比较：在性能上有何优势？有何不足？在质量上有何优势？有何不足？在价格上有何优势？有何不足？在材质上有何优势？有何不足？在工艺上有何优势？有何不足？在消费者的认知和购买上有何优势？有何不足？

2. 产品生命周期分析：产品生命周期的主要标志；产品处于什么样的生命周期；企业对产品生命周期的认知。

3. 产品的品牌形象分析

(1) 企业赋予产品的形象：企业对产品形象有无考虑？企业为产品设计的形象如何？企业为产品设计的形象有无不合理之处？企业是否将产品形象向消费者传达？

(2) 消费者对产品想象的认知：消费者认为产品形象如何？消费者认知的形象与企业设定的形象符合吗？消费者对产品形象的预期如何？产品形象在消费者认知方面有无问题？

4. 产品定位分析

(1) 产品的预期定位：企业对产品定位有无设想？企业对产品定位的设想如何？企业对产品的定位有无不合理之处？企业是否将产品定位向消费者传达？

(2) 消费者对产品定位的认知：消费者认知的产品定位如何？消费者认知的定位与企业设定的定位符合吗？消费者对产品定位的预期如何？产品定位在消费者认知方面有无问题？

(3) 产品定位的效果：产品的定位是否达到了预期的效果？产品定位在营销中是否有困难？

5. 产品分析的总结

(1) 产品特性机会与威胁、优势与劣势、主要问题点。

(2) 产品的生命周期机会与威胁、优势与劣势、主要问题点。

(3) 产品的形象机会与威胁、优势与劣势、主要问题点。

(4) 产品定位机会与威胁、优势与劣势、主要问题点。

四、企业和竞争对手的竞争状况分析

1. 企业在竞争中的地位、市场占有率、消费者认知、企业自身的资源和目标。

2. 企业的竞争对手：主要的竞争对手是谁？竞争对手的基本情况、竞争对手的优势与劣势、竞争对手的策略。

3. 企业与竞争对手的比较：机会与威胁、优势与劣势、主要问题点。

五、企业和竞争对手的广告分析

1. 企业和竞争对手以往的广告活动的概况、开展的时间、开展的目的、投入的费用、主要内容。

2. 企业和竞争对手以往广告的目标市场策略：广告活动针对什么样的目标市场进行？目标市场的特性如何？有何合理之处？有何不合理之处？

3. 企业和竞争对手的产品定位策略。

4. 企业和竞争对手以往的广告诉求策略：诉求对象是谁？诉求重点如何？诉求方法如何？

5. 企业和竞争对手以往的广告表现策略：广告主题创意如何？有何合理之处？有何不合理之处？广告创意如何？有何优势和不足？

6. 企业和竞争对手以往的广告媒介策略：媒介组合如何？有何合理及不合理之处？广告发布的频率如何？有何优势和不足？

7. 广告效果：广告在消费者认知方面有何效果？广告在改变消费者态度方面有何效果？广告在消费者行为方面有何效果？广告在直接促销方面有何效果？广告在其他方面有何效果？广告投入的效益如何？

8. 总结：竞争对手在广告方面的优势、企业自身在广告方面的优势、企业以往广告中应该继续保持的内容、企业以往广告突出的劣势。

第二部分：广告策略

一、广告的目标

1. 企业提出的目标。

2. 根据市场情况可以达到的目标。

3. 对广告目标的表述。

二、目标市场策略

1. 企业原来市场观点的分析与评价。

(1) 企业原来所面对的市场：市场的特性、市场的规模。

(2) 对企业原有市场观点的评价：机会与威胁、优势与劣势、主要问题点。

2. 市场细分：市场细分的标准、各个细分市场的特性、各个细分市场的评估、对企业最有价值的细分市场。

3. 企业的目标市场策略：目标市场选择的依据、目标市场选择的策略。

三、产品定位策略

1. 对企业以往的定位策略的分析与评价：企业以往的产品定位、定位的效果、对以往定位的评价。

2. 新的产品定位策略：从消费者需求的角度、从产品竞争的角度、从营销效果的角度。

3. 对新的产品定位的表述。

4. 新的定位的依据与优势。

四、广告诉求策略

1. 广告的诉求对象：诉求对象的表述、诉求对象的特性与需求。

2. 广告的诉求重点：对诉求对象需求的分析、对所有广告信息的分析、广告诉求重点的表述。

3. 诉求方法策略：诉求方法的表述、诉求方法的依据。

五、广告表现策略

1. 广告主题策略：对广告主题的表述、广告主题的依据。

2. 广告创意策略：广告创意的核心内容、广告创意的说明。

3. 广告表现的其他内容：广告表现的风格、各种媒介的广告表现、广告表现的材质。

六、广告媒介策略

对媒介策略的总体表述、媒介的地域、媒介的类型、媒介的选择、媒介组合策略、广告发布时机策略、广告发布频率策略。

第三部分：广告实施计划

一、广告活动的目标

二、广告活动的时间：在各目标市场的开始时间、广告活动的结束时间、广告活动的持续时间。

三、广告的目标市场

四、广告的诉求对象

五、广告的诉求重点

六、广告活动的表现：广告的主题、广告的创意、各媒介的广告表现（平面设计、文案、电视广告分镜头脚本）、各媒介广告的规格、各媒介广告的制作要求。

七、广告媒介计划：广告发布的媒介、各媒介的广告规格、广告媒介发布排期表。

八、其他活动计划：促销活动计划、公共关系活动计划、其他活动计划。

九、广告费用预算：广告的策划创意费用、广告设计费用、广告制作费用、广告媒介费用、其他活动所需要的费用、机动费用、费用总额。

第四部分：广告活动的效果预测和监控

一、广告效果的预测：广告主题测试、广告创意测试、广告文案测试、广告作品测试。

二、广告媒介的监控：广告媒介发布的监控、广告效果的测定。

第五部分：附录

在策划文本附录中，应该包括为广告策划而进行的市场调查的应用性文本和其他需要提供给广告主的资料。包括市场调查问卷、市场调查访谈提纲和市场调查报告。

11.4 营销策划书

11.4.1 什么是营销策划书

营销策划是在对企业内部环境予以准确的分析，并有效运用经营资源的基础上，对一定时间内的企业营销活动的行为方针、目标、战略以及实施方案与具体措施进行设计和计划。营销策划的实质，是通过各种形式和媒介平台，实现和消费者的心理沟通，以达到销售的目的。营销策划是一种商业行为，谋求的是经济利益，以期更有效地实现产品销售的目的。循着这样的思路，营销策划书的写作应自始至终把宣传与推销的策略作为写作的要点。

11.4.2 营销策划书的写作技巧

营销策划书主要包括策划书的名称、被策划的客户、策划机构或策划人的名称、策划完成日期及本策划适用时间段以及策划书正文部分以下内容。

营销策划书主要包括以下内容。

1. 策划目的

企业开张伊始，尚无一套系统营销方略，因而需要根据市场特点策划出一套行销计划。

2. 分析当前的营销环境状况

(1) 当前市场状况及市场前景分析

① 产品的市场性、现实市场及潜在市场状况。

② 市场成长状况：产品目前处于市场生命周期的哪一阶段。对于不同市场阶段上的产品公司营销侧重点如何，相应营销策略效果怎样，需求变化对产品市场的影响如何。

③ 消费者的接受性：需要策划者凭借已掌握的资料分析产品市场发展前景。

(2) 对产品市场影响因素进行分析

主要是对影响产品的不可控因素进行分析，如宏观环境、政治环境、居民经济条件，如消费者收入水平、消费结构的变化、消费心理等；对一些受科技发展影响较大的产品如计算机、家用电器等的营销策划中还需要考虑技术发展趋势方面的影响。

3. 市场机会与问题分析

营销方案，是对市场机会的把握和策略的运用，因此分析市场机会，就成了营销策划的关键。找准了市场机会,策划就成功了一半。

(1) 针对产品目前营销现状进行问题分析

一般营销中存在的具体问题表现为多方面,如：企业知名度不高,形象不佳,影响产品销售；产品质量不过关,功能不全,被消费者冷落；产品包装太差,提不起消费者的购买兴趣,产品价格定位不当；销售渠道不畅,或渠道选择有误,使销售受阻；促销方式不当,消费者不了解企业产品；服务质量太差,令消费者不满；售后保证缺乏,消费者购后顾虑多等都可以是营销中存在的问题。

(2) 针对产品特点分析优、劣势

从问题中找劣势予以克服,从优势中找机会,发掘其市场潜力。分析各目标市场或消费群特点进行市场细分,对不同的消费需求尽量予以满足,抓住主要消费群作为营销重点,找出与竞争对手的差距,把握利用好市场机会。

4. 营销目标

营销目标是公司所要实现的具体目标,即营销策划方案执行期间,经济效益目标达到：总销售量为×××万件,预计毛利×××万元,市场占有率实现××。

5. 营销战略(具体行销方案)

(1) 营销宗旨。一般企业可以注重这样几方面：以强有力的广告宣传攻势顺利拓展市场,为产品准确定位,突出产品特色,采取差异化营销策略；以产品主要消费群体为产品的营销重点；建立起点广面宽的销售渠道,不断拓宽销售区域等。

(2) 产品策略：通过前面产品市场机会与问题分析,提出合理的产品策略建议,形成有效的 4P 组合,达到最佳效果。

(3) 价格策略：拉大批零差价,调动批发商、中间商积极性；给予适当数量折扣,鼓励多购；以成本为基础,以同类产品价格为参考,使产品价格更具竞争力。若企业以产品价格为营销优势的则更应注重价格策略的制定。

(4) 销售渠道：产品目前销售渠道状况如何；对销售渠道的拓展有何计划；采取一些实惠政策,鼓励中间商、代理商的销售积极性或制定适当的奖励政策。

(5) 广告宣传：策划期内前期推出产品形象广告；销后适时推出诚征代理商广告；节假日、重大活动前推出促销广告；把握时机进行公关活动,接触消费者；积极利用新闻媒介,善于创造、利用新闻事件提高企业产品知名度。

(6) 具体行动方案：根据策划期内各时间段特点,推出各项具体行动方案。行动方案要细致、周密,操作性强又不乏灵活性。还要考虑费用支出,一切量力而行,尽量以较低费用取得良好效果为原则。尤其应该注意季节性产品淡、旺季营销侧重点,抓住旺季营销优势。

6. 策划方案各项费用预算

这一部分记载的是整个营销方案推进过程中的费用投入,包括营销过程中的总费用、阶段费用、项目费用等,其原则是以较少投入获得最优效果。费用预算方法在此不再详谈,企业可凭借经验,具体分析制定。

7. 方案调整

这一部分是作为策划方案的补充部分。在方案执行中都可能出现与现实情况不相适应的地方,因此必须随时根据市场的反馈及时对方案进行调整。

11.5 活动策划书

11.5.1 什么是活动策划书

活动策划是提高市场占有率的有效行为。如果是一份创意突出,而且具有良好的可执行性和可操作性的活动策划案,无论对于企业的知名度,还是对于品牌的美誉度,都将起到积极的提高作用。活动策划案是相对于市场策划案而言的,严格地说它是从属于市场策划案的,它们是互相联系,相辅相成的。它们都从属于企业的整体市场营销思想和模式,只有在此前提下做出的市场策划案和活动策划案才是具有整体性和延续性的广告行为,也只有这样,才能够使受众群体同意品牌的文化内涵,而活动策划案也只有遵从整体市场策划案的思路,才能够使企业保持稳定的市场销售额。

活动策划书是公共关系文书的一种。公共关系所研究的是人与人之间、群体与群体之间和谐有益的关系形态。因此,活动策划书的写作首先要强调人际关系的道德准则,不论是策划理念还是文本形式,都要体现以人为本的观念。活动策划的重点在于构思、设计、营造一种和谐、有益的人际关系,所以活动策划书写作最直接的目的在于将自己所主张的人际关系理念传递给大众并促使大众接受,唤起大众对活动的参与意识和奉献精神,使所有参与者在参与活动的同时,情感和心理也能得到感染与影响。

11.5.2 活动策划书的写作技巧

1. 策划书名称

尽可能具体地写出策划名称,如"×年×月××大学××活动策划书",置于页面中央,当然可以写出正标题后将此作为副标题写在下面。

2. 活动背景

这部分内容应根据策划书的特点在以下项目中选取内容重点阐述。具体项目有基本情况简介、主要执行对象、近期状况、组织部门、活动开展原因、社会影响以及相关目的动机。其次应说明问题的环境特征，主要考虑环境的内在优势、弱点、机会及威胁等因素，对其作好全面的分析（SWOT 分析），将内容重点放在环境分析的各项因素上，对过去现在的情况进行详细的描述，并通过对情况的预测制定计划。如环境不明，则应该通过调查研究等方式进行分析加以补充。

3. 活动目的、意义和目标

应用简洁明了的语言将目的要点表述清楚；在陈述目的要点时，该活动的核心构成或策划的独到之处及由此产生的意义（经济效益、社会利益、媒体效应等）都应该明确写出。活动目标要具体化，并需要满足重要性、可行性、时效性。

4. 资源需要

列出所需人力资源、物力资源，包括使用的地方，如教室或使用活动中心都详细列出。可以列为已有资源和需要资源两部分。

5. 活动开展

作为策划的正文部分，表现方式要简洁明了，使人容易理解，但表述方面要力求详尽，写出每一点能设想到的东西，没有遗漏。在此部分中，不仅仅局限于用文字表述，也可适当加入统计图表等；对策划的各工作项目，应按照时间的先后顺序排列，绘制实施时间表有助于方案核查。人员的组织配置、活动对象、相应权责及时间地点也应在这部分加以说明，执行的应变程序也应该在这部分加以考虑。这里可以提供一些参考方面：会场布置、接待室、嘉宾座次、赞助方式、合同协议、媒体支持、校园宣传、广告制作、主持、领导讲话、司仪、会场服务、电子背景、灯光、音响、摄像、信息联络、技术支持、秩序维持、衣着、指挥中心、现场气氛调节、接送车辆、活动后清理人员、合影、餐饮招待、后续联络等。可以根据实情自行调节。

6. 经费预算

活动的各项费用在根据实际情况进行具体、周密的计算后，用清晰明了的形式列出。

7. 活动中应注意的问题及细节

内外环境的变化，不可避免地会给方案的执行带来一些不确定性因素，因此，当环境变化时是否有应变措施、损失的概率是多少、造成的损失多大、应急措施等也应在策划中加以说明。

8. 活动负责人及主要参与者

注明组织者、参与者姓名、嘉宾、单位（如果是小组策划应注明小组名称、负责人）。

11.6 知识链接

论CIS策划书撰写中的“四大灵魂”

企业识别系统(CIS)是企业介入市场,向外界说明身份,确立企业形象,明确市场地位的企业系统化经营的战略体系。企业形象的确立与产品竞争力的强弱,直接关系到企业的生存与发展。企业识别系统是企业经营决策者(投资者),招纳优秀的企业管理人员、产品销售人员和规划设计专家,共同策划出企业形象和符号造型设计,并从企业整体出发,完成现代设计与企业经营机制的整体性运作,以塑造企业的个性、突出企业的精神和理念,使消费者或者受众产生深刻的印象和认同,从而达到企业经营目标的系统工程。

对于初学CI策划的人来说,往往被CI策划的三个子系统的构架——MI(理念识别)、BI(行为识别)、VI(视觉识别)所迷惑。认为它们三者是有步骤的、有公式的、有规律的,从而大大地制约初学CIS策划者的思维和意识,使之陷入了茫然,无法进行策划。在CIS策划的系统工程中,没有固定的方案程式,不同的企业、不同的产品、不同的调查结果、不同的事件等,都有不同的表达方式,或者策划方式。但是,无论怎样的不同,有四个实质性的内容是不变的,这就是CIS策划书撰写中的“四大灵魂”——调查、点子、文字、视觉。这四者缺一不可,是构架一份完美的CI策划方案的“灵魂”。

一、调查

调查,在这里专指市场调查。“没有调查就没有发言权”是历史不争的论断。市场调查是CI策划的基础性工作,也是作出策划的基石,其目的是为策划提供科学决策的依据。

1. 调查准备阶段

调查的准备阶段,重点是解决调查的目的、要求、对象、方法,以及调查的范围和规模,调查力量的组织,并制定完整规范的调查方案。通常分三个步骤:①明确调查课题;②分析初步情况和非正式调查;③制定调查方案。

2. 市场调查的实施阶段

这个阶段的主要任务是:组织调查人员深入实际,按照调查方案或调查提纲的要求,系统地收集各种可靠的资料和数据,听取被调查者的意见。步骤有:①建立调查组织;②收集各种资料。

3. 市场调查的分析和总结阶段

市场调查的分析和总结阶段,是得出调查结果的阶段。是全部调查任务的最后环节,是调查能否发挥作用的关键环节。步骤有:①资料的整理、检查、核实、校订、汇编、综合、分析;②撰写调查报告;③总结反馈。

二、点子

点子是经过思维产生的解决问题的主意、办法。奇思妙想形成点子的“奇”和“妙”是特别方法，而"思"和"想"是人的行为，"形"是形式，"点子"是内容，奇思妙想形成点子，本质上是人运用特别方法确定内容形式。策划就是围绕目标的实现"出点子"，并将"点子具体化"，形成可行计划的运筹过程。通俗来说：策划＝点子＋点子具体化。由此可见，点子本身不是策划，只有当点子结合各种达成目标的实现要素，并成为"一个有效指导人们未来如何展开行动的运筹过程"，这才叫策划。点子的好坏，就是策划的成败。

1. 点子的萌芽期

这个时期是建立在调查的基础上去进行的，在调查的过程中，已经把一切相关的或许无关的信息都及时地记录了，然后就是思维活动的进行。而思维活动的延伸，不是每个人都具有这样的特质的，也不是天生的。它是一个策划人的遗传基因、环境际遇、社会际遇、实践经历、博学多才、观察能力、想象能力、商业能力等几方面的结合体，缺少其中的因素，就会思维枯竭。

2. 点子的形成期

这个时期主要是将众多萌芽的点子全部分类归纳，理顺出明晰的思路，充实点子的构思策略。结合实际的策划对象，优化"奇"点子，并将"点子具体化"。

3. 成熟期——点子具体化

"点子具体化"就是如何正确、科学、有效地确定策划诉求。而策划诉求就是确立企业战略、企业精神、企业文化、企业管理、企业生产、企业竞争、企业营销、企业形象、企业产品、企业服务、企业公告等的具体体现。"点子具体化"是完全服从商业的，是为商业服务的。但是它必须具有对特定企业的针对性，其最终的目的是要使自己企业和竞争企业区分开来，以争取自己企业在消费者心目中占有一定的位置，创造企业优势和创造竞争优势。策划诉求解决了，不仅是 CI 策划书中的策略性问题已经得到关键性的突破，而且策划中的问题也得已解决。因此，CIS 策划，"点子具体化"是策划的关键。

在市场调查的基础上，"点子具体化"也已经形成了，但是如何去表达，如何撰写策划书？也形成了策划成功与否的关键。

往往有些策划人具有良好的"点子"，不知道如何去表达，或者是表达不清楚，给人以"雾里看山"的感觉，看完了，但不知道其表达什么。

三、文字

文字表达，也就是文学基础，或者文学功底，也是体现一个策划人的思路、思维与思想。才思敏捷，条理清晰是成为策划人必不可少的基本条件之一。但是，在文学基础问题上，不是每个策划人都具有的，也不是一年半载可以学成的，它需要策划人在长期的实践中和学习中不断地提升和沉淀。

撰写策划书一般不会按照 MI、BI、VI 的顺序去撰写，除 VI 外，也不会在策划书中明显体现 MI、BI 的顺序。它们是融汇其中，没有明显的标题和分界线。一般情况下策划书的步骤是这样出现的：

1. 体检医生

当人生病的时候，就会看医生。当企业出现问题的时候，也会找策划，也就是我们通常所讲的“企业诊断”。CIS从本质上来说是一种“人格化”的形象传播，也有时机选择的问题，怎样才能在大家心目中形成一个充分的“理由”，容易产生“共识”。一般情况有新公司成立、创业周年纪念、新产品开发上市、资产重组、企业兼并、实施国际化战略、改变经营机制等，企业一般会导入CI。知道自己有“问题”了，所以就去“体检”。意思就是撰写策划书的开头，应从大形势、大市场（国际或国内）去“大对比”，找出企业的“症结”所在。

2. 调查部长

对企业内部和外部环境进行有效的调查，在充分掌握信息的基础上加以分析，以准确地把握企业的实态。重点是解决调查的目的、要求、对象、方法，以及调查的范围和规模，调查力量的组织等问题，并制定完整规范的调查方案。

3. 决策顾问

根据企业的“症结”，形成“点子”，反复推敲，分类归纳。理出明晰的思路，充实构思策略，并提出“解决办法”——决策（提案或建议案）。如“问题”众多可以项目归纳、分类提出。

4. 作战参谋

当提案或建议案都提出来后，就是如何充实每一个单项内容，包括具体的做法。提出涉及的人、物、事、时及细化的分工事项和执行的各项细则。要求具体化和细化。

5. 健身教练

当所有的提案或建议案都具体化和细化后，就是实施阶段了。在实施阶段的过程中完全按照CI策划书所撰写的内容去进行，要严谨化。往往有的小问题会需要调整，但绝不能违背CIS策划书的指导法则，如果违背了，那CI策划就没有意义了。

6. 美容专家

这个时期就是CI策划或者企业形象评估阶段了。进行立项、评估准备、评定估算、结束、信息反馈等几个步骤，分别对MI、BI、VI（评估表格的撰写）进行评估。目的是找出成功的地方和不足的地方进行“美容”。

四、视觉

视觉是指视觉识别（VI）系统，它是CI策划里面极为重要的组成部分，是根据理念识别（MI）系统来设计的，是对MI的视觉解释，使企业经营与企业形象融为一体。

企业视觉识别系统的开发，是以视觉化设计要素为整体计划中心，在“企业传播系统”中建立一套完整、独特、具有强烈冲击力的视觉符号系统，以供社会大众识别、认知。因此，必须针对企业的特点，尽可能地系统、全面，以构筑一个完美的企业形象。

企业视觉识别系统，其内容范围广阔，一般可分为两大部分。

1. 基本项目的设计(简称 BE)

基本项目包括企业标志(含线稿、黑白稿、色彩稿)、企业标准字体(含中英文,文件使用标准字)、企业标准色(含不可以搭配底色)、企业标志最佳组合、企业标志最小化、企业造型(含卡通形象、吉祥物)、辅助图形(含象征图形及象征色彩)等。基本项目要素作为某种符号,以它特有的视觉艺术语言传递着大量的信息,同时又涵盖两个层面的意义:①它代表这个企业与其他企业的区别;②它代表这个企业的形象。目的是赋予企业真正的生命。

2. 应用项目的设计(简称 AE)

在应用项目要素的设计上,可根据企业实际情况来决定项目要素。应用项目要素称为派生项目要素或辅助项目要素。种类繁多,涵盖面广,领域复杂,每个都可以成为独立学科。主要包括以下项目:办公文具类;企业证件类;交通工具类;环境、招牌、标识类;大众传播公告、宣传品类;企业服装类;包装用品类;推销用具类;对外账单类;其他;等等。

当"四大灵魂"——调查、点子、文字、视觉都一一校对、修改完成后,就着手编制 CI 手册了。CIS 手册的编制,事实上是对整个策划、设计工作的总结,它的编制严谨复杂,必须做到以下三点:严谨性、可行性、完整性。

企业形象设计手册(简称 CIM),不仅仅决定企业的对外形象,也同时是企业实际操作的依据标准,并作为企业的高品质、系统性的知识财富和无形资产作永久性收录。

(以上内容选编自 2012 年第 8 期《青春岁月》吕东敏的文章《论 CI 策划书撰写中的"四大灵魂"》)

11.7 案例分析

电影《101 次求婚》网络营销策划案

1995 年开始中国电影实行分账发行,电影制作人一夜之间必须面对自己发行电影的局面,通过《甲方乙方》摸索中国特色电影贺岁档期,在《英雄》迎来市场营销的丰收。经过数年的摸索,国产大片上映前的宣传之战已经形成了一定的宣传模式。开机关机新闻发布会、首映礼、各地巡回见面会、媒体官网合作、新闻话题炒作、口碑维护等一系列宣传手段早已成为规定动作,不少大片宣传方纷纷力求"出奇制胜",《画皮》、《建国大业》、《让子弹飞》、《唐山大地震》等票房传奇正是基于坚实的电影营销策略。《101 次求婚》网络营销策划案旨在以现下流行的国产都市爱情类电影为探索对象,在前期合理有效的影片制作铺垫下,以网络为营销平台,制定具有针对性的创新可行的营销策略,以及具有普适性的营销战略模块,试图对电影营销策划进行实践性探索。

一、营销环境分析

1. 宏观环境分析

(1) 政策环境分析

随着中国电影产业快速发展与规模扩大,观影需求增大,市场繁荣,世界各国尤其作为电影超级大国的美国，十分看重中国电影市场。伴随着近年来北美地区电影票房和观影人次持续低迷的现状，向海外扩张寻求出路成为了好莱坞各大电影公司不约而同的选择。2012 年国家电影专资办颁布“新四条”，通过返还专项资金等奖励方式鼓励国产电影影片制作；在渠道上，鼓励电影院线放映国产影片，加大对国产影片的扶持力度。同年颁布的《关于加强海峡两岸电影合作管理的现行办法》，丰富国产电影的类型产量，两岸三地将通过合拍、引进等交流方式促进大华语电影的融合。

(2) 经济环境分析

随着中国经济实力增强，海外并购成为中国企业提高竞争能力和进军海外市场的重要手段。2012 年全年共有 75 部中国影片销往 80 多个国家和地区，海外票房和销售收入 10.63 亿元，万达收购美国第二大院线，使优质国产电影向海外输送的渠道拓宽，有望增加国产电影的国际影响力。

(3) 社会与文化环境分析

经过几年的建设发展，我国已经初步形成了覆盖全国主流市场、二级市场和农村市场的梯次发行放映网络，构成了一线城市和二、三线城市观众为主，农村及城镇观众为辅的比较合理的电影市场结构和主体观众群。以视频形式传播的电影与网络平台的结合对电影推广来说无疑是天作之合。

(4) 技术环境分析

在电影业向市场经济转化的过程中，我国的电影市场基础设施建设也随之蓬勃发展。中国电影银幕成功“破万”，随着市场投资理性化、影院竞争激烈化，2013 年银幕数量和影院数量增长速度会进一步放缓。

2. 微观环境分析

(1) 企业分析

新丽传媒是电影《101 次求婚》的第一出品方，公司成立于 2007 年，致力于电视剧、电影、网络剧制作以及全球节目发行、娱乐营销和艺人经纪等领域，具有丰富的影视行业经验，拥有一流的策划、管理、经营运作人才和资深制作人、编剧、导演、演员等丰富的人力资源，与中央电视台及全国各省、市电视台等国内主流媒体保持良好的业务合作关系。并与日本、韩国、美国等海外电视台拥有长期合作关系。

(2) 竞争环境分析

电影《101 次求婚》在项目正式开启之时便早早定下上映日期，即 2013 年 2 月 12 日，正赶上龙年贺岁档的尾声。而 2013 年的春节(2 月 10 日大年初一)和情人节(2 月 14 日大年初五)相会于 7 天长假中，让 2 月份电影市场竞争更加激烈。

(3) 消费者分析

目前中青年观众、中低收入和中高收入群体成为我国电影观众的主要群体；高收入群体较重视电影文化的消费；有稳定工作的人看电影的频率较高。我国消费者观影途径主要是网络，其次是电视，再次是电影院。针对电影消费者以中青年观众为主的特征，在电影创作过程中应当关注中青年群体感兴趣的话题。《101 次求婚》作为特色鲜明的爱情片，又得黄渤、林志玲、秦海璐和高以翔加盟，已占据了不少加分项，但在具体网络营销过程中应更加重视影响消费者观影的特定因素，针对性攻破，最终促成观众进影院观影。

(4)《101 次求婚》SWOT 分析

下表所示为《101 次求婚》SWOT 分析。

	Strength 优势	Weakness 劣势
Internal 内部条件	1. 出品方拥有丰富的电影制作与营销经验 2. 电影题材经典，与时下流行话题不谋而合 3. 电影演员自身影响力	1. 制作与营销成本有限 2. 电影中个别情节略显生硬 3. 电影植入广告可能带来瑕疵
	Opportunity 机会	Threat 威胁
External 外部环境	1. 情人节档期促进票房 2. 营销始于制作，有足够时间造势宣传 3. 网络平台发展迅猛，提供高效传播渠道	1. 贺岁档大片云集抢占票房 2. 供应时间较短

二、《101 次求婚》的 STP 战略

《101 次求婚》开展 STP(Segmentation 细分，Targeting 目标，Positioning 定位)战略研究的目的是确定目标消费者，即目标市场，从而找准市场定位，做到网络营销有的放矢。

1. 目标市场选择

我国电影观众的主要群体，恰好是对《101 次求婚》所讲述的爱情故事可能感兴趣的群体。据中国互联网络信息中心公布的《2012 年中国网民社交网站应用研究报告》显示，在社交网站用户中，20～29 岁用户占比最高，达到 34. 1%；个人月收入在 3 001～5 000 元、5 001～8 000 元的群体占比明显高于整体网民，显示出中高收入网民对社交网站的使用比例高出其他收入群体，这类人群的购买能力高，也是电影票房的主要贡献群体。本策划案将以网络为电影营销的主要平台，将微博与社交网站作为主要网络阵地开展长时间的宣传造势，并将目标锁定为以下人群：对新鲜事物、热门话题感兴趣的中青年，尤其是使用微博(主要为新浪微博)与社交网站(主要为人人网)获取信息的年轻网友。

2. 市场定位

根据已选定的目标市场，并结合电影《101 次求婚》本身的题材特色，电影被定义为浪漫爱情喜剧片。《101 次求婚》所讲述的实则是屌丝打败高富帅抱得女神归的故事，电影是由明星演的，但观众都只是普通人，有时候他们不需要公主和王子从此幸福地生活在一起的童话故事，需要的是贴近自己生活的现实映射。当银幕上演着和观众有着相同社会

基础和地位的人的故事，他们会更容易将感情投射到电影里。强烈的情感投射，加上林志玲女神的光辉，在电影上映前后，与观影者共同期待与经历一场屌丝逆袭的爱情洗礼。

三、《101 次求婚》网络营销策略——以微博营销为例

电影《101 次求婚》官方微博策划方案如下。

1. 微博运营目标与意义

（1）信息发布与传播：传播电影相关动态和与电影主题相关的资讯，塑造电影知名度与美誉度。

（2）交流互动：作为与目标受众及主创团队等相关人群互动、沟通的工具、平台，及时回应受众的问题，增强亲和度和影响力。

（3）口碑舆论监测：监测微博舆论，及时对有关电影的正面舆论进行包装、宣导，对负面舆论开展公关。

（4）受众观察：观察网络热点走向与流行趋势，为电影的网络营销推进提供参考。

2. 微博建设

（1）页面装修、认证

① 头像：电影名称 LOGO。

② 背景：根据微博尺寸合理设计，充分利用其宣传价值，如使用电影海报。

③ 认证：进行新浪蓝 V 认证。

④ 标签：根据电影定位设置关键词，便于潜在用户搜索（电影、都市爱情、喜剧、黄渤、林志玲、屌丝、女神、求婚等）。

⑤ 版本：使用新浪微博专业版，主页布局中含视频与留言板板块，页面左侧含电影简介与友情链接，页面右侧为主创人员、相关机构与标签。

（2）微博内容规划

电影《101 次求婚》官方微博发布的内容必须与电影本身的定位和卖点切合，发布的话题或内容必须符合对新鲜事物、热门话题感兴趣的中青年等目标受众的品味，同时注意个性、趣味性、实用性、相关多元性、对话性和及时性。根据内容规划中的话题制作内容和配图，在宣传节点发布视频短片、海报、特辑和预告片等。

3. 微博推广

（1）善用话题

对话题的运用有助于微博内容执行，可以有效保证微博风格与主题的统一，且通过话题形式更容易吸引网友关注，刺激粉丝互动。

（2）举办活动

发起投票、转发有奖、P 图比赛等线上活动培养粉丝；结合线下电影宣传活动进行图文直播，安排线下见面会等实现立体传播，笼络受众。

(3) 开展合作

通过与相关企业单位的合作开展更丰富的微博推广。如与“乐游上海”微博合作开展“跟着电影《101 次求婚》游上海”活动，与钻石赞助商及院线三方合作开展“《101 次求婚》抢钻大行动”等。

(4) 善用名人效应

众所周知，在微博的世界里，名人效应依旧是发挥传播力量的强大武器，作为电影主演的林志玲和黄渤均有近五百万的粉丝，加之他们的粉丝中又有许多具有号召力的人物，因此官方微博与主演的良好互动也是提升电影在微博圈内影响力的有效手段。

(5) 广告宣传微博

利用微博本身的广告平台，或与微博官方合作，利用自身的资源进行站外推广。

4. 数据分析整理、反馈

制作日常报表，一般包括粉丝数量(增长率)、每日发微博数、转发评论数、搜索结果数(增长率)、IP (PV)、活动数量、调查参与情况等。通过数据总结分析微博运营状况，发掘受众兴趣点，进一步强化影响力。

四、阶段执行计划

(1) 2012 年情人节，举行开机新闻发布会，开设官方微博、人人网官方主页，加以直播关注。现场邀请黄子佼主持，林志玲、黄渤等主创首次亮相；高调公布上映日期为 2013 年 2 月 12 日情人节档。安排黄渤与志玲亲密互动、单膝跪地鲜花求婚等活动，制造新闻话题，发布新闻通稿。

(2) 2012 年 5—7 月组织媒体探班，在新浪微博、人人网主页及百度贴吧互动。

(3) 2012 年“七夕”当天，发布“全民告白”视频系列的先导片，公布首款“YES or NO”的先导海报。

(4) 2012 年 11 月 11 日光棍节，脱胎于影片的“101 求婚事务所”开张。

(5)电影宣传高潮拉开序幕。2012 年 12 月底新一期浙江卫视中国梦想秀播出，黄渤以特殊追梦人身份出镜表演，已持续播出多日的梦想秀预告片中黄渤为何深情告白的悬念揭晓，在梦想秀中插入《101 次求婚》片段，通过电视与网络的交互传播，实现电影与综艺节目的捆绑营销。

五、费用预算和效果评估

鉴于本电影的营销预算有限，以及目标受众与网络用户的高匹配度，本策划案以网络为电影营销平台，将微博与社交网站作为主要网络阵地开展长时间的宣传造势，试图以新颖的创意与有效的执行力实现对各种网络资源的整合利用，以最少的投资获得最大的推广效果。根据营销方案内容，可将预算分为视频制作费用、网络平台建设、媒介发布费用、口碑维护费用、随机流动资金六部分，合计 160 万元。分阶段执行时可按季划分预算及评估效果，以实现定期检查，实时跟进，为风险控制提供便利。

本次网络营销评估将引入网络营销过程评价，也就是对各种网络营销活动进行及时的跟踪控制，以保证各种网络营销方法可以达到预期的效果，同时对网络营销方案的正确性和网络营销人员的工作成效也是一种检验。对网络营销过程评价包括官方网络平台（主要是新浪微博）运营、病毒视频推广、网络口碑评分等方面。

六、营销风险与控制

1. 竞争不确定性带来的风险与控制

《101 次求婚》在距电影上映一年前就定下档期并高调宣布，同时开启网络营销征程，这对电影项目的整合营销规划是非常有助益的，但也导致了竞争不确定性的增加。对于同质化严重的中国传媒市场，爱情题材可能在情人节被过度消费。同时好莱坞大片的增量引进以及中国电影档期安排的不完善都提高了电影竞争的风险。

2. 作品品质风险与控制

在网络营销过程中，传播内容的品质是网络营销得以有效开展的基础和前提，而作为营销策略的重要部分，视频尤其需要关注质量。因此在视频策划、拍摄及后期制作过程中，均需严格控制质量，保证视频的传播潜力。

3. 阶段目标未达的风险与控制

实际网络营销情况瞬息万变，很有可能无法达到阶段性计划中的预期目标，因此需做好随时及时调整营销策略的准备。应查明导致阶段性目标未能达到的主要原因，以便在下一阶段及时调整。

（以上内容改编自《浙江大学硕士学位论文》邵梦烨的文章《电影〈101 次求婚〉网络营销策划案》）

11.8 品牌人物

草根姚劲波

经历“八年抗战”，北京五八信息技术有限公司的总裁兼 CEO 姚劲波，终于将中国最大的信息分类网站 58 同城带到纽约上市。

姚劲波的故事，是一部鲜活的草根奋斗史。

1999 年，从中国海洋大学毕业的姚劲波拿到了计算机应用和化学双学位。他怀揣着仅有的 1 300 块钱只身闯荡北京，第一次租房就被骗走了所有的积蓄。毕业的第二年，凭借着对域名的热爱和对互联网敏锐的嗅觉，姚劲波创办了国内最大的域名交易及增值服务网站易域网。然而，这个网站做了半年一直没有赚到钱，姚劲波打算卖掉它。当时企业信息服务领域的一哥万网很快向他伸出橄榄枝。最后，他带着易域网一起进入了这家公司。

这笔买卖让他拥有了人生的第一桶金。去了万网之后，姚劲波从基层做起，历任产品经理、产品总监、华南区总经理，直至副总。任职期间，他成功策划了多起域名交易。其中，花 25 万从国外买下“端午.com”的域名一事，让他名声大噪。

他后来说：“早期的创业和在万网的经历对我帮助很大，正是在万网让我对互联网有了真正深入的认识和积累了管理经验。”

2004 年，姚劲波和万网的同事李如彬、金鑫联合创业，创立了学大教育。起初，除了学大教育，他们还同时做了另外两个创业项目，一个是兼职工作网和一个类似于智联招聘的就业网站。但最后活下来并且唯一有业务收入的只剩下家教类网站学大教育。

这一次创业是姚劲波事业上的一个分水岭，2010 年学大在美国上市的时候，他已经成为了一个亿万富翁。

不过，“要做一件能够给大众生活带来改变的事”，这个念头一直盘旋在姚劲波的脑海中。2005 年，他从万网副总裁任上辞职，创建了 58 同城，也开始逐渐淡出学大教育。

在创立 58 同城之前，姚劲波研究了美国排名前 100 的网站，第一名是 Google，雅虎紧随其后，再往下的网站运营模式都很常见，直到他发现了 Craigslist。

当时，这个只做分类信息服务的简单平台，流量已和 eBay 一样大，姚劲波一下子就被吸引。“直觉上感觉这个方向可以，我本身就是北漂，也曾经因为租房被骗过钱，深知异乡人生活的不易，所以就很想做一个为老百姓生活服务的平台。”他说。

姚劲波花了半年时间来研究这个网站，从成为注册用户，到向网站付费、用海外信用卡发布付费信息，最终他看到这个服务在中国同样有很大前景，于是有了 58 同城。

虽然在成立初期就得到了软银赛富 500 万美元的风投，但在模仿 Craigslist 一年后，姚劲波发现，如果想以个人用户付费的形式在中国推广，是一件非常困难的事，便去投钱创建了 DM 杂志《生活圈》。这次新尝试烧掉了 4 000 万元。很快杂志停刊，他又绕了回来，发现最适合自己的还是互联网。

公司早期的发展并不顺利。2008 年，受金融危机影响，整整一年，中国互联网公司几乎没有一家得到融资，而 58 同城的盈利模式也还没被探索出来。姚劲波回忆：“那个时候我们只有成本，我每个月要付账单，要付带宽，带宽一个月几十万，要付房租，要付人工。几乎没有收入，第一轮融资已经花得差不多了，没有第二笔钱进来。”这一年结束的春节，公司已经连工资都发不出来。姚劲波从家里拿出了几十万，给员工发了工资。即使是在这样的情况下，他依然非常乐观，自掏腰包发完工资后便开开心心地回家过年了。他坚信过完春节用户量会涨，公司一定会好起来。后来，他的判断得到了验证。

2009 年，公司定下了商业模式：以会员费的名义向小微企业收取在线推广费，并让会员竞价，以出现在 58 同城最好的位置上。同时，公司组建了 3 780 人的地推团队。之后有 400 万家小微公司进入互联网，其中有 30 万家向 58 同城付费。而这些城市游商，大部分是房产中介、搬家公司、装修公司等，文化程度并不高，也不熟悉互联网，58 同城的地推团队一个一个地将他们从线下搬到线上。很快，第二轮、第三轮和第四轮投资进入，2010—2011 年，58 同城进入快速扩张的阶段，并在 2013 年成为一家市值 10 亿美元的上市公司。

用 8 年时间，从城市游商身上赚钱，并让一个信息分类公司成功在美国上市，这一件在别人眼中不可能实现的事情，姚劲波做到了，他的成功贵在坚持。

圈内至今还流传着他挖人的故事。

2007 年年初，在 58 同城、赶集网、百姓网等网站中，前者的流量最大。但 2007 年年底，赶集网的流量就达到了 40 万，远远超过 58 同城。姚劲波打听之后，得知陈小华是提升赶集网流量的关键人物，便决定把他挖过来。第一次打电话给陈小华，姚劲波非要约他出来吃烤肉，见面之后便直接问他的竞争对手，分类信息网站应该怎么做。

不久后，姚劲波又以过生日的名义约陈小华出来唱歌，陈小华进到包厢才发现，58 同城的高级经理全坐在里面。这次之后，他直接在手机上屏蔽了姚劲波的电话。

一个月后，姚劲波将电话打到陈小华的办公室，并告诉他："我是姚劲波，我在你们楼下。你要是不下来，我就去你们公司把你找下来。"执拗的姚劲波甚至还动员了陈小华的前上司来说服他，最后，陈小华终于从赶集网来到 58 同城。他到公司的第八个月，58 同城的流量已经反超赶集网。

58 同城的天使投资人蔡文胜评价姚劲波是一个"真的愿意干事的人"，他说："事情要成功，团队很重要。他花感情、花力气去挖人。另外还有肚量，给他们股份一起来干，58 的高管股份很高。"

三年前学大在纽交所上市那天，姚劲波估算了一下，算出来的结果是自己可能有上亿美金了。但他还是选择坐经济舱回北京，第二天，依然正常工作。"该吃啥吃啥，该穿啥穿啥。"他说。直到现在，尽管早已经身价上亿，但公司的员工还是和过去一样，直接叫他"老姚"。

再一次来到纽交所敲钟，成功逆袭的草根姚劲波，最期待的事情是第二天的早餐能有豆浆和油条。即使身价大涨，依然不改草根本色。

（以上内容改编自 2013 年第 30 期《新经济》唐婷的文章《草根姚劲波》）

11.9 本章小结

本章对品牌策划书的内涵和构思流程进行描述，分析品牌策划书的不同分类，对品牌广告策划书、品牌营销策划书、品牌活动策划书的写作原则和技巧进行介绍，以实例的形式演绎品牌策划书的写作方法。

11.10 学习要点

基本概念

品牌策划书；品牌广告策划书；品牌营销策划书；品牌活动策划书。

思考题

(1) 简述品牌策划书的基本格式。

(2) 简述品牌策划书的构思流程。

(3) 简述品牌广告策划书的写作技巧。

(4) 简述品牌营销策划书的写作技巧。

(5) 简述品牌活动策划书的写作技巧。

第12章 品牌策划师

导入案例

品牌策划大师姚研成的“茉莉仙女”策划

陕西良好的人文环境和文化底蕴培育他们，赋予他们灵气，他们也用陕西人特有的包容与大气诠释出其内心的文化理念，不断以开放的姿态展示着陕西人所拥有的独特魅力。品牌策划大师姚研成，用黄土高原的宏厚大美和陕北民歌柔情之美的文化底蕴创造出震撼文化界的红茶品牌，不但让红茶发源地再次焕发出青春，也代表着用创意智慧推动文化产业发展的新力量。

中国女性的灵动之美的特殊性在哪？花。中国古诗中常说女性跟花一样美，所以花是中国文化中最具灵性的，与中国女人灵动之美完美结合。花是最具特色的，是一棵植物里最美的部位，蕴涵着生命所必需的蛋白质、酶、脂类、水分，花的特殊成分让花蕾瞬间绽放。所以古人讲美人如花。

只讲花并不足够，世界上共有25万种花，哪一种花最能代表中国女性？《图兰朵》的创作者、意大利著名作曲家贾科莫·普契尼给出了他心目中的答案：茉莉花。姚研成用“茉莉花”为主题做出了他的另一个惊世伟作。

茉莉花茶始于南宋，在中国已有一千余年的悠久历史，曾在元代风靡一时，被冠以“花茶之王”的美誉。它承载着一种东方的爱情气息，一直是古代名门闺秀们的最爱。根据姚研成的描述，茉莉花的独特魅力在于“柔”，有着“一颗眼泪打死一个英雄”的东方女性柔美特性。自古英雄难过美人关，霸王别姬的凄美，吕布与貂蝉的乱世之爱，忧世忧危，至圣至纯。国母宋庆龄继承孙中山的遗志，长孙在李世民背后的默默支持，贤良恭俭，睿智不凡。不仅西方人能感受到中国女性具有的茉莉花气息，神州大地也处处流传着有关于茉莉花的美丽故事。它没有牡丹华贵，没有梅花傲美，却用花香和茶香，带给所有人镇静、温柔、舒适。用它做出来的茶叶具有很高的文化价值，能给人们心里带来一种很美好的感受。

产品选对物并不足够，也需要有一个好的名称。一个好的产品名称就犹如一位女性拥有好听的名字一样重要。曾经有一个调查，一位研究员在美国拿了两个女孩子的照片，在大街上做测试，询问过往的人群觉得哪个漂亮。第一轮下来是平分秋色。后来给这两个人各起了一个名字，一个叫伊丽莎白，另一个叫格特努格，一听就像一个矿工的名字。继续做调查。第二轮测试还是这两个女孩子，但是高达 80％的人认为伊丽莎白比格特努格好看多了。

但是，将产品称为茉莉花茶并不足够。这时又是《图兰朵》的台词给出了答案，在歌剧第四幕图兰朵公主登场时，普契尼用歌词烘托出公主的美貌："东边小山岗上，鸟儿啼声凄凉，春天看不见花和草，冬天盖满了雪和霜。四面八方的王孙才郎，人人向往图兰朵公主，她的美貌就像天仙一个样。春天的花儿只为她开，秋天的明月只为她亮。"人们常说美若天仙，所以茉莉花也能代表天仙似的中国女性，"茉莉仙女"的名称随之而生。

人的一生之中共有三位最重要的女性：妻子，母亲，女儿。于是姚研成分别以这三类女性为产品取了相对应的名字：茉莉仙女，茉莉女神，茉莉公主。鉴于每一位女性对顾客来说都是独一无二的存在，所以这些产品在编号上也是唯一的。为了配合这款产品，在春节、七夕、中秋节等一些特别的节日里会有特别的销售方案，会推出一些有特别编号的产品，甚至还可以专门为一些需要的人在结婚纪念日、生日以及有特别意义的日子里做一款专属的产品。至于产品的茶叶种植、制作、外包装、定价等方面，则又是一篇新的故事了。

像茉莉仙女这款用古代制法、古代文化、西方印象、西方灵感所创造出的产品，正凸显了姚研成的过人之处，也凸显出现阶段中国文化产业发展的方向应该是继承本土要素，不断创新，创作出具有民族特色兼具时代感的文化产品。只有不断增强中华文化的创新能力和文化产业的国际竞争力，在参与国际竞争中提升中华文化的"软实力"，才能让中国尽快从"文化大国"跨进"文化强国"，才能让世界读懂中国文化。

（以上内容选编自 2012 年第 3 期《茶博览》研兴的文章《一颗眼泪打死一个英雄——解读著名品牌策划大师姚研成的"茉莉仙女"》）

品牌策划的价值是能够让品牌组织的产品或服务还未进入市场之前对市场需求做出正确的判断，有效阻止不正确的操作投入造成巨大的经济损失，为品牌投入市场提供成功的基础保障。品牌策划师的主要任务就是以良好的职业技能和对市场的洞察力为实现品牌组织的目标提供有益的方案和建议。

12.1　品牌策划师的内涵

12.1.1　什么是策划师

1. 策划师的定义

策划师就是具有良好的职业品德，能够运用所掌握的策划基本知识、方法和手段，以及所具备的综合策划执行能力和丰富的实践经验，为企事业单位、机关团体以及个人等对象提供全程策划服务，策划业绩突出的初、中、高级策划人才。

策划师是一种职业型人才。每一个策划师都是创新者。策划的过程就是一个极具科学性的系统工程，是集诊断、调研、思考、创意、点子、设计、决策的实施于一体的一连串的智慧的过程。作为策划师，在对客户和市场的现状进行仔细评估的基础上，对客户的短期和长期目标有了充分了解之后，把客户的优势发扬、劣势降低，并能充分发挥客户现有的财力、物力和人力资源，使其具有竞争优势，以实现其目标。策划师就是整个企业运作过程的统帅，有了总策划师可使我们知晓精明的播种与收获。

2. 策划师的分类

策划师按职业特征分为通用策划师和专业策划师。通用策划师（如中国注册策划师）是指在企事业负责全面策划工作并对法定代表人负责，符合相应策划师职业资格认证标准的企事业单位的主要策划人（如策划总裁、首席策划、策划总监、策划经理等）；专业策划师（如中国房地产策划师、中国营销策划师、中国广告策划师、中国融资策划师、中国税务策划师、中国旅游策划师、中国创业策划师等）是指担任企事业单位某一专业方面领导工作或负责某一专业部门工作，对其直接领导负责，符合相应策划师职业资格认证标准的专业策划人（如策划部、市场部、营销部、公关部等部门副经理、专职策划师、策划助理等）。

12.1.2 什么是品牌策划师

1. 品牌策划师的概念

品牌策划师是研究品牌发展、品牌管理、品牌创建、品牌形象、品牌战略等系统知识的专业人士，是综合性的品牌研究者和执行者，针对性对某个公司、项目、产品进行品牌的塑造，主要是通过对品牌塑造对象的挖掘，找出其最核心的价值，并通过各种媒体、活动、事件的炒作和包装，提升对象的品牌价值。品牌策划师是市场由产品时代转向品牌时代的新时代产物。

作为品牌策划师必须具备对资金链、信息链、物流链、人才链的规划和协调的能力，同时他必须与品牌组织的投资人有相同的出发点。而品牌策划人要熟悉产品，能通过产品、价格、渠道、促销策略对市场进行品牌传播，同时还要有市场调查能力和对新的产品、价格、渠道、促销策略进行学习并应用的能力。

现在的时代是个产品同质化的时代，如何寻找消费者或者目标群的准确需求，建立差异化的产品形象，让产品利润最大化，是品牌策划师需要做的工作。同时现在的大型企业多元化、多品牌、多定位趋势越来越明显，如何进行品牌组合，建立优良的品牌体系，专业的管理、实效的传播等显得非常重要。所以品牌策划师常常不是单兵作战，而是以品牌策划公司、传播公司、咨询公司等专业化的组织形式出现。

2. 品牌策划师的发展概况

中国已由代理加工生产转入到建立自我品牌的时代，也就是进入了品牌竞争时代。越来越多的企业认识到品牌的力量，开始注重自我品牌的塑造，希望通过产品或企业知名度的提高，扩大市场，走出国门，进入国际市场。因此，企业自成立初期就需要着重自己的品牌策划，更需要拥有自己专业的品牌策划队伍来负责相关工作的运营。为了求生存、谋发展，企业家就必须全面提升品牌战略管理水平，加速与国际市场接轨的步伐和进程。企业家已深刻认识到提升企业品牌战略管理水平是企业品牌制胜的关键，就势必需要大批懂品牌定位、品牌创新战略，管理，善经营，能创新，敢开拓的品牌策划师。这样的形势导致了品牌策划师大量紧缺，而我国高校的专业课程设置与此严重脱节，品牌策划师因此供不应求。作为白金职业的"中国品牌策划师"薪酬也从几千到十几万不等，一些外企开出年薪高达 30 万元甚至上百万。数据统计显示：未来的中国将需要 300 万各种层次的品牌策划人才，而中国受过专业系统训练的品牌策划师不足千人，人才需求的缺口非常大。

12.2　品牌策划师的职业能力

品牌策划要根据现实的情况和信息进行谋划，具有明确的目的性、选择性和弹性，是按程序运作的系统工程。品牌策划师要了解和掌握人的消费行为特征和消费心理特征，预测和设计符合消费者心愿的目标，达到品牌组织的目标。

1. 品牌策划师的个人素养

品牌策划师需要足够的学历、丰富的工作经验、人生经历、广泛的社会关系和足以实践的社会空间。需要勤奋的学习能力和科学的学习方式与方法，特别是借鉴别人的成功经验和失败的教训。需要与时俱进，不断学习新的知识和理念，因为策划人士是靠智力生存，需要比他人看得更深、更远、更广，这些都需要不断的思考和学习。品牌策划师的创意和创新，可以是模仿性的，可以是原创性的，需要具备联系思维、侧向移入和移出的思维、类比思维等，需要对于成功和失败的案例具有思考和总结的能力。品牌策划师还需要具备合作精神，团队间的协作、部门间的协作和朋友、同事间的合作是策划人成功的必需条件。因为策划需要在不同的层面展开，需要不同部门之间的配合，需要整合资源和多学科之间的协调与探讨。

品牌策划师必须要有创新的能力，如做事的非常规思路、非常规的资源整合能力；善于在不同层面开展创新，如设计方面、事件营销方面、消费行为的洞察与了解方面、潜在需求的激发与引导方面等，如对于递增需求，要寻求顾客对现有产品(或服务)的不满之处；对于派生需求，要寻求由主体消费引发的关联消费，同时分析全面开发产品潜在的功能要素。

2. 界定问题和解决问题的能力

在今天的企业界,囿于企业发展的不均衡,很多企业都是在企业经营中出现了自己很难以解决的问题时,才期望寻求策划公司的专业支持和帮助。大多数情况下,企业经营者对自己的问题是有认识的,但也有不少时候,企业经营者所认识和看到的问题,并不一定就是真正的问题,所以,对于品牌策划师来说,界定问题的能力就是给客户带来价值的第一种重要的能力。必须从客户的现实情况出发,进行实地考察,进行认真的调查研究,任何问题的解决方案都是存在于出现问题的地方,这是侧重于对事情的研究。要非常重视人的因素,要对人进行了解和调研,因为任何的事情都是人做的,找到问题产生的原因以及可以解决问题的人是品牌策划师的根本技能。

界定问题不是目的,解决问题才是目的。在多数情况下,客户自己对问题也会有个相对清晰的认知。所以,对问题的界定并不是一个非常困难的工作,如何解决问题倒是一个经常引起争议的话题。所以,寻找到解决问题方法的能力,就是非常关键的能力了。

著名管理学家大前研一先生在其著作《专业主义》中,重点描述了这一点。他说企业经营没有唯一的最佳答案。经营上的答案几乎都是建立在决策者主观判断的基础之上。无论多么复杂的问题都有答案,只是答案并非一个。重要的并不是寻求唯一的最佳答案,而是在假说、验证、结论、实行的过程中,养成一种处理问题的习惯,即对事物的实际状态进行合理的分析,并从多个角度把握分析的结果。寻找解决问题的办法的过程中最为重要的一点就是,这个办法一定是基于客户现实基础上能够执行的,而不是一个看起来完美却过于理想化的方法。适合客户的方案,才是真正有效的方案。

3. 得到客户认同的能力

得到客户的认可,是关键中的关键,如何能够得到客户的认可呢?

第一就是要在界定问题和寻找解决问题办法的过程中,最好能够让客户参与进来,如果不能够参与,也要及时、经常地和客户方人员谈及这个方面的内容和进展等,让客户对此有个了解和预期。

第二就是要有时机感,也就是在进行意见交流时,一定要选择好时机,在适当的时间、适当的地点,以适当的方式与客户沟通和交流。

第三就是要倾听客户意见并容忍差异,品牌策划师一定要牢记"企业经营中没有唯一最佳答案",要容忍客户有与我们不一样答案的情况,并且认真倾听。

第四就是要有想象力,要想象得到方案执行后的成果,并且能够给客户进行描述。

第五就是要灵活应变,根据客户意见对方案进行一些灵活调整,以与客户达成一致意见,帮助客户进行决策,促进解决方法的实施。

4. 把握机会和创新、创意的能力

品牌策划师要善于分析不同的市场机会,具有敏锐的分析和对机会的把握能力,如对显在的市场机会要采用填补法，如差量填补、功能填补、结构填补；对前兆型的市场机会要采用追随法，如梯度追随、时尚追随、关联追随；对诱发型的市场机会要采用诱导法，如开发产品、营造概念、转变观念；对突发型的市场机会要捕捉，这要求品牌策划师掌握基本的分析工具，如PEST环境扫描、SWOT分析、五力模型分析、产业分析、价值链分析、鱼骨架分析、雷达图等，需要随时掌握市场信息情报资料，拥有适当的资源整合和个人与团队竞争实力，具有高度的进取心和敏感性。

品牌策划师的创意与创新能力的培育，关键在于思维和思路，在于对资源的整合和换位思考，在于寻求差异化和借助外部力量，在于思路的转变和思维的创新。如：市场理念创新方面，从满足需要到引导和创造顾客需要；市场定位观念方面，从传统的寻找商品用户转向追寻企业免受竞争的"知识经营"领域；市场占有观念方面，从注重市场份额转向追寻提高客户价值份额和企业主导市场的能力；竞争观念方面，从你死我活到共生共赢与竞合；人才观念方面，从注重培养专业人才转向培养有创造性的复合型人才；营销资源观念方面，从利用内部资源创造营销效益转向利用内部和外部资源创造营销效益。

12.3　品牌策划公司

12.3.1　品牌策划公司的概念

品牌策划公司是指从事品牌营销服务，运用专业品牌营销经验，帮助企业通过"智慧和创意"，以更经济更快速的方式打开市场的专业服务公司，属于商业性服务公司。品牌策划公司是为品牌拥有者提供专业的品牌服务的营利机构，它具有专业性、全面性、资源性的特点，是企业的外脑。

品牌策划公司的功能包括品牌调查、品牌创新、品牌保护与延伸等。品牌策划公司有特定的服务对象，为专门的品牌进行服务，具有较强的针对性；品牌策划公司有特定的服务内容，为品牌的拥有者提供的是专业的品牌咨询服务，既有战略层面的，也有战术层面的，表现为战略、资讯、投资、广告、公关等方面的内容；品牌策划公司以营利为目的，追求最大的经济效益是品牌顾问公司的基本目标，它不同于学术机构，它是独立的经济实体，通过商业运作获取利润，具有浓烈的商业色彩。

12.3.2　品牌策划公司的类型

1. 战略型品牌策划公司

战略型品牌策划公司是指以品牌战略咨询服务为主要业务内容，帮助企业的管理层诊断并解决战略、组织结构和运营方面的关键性议题的品牌策划公司，如麦肯锡、罗兰·贝格等。

2. 投资型品牌策划公司

投资型品牌策划公司是指以投资方面的品牌咨询为主要业务的品牌策划公司，主要服务项目有会计和审计、税务咨询、兼并和收购等，如普华永道、德勤、毕马威等。

3. 广告品牌策划公司

广告品牌策划公司是指以广告咨询服务为主要业务的品牌策划公司，主要为顾客提供品牌传播方面的服务，包括广告、营销管理、促销管理、视觉设计等，如奥美、精信等。

4. 公关型品牌策划公司

公关型品牌策划公司是指以公共关系服务为主要核心业务的品牌策划公司，它对提高企业及品牌的美誉度有着极为重要的作用。著名的公关型品牌策划公司包括博雅、爱德曼、凯旋先驱等。

5. 咨询型品牌策划公司

咨询型品牌策划公司是指以信息收集与评估为主要服务内容的品牌策划公司，它帮助企业从不同的途径收集相关的信息，为作出正确的决策夯实基础。著名的咨询型品牌策划公司有兰德、盖洛普等。

12.3.3 品牌策划公司的运作程序

1. 专家的深度市场走访调研及资料收集

专家的深度市场调研是品牌策划的特色之一。翔实的资料收集，是对资料进行系统研究和提出方向性建议，以此作为制定营销策略和战术的基础。对企业有效的品牌策划过程，所要了解和收集的相关资料至少应包括企业资料、行业资料、市场资料等几大方面信息。

2. 资料的系统研究

对资料进行系统研究的过程，是一个对资料进行筛选、总结以及分析的过程。这包括对资料的去伪存真，对经过遴选的资料运用系统整体的方法进行总结，并进行针对性分析，最终完成对用户的诊断。

3. 提出方向性建议

根据资料的系统分析以及诊断结果，结合企业愿景，把专业知识和客户的实践知识以及组织知识结合起来，为项目设计的各环节提出方向性建议。品牌策划的方向，主要指品牌定位、品牌核心价值。在对一个品牌的策划中，品牌定位及品牌核心价值才是能够决定品牌未来将走向何方的重要决定因素。方向性建议的确定，也是一个合作双方充分沟通、探讨、修正的过程。

4. 制定策略和战术

为了保证企业发展的整体方向以及和谐节奏，战术的重要意义在于将企业战略分解在企业操作的具体步骤和细节之中，实现战略的真正“落地”。品牌策划公司把市场的战略性规划，分解成阶段性规划，同时将阶段性规划落实到具体的战术组合当中，做到“实际、实效、实操”。针对品牌的战略和战术制定，也是根据品牌发展的不同阶段而具体制定的，比如在品牌成长阶段，知名度的建立是第一位的，该阶段的战术策略都应围绕品牌知名度的提升而展开。而在品牌成熟阶段，品牌美誉度和忠诚度的建立则是关键指标。总而言之，品牌战略和战术的制定，总体目标是一致的，即累积品牌资产，建立强势大品牌，在不同发展阶段的分目标可以有阶段性不同。

5. 反馈、研讨、论证与修正

在进行咨询服务过程中，把此步骤一直镶嵌在市场策略和战术的制定过程中，包含了营销各块面的具体方案。每一个方案的制定都将与客户进行及时密切的沟通。同样，在方案的执行阶段，也要根据市场环境变化等因素。对方案进行动态调整和补充，同样此步骤也将镶嵌在其中。

6. 行动并提供培训指导与帮控

贴身服务的过程也是保证方案执行到位的过程，品牌策划公司在项目执行阶段，根据客户需求派驻专家指导客户对方案的具体实施。在此过程中，公司也将根据市场环境的变化，针对性地对方案进行微调和进一步的完善，保障客户目标的达成。在策略和战术的执行阶段，对主要市场操作进行全程的帮控，保证将方案落实到执行的细节。

7. 社会资源的整体保障体系

在长期实战过程中，品牌策划公司与全国的平面媒体、网络平台等有着长期联系和紧密关系，可以帮助企业以最经济稳妥的方式，从尝试性的投入，达到预期成交，到逐步放大形成规模效应。对每一次推广都有科学监测，所以对不同主题、不同传播的市场效果，清楚到每一个数据。依托实战经验，品牌策划公司不仅帮企业想得到，而且可以做得到。

12.4 品牌策划师资格认证

12.4.1 我国品牌策划师资格认证

我国从 2004 年开始设立《策划师资格认证标准》和《策划师资格认证工作规程》，并且已经确立了一套完整的行业认证体系，从而让策划从业人员有了明确的职业身份证明，促进策划业科学规范、有章可循。目前颁发的策划师资格证书是学员们通过了权威机构的策划师系统培训，在规定的时间内完成了规定的课程，并参加了策划师全国统一考试，具备了本职业的专业知识和业务能力，作为相关企业录用、考核、晋升职务、提薪的重要依据。

从2010年开始，我国实行策划师年检制度，对不合格的策划师进行淘汰，净化策划师职业资格市场。此项制度的实施受到用人单位、社会各界及有真才实学的年检合格策划师们的高度欢迎。

12.4.2 品牌策划师资格考试

1. 考试科目

品牌策划师资格考试包括现代策划学、策划人职业道德修炼、策划人生等公共课的考试以及专业基础课、专业主修课和策划案例解析。结合不同等级的资格认证，考试成绩中各部分所占的权重有所差别。

2. 考试培训

学员按教材进行学习，培训前期教材必须自学一遍，加上学员积累的工作经验。考前培训主要是讲解重点、解答疑难、实战案例解析和拓展思路。考前培训的课时一般为60～120课时(5～12天)。考后还有一年的旁听讲座及远程辅导。

试卷是由权威机构统一命题，并审定认可，主要考综合能力的运用。学员若平时认真学习，按照大纲重点复习，加上工作实践经验，大胆发挥，一般可取得理想成绩。据以往考试情况，书本一般没有标准答案，学员必须独立完成，主要是有创意、新意，乃至奇思异想。策划师资格认证在全国刚推出，本着吸引更多策划精英的原则，通过率一般为90%～95%，随着项目的成熟，难度和要求将逐步提高。

3. 认证考核

依据《策划师资格认证标准及工作规程》进行考试认证。

助理级策划师：统一命题，实行闭卷考试，考生独立完成笔试试卷，考核时间三个小时，占总成绩的100%(免策划案例)。

中级策划师：统一命题，实行闭卷考试，考生独立完成笔试试卷，考核时间三个小时，占总成绩的60%，需要有1～2个策划案例，占总成绩的40%。

高级策划师：统一命题，实行闭卷考试，考生独立完成笔试试卷，考核时间三个小时，占总成绩的60%，需要有2～3个策划案例，占总成绩的40%。

特殊贡献、策划成绩突出者：直接评审(免笔试)，但是要有3～5个已经应用的成功策划案例。

笔试+案例=总成绩(60分为合格)

4. 资格证书颁发

考试考核全部合格的由中国策划学会、中国策划学院和中国策划师资格认证评审委员会联合颁发相关专业的中国策划师资格证书，参加注册的学员颁发《中国注册策划师》资格证书（通用）（正、副本）；助理级目前只发正本。

5．考试时间

按照中国策划学会和中国策划学院规定，全国全年统一安排两次考试，原则上安排在 5 月和 11 月，平时只做培训。但由于地域差异、经济发展速度不一样，也会有不一样的安排。相对而言，经济发展情况好，策划业的发展成熟的地方，多几次考试也是必要的。这也是适应市场需求的一种灵活做法。某些欠发达省份可能一年只考一次。

12.5　品牌策划师的职业精神

12.5.1　社会责任精神

品牌策划师需要为消费者负责，经得起消费者的考验。对于没有丝毫特点的企业或产品，没有实际功效甚至有害的产品，一定不能违背自己的良知，胡乱地进行“策划”，从而糊弄了消费者，也为“策划”抹了黑。

品牌策划师需要为社会负责，经得起社会的考验，不能策划任何对社会有害的活动以及反感引起不良影响的活动。

一般情况下，品牌策划师要对服务的企业负责，经得起企业长时间发展的考验，为企业服务的同时也要维护好相关部门的关系，才能够有助于增强企业核心竞争力，有利于企业的持续健康发展。品牌策划师应该避免空洞的概念策划，认真提炼挖掘品牌的核心价值，杜绝文字游戏般的创意，为服务的企业负责，同时也是为消费者负责、为整个社会负责。例如，劳力士手表没有告诉消费者品牌核心价值，但消费者却很想拥有它，因为消费者通过“劳力士”手表，就能满足潜藏在内心深处被他人认同其地位的欲望，就能体现其与众不同的品味以及优越于别人的价值感。

品牌策划师自身的价值观念十分重要，要做好网络推广成功案例分析，因为品牌策划人自身的价值观必然会折射到其所操作的品牌之中。而且，随着市场经济的不断发展，可以预测品牌策划师与企业会有着越来越紧密的关系，甚至可以说会肩负起引导企业发展以及突破的重任。因此，品牌策划人必须具有为社会负责、为消费者负责和为企业负责的正确价值观，以彻底杜绝不负责任的策划。

12.5.2　企业家精神

社会进步、企业健康持续发展，真正需要的是具有企业家精神的品牌策划师。也就是说，是真正具有“诚信、创新、合作、敬业”四种精神元素的品牌策划师。诚信同样是品牌策划人的基本素质要求，“创新、敬业、合作”只有在诚信的基础上才能真正发挥作用，才能确保品牌策划人在创造经济效益的同时，也能够创造社会效益。例如，××品牌策划公司作为专业的品牌运营商，成立之初就明确提出“深谋远虑，成就卓越”的品牌精神，以力保方案能够经得起“时间、利润和社会”的三重考验。相反，若是品牌策划师缺乏诚信，则等于品牌策划师的人品有问题。“品牌即人品”，没有人品保障的品牌策划师去做品牌，品牌迟早会出现大的问题。

当然，作为一个具有企业家精神的品牌策划人，自然不会依靠一个人的“单打独斗”，而是善于组织一个好的团队，并能够形成很强的团队合作，让团队中的每一个人都很敬业，都具备锲而不舍的创新精神、进取精神。

出于为企业负责的考虑，品牌策划师更应该发扬团队合作精神，以避免出现“一失”。至于贬低他人就更加是个错误，因为，一个真正的品牌策划师不仅要学会尊重自己的合作伙伴，而且要学会尊重自己的竞争对手。面对竞争的全球化，中国的企业要壮大，咨询公司自然要壮大，尊重与合作就更显得至关重要。

品牌策划师应该具有企业家精神，应该具有大气魄和远见，应该与企业家和企业共成长，为社会负责、为消费者负责、为服务的企业负责、为自己的良知负责，与企业家一同推动企业品牌以及相关产品和服务品牌的发展。

12.5.3 自省精神

(1) 品牌传播违背社会公德的现象越来越多，从全球闻名的“跨国大腕”到隐藏街角的“无名小卒”，都能找到很多“不听话”的“坏孩子”，所以品牌策划人首先要有严格的道德自律，肩负自己的责任，不要助纣为虐。

(2) 品牌策划人不仅需要帮助企业制定品牌战略，还要帮助企业把战略细化，协助企业执行，一步一步地带领企业实现既定的战略目标。换句话说，品牌策划人不是简单“卖方案”的人，而是能够将品牌理想变为现实的人。

(3) 有很多企业嘴上说自己做品牌不是为了短期利益，但在实际合作过程中，依然是为了追求快速的短期效益，刚开始投入，就马上想着要收益，殊不知做品牌实质就是做投资，获取收益肯定需要一定时间，就像开花结果总需要一定的时日一样。因此，品牌策划人要帮助企业树立正确的品牌观，不能急于求成，老盘算“今天投入，明天就要产出”。

(4) 品牌策划人要有足够的“防范”意识。品牌策划人的利润是建立在企业利润增长基础上的，只有企业的利润增加了，品牌策划人才能获得真正意义上的利润。所以，很多品牌策划人都喜欢说自己是在帮别人带孩子，孩子大了，很有可能就不认这个“娘”了。事实上也的确如此，“兔死狗烹”的现象的确很多，“兔没死，狗已烹”的现象也不少见。

(5) 不仅企业在决定打造品牌之前要精心选择品牌策划人(或者说选择品牌策划公司)，品牌策划人更要精心选择企业。对于“不可救药”的企业，不能为了赚取策划费而盲目承诺，盲目合作。

(6) 品牌策划人也要懂得“售后服务”。服务合同到期后，不代表服务完全结束。品牌策划人需要定期关注曾经服务的品牌，给予其适当的提醒和建议，以帮助其健康成长。

(7) 品牌策划人要注意天天“练内功”。品牌策划是一种需要广博知识作为基础的职业，加之面对的客户五花八门，对知识补充速度的要求近乎苛刻。所以，品牌策划人必须养成天天学习的良好习惯，以提高学习能力，扩大知识视野，适应不同类型的客户，更好地为客户服务。

12.6 知识链接

从广告主角度谈数字媒体的兴起

我国著名品牌策划师姜薛军有着逾 20 年的市场营销、品牌传播策划经验，服务过包括 PHILIPS、AT&T、Dentus 等多个国际知名品牌和国际广告代理公司，现效力于三得利。他曾经领导策划、推出了不少经典的广告活动，使得三得利成为啤酒业中极具影响力的品牌之一。特别是近年来与周立波的代言合作更是口耳相传的营销经典。姜薛军先生在互联网和移动互联网的新媒体尝试上也建树颇多。三得利啤酒在新媒体营销项目中曾获广告业大奖。

姜薛军认为在当前社会化媒体迅猛发展的大背景下，数字营销是一个避不开的话题。他肯定了近几年来数字媒体的发展，但同时也表现出了作为广告主应有的谨慎与思考。数字媒体的发展怎样为品牌带来更为精准的受众群，怎样取得更好的传播效果，是他最为关心的内容。

与传统媒体相比，数字营销可以得到即时的信息反馈。在市场营销领域中长期探索，使姜薛军积累了丰富的经验。他认为，数字营销传播是迅速崛起、发展迅猛的“现代化”手段，但是也必须谨慎，其中的关键亦是营销中的基本，即品牌或者产品的定位和需要。当产品面向更为广泛的大众人群时，数字这个概念可能离得较远一点。随着时间的发展，当品牌希望培养越来越多的年轻人成为潜在的用户时，必须思考怎样可以接触到年轻、时尚的未来的消费者。数字媒体无疑是最好的渠道。

数字营销在全球范围来讲仍然是一个新媒体，它可以在品牌主与消费者之间建立良好的互动关系。以前的媒体，往往是更表现出单向诉求，一个传播，一个接收，即使是所有专业人士都在宣扬崇尚双向沟通，但是，传播媒体的反馈通常还是经过前、中、后的消费者调研来了解和判断，以实现 PDCA 的循环。但不管怎样讲，这都是在时效上存在缺失和瑕疵的工作。现代的数字化营销带来的重大好处就是可以即刻了解到消费者的反馈是什么，他们的理解如何、倾向如何、参与如何、希望如何，等等。所以品牌现在也越来越关注数字营销的活动。姜薛军认为，互动通是在数字互动领域中具有相当影响力的品牌，在过往的合作中，实现了品牌在传播运动中的即时交流所带来的诸多附加价值。

1. 数字营销仍然需要与传统媒体整合来完成广告主的诉求

姜薛军从品牌主的立场上来说，首先考虑的是性价比。“数字营销相对来讲是一个高性价比的传播手段。”他说，一些传统媒体在数字媒体的影响下，已经开始萎缩或者转型。而一些传统媒体，为了保持它的地位又不愿意创新而变得更加艰难。传统媒体的受众范围有时候特别有限，受众的接触率也需要通过后期进行评估。但是在网络或者是移动网络则不同，每个人有自己的“账户”，所以“被跟踪”的手段在高科技环境下成为简单和必然，投资同样的金额，得到的 PV 或者 CLICK 的量往往要领先于传统媒体。比如要有效接触到 20 万个目标人群，在数字媒体这个 PV 量是很容易达到的。可以这样认为，数字营销现在的性价比还是有相当的竞争力的。姜薛军同时指出，从传播面的广泛性来讲，当然某一些传统媒体还是具有很大的优势，特别是涉足普通老百姓方面。因为数字媒体还是更加集中在年轻的，对技术具有一定了解的受众。所以需要根据广告主品牌和产品的受众，来整合使用传统媒体和数字媒体。

2. 一定会尝试匹配需求的传播新技术

姜薛军认为，广告主需要的不是技术本身，而是代理商的专业推荐和引导。广告主抛一个课题出来希望广告商给出解决方案，至于解决方案背后的技术层面的细节或许我们无法深入了解。但是，我们关心的是，提出的解决方案质量如何，能否达到传播目标。技术有新的发展对广告主来说当然是好的。但这些技术表现出来的内容与我们所设定的目标有差距的话，也不会轻易使用。其次，他认为，做市场最重要的还是看受众的需求，户外也有很多新兴的媒体，但为什么这么多年下来我们品牌一直很慎重？“因为我的目标人群的媒介习惯跟媒体之间是有距离的，”姜薛军说，“当然，消费者也在发生变化，年轻的消费者越来越多了，产品定位也不只是原来的，产品有新的产品、新的发展方向，我一定会选择更多匹配的新兴媒体。”

3. Mix(混搭)应该是当前最佳的选择

“这是一个 Mix”，姜薛军说。他认为整个的过程需要时间去慢慢改变和发展。虽然现在数字媒体发展得非常快，但这并不代表传统东西就没有价值。他举例说影响最大的，肯定还是电视。在 FMCG 领域，如果离开电视可以断言将很快形成市场的流失。所以姜薛军坚持的基本策略是：传统媒体是基础，数字新媒体是闪光点。好比星星需要天空的映衬才会有价值，而当天空没有星星，也将失去了“光彩”。另外，任何一个品牌，用于品牌传播的资源总是有限的，所以需要策划人进行有效的整合，需要在创新中保持理性的谨慎。姜薛军在最后仍然强调：还是要看品牌和产品，传播策略也将随之而不同。

(以上内容选编自 2012 年第 7 期《中国广告》唐超的文章《从广告主角度谈数字媒体的兴起——专访资深品牌传播策划人姜薛军》)

12.7 案例分析

百味林休闲食品品牌策划案

2011 年 5 月，唐神传播公司接到为百味林品牌做年度全案型的品牌策划服务。经过团队两年来的服务，百味林品牌得到了全面的提升。

一、背景分析

统计资料显示，2009 年休闲食品制造业创造工业产值 4 364.5 亿元，同比增长 27.5%；销售收入达到 4 304.0 亿元，同比增长 31.4%；实现利润 117.7 亿元，同比增长 52.9%。其中，2009 年我国休闲食品市场容量已达 400 亿元以上。可以预见，未来几年，我国休闲食品市场规模将以几何级的速度增长，消费市场也在快速增长，年增幅在 25% 左右，我国休闲食品行业将迎来快速发展的黄金期。

由于行业进入门槛不高，企业固定资产投入相对较小，使得众多资本进入休闲食品行业，加剧了行业竞争。各类休闲食品严重同质化，"价格战"此起彼伏，促销手段五花八门，消费者选择余地越来越大，企业竞争压力很大。

但休闲食品行业市场集中度并不高，全行业前十强企业只占据三成销售份额，休闲食品市场还处在完全竞争状态，没有领导品牌，远未形成像方便面、食用油和饮料等食品品类垄断竞争的市场格局。目前休闲食品市场主要呈现出"领头羊＋紧随者＋拾遗补缺者"的割据态势。这就为各类企业争夺市场份额提供了可能性和必然性。

同时，相对外资品牌而言，我国休闲食品企业多集中在低端市场，中高端市场的开发应是今后的一个方向。在食品的营养和健康方面，消费者更关注食品的绿色、天然和健康，此外对富含维生素及具有其他功能特性的食品也非常感兴趣。休闲食品一直以来是以口味为主要卖点的，如果休闲食品企业能在口味创新的同时，兼具营养和健康两个因素，这一市场空间释放出的销售势能将是不可估量的。

因此，打造品牌的个性化、差异化，已经成为很多企业与竞品形成区隔，打开市场的重要策略，也是企业在竞争中胜出的重要因素。这个年代，创新被不断强调，个性被无限标榜，标新立异、与众不同，很容易触动消费者的猎奇心理，特别是休闲食品的目标消费者群——青少年和年轻人。因为一种味道而喜欢一个品牌，因为一种特别的感觉而忠诚于一个品牌，屡见不鲜。因此树立和培育具有竞争力的品牌战略，决定着企业未来的发展。

百味林于 1995 年创立，截至目前，已发展为集炒货、蜜饯、肉类、糕点、糖果、年货礼品等十几大类，数百种特色休闲食品的知名品牌，并已获得"上海市著名商标"、"上海名牌产品"、"综合实力金销奖"等荣誉。

2011 年，"百味林"被评为"中国驰名商标"，品牌的大格局业已彰显。全国 31 个省、市的 40 多个办事机构及全国各大区物流中心，构建起了规模庞大的营销网络，年销售额突破20亿，全国市场的影响力进一步提升。

二、提出问题

唐神的项目服务团队经过前期深入百味林内部，调查访谈一线员工以及中高层领导，对百味林品牌进行了更为深入的了解和分析，发现有三大障碍阻碍百味林品牌的发展。

1. 品牌层面

(1) 百味林经历了十几年的发展，成为行业内知名的品牌，但未来将走向哪里，百味林缺乏明晰的品牌发展战略。

(2) 百味林品牌发展到现今阶段，虽然积累了较好的知名度、美誉度和忠诚度，但是品牌形象仍然不清晰，品牌内涵模糊，品牌的塑造与传播仍停留在传统层面上。

(3) 百味林还没有形成明晰的品牌架构体系，阻碍了品牌的横向延伸。

2. 传播层面

(1) 目前的传播手段仍较单一，因此影响力也有限。在各种信息充斥于市场的情况下，必须有创新的传播方式来抢占消费者头脑中的信息空间。

(2) 没有在系统的品牌规划与产品规划指导下进行宣传与推广，缺乏对品牌形象的有效建立，导致宣传做了不少，但是消费者对我们的认知还是不清晰。

(3) 宣传推广缺乏整合性和延续性，传播活动集中在春节前后时间段，如果要突破产品消费的冷热不均，势必要重视在其他时间段通过创新手段引导消费习惯和传递品牌信息。

3. 产品层面

(1) 百味林的产品线比较完备，但是什么是百味林的形象产品、主打产品、利润产品、阻击产品等，概念比较模糊，难以发挥出更大的产品合力与竞品竞争。

(2) 百味林产品的卖点不突出，目前仅在价格和渠道方面有一定优势，但与更多的同行业竞争时，不知道百味林产品的独特的卖点在哪里。

(3) 百味林的产品种类很齐全，但是目前各个竞品的口味基本雷同，百味林缺乏对自己独具特色产品的包装。

三、解决方案

基于百味林品牌存在的问题，唐神提出七大服务模块，全方位提升百味林品牌价值。

模块一：百味林品牌发展战略

基于前期为时一个多月的消费者问卷、座谈调研分析，以及休闲食品行业竞争现状分析，唐神为百味林制定了以下品牌发展战略。

(1) 百味林品牌形象核心价值：时尚、快乐、轻松。

(2) 百味林品牌愿景：美味创造价值。

(3) 百味林品牌目标：新东方主义休闲美食第一品牌。

(4) 百味林品牌口号：中国味，知百味。

同时，制定了百味林品牌结构发展三步曲战略：单一品牌主力推、品类品牌领风骚、细分品牌扩战场。

模块二：百味林品牌识别系统

将原百味林专卖店的标志和百味林商超定量包装商品的标志进行统一，并提升为更能表现品牌快乐休闲文化的"开心大嘴"造型的标志。

模块三：百味林产品和品牌结构梳理

通过明星产品选择六步骤，为百味林确立了形象产品、利润产品、阻击产品。

模块四：百味林产品包装设计

基于新的品牌理念，为百味林七大系列产品进行了包装设计规划，使百味林的产品力得到很大的提升。

模块五：百味林专卖店形象提升

基于新的品牌理念，为百味林专卖店设计了第五代全新形象的旗舰店和标准专卖店，使百味林品牌在形象上有了真正意义的提升和美誉。

模块六：百味林品牌年度传播策划

通过 2011 年对百味林品牌从定位、标识、包装、专卖店等全方位的创意提升，2012 年则是百味林品牌大力传播推广重塑品牌形象的最好时机，为此，我们提出 2012 年百味林的传播主题为：新百味，心滋味；同时推出多个相应的公关、促销活动，让消费者从多个层面感知、体验百味林，从而提升品牌美誉度，更促进销售额的提升。

模块七：百味林主打产品整合营销策划

基于百味林前三年的销售数据，尤其是 2011 年的销售状况，以及行业竞争情况，确定 2012 年百味林主推的产品，并结合 2012 年的热点，对该产品进行全方位的整合营销，使之成为 2012 年的利润增长点。

四、开辟网络销售新疆场

经过两年来密切而扎实的品牌营销服务合作，唐神为百味林品牌进行了全方面的提升，2011 年至 2012 年可谓百味林品牌的蓄力年，百味林陆续推出了新包装商品、新形象专卖店、新的广告片、新的促销活动，以及新的品牌口号"新百味，心滋味"。百味林品牌在唐神的服务下，得到了全面提升和发展，市场地位也在日益巩固。

随着社会经济科技日益发展，消费者的购买行为相比以往已有深刻的变化。快速消费品的传统渠道销量正在逐渐收窄，各类新渠道销售蓬勃发展；越来越多的消费者将越来越多的购买行为放在网络上进行。作为休闲食品行业领先品牌，百味林抓住这一契机，积极在淘宝天猫商场开辟新的销售阵地，建立百味林品牌天猫旗舰店，并邀请唐神广告为其进行全方位的整合包装策划。

唐神为百味林天猫旗舰店的包装升级主要体现在以下三个方面。

1. 产品卡通形象创意设计

为突出百味林快乐闲适的品牌气质和丰富的产品种类，唐神为每一个产品品类创意设计一个体现该品类特色的卡通形象，形成一套丰富多彩的“百味家族”；并配合创意绘制相应的品牌卡通漫画，置于相关产品页面内与消费者进行沟通，拉近与消费者的距离，切实提升品牌个性，形成独特的品牌积淀。

2. 天猫渠道专用产品包装设计

为提升天猫渠道的客户专属感和产品质感，唐神特别为天猫渠道销售的产品设计了可应用于多个应用场合的包装体系，包括品类内外袋、罐装、手提袋和快递纸箱，以及礼品包装等，将百味林品牌和产品形象带上一个新台阶。

3. 天猫旗舰店页面规划设计制作和活动策划

虽然百味林天猫旗舰店已上线有一段时间，但是从功能布局到细节设计来看仍然与天猫商城上的同行业竞争对手有不小的差距。为此，唐神互联网营销团队研究了互联网沟通传播规律，结合百味林形象的卡通风格为百味林创意呈现了一套以“树林”为元素的设计风格；以切实提升消费者购物体验为目的，深入考究页面每个功能板块和细节，为每款产品度身定制专属介绍页面，配合引人入胜的宣传文字和促销活动内容，为消费者带来更人性化、更具有煽动性的网络购物体验。

百味林天猫旗舰店通过以上三方面的改变和升华，将不断满足更多新一代消费者日益挑剔的零食消费需求，使百味林产品在网络上持续热销；同时对百味林品牌形象进行持续塑造和拔高，使其成为网上第一休闲食品品牌！

（以上内容改编自 2013 年第 10 期《中国广告》智颖的文章《百味林休闲食品策划案》）

12.8 品牌人物

我做创意是靠脚的

在“2013 中国广告与品牌大会”上，叶茂中营销策划机构董事长叶茂中带来了精彩的演讲，用他自己的案例，诠释了品牌推广的奥秘，在会上引起巨大反响。他接受了《中国广告》杂志的采访。

《中国广告》：您在国内已经拥有了巨大的知名度，是否有一种高处不胜寒的感觉？

叶茂中：之所以比较有名是因为我在行业时间太长了，我 1989 年就拍第一个广告，现在已经做了二十多年了，在这个江湖上，认识一些人也很正常。《中国广告》杂志和我关系很好，“中国广告与品牌大会”也是业内重要的大会之一，这次大会放在苏州开，也是第一次放在地级市开，彰显出苏州对品牌方面的重视。

《中国广告》：在您的职业生涯中，做过大量的经典案例，这些案例中，有哪些影响比较深？

叶茂中：这次在苏州开会，所以我提一个苏州的案例——苏州昆山的好孩子童车。好孩子童车的广告播出后，令公司产品的市场占有率大幅提高。我们做这个案例的时候，研究了家长的心理。对于家长来说，孩子的舒适是第一位的，但是，如果在调查中直接问家长，他们可能会回答价格便宜、安全性等是第一位的。而我的广告传递了这样的信息，孩子坐在其他的童车上面会哭，但是坐在好孩子童车上会笑，最后一脚把刚才坐过的童车踹出去了，这样的广告可以打动千千万万父母的心。

《中国广告》：您是如何做出一个优秀创意的？

叶茂中：做创意是一个非常辛苦的职业，就我来说，做创意主要不是靠脑力而是靠脚，我做创意就是靠脚的。我很重视研究，重视消费者调查，我对调查中消费者说的东西进行分析。如果不通过调查，就无法了解消费者真正需要什么。所以做创意一定要做详细的调查，而且不能怕吃苦。只有对自己狠一点，别人才能对你好；对自己好，别人就会对你狠。我做市场营销，对自己狠，客户就会对我好。这也是为什么，全中国的广告公司，只有我们从来不比稿，能做到这样主要是因为我们做得比别人都辛苦。

《中国广告》：您这么重视调查，那您的团队中，调研团队占比多少？

叶茂中：我们调查团队占公司比例的15%，这个团队主要工作就是调查消费者为什么买这个品牌，为什么更换品牌。

《中国广告》：那做一次调查需要多少时间？

叶茂中：我们一个调查至少用2个月的时间。好孩子童车这个广告，我们前期调查跑了20多个城市，我们调查了大量的消费者，每个消费者我们都聊了40多分钟，这样我们才能把消费者购买童车方面的需求搞清楚。

《中国广告》：您以自己的名字命名公司，这样会不会扩大自己而减弱整个团队的影响力？

叶茂中：任何一家公司的成长都是有过程的。我当年从江苏泰州来到上海，一文不名，一个月工资只有500元，而当时房租都要600多元，当时我所在的公司有业务提成的规定，可以提成33%，但是我不知道客户在哪里。当时我们的业务员一种是跑街，骑着自行车去跑，另外一种就是抢电话，客户打电话到公司，大家都抢，我不好意思抢。当时我就和公司总监说，我们自己做广告吧，不过当时总监没有同意。

公司不做广告，我只能自己成名，我开始写书成名，写完以后到处投稿，不少企业看了我的书以后，来找我。不少来找我的客户，他们都以为我六十多岁了，我有时候也将错就错。这就是我用自己名字做公司品牌的原因，因为我成名在公司之前，用自己的名字做品牌可以占便宜，如果起个特别的名字，还要传播品牌。同时，这也体现出我的责任感，用我的名字来命名公司，这样我就不可能乱来，否则我的名声就坏了。

《中国广告》：以您现在的知名度客户一定络绎不绝。

叶茂中：客户选择广告公司，我们对客户也会进行优选。我们年度服务项目，以我为核心只做8个，这样可以保证质量，有品质才能保证品牌。

《中国广告》：您怎么看待目前中国公益广告的状况？

叶茂中：我认为公益广告缺乏创意并不是创意本身的问题，主要是制作费用没有人出。公益是方方面面的，回家看老人是公益，奥运会、非典都是公益。从企业角度来看，他们愿意做公益，但是做公益要付出代价。公益广告还有一个激励机制问题，那就是播放公益广告是否能抵税？公益广告占据了商业广告的时间，减少收入。所以公益广告需要有一个鼓励机制。现在商业广告的创意这么多，但是公益广告的创意却很少，为什么？就是没有鼓励机制。即使不给钱，也可以给一个成名的机会，那一定有人干，譬如在作品上打上创意人的名字。

（以上内容改编自2013年第8期《中国广告》夏珧玘、王智颖的文章《我做创意是靠脚的——访叶茂中营销策划机构董事长叶茂中》）

12.9 本章小结

本章介绍了品牌策划师的概念、分类和特征及在我国的发展现状。从个人素养、解决问题的能力、客户认同的能力、创意能力等方面描述品牌策划师的职业能力。介绍了品牌策划公司的运作方式以及品牌策划师资格考试的概况。探讨品牌策划师的职业精神。

12.10 学习要点

基本概念

品牌策划师；品牌策划公司；品牌策划师资格认证。

思考题

(1) 简述品牌策划师的基本特征。

(2) 品牌策划师的职业能力有哪些？

(3) 品牌策划公司有哪些类型？

(4) 品牌策划师资格认证包括哪些内容？

(5) 品牌策划师应具备哪些职业精神？

参考文献

[1] 周三多,陈传明,鲁明泓. 管理学——原理与方法[M]. 上海：复旦大学出版社，2003.

[2] 杨小辉. 当品牌遇上网络[M]. 北京：电子工业出版社，2010.

[3] 薛可,余明阳. 媒体品牌[M]. 上海：上海交通大学出版社，2009.

[4] 陈兵. 媒体品牌论[M]. 北京：中国传媒大学出版社，2008.

[5] 余明阳,杨芳平. 品牌学教程[M]. 上海：复旦大学出版社,2009.

[6] 杨海军,袁建. 品牌学案例教程[M]. 上海：复旦大学出版社,2009.

[7] 王成荣. 品牌价值论[M]. 北京：中国人民大学出版社，2008.

[8] 舒咏平,郑伶俐. 品牌传播与管理[M]. 北京：首都经济贸易大学出版社,2008.

[9] 刘世忠. 品牌策划实务[M]. 上海：复旦大学出版社，2007.

[10] 凯瑟琳·卡普塔. 你就是品牌:成功打造个人品牌的战略[M]. 北京：中国财政经济出版社,2010.

[11] 赵鳞斌. 领导科学新论[M]. 上海：同济大学出版社，2010.

[12] 常健. 现代领导科学[M]. 天津：天津大学出版社，2004.

[13] 吴晓云,庄贵军. 市场营销管理[M]. 北京：高等教育出版社，2009.

[14] 贾国飙. 媒介营销[M]. 长沙：湖南人民出版社，2003.

[15] 菲利普·科特勒. 营销管理(第 13 版)[M]. 上海：格致出版社，2011.

[16] 艾尔布莱特·罗赛切. 品牌背后的故事:企业文化与全球品牌[M]. 桂林：广西师范大学出版社,2006.

[17] 张君浩. 论大众媒介的品牌维护[J]. 北方经济,2006,(7)：70-71.

[18] 周广义. USP 理论在营销策划中的应用[J]. 企业改革与管理,2012,(8)：63-65.

[19] 郑学谦. 产品品牌命名的方略[J]. 才智,2010,(6)：175-176.

[20] 娄文冰. 城市品牌形象塑造：创意设计的“价值之道”[J]. 上海经济,2012,(12)：53-55.

[21] 罗珉. 德鲁克经营思想述评[J]. 外国经济与管理,2006,(6)：12-15.

[22] 王嘉瑞. 个人品牌形象塑造的途径分析[J]. 学术纵横,2008,(10)：137.

[23] 刘宝珍. 广告创意的七种策略[J]. 新闻爱好者,2013,(5)：83-85.

[24] 唐春花. 论品牌营销策划[J]. 广西教育,2011,(1)：106-108.

[25] 李桂陵,魏景红. 品牌策划基本流程分析[J]. 当代经理人,2005,(17)：193-194.

[26] 秦辉,邱宏亮,吴礼助. 品牌形象的构成研究[J]. 现代经济,2009,(8)：100-103.

[27] 石春爽,林宇飞. 浅谈国家品牌形象塑造[J]. 艺术教育,2008,(7)：126.

[28] 陈立彬,江林. 走出品牌定位的误区[J]. 中国商贸,2013,(2)：45.

[29] 杨玲雅. 我国企业品牌营销的问题与对策[J]. 现代营销,2013,(3)：45.

[30] 谢付亮. 品牌策划人要具备企业家精神[J]. 企业文化,2005,(10)：25-26.

[31] 李霄. 浅谈品牌战略策划书的写作方法[J]. 应用写作,2011,(11)：26-28.

[32] 方乐. 几种策划书的写作方法[J]. 秘书,2009,(10)：38-40.

[33] 王晶. 浅议广告策划书的写作[J]. 写作,2011,(2)：45-46.

[34] 曾锐.整合营销传播中广告策划书写作要领研究[J].广西教育,2013,(1):55-57.
[35] 唐钢.论新世纪的品牌传播[J].中山大学学报论丛,2002,(4):63-65.
[36] 余明阳,舒咏平.论“品牌传播”[J].国际新闻界,2002,(3):63-67.
[37] 薛云建.基于品牌价值提升的品牌管理制度创新[J].企业研究 2010,(2):56-58.
[38] 袁安府,黄丹,邵艳梅.品牌价值提升影响因素研究[J].商业研究,2013,(6):133-135.
[39] 李克让.品牌危机成因与管理对策研究[D].石家庄:河北经贸大学,2003.
[40] 唐智乐.品牌的营销传播研究——以姚明为例[D].厦门:厦门大学,2012.

教学支持说明

▶▶ 课件申请

尊敬的老师：

您好！感谢您选用清华大学出版社的教材！为更好地服务教学，我们为采用本书作为教材的老师提供教学辅助资源。鉴于部分资源仅提供给授课教师使用，请您直接手机扫描下方二维码实时申请教学资源。

任课教师扫描二维码
可获取教学辅助资源

▶▶ 样书申请

为方便教师选用教材，我们为您提供免费赠送样书服务。授课教师扫描下方二维码即可获取清华大学出版社教材电子书目。在线填写个人信息，经审核认证后即可获取所选教材。我们会第一时间为您寄送样书。

任课教师扫描二维码
可获取教材电子书目

清华大学出版社

E-mail: tupfuwu@163.com　　网址：http://www.tup.com.cn/

电话：8610-62770175-4506/4340　　传真：8610-62775511

地址：北京市海淀区双清路学研大厦B座509室　　邮编：100084